沈阳市哲学社会科学专项资金资助项目

# 沈阳通史

## 近代卷

张　涛　张志强　张龙海◎主　编

张志强◎分卷主编

沈阳出版社

**图书在版编目（CIP）数据**

沈阳通史. 近代卷/张涛，张志强，张龙海主编；张志强分卷主编. —沈阳：沈阳出版社，2014.9（2016.4重印）

ISBN 978-7-5441-6211-1

Ⅰ. ①沈… Ⅱ. ①张… ②张… ③张… Ⅲ. ①沈阳市—地方史—近代 Ⅳ. ①K293.11

中国版本图书馆CIP数据核字（2014）第234674号

---

出 版 者：沈阳出版社
（地址：沈阳市沈河区南翰林路10号　邮编：110011）
网　　址：http://www.sycbs.com
印 刷 者：沈阳市第二市政建设工程公司印刷厂
发 行 者：沈阳出版社
幅面尺寸：185mm×260mm
插　　页：4
印　　张：24.5
字　　数：500千字
出版时间：2014年11月第1版
印刷时间：2016年4月第2次印刷
责任编辑：张　旭
责任审读：滕建民
封面设计：-裴洁媛
版式设计：姿　兰
责任校对：杨志军
责任监印：杨　旭

---

书　　号：ISBN 978-7-5441-6211-1
定　　价：90.00元

联系电话：024-24112447
E－mail：sy24112447@163.com

盛京将军行署，位于大南门内沈阳路宫前里

大清邮政局，清末建于盛京城内四平街（今中街）

奉天省立女了师范学校，建于1906年，原为奉天省官立女子师范学堂，1913年改为奉天省立女子师范学校

奉天法政学堂，建于1906年6月，1912年改为奉天官立法政学校，1914年改为奉天外国语专门学校

清末沈阳城路边的剃头挑子

清末沈阳城内木工行的工匠正在加工木材

民国初年沈阳郊区种植水田的水场

清末明初四平街（今中街）内的书铺

万泉公园，沈阳历史上第一座公共园林

盛京施医院，1884年传教士司督阁在沈阳创办

马拉铁道车，1907年10月18日，中日商办奉天马车铁道股份有限公司建立，次年1月4日，由老道口火车站至小西边门段首先建成通车

美国领事馆，1906年始设，原址在今和平区

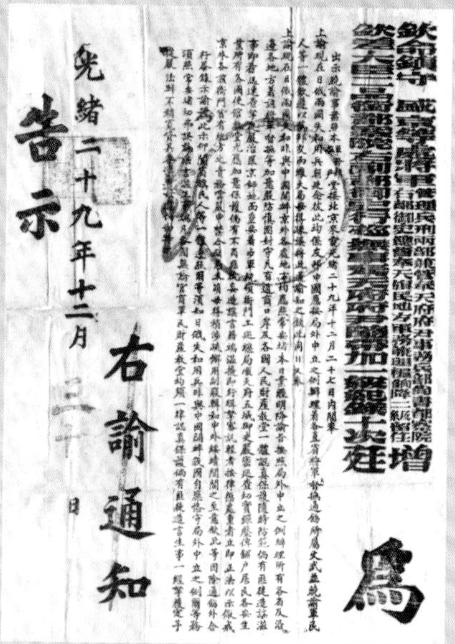

欽命鎮守

為

右諭通知

光緒二十九年十二月二十日

告示

1904年2月10日，日俄两国为争夺中国东北权益爆发战争，盛京将军曾祺等人遵照清政府命令颁发的“局外中立”告示

日本领事馆，1906年设立，馆址在小西边门里原左宝贵住宅

建设中的“奉天驿”，1908年由“满铁”始建，1910年7月建成运营

赵尔巽，1905年至1907年任盛京将军

民主革命家张榕

1908年9月，时任东三省总督的徐世昌（前左）回访“满铁”，与后藤新平等合影

有“东北第一名人故居”之称的张氏帅府，1914年始建，后陆续增建

沈阳老字号天益堂药店，始建于1824年

沈阳老字号内金生鞋店，始建于1914年

胡魁章笔庄印制自用记事册

老龙口酒厂生产的高粱酒商标

# 总　序

沈阳是东北首位度最高的城市，是国务院公布的国家历史文化名城，是辽宁省省会，是国内外闻名的大都会。沈阳以其悠远的历史文化传统和丰富的文物古迹遗存蜚声海内外。沈阳以其厚重的装备制造业基础、发达的交通枢纽地位、硕大的城市规模和现代城市文化品位日臻成为国家级中心城市，成为具有国际影响力的特大城市。

沈阳远古的历史可上溯至十余万年前的旧石器时期，沈阳农业大学后山等地已经出土的较为丰富的实物证明这里是沈阳先民的活动遗址之一。特别是七千多年前的新乐文化遗址（属新石器时期）的数次发掘，出土了数量较多的半地穴式房屋居住址，出土了数量可观的磨制、打制石器，斧、刀、铲和陶制深腹罐、斜口器等，解读着当时固定聚落和生产、生活工具的特点。出土的炭化谷物、炭化果核、网坠等又反映出原始农业和渔猎采摘的经济形态。出土的玉器、煤精制品不仅反映出新乐人有了审美情趣的要求，而且反映出工艺水平的精湛。遗址中出土的鸟形头饰的木雕手杖或被解读为权力结构的象征——权杖或图腾符号，或被引申为太阳鸟。

数万年间，沈阳先民繁衍生息绵延不绝，选择浑河流域的广袤平原和小有起伏的漫坡台地作为栖息之地，不是偶然。四季分明的气候、较充足的日照和丰富的水源、肥沃的土地终于被开发为生产、生活的家园。新乐遗址的发掘展示着远古先民的社会文化形态；同时，新乐遗址已经被证明不是孤立的。新乐文化向东、向西绵延百里有余，是一个内涵丰富的新石器时期文化带的布局。

进入阶级社会，开启了沈阳历史的城市之门，汉设候城县是正式设制的开始，其后的辽金两代沈州、元代沈阳路、明代沈阳卫等都是沈阳历史发展的闪光点，不仅提供了现今城市名称的冠名元素，而且扩大了城市规模，改善着城市结构。契丹、女真、蒙古、汉族等民族的不断融合成为沈阳人口的地域特色，逾千年而不变的军城戍守文化成为城市文化的基本内涵。其后，后金迁都沈阳，清朝在这里奠基，满族共同体在这里诞生，新满文在这里创制，改沈阳为盛京，进入城市发展的辉煌时期。近三百年的有清一代给沈阳留下了故宫、福陵、昭陵等世界文化遗产。

古代的沈阳，自燕将秦开收复辽东即开始了中原政权直接管辖的历史。汉代候城县则是沈阳出现行政建制的开始，是中原文化成为沈阳城市主体文化的第一次。与候城相伴，在今沈阳行政区域内还出现过高显县（今沈阳苏家屯区沙河魏家楼子）和辽阳县（今沈阳辽中县茨榆坨偏堡子），这既是汉中央政权对今沈阳地区的重视，也是今沈阳地区社会经济发育度的证明。晋末，高句丽割据时期候城县被焚于战火，但设在今苏家屯地区的陈相屯塔山的盖牟州城依然是沈阳地区城市发展的延续。辽代设沈州是在汉设候城原址附近的重建，同时代设立的广州（今于洪区彰驿古城）、辽州（今新民辽滨塔）、集州（今苏家屯区奉集堡古城）、祺州（今康平小塔子古城）、双州（今沈北石佛寺）等，形成了今沈阳及周围的建城设制的高潮。可以说，辽代沈州提供了今沈阳二字的沈字之源，辽代是沈阳城市发展的重要时期。

辽金元各代，沈阳城市得到发展，城市地位由州、县之城发展成为路城，但多个少数民族发展沈阳城市的历史丰富了城市的民族元素，展示了游牧民族对沈阳城市农业传统的承继，展示了经济形态转变的基本规律。

明设沈阳卫，其仍然是军事戍守功能为主的城市。沈阳卫城不是汉设候城汉族文化的回归，而是中华文化形成过程中的地域新成果。明沈阳卫时期，城市经济已不断发展，成为马市、木市等贸易的中转站，城市手工业和酿造业的发展已然出现了工厂化倾向，城市功能已经悄然改变。

清代建都沈阳，顺治入关后其被尊为陪都。沈阳设过奉天府、立过承德县，但世间的城市称呼依然多为沈阳。立都的时间短，陪都的时间前后数百年间，沈阳仍然保有东北政治、军事、经济、文化中心的地位。在传续盛京驻防将军和盛京五部局机构的同时，亦有府、县机构的建立和施政。多级机构同处一城，满族、汉族等多民族和谐共处。努尔哈赤为沈阳从明卫城成为京城，成为东北第一城做出了政治设计和决断，可以说是沈阳城市地位跃升的城市之父。

民国之前，沈阳曾经历了庚子之役的沙俄军队劫掠，经历了日俄奉天会战，城市濒临毁灭。两次战争使近代工业之嚆矢——盛京机器局面目全非，使近代教育的先河——奉天大学堂一片荡然。经济凋弊，城垣崩塌，人民流离，苦不堪言。民国之后，日本侵略势力肢解城市布局，扭曲经济形态，并悍然发动“九一八”事变，城市沦陷，是东北历史最为黑暗的日本殖民统治的伪满时期。抗日战争胜利，沈阳光复，经过解放战争的辽沈战役，沈阳终于成为人民的城市。

民国之前，甚至可溯至清末新政，沈阳即开始了近代化的探索，办工厂、兴学校，实施政治改革。然而这些努力却遭到帝国主义列强的粗暴干涉，遭到侵略战争的洗劫。清末的盛京机器局、工艺局、八旗女工工厂、大东工业区，正在施行的惠工工业区、沈阳工业区，重要的辽宁迫击炮厂、华北机器厂、大亨铁工业、肇新、悦新等工厂无一例外都在“九一八”事变之后落入日本殖民者之手。沦陷期间，沈阳被改称奉天，有“铁西开拓地”，更有大北监狱（全国最大规模的监狱），亡国奴的历史成为沈阳城市之痛！

自新中国成立以来，在国家制度的安排下，经过“一五”大建设，沈阳的城市功能由工商消费性城市转化为工业生产型城市，在保有区域公路、铁路交通枢纽地位的同时，依然成为东北的政治、经济、文化中心。为数众多的援建项目和重点项目落地沈阳，恢复了大东工业区，完善了铁西工业区，发展了三台子等工业大项，沈阳的机械制造、成套设备制造、军工生产等成为城市的支柱产业，沈阳成为共和国的工业长子。沈阳机床、变压器、风动工具、泵阀及重型设备等成为品牌。经过“大跃进”的坎坷和“文化大革命”的浩劫，沈阳城市发展遭遇到困难和挫折，但塑料等新兴材料工业、无线电及微电子产业等仍然获得了创新发展，工业门类愈发齐全，大型冶矿设备的生产能力进一步提升，彰显着工业装备制造中心的城市特色。

沈阳的工业基地的地位是共和国赋予的，而成就工业基地的主体则是广大觉悟了的工人。主人翁地位的责任、翻身解放的喜悦造就了劳模精神，正是劳模精神鼓舞着沈阳完成了恢复、发展建设的任务，在支援全国解放战争、支援抗美援朝战争、支援三线建设等战略任务当中做出了杰出的贡献。

进入改革开放的新时期，沈阳经历了“东北现象”的阵痛，经历了徘徊和期待，经历了下岗的无奈，终于在环渤海经济圈建设、东北大振兴等机遇中理清了城市发展思路，确立了三大目标五大任务，在城市布局、产业结构、城市建设、环境建设、城市管理等诸方面都发生了革命性的变化。现在，城市城区的面积已是改革前的一倍量有余，浑南新区城市成熟度日渐成熟，其百余条街路上现代建筑云集，二十一世纪大厦、奥体中心等已成为城市地标。地铁通达，有轨电车运营，城市行政中心和公共文化设施中心即将投入使用。浑南不再是城市郊区，一跃而成为沈阳的核心城区。沈北新区有北部大学城，有数座高校的现代建筑群，古生物博物馆落户于沈阳师范大学，软件园、科技园等又迅速地改变着沈北新区的居民结构和产业结构，迅速提升着新区的人文素质和文化实力，提升着新区的社会经济综合实力。东部汽车产业园弥合了大东与沈北的区域结合部，正在形成最大的城市支柱产业集群。与此同时，一片片新的住宅区、商务楼宇、基础设施改造区不断崛起和完成，东部城区得到了外延发展和内涵的提升。铁西新区的设立不仅完成了城市工业的西迁，而且完成了老旧工业区的功能转换，形成了高标准、现代化的住宅和商务集中区。在新区的西部以全新的姿态集合了城市装备制造业的重要厂家，提供了标准厂房、动力供应和新设铁路专用线的方便，机床、变压器、鼓风、电缆、机车等大型企业经营条件进一步改善，造就了沈阳装备制造业的新形象。

沈阳装备制造业的发展经历了搬离旧铁西，建设新集聚区，实现全市主要同行业的大汇聚，经历了由工厂到公司的转变，经历了技术普及型向高精尖型的转变。自动化、数字化、成套化成为沈阳装备制造的技术特点。装备制造领域的全覆盖成为沈阳装备制造的高位势。

新时期，沈阳建成区扩大、布局合理、交通进步、四环内区分特色明显，各分区之间布局弥合，功能互补，产业结构调整愈发彰显生机，一个现代化大都市的形象正在形成。

当下，南高（高科技）、北新（新技术）、东汽（汽车及零部件）、西重（装备制造）的产业格局已经形成，和平、沈河的金融中心及现代服务业的功能日趋成熟，皇姑的人文优势和新兴服务业基础日益坚实，以此为内核，连同东陵、于洪的沈阳全域城市化进程已经开始，连同新民、辽中、法库、康平，连同大沈阳经济区内的其他城市，沈阳国家级中心城市的目标一定会实现。

沈阳的历史厚重丰富，仅以五卷本难以展述其全部。本部通史的主旨仅在力求“通”字不断线，力求“史”字应述尽述。特别是城市的发生、发展的根本动因是什么，基本脉络若何，有无规律可以探讨等，都是应予关注的。对沈阳而言，工业城市的基础缘于何时，其具有典型性和代表性的工业现象缘何解读，殖民地工业现象的历史批判、沈阳工业都会地位的确立等，都是应予特别关注的。限于水平，特别是在沈阳地域通史类的著作首次尝试中对上述各项尚难把握。来自若干单位的同仁也缺少更多的交流和切磋，有些遗憾只待将来弥补。

在《沈阳通史》完稿之际，有些如释重负，有多年夙愿即将实现的愉悦。但面对未来，面对城市历史研究的国内外大势，只能是积极而深入地继续下去，希冀以更多更新的成果为沈阳的文化建设稍尽绵薄。

张志强

2014年11月

# 前　言

本卷主述1840年至1918年的沈阳历史，即沈阳近代史。其间，起于清道光二十年以降，直至民国八年前，大体可划分为晚清和民初两个时期。

鸦片战争影响盛京，社会形态由封建专制向半殖民地半封建转化。营口开埠以后，盛京物产大豆、粮食、木材、柞蚕丝等被拖入世界市场，外国列强的洋教、洋货、洋烟（鸦片）大举进入盛京。清政府主权外溢，盛京成为外国列强的产品倾销地和原料供应地。这一基本变化是外国列强强加给中国的，是清政府不情愿的，然而却是基本的历史现象。清政府出于维护统治的需要有过推行东北新政整顿军政的举措，但是在中日甲午战争、庚子沙俄占领盛京绞杀义和团的战争、日俄两国奉天大会战等洗劫下,盛京城走向崩溃。

落后挨打之后,富国强兵是屡遭侵略压榨的民族自醒。盛京有过青年学子“春生上书”反对清政府与日本签订不平等条约，有过震撼全城的农民起义和市民风潮，但都未能从根本上实现社会变革。整顿了东北军政，改革了官制、吏治，但那只是一缕清新的风，风儿一过，依然故我。政治中枢依然操控于叶赫那拉氏集团，盛京将军等满族贵族依然主宰陪都军政。东北新政设总督、巡抚，撤销盛京五部，废除旗民两重管理体制，封建统治在盛京有了一些形式上的变化，但清政府更关注的是爱新觉罗家族统治的延续，更关注清丈起赋升科和军政制度的变化，其中心是加强武器装备的现代化，加强对内镇压的军事能力。东北新政也倡办学堂、兴实业，甚至通过中美、中日通商续约，盛京、新民、法库等自行开埠通商，然而列强的反应却时热时冷，因为他们要求的不仅仅是开店、设厂的便利，而是要攫夺盛京的商经大权。作为东北新政期间的积极成果，盛京有了大学堂的尝试和两级师范学堂等一批新式学校的建立，其学生不再限定八旗贵胄子弟和官绅子弟，一些非旗人子弟也有了接受教育的机会。同时，以盛京机器局为起点的官办、官督商办、官商合办、商办的多种形式的民族工业开始崛起，以官银号为代表的官办银行成为城市金融的主体，施医院、官立医院等成为新式医疗机构的代表。

近代沈阳，在经历了半殖民地半封建的屈辱之后，也收获了一些社会进步和经济发展的成果。但所有这些并不是外国列强的“开发”，也不是清政府的“自觉”，只是社会发展的大趋势使然。军政整顿和东北新政是社会发展的客观要求，顺应了这一历史趋势就会发展，反之就会停滞，甚至倒退。

清末，辛亥革命的潮流浩浩荡荡，奉天亦不例外。孙中山先生关注着东三省，曾派宋教仁等来奉策划起义，建立革命组织，驻北大营的新军协领蓝天蔚及省城的革命党人张榕、宝琨等策划东三省独立、建立联合急进会，与清政府保皇派进行斗争。奉省的辛亥革命失败了，不是主义的不坚定，而是严重脱离广大市民，脱离奉省政治实际，在清政府奉省地方势力的诱诈和镇压下，少数人空忙的革命未能如愿。

民国建立，但在沈阳这只是一种政体形式变化。民国初年的东三省总督、奉省督军依然是晚清奉省的军政大员，只是称呼和名义有了变化。如果说辛亥革命奉省军政有了些变化，那就是张作霖成为奉天督军、省长，标志着军阀政治的形成和开始。奉系的形成与辛亥革命以后全国各地军阀政治的总态势是一致的，军阀政治窃取辛亥革命的成果，成为民国政治的基本特点也是近代中国的必然经历。

近代史不只是依时间断限划分的历史时期，更主要的是这一时期中国社会形态急剧变革。中国近代史的起点通说是起自鸦片战争，这一点沈阳与全国同步。虽然沈阳不是鸦片战争的主战场，但英国军舰游弋盛京洋面，登岸骚扰辽南百姓，沈阳调兵增防的记载却史有明文。其间，还有盛京将军南调广州，调兵运械加防京师等。

鸦片战争结束，中国以列强强迫签订不平等条约开始逐渐转变为半殖民地半封建的社会形态。在清朝中国北部边疆危机的大背景下，元明以来的大东北在鸦片战争以后正在收缩为黑龙江以北和乌苏里江以东失地后的东北。这种收缩亦不能稳定。主要表现为沙俄“借地”筑路，强租旅顺、大连，英国投资先期进入东北抢筑关外铁路（今京沈铁路）。日本接手中东铁路南部支线（后改南满铁路即今长大铁路），强筑安奉（今沈丹铁路）、奉抚铁路（今沈抚南线），美国亦曾提出哈里曼大铁路计划，等等。

列强以强筑铁路的形式霸占中国的路权。这些在建铁路或计划修建的铁路均以奉天为中枢，这使沈阳成为列强掠夺的重要节点，成为东北物资、原料运出的集中地。直至辛亥革命之前，沈阳周围的铁路已陆续开通，但没有一条路权归属中国。列强以铁路沿线做基础非法驻军、设警，以各车站为基础圈占“铁路用地”“附属地”设厂、经商、办学校、非法行政。沈阳是多条铁路的交汇点，其“附属地”面积已接近和超过古城区的面积。不请自来的外国人（其中有相当数量的军警）反客为主，不仅制造了“国中国，城中城”，而且使其形成了城市结构二元化的历史基础。

面对外国势力的大举进入，沈阳有过抗争，有过近代化的努力，有过古城商业街（今中街等）的坚守，有过盛京机器局、军械厂、德顺铁工厂等近代工业的创办，有过奉天公园、万泉园等公园的开放，有过盛京医科大学、奉天法政学堂等近代教育的兴办，有过外国人居住区和商埠地的规划，有过城市道路的铺装设计和马拉铁道的运营，有过发电、自来水事业的创办。然而这一切进步无不遭受外国列强的阻滞、扭曲和打压。

古城城垣、城楼、角楼逐渐塌毁倾圮，外廓墙已名存实亡。满洲八旗分驻的旗地域内已出现了汉族的民屯、商屯、村落，持续的闯关东人口迁徙大潮已彻底改变了沈阳城市人口的民族结构。齐鲁文化、燕赵文化成为城市文化的基本元素。

经历了数十年的风雨剥蚀，晚清的陪都、民初的省城，沈阳经历着痛楚的近代化的历程。

沈阳近代史是沈阳历史长河中一段极为重要的经历。

# 目　录

# 第一章
# 清代晚期的陪都盛京（沈阳）

- 走向没落的陪都
- 陪都盛京的政治军事制度
- 城市工商经济

鸦片战争的战场虽在广东及东南沿海，但与东北不无关系。其间，英国舰队骚扰辽东湾、非法登岸，在今大连市区青泥洼等地驻军设营，掠夺粮食、肉品和淡水，破坏中国百姓的渔业、农业生产和社会生活。为此，盛京城等驻防军队受命南下备战海防，组织铸炮、刀枪等军需生产，征调粮食以备京师之需，等等。盛京城作为清朝陪都（或称留都）已在列强觊觎之下。第二次鸦片战争，盛京门户洞开，营口被迫开港，陪都重镇成为洋教、洋货的传播和倾销地。

鸦片战争是帝国主义列强强加给中国的不义之战，战争是军力、国力的较量，是社会形态的较量。这场较量中，刀枪弓箭的冷兵器只能寄希望于“刀枪不入”，以小农生产为主体的自然经济只能对工业化了的资本主义望而兴叹。比较中，封建体制的社会形态挤进了半殖民地的社会形态，清政府逐渐沦落为列强的附庸。

在鸦片战争的影响下，盛京试图保持陪都的“自尊”，盛京将军、盛京五部的体制依然维系，奉天府、承德县的民治机构发展缓慢。盛京城的工商业依然是以油坊、烧锅、磨坊为主的作坊式生产。偶尔见到烈火熊熊，那也可能只是铁匠炉，见到串街走巷的行商也可能只是布贩子、货郎担……四平街是城市中心商街，有行、市、铺的分布，但较多的还是前店后坊或前店后铺，其商业组织要么是具有乡邦色彩的“会馆”，要么根本就是师傅带徒弟或家庭家族式的团体。

晚清的沈阳（盛京）仍保有陪都的政治地位，虽然城市规模、经济社会发展水平并不是首都之后的全国第二位的大都市，但仍然是东北地区的中心城市。

在近代史的初起阶段，沈阳仍然是持续了两百年的消费城市。满族官僚、没落贵族仍然是消费主体，大量的皇庄、官庄把持着数量庞大的山场、围场、庄园，支配着陵户、匠户、包衣的生产和生活。陆续出现的民屯、官屯等民户或是佣工，或是旗人的附庸。

民族压迫、列强进入、社会进步缓慢、经济发展迟滞，是这一时期盛京城的主要特点。随着民人（主要指汉族）人口的增加，奉天府、承德县同驻盛京，分别成为盛京辖境的首府、首县。城市工商业的近代化萌芽已经出现，土地制度的变革、城市文化的新元素等已经诞生。

鸦片战争是强烈的社会震颤，是被动的社会变革。遗憾的是在变革到来之前，盛京城自身的变革太缓慢。

# 第一节　走向没落的陪都

## 一、鸦片泛滥盛京

鸦片，俗称大烟，是从植物罂粟（又称阿芙蓉）的果实中提炼出来的可供吸食的毒品，原产地在印度和小亚细亚一带。中国也有少量出产，但其药力不如进口，故又有土烟和洋烟之分。鸦片含有能使人麻醉的毒素，少量入药可用于止痛，但吸食上瘾，则会产生幻觉、亢奋之效果。久之吸食者骨瘦如柴、精神萎靡。鸦片作为“洋药”进口中国，在1767年以前每年由印度输入均不超过290箱（每箱约重133磅）。1773年，英国殖民地的印度政府确立以鸦片侵略中国的政策，并赋予英国东印度公司[①]以鸦片的专卖和制造特权。东印度公司在印度制成鸦片，拍卖给商人后尽数运往中国。收购及制成鸦片每箱费用不到250卢比[②]，经加尔各答市场拍卖可达售价1210卢比至1600卢比，即是成本价的6倍。鸦片离港，英国殖民政府抽税率为300%，鸦片提成占其收入的10%。鸦片到达中国既纳税，又能拿到中国烟贩的预购款，稳妥而暴利，若赶上“好年头”，每箱鸦片的利润可高达1000银元。对于当时尚处于自然经济形态下的中国，这笔利润超过了一般农村（若按100户计）一年的收成总和。英国鸦片贩子泰勒曾说：“鸦片同金子一样，任何时候我都能卖掉。”[③]

鸦片这种黑色毒流，源源不断地涌进中国。到1837年已经达到39000箱。在鸦片战争之前的40年间，东印度公司运进中国的鸦片不下42.7万箱。从中国掠走的白银有3到4亿银元。英国诱迫印度生产鸦片，换走中国白银，扩大了英国工业产品在印度的销路，改变了中英贸易不平衡地位。非法的鸦片贸易使中国对英贸易由出超变为入超，中国的贸易不平衡要靠白银净流出的激增维持，数年间，中国国库已被掏空。

在英国之外，美国特制配有大炮等重武器的鸦片运输船，大规模对中国武

---

① 东印度公司（1600—1858）是英国的贸易的公司，是其在印度、中国和亚洲其他国家进行殖民掠夺的工具。

② 银洋和卢比的比价，1817年为100：206。

③ 丁名楠等：《帝国主义侵华史》第1卷，人民出版社1961年版，第18页。

装走私。美国烟贩从土耳其和波斯收购鸦片连续不断地运抵中国海岸。美国的耶稣教会的牧师还散布“鸦片无害于中国人，像酒的无害于美国人一样”。①还有沙皇俄国等列强都从事着用鸦片牟利的无耻勾当。

鸦片在中国的输入地主要为广州，在东北等地亦有输入。见于史载：道光十一年（1831），就有美国“西洛夫号快船船主华莱士驶往辽东湾”。②转年11月，又有英国人烟船北上，强入“盖州属连云岛海口”，因守卡清兵“擅离职守，以至英人登岸入城”。③后虽被驱逐，但这确是英国人从海路登岸盛京辖域的历史记录。道光十七年（1837），清兵在“山海关搜获烟土一案”，亦与洋烟有涉，以至盛京将军上奏朝廷：“今则吸烟土，几遍天下。”④当年9月，清军在山东荣成之俚岛海面查出商船和所运烟土13400余两，经询“欲往奉天售卖”。⑤

正是鸦片源源北上泛滥盛京，致使锦州之天桥厂、海城之没沟营、田庄台、盖平之连云岛、金州之貔子窝，岫岩之大孤山等地各处海口成为鸦片船走私猖獗的地方，不过这些港口自销能力有限，鸦片的多数在上岸后即流向城市，其大宗是流向沈阳（时称盛京）城乡。这些海船停泊之处，“明易货物，暗销烟土”。⑥ 锦州、海城、新民等地出现烟行、烟馆，沈阳城内外出现专门的烟馆、烟行，妓院甚至茶馆等地也有烟土售卖。

数十年的日积月累，洋烟、土烟合流后鸦片销售独占鳌头，盛京的社会生活逐渐堕落，生产力提高缓慢，官场、商场、军人乃至风尘之人吸食鸦片者累日渐增，清王朝的龙兴之地已被烟云笼罩，乃至战端降临，没有财力物力，没有体魄健康的士兵，陪都盛京岌岌可危。

## 二、战争震动盛京

道光二十年（1840）6月，英国以寻求贸易为名，以清政府在虎门销毁鸦片为借口，发动对中国的侵略战争。咸丰六年（1856年）12月，英法联军在俄美等列强的支持下，以“亚罗号事件”和“马神甫事件”为借口，仍然打着争取对华贸易的幌子发动第二次鸦片战争。由于两次战争的主要战场首先发生在广

① 摩理逊：《麻塞谅塞航海史》。
② 中国史学会主编：《鸦片战争》第4册，478页。
③《清宣宗实录》卷二二五，第16页。
④《皇济名臣奏议》，《奉天史料丛钞》第1册。
⑤《清宣宗实录》卷三一六，第18页。
⑥《清宣宗实录》卷三一六，第18页。

州，后虽涉及沿海多处地方，但都离沈阳（盛京）很遥远，似乎这两次战争与沈阳毫不相涉，而历史的真实却不是这样。

第一次鸦片战争期间，侵华英军总司令义律亲自率领“窝拉疑”号等英国舰船闯入渤海湾，在辽东半岛等地窥探各处海口出入路径[①]，英国军舰摩底斯底号、布朗底号等驶入奉天洋面，在复州所辖的常兴岛、塔山以南的洋面非法航行、抛锚、抢掠。

常兴岛（今长兴岛），长6至70里，宽3至49里，其间有八岔沟、桶子沟、蚊子嘴等。英舰入侵，岛上村民即报告：“前次先到夷船二只，及续到夷船一只，均在塔山外洋停泊，夷船各随有脚艇，曾在常兴岛之八岔山沟，汲取泉水，并向居民以洋钱易换牛羊鸡鸭。”[②]

另据摩底斯底号舰长在后来所写《英军在华作战》里供称，他奉义律之命，率摩底斯底号与包祖率领的布朗底号和爱尔斯率领的“衣那”号运输船一起，强行进入奉天洋面，探听情报，取得粮食。他写道：

“（1840年8月）20日，抵达辽东海岸……我们希望得到大量的牛，因为我们看到一群一群的牛正在附近吃草……

8月23日，我们什么也不能从居民那里买到，……我们已经看出来了。每天晚上，牛被关进一个特殊的地方，因此，包祖船长决定去抓抓试试看。早晨2时，布朗底号的和我们的小船动身出差去了。当小船靠岸时，显而易见，中国人已料到有此一举，因为一个明明摆在那里守望的人发出警号。他一发出警号，牛栏打开，牛只冲出，四向奔散，显然和它们的主人一样地厌于和我们打交道，被运到船上的只有3头，还有2头小牛，有两三头在他们返回小船的途中逃脱了……

运输船出现了，我们必须继续上水。但布朗底号的小船在该船的晚餐时间以后，在南边的一个岛上进行了一次最成功的抢劫。他们一共抢到68头，赶快载运，又以类似方式得到了鸭和鸡。”[③]

英军的这些暴行出现在宾汉的报告记述中，有对抢掠行径的轻描淡写，有对侵略暴行的粉饰，当然也有对非法收获的喜悦和贪婪。英军的暴行发生在常兴岛，但其恶劣影响很快传到盛京，并迅疾上报朝廷。然接报后，道光皇帝给盛京将军耆英的谕旨（8月30日）却说：英夷“倘有架聱情形，断不准在海洋

---

①《筹办夷各始末》（一），（道光朝），第671页。

②《筹办夷务始末》（一），（光绪朝），第455页。

③ 中国史学会：《鸦片战争》第5册，第85–86页。

与之接仗。盖该夷之所长在船炮，至舍舟登陆，则一无所能，正不如偃旗息鼓，诱之登岸，草里穿兵，奋击痛剿，使聚而歼旋，乃为上策。”[①]看来，英军骚扰辽东的情形，经盛京将军奏报，清政府已经知晓，并且有与之接仗的决心。只是在分析英军情形时只是纸上谈兵，要求驻盛京城的清军不可在海上交战，误认为一旦陆战，英军即可被聚而歼之。实际上英军不用“诱”已经强行登岸，在他们面临食物和淡水需要补充的时候，疯狂抢掠接踵而至。但是，只有中国百姓的零星抵抗，那些守土有责的清军未曾与英军接仗。人们看到的只是清军骑校往来于半岛与盛京之间的信使，看到的只是清军“以守为战，以逸待劳”的消极准备，俟至英军登岸，清军又逃之夭夭了。

面对敌情，盛京将军耆英曾率领官兵400人从盛京城出发，前往南路的复州和金州一带督防，察看了常兴岛前沿阵地和旅顺口要隘，并会同熊岳副都统祥厚、锦州副都统道庆一同议定，将奉天1 000多里的海岸线，划分为南、中、西三段布防，耆英还受命抽调水师营和马步勇官兵3 000人，雇募乡勇、民壮和猎手等2 000人协同官兵分往奉天第一要隘旅顺口及沿岸各海口，但与英军的战斗并未发生。

9月12日，英国军舰陆续集结天津，辽东的局势有所缓和。随后，英军在大沽口与清政府代表直隶将军琦善的谈判中，得到一切问题都可以通过谈判解决的承诺后，起锚南返。道光皇帝下令奉天等沿海各省酌量撤兵。1841年8月，英军北上进攻福建，道光帝谕旨盛京将军耆英恢复金州、复州等地撤防的官兵、练勇，“仍照原派各数，立时调集。”[②]

道光帝和战不定，剿抚两可，时而撤兵，时而增兵的战意，直接导致1842年8月29日清政府与英国政府在南京签订了中国近代史上第一个丧权辱国的条约——《南京条约》。也正是道光皇帝的这种对英卑屈求和的方针导致了辽东半岛沿海边防各口与盛京城之间的空忙。

第二次鸦片战争期间，英国舰队派出恩德率领兵舰北上渤海湾。1860年2月23日，英国舰船驶入大连湾，有英军6名驾驶小船在金州所属和尚岛上岸。“据称，系英国船只，载有夷官，名吉必董，并非通商，拟赴天津，到此暂停。后路尚有火轮船多只，俟上海聚商，即行起碇。”次日，这艘英船“东西游弋至老犍子沟停泊，距岸30里，试探水势，用千里镜窥看。”[③]28日，英舰增至4

① 《筹办夷务始末》(一)，(道光朝)，第412页

② 中国第一历史档案馆:《盛京将军耆英奏为严防海口，兼筹陆路剿击事宜，并宣令吉林黑龙江官兵驻地听调由》，道光二十年八月十一日。

③ 中国第一历史档案馆:《盛京将军玉明等奏英夷四只在金州海口进行窥探，已饬地方严勘》，咸丰十年二月十七日。

艘，“分赴甘井子等处，寻买牛羊。”[①]直至5月，英军占领大连湾，法军占领烟台，完成了控扼渤海，形成了进攻天津和北京的部署。

数月之间，英国军舰在大连湾不是“即行起旋”，也不是“到此暂停”，而是试探水势、侦察军情，在骚扰、侵掠了骆马山、羊头洼、大孤山、小孤山、二道河子、白石洞等地之后，又抢掠渤海洋面的中国商船，把来自上海、江苏等地近百只沙船、卫船上的粮食、银两洗劫后又驱逐了中国水手数十人，最后竟把抢得的高船在大连湾“将船身另涂白色，欲改修火轮船，带赴天津打仗。”[②]

显然，英国侵略军强占大连湾，并将其作为进攻京津的军事基地。沿海岸“联络三百余里，帐房千余架，而登岸之夷人数千余名。”[③]英军肆意拆毁民房，掠夺粮食，抢夺牲畜，“将东西青泥洼民房全行占据，肆意军事演习”，更为甚者，英军竟宣布在大连湾建立“必克特里贝”市，俨然成为大连湾的直接行政者。

面对英军肆意妄行，金州副都统希拉布吁请盛京将军玉明派兵增援。玉明着令从沈阳调兵500名，从辽阳调兵200名，从熊岳调兵300名共同入驻金州湾。这千数援兵会同金州驻军其员额仍只在英军的几分之一，且武器装备更难望其项背。为此，玉明获朝廷准奏，以“势不能不藉资民团，以济兵力”[④]，并派景霖驻扎盖州督办各州县的民团组成保卫半岛、保卫盛京的民团防线。当时援军续至民团随增盛京内外的战斗氛围正在形成。然而清政府的旨令却是对大批来犯的英军采取妥协求和的方针，授意希拉布“静以待动”，“非夷人大队深入，不得遽行攻剿。”甚至婉言开导，“令其迅速回船，并将船只即行驶去”[⑤]才是最好的办法。

来自沈阳、辽阳等地的清军火速行军数百里，到达金州前线的任务只是静以待动，只是眼睁睁地看着英国侵略军烧杀劫掠大连。

两次鸦片战争，沈阳并不是直接战场，但由于百余只英国军舰侵犯大连

---

① 中国第一历史档案馆：《盛京将军玉明等奏金州海口英夷驶去，该地兵力较单，应备兵防范由》，咸丰十年二月二十日。

② 中国第一历史档案馆：《盛京将军玉明奏漕船在山东洋面被劫并查探情形》，咸丰元年四月二十一日。

③ 中国第一历史档案馆：《盛京将军玉明奏金州夷风日炽并不顾防奉天海口由》，咸丰十年六月五日。

④ 中国第一历史档案馆：《盛京将军玉明奏金州英军情形并严防奉天海口由》，咸丰十年六月五日。

⑤《清文宗实录》卷三一九，第2页。

湾，觊觎金州湾，并有万余名英军登岸抢掠粮食财物、烧毁房屋、村舍，严重破坏了辽东半岛中国人民的生产生活和社会秩序，并因此使得盛京辖域的一部分海疆和领土受到侵略军的践踏。沈阳城里听不到英国舰船的炮声，也没看到横行无忌的“红毛鬼子”，但由于沈阳是盛京将军的驻地，告急文书信使往来频繁，500名清军要告别驻地和亲人南下驰援，一些重要军需物资要在沈阳采购，英军也可能北上的各种消息不绝于耳……陪都盛京在鸦片烟云的缭绕中也被两次鸦片战争强烈地震动了。

## 三、盛京穷于应付

两次鸦片战争都涉及盛京辖境，然而盛京都穷于应付。由于朝廷战抚不定和总体上妥协，盛京将军也没有组织有效的抵抗。面对侵略者的抢掠和暴行，只有人民自发的保卫乡里的斗争。两次鸦片战争都是外国列强强加于中国的，如果说第一次鸦片战争发生得突兀而无常，那么经过打击之后清政府“天朝”心态依然，盛京城的“龙兴”之尊依然，所以第二次鸦片战争爆发时穷于应付依然。

为应付战争，盛京在军备、军力和战争动员方面也做了一些事情，从战略上说却是一种无奈，从战术上说也与实际需要相去甚远，几乎全然无效。

开战之前，清廷命盛京将军耆英加意防堵英船，添设总旗族长2员，从各旗选调千名士兵备战；要求添造抬枪、大炮，要设复州、海州等各海口以守海防，并下令从吉林、黑龙江调集官兵1 500余人到盛京加强防务。

盛京防堵英船并没有实际效果，英军要在哪里停，要在哪里上岸，清军既没防得了，也没堵得住。英船进入盛京辖境，抛锚于常兴岛、塔山以南洋面非法上岸“汲取泉水，并向居民以洋钱易换牛只鸡鸭”[①]，进行着中国人并不情愿的交易。交易中的洋钱在中国市场上并不流通，在中国百姓手中形同废纸、废物。当然这还算是客气的，更多的则是英船随意停泊、上岸，以抢掠的方式获得粮食、牛羊和菜蔬等。面对英军的暴行，不用诱之登岸，英军已在多处登岸。英军暴行林林总总，清军只是躲在远处观望，不消说在海洋与之接仗，就是英军舍船登陆，“一无所能”的时候，清军也未督率弁兵并奋击痛剿。以守为战，以逸待劳的消极战略只是一个口号。

盛京添设的总旗族长组织两千名八旗兵士投入防守海防，这有国防动员的

---

①《筹办夷务始末》(一)，(道光朝)，第455页。

意味，也是为应付战争所做的总动员，在盛京城有较大反响。以族长率各旗兵士的组织形式有如满族的家兵、皇帝的亲兵，在管理方式上是传统的家族式，在兵力投放时又“承蒙”多种照顾并不能冲上第一线。

盛京添造抬枪500杆，新铸大炮2门，并命名为巩定将军炮和振武将军炮。抬枪是步兵使的热兵器，其作用与后来的步枪相似。抬枪枪筒很长，要从枪口填入火药和子弹（铁砂），需要两个人配合才能射击，这种二人抬的枪支称为抬枪。抬枪较之长矛确是进步，但射击距离短，有效杀伤能力差，使用繁复，且受阴雨天不能使用等制约。抬枪与当时英军使用的步枪相比，其性能要落后50年。新铸的大炮在盛京城备受赞誉，因为其吨位和炮身铸造质量都有很大的提高，但仍然是无轮无滑膛的定位臼炮，大炮很笨重，不能变换发射角和位角，仍然以炮口置入铁砂等物为霰弹，以火绳为引火装置。这两门大炮并未炸膛，但有限的射程对英军舰船没有威胁。在英军小船泊岸时，其炮位无法变换不能击中目标，只有炮弹溅起的朵朵水花，犹如海上一景。

武器装备的落后，使得清军应付战争时在军力上已先失一着。

盛京在战前即得到清廷批准，从吉林选调精于鸟枪的士兵500人由耆英调用加强海防。后又有吉林、黑龙江官兵各1 000人调来盛京加强防务，增援盛京。然而这新调来的外地军力也就2 500人，本地选调加强海防的也就1 000人，两项合计不过3 500人，连同原驻盛京海防的清军总共也不超过5 000人。驻防清军是分攻在各海口，外调的增援军力也被分摊到金州、复州、海州等几处，这样就造成了在可能发生的接仗中，清军在局部地区也不具备数量优势。况且英军虽然远涉重洋侵掠辽东，但在补给和待战期间战力并未受损。英军拥有48艘舰船，共装有大炮540门，其军官和士兵共达4 000余人，在其侵扰盛京洋面、抄掠沿海城镇和村庄时都形成了数量和装备上的优势。对待英军的战事不是林中打鸟，而是以鸟枪（俗称老洋炮）对火枪，以铸炮对船炮，对英军的全然无知，使清军在应付战争的军力对比上和战术谋略上又失了一着。

英军侵扰盛京洋面及沿岸，起于1840年8月17日，终结于9月12日左右，在不到一个月的时间里，盛京对战争的应付主要是防守旅顺口，防守南路和西路海岸，但这些地方并不是英军登陆的重点。英军大肆掠夺完成补给之后便进军大沽口，盛京辽东的形势有所缓和。9月15日，英军开始南下返航时，道光皇帝误认为战争已经结束，误认为英军南撤是“我办理得手之机……远胜十万之帅耶?”[①]遂下令盛京等沿海各省可酌量撤兵，盛京将军耆英被调任广州将军，随即有令留驻盛京的吉林、黑龙江官兵各回原防，盛京招募的乡勇、民壮和猎手也带着他们的鸟枪、弹弓等解散回籍。

突兀的鸦片战争以《南京条约》的签订结束了，然而在中国历史上第一个不平等条约的屈辱正日愈加深的时候，第二次鸦片战争又开始了。盛京洋面，辽东半岛又成为英军驻泊、补给、出击北京的出发地。虽然时间过去了20年，但盛京将军应付战争的办法仍然与第一次鸦片战争一样，仍然是战略上采取守势，坚守衅不自我开，战术上依然是增兵、增防、添炮，其结果更加悲惨。

1856年9月，清廷急令从盛京调兵1 000人，增防直隶，10月，再令从盛京调兵1 000人增防直隶，至于占据盛京洋面的英军舰船控制海面，登岸侵掠的英军，只有交给“旅顺口羊头洼乡民聚众二三千人，持械喊叫、追逐”[②]与之斗争了。当地的驻防清军面对英国侵略军的强横，要么撤防逃跑，要么在远处观望。还在开战之前，清廷即命盛京将军书元采购粮米运送天津，调盛京官兵8 000人入京备用，调盛京官兵5 000人前往江南、直隶与太平军作战，调盛京官兵4 000人赴天津备用。此类各项，清廷下令从盛京调兵逾2万人，或守卫京津，或参与镇压太平天国义军的战役。当鸦片战火再次燃起，盛京已无军队可调。清廷特许盛京可办地方团练，规定不分旗人、民人均可置办鸟枪（但要凿字备查），仍如前次一样，以鸟枪为主要武器的团练是无法与热兵器武装的英军对仗的。第二次鸦片战争，盛京仍是穷于应付。

1860年2月23日，英军的小型舰队先行驶至辽东湾，派出小艇在金州和尚岛登岸。次日，续有兵舰4艘驶来，在甘井子等处上岸滋事。5月，英军占领大连湾，6月，英法联军封锁渤海海峡，完成了进攻京津的准备。这次英军闯入盛京洋面不仅重现“寻买牛羊”，抢掠百姓的暴行，而且在海上强行抓扣中国民船100多只，获粮食（漕粮）1万余石，现银2 100余两[③]及中国水手57人。当100多艘英军舰只、数万名官兵集聚大连湾时，民房被毁，牲畜被抢，岸防设施被占据，清军士兵被驱逐……当大连湾海面及青泥洼、周水子、白石洞等地陷入英军之手的时候，盛京将军玉明决定派兵增援。从辽阳调兵200人，从熊岳调兵300人，从盛京城调兵500人，当他们齐集金州的时候也只有1 000人，连同原地驻防清军总数不到5 000人，在数量上明显处于劣势，约为英军的四分之一。

---

① 《筹办夷务始末》(一)，(道光朝)，第513页。

② 斯温霍：《1860年华北战役纪要》。

③《第二次鸦片战争》第4册，第375-376页。

玉明又想到老办法"势不能不藉资民团"。[①]早在1843年清廷就命盛京等地举办乡民团练，也有以防英军入侵的意图，但实际上这种团练充其量不过相当于准军事组织，其战斗力只能作为正式军队的补充，对外作战鲜有成功的先例。盛京团练一般是由地方士绅出资，以喜武之士为骨干，招募一些无业者或青壮农民，多在农闲时聚合为伍，保卫乡里还有些声威，正式打仗则是缺乏训练。当玉明令团练增援海防时，不少团丁已经开溜了。

在炮械和枪械等武器的准备上，盛京仍沿袭着老办法，清廷命盛京铸造神机营用炮200尊，军械局着实忙活了一阵子。这种便携式步兵用炮较以前的岸防臼炮方便了许多，不必有固定的炮位，人力即可搬运，但其射程更短，杀伤力有限，只能近战使用，而操作的繁琐，战意不决，致使这种神机炮多在溃退中被丢弃。盛京将军奏准从河南采买白蜡杆300根用以增加或更新作长矛的手杆，花费不少，作用不大。这种相沿2000年的冷兵器在近代战争中不可能发挥作用，只能在近距离的搏杀中或可重现悲壮的历史画卷。为了加强海防，清廷下谕盛京增造船炮，清军只能实现将岸防炮搬到木船上使用。倘若这种炮在船上开火，巨大的后坐力可以使木船发生很大的位移，甚至可以使木船自身船板震裂进水或起火自焚。即使是这样，盛京也没有财力造出一定规模的新船，只能有一些工匠被派往海口修理改装渔船、旧船。当这样凑起来的木船与英军的火轮兵舰对峙时，全然没有战斗力，成为英军的笑柄或戏弄的对象。

## 第二节　陪都盛京的政治军事制度

### 一、盛京将军、盛京五部

清朝对东北地方管理实行八旗制、州县制、姓长制、盟旗制，在不同的地区，针对不同的民族采取不同的制度。八旗制是一种以军队驻防为基础，实施以旗统兵，以旗统民，军政与民政合一的社会管理制度，亦称八旗驻防制度。某区域的最高驻防长官，即为驻防将军。清政权入关后设立了盛京总管，有负责留守东北地区的军政职能，也称昂邦章京。康熙年间改称镇守辽东等处将军、镇守奉

① 中国第一历史档案馆：《盛京将军玉明奏金州英军情形并严防奉天海口山》，咸丰十年六月五日。

天等处将军。乾隆年间始改称镇守盛京等处将军，简称盛京将军。鸦片战争之前直至光绪三十一年设省之前仍相沿称盛京将军。将军是军事长官，镇守即强化了驻防之意，盛京将军负责镇守满族的故乡，清王朝的诞生之地（亦称龙兴之地），是清朝最早设立的驻防将军。

盛京将军与入关后陆续设立的山西绥远将军、江苏江宁将军、福建福州将军、浙江杭州将军、湖北荆州将军、陕西西安将军、甘肃宁夏将军、四川成都将军、广东广州将军不同。这些将军的驻地都已分别设省，除驻防军务外并不参理行政事务，即大量的民人（非满族旗人）事务均由省督或巡抚管理，只有驻防军队的军事和军人家属的事务由将军管理。

盛京将军与新疆、蒙古等地区的伊犁将军、乌里雅苏台将军也不相同。因为虽然同为边区，这两处也未设省，也有军政统合，但在军事驻防外，大量的民族事务也成为这两位将军的基本职能。

盛京将军的辖境，设立之初为今东北全境和远东及滨海地区。康熙年间《尼布楚条约》中俄划界，尽失黑龙江以北及外兴安岭以南地区，东北地理区域渐次收缩。及吉林、黑龙江也设立驻防将军以后，盛京将军的辖境只有今辽宁省及今吉林省东西两侧各一部。虽然吉、黑分设将军，也未设省，但仍受盛京将军节制，这种状况直至鸦片战争前后依然没有改变。

盛京将军与各直省将军，边区将军，吉、黑将军的最大不同是，在管辖驻防区域的八旗军政事务外，还要管理辖境之内的民人事务，特别还要兼理奉天府尹事务大臣、盛京内务府总管大臣、盛京兵部，后于光绪元年（1875）又加管盛京兵刑两部等。至于直接统属的副都统、城守尉、防守尉、协领、佐领、防御、骁骑校等官员更是盛京将军指挥的各级八旗军队的军管。盛京将军是皇帝的钦命大员，是集军政大权于一身的最高地方长官。盛京将军的任职资格不只是官居一品的满蒙大员，而且都是皇帝信任的亲贵，甚至是拥有爵位的皇族贵戚。清朝政权相沿200余年，只有最后一任盛京将军是汉族，但又是汉军旗人，其余全是满蒙八旗族内之人。从道光二十年（1840）鸦片战争开始到咸丰十年（1860）第二次鸦片战争结束营口开埠为止，出任盛京将军的有耆英、禧恩、奕湘、奕兴、书元、英隆、庆棋、玉明等，即或加上署理者宝珣，他们或出身于满洲镶黄旗、宗室正红旗，或有进士、大学士等出身，或由热河都统，由广州、杭州、乌里雅苏台将军任上转调而来，都无一例外地属于满洲贵族。

宝珣，字东山，姓马佳氏，家世居盛京，隶镶黄旗，既有为官的经历，又是著名的文人，曾短暂署理盛京将军。宝珣自幼受到良好教育，乡试中举后又于道光二十一年（1841）在殿试中二甲六十六名为恩科进士，授兵部堂主事，后又授内阁学士，升任兵部左侍郎。同治二年（1863）奉调返乡出任奉天府尹、盛京户部侍郎，被降一级使用。后曾被调任山海关副都统，不久又因对属下疏于管理被解职，随即返籍赋闲家中。宦海浮沉宝珣并不介意，他一直与文人过从甚密，咏诗唱和乐此不疲。他尤喜书法，以馆阁体最有盛名，盛京城内的一些寺庙、店铺、名宅豪宅多有他的题匾。其著作《味经书屋诗存》六卷家刻本，和宝琳同撰的《升勤直公年谱》二卷，《马佳氏诗存》等似乎更能佐证他的文人气质。宝珣是鸦片战争前后唯一与盛京将军职衔沾边的本地人，其书法盛名和诗存文稿奠定了他在沈阳文化史中的地位。宝珣身为满族上三旗的名人，其族裔宝昆却在后来的辛亥革命运动中成为著名的奉省烈士。宝珣及其族兄建起的联座两套三进的宅邸占满了一条胡同，现仍称恒知府胡同，仍可以从历史建筑的遗迹和史载中领略其风采。

驻防八旗是清朝对全国进行统治的军事支柱，是各地方统治的武装力量，在盛京亦不例外。鸦片战争前后，盛京驻防八旗依然实行“以城为纲”，军兵驻防的城堡成为镇守各地的中心据点。“自将军而下，最重要者则设副都统驻扎，次则设城守（尉）驻防，次则协领、骁骑校驻防。盖城守尉隶副都统、协领、佐领隶城守尉，骁骑校等官复隶协领、佐领，而皆隶于将军。”[①]其层次的确定，驻兵的员额都是按城池的大小和地位轻重而分别设不同级别的官佐管辖。城守封为三品大员，多“系宗室专缺，官阶同于道府。”[②]驻防八旗在战时要奉命出征，平时即管理旗地，征收旗租，缉捕盗贼，维持治安。平时，八旗军兵家属还要耕种分授的旗地。由于盛京地位特殊，将军之下所辖副都统、城守尉的数量已在各省设都统、副都统驻防的数量之上。盛京将军麾下先是管辖盛京、兴京、盖平、牛庄、凤凰、广宁、宁古塔7城，33佐领，1 532名[③]甲兵。后又增加至管辖14城、9路、17边门，共驻防41处，甲兵13 000余人[④]，建立起以城为纲，路及边门属之的驻防体系。鸦片战争前盛京将军掌控的兵力又有增加，然而这防御体系在对外战急需之时却形同摆设。

盛京将军的办事公署亦称将军行署，俗称将军衙门，设在盛京城内东南部，即德盛（大南）门内大街与抚近（大东）门内大街交口东南角（沈阳市钟厂址）清入关前的盛京吏部衙门旧址。内设印务处（亦称堂司）、折本房、步营

① 《盛京通志》乾隆四十八年版，卷五一，第14页。

② 奉天通志馆：《奉天通志》卷四四，第17页。

③ 《盛京通志》康熙版，卷一四，第14–19页。

④ 徐世昌：《东三省政略》卷八《旗务》。

司、督捕司和户、礼、兵、刑、工五司办事机构。整个建筑群青砖小瓦，大堂宽敞、门厅森严，三进院递进有序，几株古树点缀其间。公署坐北朝南，占据了一条胡同，人称军署胡同，高大的东西辕门牌楼分居正门两侧。

盛京将军在鸦片战争时期多受命清廷或调兵增援海防，或赶制抬枪、大炮、火药运往各处，几乎未下达过对英军的抵抗或作战命令。

盛京五部是比照京都所设的陪都办事机构，即户、礼、兵、刑、工五部。清朝开国盛京设六部作为国家中央办事机构，即五部之外尚有吏部。清政权入关，六部皆迁北京，盛京不设各部。康熙中期，谕令恢复五部，以隆盛京陪都体制，直至鸦片战争之前，盛京五部仍然沿袭开国时代和各部旧址，只是衙署建筑多有翻修复建，或部分增建。盛京五部分别受北京各部节制，是管理东北域内诸类相关事务的最高机构，各部官员亦被称为京官，只是盛京五部不设尚书，只设侍郎统管部务。

户部，掌“综计粮饷”[①]，设司库、乌林人等。即主管土地、财政和赋税等经济事务。不过，户部管理的只限于东北地区皇室和八旗以外的经济事务。公署在原清朝开国时期的盛京户部旧址，在福盛门（大南门）内大街街东、将军公署之南，后来的度支司、财政厅均其旧址。“户部于大金天聪六年仲秋建立”，旧匾额一直悬挂在公署堂前，直至光绪三十一年（1905）户部撤销。

礼部，“掌陵寝、山川、祠庙各祀并番国贡献往来筵宴等事”[②]，设祝读官、鸣赞官与司牲官等。在组织盛京宫殿、陵寝祭祀、礼仪的同时，奉天府境内的学校事务亦由其管理。自康熙时期重设以来一直沿用盛京礼部旧址，至清末改制，公署改为奉天省提学司。其公署地址位于户部之南。

兵部，掌盛京军政、兵马器械、武职铨选与驿站等事，设仓官、驿站官和守边官等。康熙三十年（1691）兵部复设，仍用盛京兵部旧址。此时距离入关迁入北京已过去近半个世纪，原有建筑已破损，只好加以重修，院内的五棵树令逾百的古榆得以保留。由于八旗驻防仍为独立系统，盛京兵部只管辖地方治安部队和东北地区的边门、关隘、驿站、军马等事务。其公署位置与原吏部址（后为盛京将军公署址）东西对称，位于天佑（小南）门里大街路西北首。清末改制，兵部裁撤，改设奉天劝业道、东三省屯垦总局。

刑部，掌奉天旗民案件的审理，兼理边外蒙古刑狱，设司纪、司狱、司库等官。康熙三年（1664）复设，经鸦片战争直至清末改制，相沿使用盛京刑部

---

①《盛京通志》卷三九，第1页。

②《盛京通志》卷八〇，第1页。

旧址。其职权主要管理东北地区八旗以外居民及及与八旗人之间的刑狱诉讼情事。东北改制设省，刑部裁撤，改设提法司公署。刑部地址亦在天佑（小南）门大街路西，在兵部之南邻。

工部，“掌百工营作，山泽采捕”[①]等事，设织造库司匠，监管千丁佐领，监管黄瓦厂等官。盛京工部原址亦在天佑（小南）门大街路西，刑部之南。顺治年间复设，公署址已迁至德盛（大南）门内大街路东，礼部之南，有了“工部衙门胡同”的地名。直到鸦片战争及清末改制裁撤前，工部仍担任管理盛京宫殿和陵寝的修缮工程及组织相关的官办制造业等事务。工部公署的迁移和原吏部衙门的改用，改变了清开国时期盛京六部以大清门为中心，以东华门、西华门为北首的东西对称建筑布局。虽然盛京五部复设后，仍保持了盛京五部为城内南部东西分跨的格局，但东部已是盛京将军公署、礼部衙门和工部衙门，西部只有兵衙门、刑部衙门。历史上的对称格局已不再均等，但仍是陪都管理机构的集中区。原工部东迁后，刑部直管的监狱（后来的省城模范监狱）扩建，新工部衙门又在东邻在户部粮仓的西邻起建了八旗工艺传习所等机构。

鸦片战争对盛京五部的影响不大。兵部只是按盛京将军的要求征调了一些路台边门的军兵南下援助海防，并招募兵勇扩充了捕盗营。捕盗营不是为了应战英军，而是预防民变，兵部着意维护的只是皇权统治下的社会“治安”。工部可能稍微忙一些，有为铸造炮械、枪械而扩建的军械局，有硝磺局改设的火药厂，但更重要的还是盛京官衙的维持，福陵、昭陵和永陵等的修缮。工部管理的东瓦窑、西瓦窑和户部、礼部管理的官庄、果园、山场、围场、牧场一样，照样为皇室的贡品和祭祀用品的增加而忙碌着，户部着意的仍然是旗人“人丁银”的收放，户部的金银库也只是打点八旗军丁的需要和兵、刑、礼、工等部门的用度。

盛京五部各官“俱系满缺，间用汉军、汉人出自特简”。[②]这与北京六部官员满汉双轨制不同，其郎中、主事、笔贴式等属员的品级均比关内各省直同职高一品级。五部郎中、员外郎与八旗佐领同级，为五品。五部各主事为六品，高于八旗骁骑校和直省知县。五部的笔帖式有八品、九品之分，但都有正式品级，与关内直省衙署中的笔帖式无品级相比，也是不一样的。

盛京五部不是地方行政机构，而是和盛京内务府、三陵总管衙门等一样，是清廷派在陪都的机构，是专门管理东北地区皇族皇室事务的皇家机构。同

---

① 《盛京通志》卷一四一，第1页。

② 《八旗通志初集》卷四〇，第24页。

时，盛京五部也管理驻防八旗军之外的旗人事务，有些民人事务（如诉讼、学校）的少数渗透，但其主旨还是在旗丁人口、丁银发行、皇帝东巡、祭祀、官庄、泡淀、边关、驿站、递运等方面。

## 二、奉天府、承德县

府作为地方行政区域的称谓，始于唐代，当时以府作为京都行政区域的名称。唐代沈阳也有过府的称谓，时称安东都护府，是军政合一的管理机构。秦汉以降，府成为官吏治事之所的通称，即机关的称呼，有时，高级官吏宅邸也被称之为府，例丞相府、将军府。不过悠悠千年，沈阳并未有府的设置。直至清统一全国，仍以府作为中级地方行政区域的称谓，仅在光宣之前全国已设立184个府。府已具有隶属省而管理县的重要行政职能。东北设府缘于顺治十年（1653），清廷出于鼓励招垦和管理“民人（非八旗之人）”的需要设立了辽阳府，领有辽阳、海城两县。四年之后，清廷出于对盛京陪都地位和东北区域中心城市地位的认同，谕令将辽阳府撤销，改设奉天府。奉天府与顺天府相类，是仿效京师设京府的模式而成。顺天是顺从天意，奉天也是奉从天意，其实这“天”更多的是指天子皇帝的旨意，正是皇帝谕令才有奉天府。以“天”字为府名的清代只有顺天府、奉天府。初设奉天府仍只领有辽阳、海城两县，后又管辖盖平、开原、铁岭、承德（今沈阳）四县。鸦片战争之前，还有锦州府亦归由奉天府节制，辽南的海宁县（金州）等15州县统由奉天府管辖。

清代定制关内各省均有数量不等府的设置，其下又有数量不等的县受其管理，按《光绪会典》卷四记载，全国设府185个，各省数量时有增改裁并，而在东北只有奉天府和锦州府。奉天府的地位几同关内直隶省。

按例，清政府将全国各府按“繁”、“难”、“疲”、“冲”四字分定等第，划为“最要缺”、“要缺”、“中缺”、“简缺”，各府按缺决定为“请旨缺”、“题补缺”、“调补缺”、“留补缺”，奉天府属于“繁”字等弟，被划为“最要缺”，被定为“请旨缺”，以示清廷对其重视。清代，各府应设知府一人，为府的地方行政长官，总领各属县，凡宣布国家政令，治理百姓，审决讼案，稽案奸宄，考核属吏，征收赋税等一切政务皆为职掌。知府的官位品级初为正四品，乾隆十八年（1753）以后改为从四品。同时规定，各省知府例由京察一等记名之翰林院侍读、侍讲，内阁侍读、给事中、御史及各部、理藩院郎中、员外郎，盐道使司运同、府同知、直隶州知州和顺天府、奉天府治中升任。简言之，知府的人选基本上是京官升任外放。奉天府和顺天府一样都是京都之所在，府官不称知府而称府尹，这与其他各府概称知府不同。奉天府和顺天府都是直接归属清廷管辖而不同于基余各府受省巡抚管辖。奉天府尹和顺天府尹一样其官秩为正三品，比其余各省知府官秩高出一或两个品级。奉天府尹的任命多为京官外放，但与外省不同的是，奉天府尹几乎都是满、蒙八旗官员。奉天府是为管理“民政”而设立的，但其主管绝大部分是皇亲，这也是一种特别。

道光十九年（1839）到咸丰十年（1860）两次鸦片战争前后，担任奉天府尹者要么有满、蒙旗籍，要么有显赫的仕途经历。其中，以四川永宁道满洲正黄旗呈麟，盛京刑部侍郎、宗室镶黄旗惟勤，盛京刑部侍郎、满洲镶黄旗惠丰，甘肃宁夏道、满洲镶黄旗吉年，盛京礼部侍郎、蒙古正黄旗明训，（京师）都察院御使、宗室正蓝旗庆祺，直隶按察使、满洲镶红旗文俊，都察院左副都御使、满洲镶蓝旗书元，山东都察使、满洲镶白旗福济，（京师）刑部尚书恒春，哈密办事大臣、觉罗满洲正蓝旗崇恩，驻藏办事大臣、满洲正蓝旗文蔚，山东盐运使景霖，盛京兵部侍郎、蒙古镶红旗富呢雅杭阿，盛京礼部侍郎、蒙古正红旗倭仁等均是有过京官任职经历或一方大员的仕途生涯。然而在面对英军侵据盛京洋面、在辽东半岛登岸骚扰时，他们却失语了。他们当中的多数在任奉天府尹的同时还兼着盛京户部侍郎，可谓有职位，有财力，但就是没有反对侵略的战意。当然在他们外调时或荣转北京或迁升为河东道总督、乌鲁木齐将军、直隶总督等要职。奉天府尹只是他们的重要京官经历，只是获迁的阶梯。

奉天府公署址位于城内钟楼南大街路西，即今朝阳街路西市工商联址。其方位在盛京将军公署的西北，毗邻东华门路北。盛京将军要兼管奉天府尹事务，所以在这里旗、民事务又统一在将军的执掌之下，或者可以说旗务高于民务。奉天府尹公署建筑规模小于将军公署，没有署前辕门，但坐北朝南、二进院落尚属井然。特别是二门建筑亦有特色，粉墙黛瓦，门设三楹，两侧均为木板实门、两扇对开，中为大门，为栅透空门。中门高些宽些，门上覆单檐小青筒瓦，高于两侧尺许，两侧亦上覆单檐小青瓦顶，加之与墙头卷棚式瓦饰浑然一体又高低错落有致，要不是栅门正中的实地大直园公署的标志，真还有一种俊逸灵秀之感。

府尹公署（亦称府尹衙门）的内部机构一般由府堂及经历、司狱和照磨等司所组成。

府堂是综合性的办事机构，下设吏、户、礼、兵、刑、工六房具体办事，分别对府尹负责，并置典吏若干人具体承办。经历司掌管出纳文稿诸事。照磨所内掌勘磨卷宗等事。司狱司掌理狱囚诸事。作为府之所属机构尚有宣课司、税课司、府仓、茶引批验所、府驿、府医学、阴阳学、僧纲司、道纪司等，可谓机构庞大。奉天府官员设府尹、府巫，官秩皆为正三品，高于八旗协领和城守尉的品级。设府治中，品秩五品，高于盛京五部主事的品级，与盛京五部郎中、员外郎、八旗佐领的品级相同。设府通判，品秩六品高于八旗骁验校的品级。设府学教授，为八品，亦高于九品笔帖式和司狱的品级，其余司狱、宣课大使、税课大使、府仓大使等均为九品，亦高于关内各省属知府衙门的同名官员的品级。可谓官员众多，品级较高。

承德县的设置在奉天府设立之后，是仅限于管理民人事务的地方行政机构。中国历史上关于县的沿革可上溯自夏商周代。《周礼》记载四甸为县，五鄙为县，有“距王城三百里以外至四百里曰县，亦作寰”的记载，及至秦统一天下，郡下设县，有“县者，悬也，悬系于郡”的意思。县之设置遍及宇内，距离京师的距离也不再以数百里为限。沈阳距离京师向称卓远，自汉设候城县以来便为辽东郡之所属。清代，县的建置有所增减，或以事之较简的州改为县，或以事之较繁的县升为州，或因地增治而新设，或因时势而裁撤。承德县经历了元明两代及清太祖、太宗和顺治之后，在沈阳又恢复设置。

康熙三年（1664）6月，在清政权入关之后20年的时候，或因为以隆陪都体制的需要，或因为奉天府驻地竟没有直属县需要填补，或因管理不断增多的民人的需要，承德县正式设立。“承德”二字有承客观存在抚民之德的含义，与“奉天”二字的含义有异曲同工之妙。着意渲染的是众百姓承受的抚民之德是皇恩浩荡，是富庶安康的保障。承德县设在陪都，类似北京所属的大兴、宛平也被指定为京县，其知县秩正六品，比之全国各县均高出一级。知县为一县之长官，掌县域之治理，凡县内之诉讼审办、田赋税务、缉盗除奸、文教农桑诸政无不综理，故以“亲民之官”称之。这里所说的亲民，不过是说县是国家的基层政权，县官是与人民群众接触最多最直接的官员，至于能不能亲民那可就不尽然了。据《清朝通典》记载，知县的职掌为“平赋役、听治讼、兴教化、厉风俗。凡养民、祀神、贡士、读法，皆躬亲厥职而勤理之。”

与盛京将军、奉天府尹的任职不同，承德知县可以满、汉兼用，仅从道光二十年（1840）到咸丰十年（1860）20年间，一些知县族籍的原籍者，不仅民族出身多有，而且原籍也多在外省。此间担任过承德知县的有山东沂水人袁振赢、满洲镶黄旗人兴泰、直隶天津人姚承恩、汉军正白旗人廷瑞、蒙古正白旗人奎寿、满洲正黄旗人肇麟等。六位承德知县中有两位是汉族官员，这在盛京官制中是较大的突破。

县的佐贰官有县丞和主簿。

县丞之官名起于清代，设有专署办公。与主簿分掌一县之粮马、税征、户籍、巡捕之诸务，共佐知县，并设有攒典一人协助其办事，县承秩为正八品。

主簿之官名始于汉代，清因之。主簿亦有专署办公，亦下设攒典一人协助其办事，只是官秩低于县丞，多为正九品。

知县的属官有典史、巡检、驿丞、闸官、税课司大使及河泊所大使等。

典史为未入流官，掌监察狱囚之事，即为县监狱的负责人。这一源于汉代的职官名到清代未变，职能也未变。巡检官名始于金代，是设于关津要冲之地，掌缉捕盗贼，盘诘奸伪之职，其品秩为从九品。巨流河巡检在今沈阳行政域内，在当时亦属承德县。驿丞官名始于明代，清依其旧。驿丞品秩没有，只是未入流之杂职，是各驿站的头头，职掌邮传及迎送过往官员诸事。彰义驿站、十里河驿站等都是当时重要而繁忙的驿站。闸官为清代所置，亦属杂职，品秩未入流，掌各闸储津启闭诸事，其职关乎航运水利，关乎农业生产。平罗堡附近的蒲河上就曾设永利闸。税课司亦属未入流之杂职，掌典县内商税之事，官职很低，影响很大，在商业经济欠发达的情势下，亦为县之属官中的肥缺。县仓大使，品秩未入流，司掌守仓庾之事，亦为县之属官中实惠小官。河泊所所官，司掌收渔税等事，在浑河、蒲河和较大的湖泡淀等处均有此设置。五里河、七间房、骆驼圈子（罗士圈子）、前当堡、辽河等处皆有河泊所管理的水域。河泊所所管为未入流杂职，但亦为地方渔务（采、捕、养等）的要缺。另外，承德县亦设有医学、阴阳学、僧令司和道令司。

承德县的办事机构称县衙，坐落于城内怀远门内大街，即今沈阳路南胡同西首。其位置在盛京兵部以西，与今同泽女中为邻。这条胡同俗称沈阳县胡同、县衙胡同，现称盛京路。建筑规模不大，但仪门、正堂、配房、后宅等一应俱全的围成四合院结构。

县衙（县公署）内设吏、户、礼、兵、刑、工等六房（与将军公署、府尹公署各主设机构相同，只是不称科），另设仓库和库房，各房设经办，共有14人。还有捕盗把总1人，统外委1人，共拥兵40人，专司捕盗。

承德县的职官、品秩，内设部门的名称、办事人员的数量等，都是按律有严格规定的，与北京的大兴、宛平二京县基本相同。

承德县与盛京将军、奉天府三级机构同在盛京城，与盛京五部、盛京内务府相毗邻，但其级别最低。加之民人数量在设县之初远少于八旗人口，其管辖范围也只限于城外及周边的民人村屯，所以承德县的影响力还是要逐渐发展、扩大。鸦片战争前后，承德县已成为奉天府辖的首县。

## 三、旗民分治

清初开国，盛京八旗制度成为军政合一的统治制度，居住、生产、出征均以各旗将兵。这种制度仅限于满洲、蒙古，后又有汉军八旗、锡伯八旗编成，有八旗所属的制度人口有所增加，均被统称为旗人。自顺治以来，清廷鼓励关内流民进入东北，其中不少汉族人口散居盛京周围，后来虽有康熙朝等中止拓垦并例行永禁，但汹涌的闯关东未曾真正停止过。到鸦片战争前，汉族人口的数量已上升为多数，连同其他一些非八旗人口被统称为民人。清政府对旗人和民人实行分别管理的制度，故称为旗民分治。

管理旗人的制度核心是驻防八旗制。驻防八旗遍及全国，可分为京旗和驻防两种。盛京驻防八旗是东北驻防八旗的核心，东北驻防八旗在全国各地驻防中兵力最多，地位首要。满洲、蒙古、汉军、锡伯八旗是盛京驻防的主体，其中满洲建旗最早，蒙古次之，汉军建于后金军进入辽沈，锡伯八旗则成于乾隆之后。各八旗均由镶黄、正黄、镶白、正白、镶蓝、正蓝、镶红、正红分别组成。其中满洲八旗最为重要，镶黄、正黄、镶白又称为上三旗，多由皇帝或亲王为旗主。其余五旗为下五旗，其旗主也有亲王或贵族。满洲八旗地位最高，是八旗的主体，在旗主和各级章京的率领下，有数量庞大的甲兵人丁，有大量的家属及附属人丁。明代望族曹雪芹的上四世祖曹振彦，在后金进入沈阳后即沦为多尔衮亲王的家丁包衣，这家丁包衣就是附属人丁。多尔衮是满洲镶白旗旗主，曹家又是汉族，跟随主子被编入旗籍，称为汉军旗人。同为旗人，汉军旗人相对于满洲旗人而言有事实上的从属性。后来汉军八旗也独立成军了，但汉八旗的旗主及各级章京也有许多是满洲人或蒙古族人。八旗制下的旗兵人丁，清楚地分为贵族、平民和奴仆，基本上是由统治阶级和被统治阶级构成的对立统一体。

盛京八旗驻防统隶盛京将军，依例分驻于14座城池。其中盛京城为首城，设副都统1人，协领11人（满洲8、蒙古1、汉军2），帮办协领3人（蒙古1、汉军2），佐领66人（满洲31、蒙古8、盛京内务府三旗巴尔虎3、汉军24），防御10人（满洲八旗各1，其中正黄、正白各2人，专管步兵堆拨48处查管街道及缉捕盗贼事），骁骑校66人（占比同佐领）。另有，领催528名，骁骑4 552名，步兵领催、步军1 186名。另设看守仓库军校、看守园寺兵、捕盗兵、工匠等及养育兵，共500余名[①]。以上副都统等各级军官近200人，指挥着近7 000人的各种

① 参照《清朝通典》卷七〇。

军兵，连同他们的家属及附属人口可达6万余人，已占到当时城市人口的一半。城外尚有众多的旗村人从事着旗地上的农事等生产，人数更多。城内城外旗人众多，盛京城亦可称之为旗人的城市，经拓垦和流人、流民大量涌入，鸦片战争前，这种情况发生了根本性的转变。

管理民人制度的核心是州县制。州、县制度是中国行政制度的历史传统，相沿两千余年而不缀。后金进入辽沈、清朝开国，州县制度曾经中断，八旗制度取代州县和卫所制度，成为唯一的社会管理制度。只是清政权入关，“从龙入关”者络绎于途越两月而渐稀，放眼四望盛京城几乎荡然，城市周围广袤沃野却几乎有土无人。为改变辽沈大萧条的状况，顺治六年（1649）即入关后的第五年，朝廷谕令：“关外辽人，有先年入关在各省居住，其有愿还故乡者听便”。[①]顺治十年（1653），清廷颁布《辽东招民开垦授官例》，规定：“有能招一百名者，文授知县、武授守备，百名以下者，文授县丞、主簿，武授百总，六十名以上者，文授州司。”“有能招一百者武授千总，五十名以上招民数多者，每百名加一级”。[②]同年设辽阳府，置辽阳、海城县，开辟了清代东北设府、县之先河。顺治十四年（1657），罢辽阳府，改设奉天府，视同行省。康熙四年（1665年）增设承德县，于是盛京地区有了府、州、县的设置，有了专门的民治机构。

来到盛京的民户情况复杂，有的是招民，有的是土著，有的是流犯，有的是流民，等等。

招民，即顺治年间响应招民授官条例而举家甚至举家族迁徙而来者。这种招民入垦的方式是一种政府行为，招民到盛京后可以享受一定的土地、农具、种子、耕牛的配给，可以享受若干年内免租赋等。无疑招民政策对山东、河北、山西、河南，甚至江浙的农民具有相当的吸引力，大批招民以“屯”的形式或数十家或百余家集聚成村落，使盛京的农业生产得以恢复和发展。

土著，即当地人。上起燕秦、中经汉唐，盛京地区已是成熟的农业生产富庶之区，其村落、城镇一片灿然。后经辽金元三朝，汉族社会地位下降，农业区域也有所变更，但作为农业生产的主力，汉族人口数量依然在占总人口的大多数，农业依然是社会经济的主体。明代沈阳汉族人口增加迅速，清代开国时情况有变，盛京城内的汉族人口被政策性地迁往城外，清政权入关后这种情况又有所改变。但此时的汉族及其他（旗人之外）民族的人口都被称之为土著。鸦片战

① 《清世相实录》卷四二，第9–10页。
② 《大清会典》（雍正朝）卷二七，第22页。

争期间，盛京城内外已均有汉族人户，城周的汉族村屯亦有增加。

流犯，是获罪后被流放到东北的犯人。清初，“以顺治三年至康熙七年二月止，刑部发来男人2654人，自顺治十一年起至康熙七年二月止，督捕衙门发到男人661名”。[①]这些人犯被发配到盛京城及其辖域内尚阳堡等地。督捕衙门发配的这些流犯，多数携男妇老幼共达5 000余人。流犯到达盛京，有些要留在军前效力分配到满洲贵族或某旗下为奴，有些虽有些许自由，但亦要受到监视。为管理方便，清廷曾设八个佐领予以管辖。清廷分拨给承德（沈阳）县流犯337人，有些能为管理的还分拨给铁岭、开原渐次增多。乾隆以后，流犯的放逐地逐渐延伸到吉林、黑龙江。在承德的流犯被编籍为民后要给主子（旗人）当佣工，即使自耕也要纳租承赋，只能另设保甲安插之，不与招徕之民相杂[②]。流犯及其子孙不准参加科举考试，不准随意迁徙流动。流犯被放逐盛京前后相沿数十年，其数量不少。尽管流犯受到种种不公平待遇，但其中人才济济。其中函可曾在盛京组织冰天诗社、李呈祥编纂《东村集》、陈之遴编纂《浮云集》、戴梓著《松烟草堂诗集》、陈梦雷编辑《松鹤山房集》等，成为流寓文人的代表。流犯多来自南方和关内（清廷规定北人南放，南人北流），带来传统国学和中原文化的同时也增加了盛京民人的总量。

流民，即关内为谋生而流入关外的农民。他们相聚为村落开荒务农，或在满汉地主人家做佣工佃农。与招民根本不同的是，流民是自发的人口大迁徙，而非清政府招来垦殖的农民。为此，流民进入东北有些“编外”的意思，甚至有些“非法”。实际上，辽东招民开垦的时间不长，但流民自发而来的历史却很长。顺治朝招垦，也不过10年，康熙朝即禁止招垦，乾隆朝更是严厉禁止，但直至鸦片战争以前，流民进入东北已经是一种社会潮流。为避战祸，为躲水旱蝗灾，山东、河北、河南、山西等地的农民举家迁徙东北。他们或从陆路出山海关一路走来，或从登州登船浮海北上。他们带着乡音，赤手空拳，凭着不惜力气，老实肯干，经过几代人的拼搏，已经成为盛京民人的大多数。

招民，是编户在籍的民人，有合法的身份，其聚集的村落有正式的名称，如文官屯、张官屯、杨官屯、宁官屯等。流犯多寓城郊或城内，没有集聚的村落，多为旗人属下的民人。流民数量庞大，没有合法的社会地位，即使是聚集成村了，也只能有以地貌特征为名的随意性地名，如三家子、八家子、上岗子、东岗子、黄泥坎、大洼、二洼等。流民村落遍布盛京城四周，即使成为城

① 第一历史档案馆藏：《盛京户部侍郎吴玛护等谨题》，康熙七年三月一日载《户科史书》。

② 王一元：《辽左见闻录》，沈阳出版社2013年版。

市的一部分，或是已成为城市近邻，其地名也还带着流民村落的色彩，如山东庙、山东堡、八棵树、喇嘛庄子、十里码头、老瓜堡子，等等。至于土著人虽屡有变迁，但回回营、边墙子、白塔铺、丰稔村、闸上、英守台、二台子、彰驿、沙岭、十里河，等等，也记录着民人发展的历史轨迹。

旗人，随着后金政权迁都沈阳以后大批进入而来，沈阳改称盛京成为清都后，旗人便高踞于统治地位。民人是清初才有的称谓，是对非旗人的多民族的总称呼，民人当中的汉族是自秦汉时代以来的原住民，虽然在清代成为被统治民族，但确是传续沈阳历史的古老民族。旗民分治是为了维护旗人的特权，也是对旗民混杂滋扰丛生的预防，是对旗民文化背景差异实行差别管理的实践。“旗民不交产，旗民不通婚”即是旗民分治的社会需求。旗民分设不同的办事机构其主要目的在于防止满族汉化，即旗人民化，在于对旗人加强军政合一的惯性管理；在于尽可能地减少民族纠纷。旗治，以旗统军，以军带旗之所属。旗治的机构各地基础是城守尉，上有副都统，下有防御、骁骑校，总隶盛京将军（都统）。民治，无论官荒、民荒，拓地之民皆属民庄民屯，只有民人组成。民治的机构有奉天府，承德县再下有村庄里甲，对民户实行编社甲治理，每里社可有民户20至30家或更多，设社甲长，每年更换，每社设10甲，每甲设报付库1人，负责催粮办公，里之上再设总里，这些总里、社甲长并无品级，皆由民选。但最高长官亦由盛京将军统领。旗民分治始于清初，成于康熙年间。自顺治流民入垦经雍正年间民治机构逐渐发展，至道咸年间，民治人口总数已逐渐超过旗治人口。其前在乾隆四十年（1775），奉天府尹曾奏称：“奉天各州县及旗庄地方，旗民杂处，并无旗界民界之分。”[①]其实分界还是有的，不仅有旗民地界的标识，旗民的心理分界依然存在，只不过这种分界在逐渐弱化。

## 第三节　城市工商经济

鸦片战争时期，盛京工商经济依然如故。面对英、法舰队骚扰盛京洋面，清政府没有有效的防御措施，盛京将军也没有更主动的反应，之所以如此，实力不足和战意未决是被动挨打的根本原因。虽然盛京依然是东北最大的中心城

---

①《清高宗实录》卷九九八，第1页。

市，然而其工商经济的发达水平远逊于关内京津，落后于江浙沪宁，贸易方面更不及广州。

## 一、工商实业

当时的城市工业尚属近代工业的萌芽阶段，既没有蒸汽机的长鸣，也没有厂房林立。盛京有的工业只是油坊、酱园、磨坊、烧锅，只是铁匠炉、硝坊、织坊。

与城市自身相比，这些“坊”愈发多了起来，多是生活服务类作坊，规模不等，其产品更多的则是扩散至周边，流向东北各地的城市和农村。这些“坊”，数人、十数人、数十人都有，但多是师傅带着徒弟的手工式作坊。显然，这些“坊”的生产工艺多是经验的传承，或家长带着孩子，很难有行业标准和质量保证，“坊”的产品优劣多是靠市场口碑和积累。“坊”的生产与盛京城市的社会形态是相适应的，但对抵抗列强入侵的战争需要来说就不适应了。有社会需要就有其存在的价值，鸦片战争前后，盛京城市的工商业仍然是缓慢发展的态势。

烧锅，烧锅即白酒作坊。万隆泉烧锅在盛京城最负盛名。不但开办较早（康熙初年），而且规模最大。烧锅由山西商人张乐山初办。张乐山有在山西太古县经营烧锅的经验，到盛京后在开酱园的表兄和驻防八旗汉军都统的支持下，在小东边门外购地建厂。数十名工人在厂内掘得深井一口，水质清洌甘爽，有称“龙潭水”。盛京是“龙兴之地”，俗称“龙城”，万隆泉正好地处“龙城”东口，故称“老龙口”。[①]鸦片战争前后也正是万隆烧锅逐渐易名为老龙口酒厂的时候。嘉庆五年（1800），据户部大学士潘世恩奏称：奉省“共有烧锅四百余座”[②]。咸丰元年（1851），大南关开业的永源生及以后的义盛泉、聚隆泉、永成源、馥泉涌等均成为酿造业的骨干。这些烧锅遍及各府、厅、州、县，其中以辽阳、铁岭、锦州、新民等地居多，而最多最集中的还在盛京。城市内外的烧锅总数几近百家，这种盛况至鸦片战争而不衰。充足的高粱原料，广阔而持久的消费市场，不很复杂的技术工艺，不需要太多的资本，充足的劳动力等都是烧锅（酿造业）成为手工作坊第一大产业的原因。

油坊，传统的手工作坊。“坊”的数量汇聚，或就整个城市而言，油坊也是一个行业，即榨油业。中国是世界大豆的原产地，东北又是大豆和高粱的主产

---

①《老龙口酒厂志》及《大东区志》第四章（工业），辽宁民族出版社1999年版，第121页。
②《盛京典制备考》卷六，第189页。

区，所以以大豆为原料榨油，同时获得豆饼用于农作物的肥料，是历史悠久的作坊式产业。时至鸦片战争，盛京的榨油业仍然停留在小规模、低成本、低产出的家庭手工业作坊状态。有的油坊虽有佣工但也不过数人而已。生产时先将黄豆蒸熟或煮熟，放入木制方形或圆形盘模内，以畜力或人力将层层木板或方楞压紧。先碾压成片，片与片之间垫上稻草以便隔开，每块称为一盘。用加压力的方法挤压出熟豆体的油液，即为榨。也有人工加楔打木槌的方法，以增加木楔数量挤压出油的，亦为榨。也可用生豆榨油，只是出油率低些。

然后用榨木槌用力将若干木楔按预留口打压。随着榨内压的增加，终于会有豆油从榨底预留槽流出，最后榨内剩下的则是豆饼片的圆形盘。登高、轮槌、起豆饼等都是很消耗体力的活儿，油坊的工匠们没有把力气是不行的。这种方法相沿已久，一个榨一般一次榨5至8盘豆饼。盛京油坊业在满足本地需求之外，亦有部分销往周边地区。当时油坊最在意的产品是豆饼，因为清廷明令允准黄豆、豆饼的贩卖，且不收税。后来收税了，其税率也比较低。盛京将军曾建议："嗣后奉天省海运黄豆、豆饼，经由山海关，酌照临清关（山东的一个税关）豆粮科则，每担征税课一分一厘，载入例册，永远遵行。"[①]这样到鸦片战争前后，在福建、广东等沿海省份大量需求的市场背景下，盛京的榨油业也开始规模化了。

光绪元年（1875）兴隆园油坊在北关开业，年产量不过30万斤，其资本才5 000元[②]，后又有大西关的立增、大东关的永泉益、小北关的汇泉长、小东关的公兴彩等油坊陆续开张。这些油坊已经不是家庭手工作坊，有了工厂化的萌芽，但只是多了几盘或十几盘油榨，其生产工艺仍然是传统方法，每家油坊佣工十数人、数十人，全行业佣工数百人，已经成为城市手工业类的支柱产业之一。

磨坊，即磨米、面的专门作坊。其产业意义在于脱离了自家碾房的概念，而专门以粮食的初级产品为销售商品的手工业者。规模有大有小，但多数也只是几盘磨、几组罗、几组筛子而已。磨坊的生产工具仍然是石磨、石碾，役力多为骡、驴，往往是前店后厂，家族式手工业作坊。直至鸦片战争时期，盛京的磨坊数量不少，但有相当规模的却没有。

以上烧锅、油坊、磨坊是相沿已久的手工业，鸦片战争时期，盛京的这些产业刚刚走出家庭作坊的窠臼，尚无产业化的规模。其他如缫丝、染色、铁工、车辆、印刷、造纸、皮革、窑业等，或刚刚起步，或以铁匠炉、车场、皮

---

① 《山海钞关榷政便览》卷二。

② 东北文化社年鉴编印处：《东北年鉴》，东北文化社1931年版，第1047页。

铺、纸坊等形式生产经营，仍未能摆脱手工作坊的生产方式。在所有的工业门类中，规模较大且有一定技术含量的作坊式工厂，首推火药局和军械局。这是两所官办的军工作坊，主要生产黑火药和铸炮及枪械的修理。分别有数十、近百名工匠，已有不同的专业分工，使用人力风箱、铸造勺炉、畜力拉动药碾子。

城市商业主要解决生活和生产资料的流通，既有外埠商品的购进，也有本地产品的外销，亦产亦销、前店后坊的工商一体家族式作坊是主要的经营模式，专门营销的商家尚处于发展之中。即或如此，作为商业的载体，店铺、行、市等广布于古城内外，边墙以里。

店铺是常设的商业设施，主要集中在城内四平街（中街）两侧、“井”字街地区及八门八关的街路及胡同。各店铺依经营商品的种类可划分为服装鞋帽和小商品类、金银首饰品、文房用品及书籍类、糕点饮食类、杂类等，多集中在古城中心区，而日用杂货的小型店铺（俗称小铺）则是遍及各处。

专营较高档服装面料的店铺，其字号往往名为某某绸缎庄，如老天合、广兴合等。这类店铺也叫丝房，如后来的吉顺昌、吉顺兴等“吉”字号丝房。初起，丝房只经营绸缎，后来也兼营百货，再后来又经销洋货，也可以在这购衣料量体裁衣。当时，这些店铺多是土路两旁的里生外熟（内用土坯，外、底用青砖）的瓦房或平房，临街的铺面，每天开业时将棚板打开，陈列的商品便可一目了然了。即或三九严寒，店铺的棚板也一定取下来，堂屋地有个大点的炭火瓦盆，只供顾客暖手。

再一种专业的店铺称为鞋铺、鞋帽铺，专营布鞋、礼帽、棉皮帽子等。至于毡靴、靴、鞑、鞋，则另有专门的店铺。其中恩升、德成、聚源、正祥、福记和后来的安鞋铺、内金生鞋铺等都是有名的店家。双脸傻鞋、千层底布鞋穿起来养脚、舒服，线帽绒冠、瓜皮帽、毡帽头等，或庄重高雅，富于北京的清官帽样式，或富于地方特色，实用大方受到顾客的欢迎。

还有专营皮毛制品的皮铺、皮袍铺等，如广庆祥、元丰泰等，都以貂、獭、狐、貉等高档皮袄、皮坎肩、皮帽、皮围领等制品见长。这些皮货可以彰显身份、地位和经济实力，同时也可以抵御北方的大烟炮（大风雪），既轻又暖，色调搭配合理，做工考究。当然，大路货也是有的，如小羔羊皮袄，但一定要九道弯的。利用狐狸皮毛拼成的“青犬”又暖又禁磨，哪怕只有水獭帽子、貉皮领子也就不错了。至于袍皮大褂、狗皮帽子、杂皮褥子等则是皮毛制品的又一类了。

其他，如专制裤皮带、腰带、腿带、脚带的店铺，专制冬季防寒用护耳套的大发作坊等，专门经营原棉和棉制品的永丰号、功记号等，专门经营各种质地旧服装的玉庆、德合、广生、茂记等各号。同时还有专门经营各商家招幌用料布的标布局，其中以永福庆较著名。

以上这些店铺基本上是前店后坊，或者是前店后库，几乎每个店商都是一个面积不等的院落。大商家还设有客房，备有运输和载客的马车、玻璃车（装有玻璃车窗的小轿子车）等。多数商家还是前面销售，后面生产，或前店经营，后库储存。至于经营方式还是家族式、地缘（老乡）式、师傅带徒弟等。店铺是商业活动的主体，但数量更多的则是粮铺（号）、食杂铺、小摊床等。与店铺这样定点商铺（也称坐商）相配合的还有大量的行商，以肩挑、推车（木制独轮车）分别游走于各条胡同、大宅门、百姓居家，分售菜蔬、鱼肉、粮食（各种杂粮）、酱菜、各种吃食及杂货，等等。无论坐商与行商，销路的好坏主要看商品的质量和信誉度，看价格是否公道、态度的优劣，等等。坐商、行商都要讲究推销的方式和方法，其中叫卖声的独到、精准，长时间以来形成市井商业文化的地域特色。

与店铺相伴，布局于盛京城内外的“行”和“市（口）”也是重要的商业活动载体。“行”是以某种商品为主要交易地的商家汇聚之地，有利于商品的同质同价，有利于顾客货比三家，缩短购物时间，有利于某种商品专业市场的形成。“市”与“行”有相同之处，但在保证专业商品交易的同时，也有多种商品交通的可能。“市”、“行”在交易时间上有所不同，“市”（本地多读“市儿”）更注重早高峰的时间段，“行”的交易时间有可能常态化。“市”和“行”都有固定的坐商和临时的行商，有比较固定的交易地点。正因为同种商品的业者汇聚一处形成了交易规模，才有了“市”和“行”的称谓。鸦片战争前后，城内外的“市”“行”分布主要集中在以下各处：

铜行，位于城内铜行胡同，形成历史几乎与盛京城建城同步。主营铜、锡手工制品，也有银器作坊等。铜锁，家具饰件、用件及生活其他用品，铜脸盆、铜碗、铜火锅、锡酒壶、灯台，还有锣、铙、钹等铜制乐器等都很有名。

皮行，位于钟楼南大街街西，还有一处在小西门里大街路南，有少量皮匠铺生产和销售皮革、皮制品、马具、辘具、水胶等。

木行，位于城内北通天街木行胡同，另有大西门外城东南角外，大北门外东城墙根，分别经营家具、门窗及木材，或建房用材料、椽、檩、梁、柁、柱及板料等。此外浑河边上的上木厂、下木厂码头也有专营原木及大料的木材交易场所。

另外，小东门内大街的鱼行，大南门外、小东门外的菜行，鼓楼西的车马行等。其交易方式既有零售，也有批发，其供货商，业主本籍、外籍参半，其商品流向，本埠、外埠兼有。

"市"的形成也是囿于城市生活的基本需求。位于灰市胡同的灰市，主卖建材用料白灰。多由东北郊区或本溪、辽阳运至盛京以本埠销售为主。位于小西门内大街路南的石头市，售卖建筑石料及生活用具石碾、石磨、捶棒石等。与小东门内大街鱼行毗邻的鸡鸭市，以售卖鲜活家禽为主。位于小东门外南侧的瓜市（行），售卖时鲜瓜果。与鱼行不远的鲜果市、小津桥附近的鸟市，大东门外、大南门外的焦碎市，大北关的缸瓦市，遍及八门的柴草市、小西门内的估衣市、鼓楼大街等地的粮市，等等。"市"出售的商品以生活用品为主，当时无论官府、家居都用大灶台，每天要用柴草或煤炭、木炭、粮食，所以"市"和"行"一样，都是城市生活的基本需求，"行"、"市"各地都有，只不过盛京的更多些，更大些，影响更多些。盛京的"行"、"市"、店铺和摊贩等商业形式与当时城市形态和生产、生活方式是相适应的，只是这样的商经形态与当时西方国家相比已明显落后。这种经济实力是很难应付鸦片战争的。

## 二、餐饮服务业

盛京的餐饮服务业及杂业多指饭馆、酒楼、茶馆、旅社、药房、医院等正业，也包括镖局、妓院等杂业。这些行业几乎和城市的诞生同时起步，在不同的时代其发展速度或快或慢，规模或大或小，一直是城市经济社会生活的有机组成部分。

餐饮业中的名家见于史载的有清雅楼，建于同治元年（1862），位于小河沿河南岸，滨水伴柳清幽中透着典雅。出入这家饭馆酒楼的食客或为官绅富商，或为风流雅士，或为纨绔子弟，多数是旗人。其菜品可分四品席、六品席、八品席，即四碟四碗、六碟六碗或八碟八碗，也有四凉四热四大件等多种组合，随客人喜好。酒楼的卖品口味仍以鲁菜为主，也兼顾地方风味。烧海参、扒肘子、熘腰花、红焖鸡等展现鲁菜味重品相红亮的风格，小鸡炖蘑菇、汆白肉、鹿筋、酱焖鱼等则有地方特色。清雅楼是高档的酒楼，具有多种菜品的服务能力。此外还有中低档的饭馆、小酒馆、煎饼铺、吃食摊等分布在北关、西关、南关、东关及行、市周围等各地。高档酒楼要的是综合服务，顾客要的是面子。小饭馆、吃食摊突出的是方便实惠和风味独特。煎饼（特别是稗米面煎饼）、油条、豆腐脑可以解决早点，焖饼、锅贴儿、高粱米干饭、熻豆腐、炖杂鱼等也可以用做正餐，需求是多样的，数百家大小酒楼、饭庄，吃食摊服务着盛京餐饮市场。

马家烧麦（卖），由回族人马春在嘉庆元年（1796）创办。初期没有门市，只靠推独轮车沿街叫卖，鸦片战争时期开始有了固定的店铺，始有"马家烧麦"馆。马家烧麦用料精细、造型美观，成品面皮晶亮、柔韧筋道，肉味浓香，逐渐有些名气。创立于道光八年（1829）的老边饺子，发端于河北任丘人边福，鸦片战争前后还属创业起步期，但无论蒸饺、煮饺，都是皮薄馅大，味美可口，已开始在东关站稳脚跟，完成了从小吃摊到饺子馆的转变。稍晚些的那家馆起步于同治末年（1874）的“吉兴园饭店”，后由满族正白旗人那吉有接手，增加了“白肉血肠”的菜品，逐渐形成独具一格的风味，名声渐起，扬名北方。新增的品种附应了东北民间和满族人逢年过节杀猪吃白肉血肠和吃“福肉”的习俗。那家馆经营定位准确，满族人办满族风味店，很快成为著名店家。其他如“成德居”、“百花馆元酒局”“长发园”等坐落于古城内外，多集于小西关、大北关等地。陪都盛京的一片浮华掩盖着鸦片战争的震荡与屈辱。

服务业中多以旅馆业为主，也涉及茶馆、药房等领域。当时的旅馆和现代的宾馆不是一个标准，为数较多的旅馆是以大车店、小客店的形式存在，只有少数旅馆（店）有专门旅馆业的功能。

大车店最为常见，也称“骡马大店”，其主要顾客是赶大马车、骡车长途运货拉脚的车夫。车夫们将车赶进店院，有宽敞的场院、方便的马棚、料槽子等可以停车、拴牲口，喂食饮水，车夫们也可以聚在店房内，即通铺大炕上休息、吃饭、侃大山……大车店收费不高，方便车夫，多集中在西关和北关。如果有跟车而来的掌柜的、外柜等人员，一般则有大车店专设的单间客房或另觅旅馆下榻。大车店是常设的，往来的客人多数是回头客，宾至如归，有一种回家的感觉，即使是打尖歇脚也很方便。

还有小车店，是专门接待载客的骡车及客人的旅馆。这种骡车只载人不运货，体积小巧，多装车棚，多为官宦人家和富户们本家自用。小车店是长途行走中临时落脚住宿的地方。

无论大车店、小车店一般不自办伙食，客人入住后或外出自行解决餐饮，或通过店里服务人员（小二）叫外卖，都是很方便的，不过要付小费。

另外，还有专门经营租车、雇车业务的车店，设有客房，其中恒升店、庆来店等都负有名气。还有一种称为“老妈店”的旅店，以来城市应聘保姆或佣人的女子为专门顾客群，规模不等，收费不高，虽说是暂居之处，但也有专做女工的顾客较长期居住。“货郎店”，以来盛京穿街走巷的货郎为顾客，收费不高。还有专门收住“骡、驮轿子”的驼轿店，有万兴、永兴等店，多在大南关。“老妈店”、“货郎店”多是小院一座，平房数间，是社会底层劳动者的聚居之地。南关、北关都有这类旅店，南关更多些。其中“悦来栈”是规模较大，有较久历史的“老妈店”。至于公馆店，以接待因公出差的公务人员为主，为办事的方便，这类旅占多集中在大南门内，多处距离官署比较近的地方。如果是高级官员则有大北关的饮差或各衙门的专备客房予以接待。这类所谓公馆店并不是说其设施品级堪比公馆，只是不接待普通百姓而已。《陪都纪略》有文记载说这类旅店“比预备官差公馆洁净”。

茶馆业在陪都盛京时期也是城市服务性商业的一部分。咸丰元年（1851），盛京第一家茶馆洪泰轩在小西门里石头市开业，创业者为本地人孙德则。及至光绪年间，在洪泰轩之后又有公余茶社、万泉茶社、凝香茶社，并称盛京四大茶社。之外，尚有有字号的茶社近十家，茶馆、茶摊则难以计数。

茶馆，是休憩品茗的地方。盛京不产茶，但喝茶的习惯古已有之，不过一直是以“煳米茶”相沿习，既有地域特色，也有开胃、止渴之作用。鸦片战争前后，南茶北上，“煳米茶”渐渐让位于花茶、红茶，少数人已开始倡饮绿茶。茶馆是社会化的商业机构设施，到这里来不仅仅是解闷消夏，更多的谈生意、会朋友，且有清静高雅的美誉。

洪泰轩初起只是清茶馆，以好水好茶为其主营，同时兼售开水。当时多数茶馆门前总要挂一长条的木牌，下拴一块红布条以示醒目和别于其他商家。木牌的两面还分别刻有“扬子江心水”“蒙山顶上茶”，这无外是在宣传自家的水好、茶好。实际上扬子江有数千里之遥，蒙山茶也市价不菲，能够做到是真正的八王寺甜水，有纯正的西湖龙井或是高末也就不错了。

其后，清茶馆向花茶转变，即卖茶之外还邀请艺人入馆演出，有评词、大鼓、相声、双簧，有梆子、京剧，甚至杂耍。洪泰轩曾有歇业，复业于咸丰九年（1859），正是第二次鸦片战争时期，依然是官场人物云集，有“仕官茶馆”之称。洪泰轩有著名的评书艺人李庆奎等在这里常年说书。

讲究的茶馆（社）规模较大，环境整洁，茶桌、如布、椅子、茶具等都很讲究。一般的茶社也就是八仙桌、鼓形凳，还有的能有白板长案、长凳、大碗茶、瓜子。茶馆（社）以不同的社会阶层为不同的茶客群体，自然有不同的经营定位和设施条件。城内中街钟鼓楼、小西关等地是茶社较集中的地方。

在花茶馆之外又有评书馆、杂茶馆，以茶为主听评书兼品茶。有杂耍馆，以大鼓、变戏法、说评书、曲艺小唱演出为主，还有专门的戏园子等都是以茶馆为基础发展而成的新业态。

作为服务领域的一个特业，药店业在此间也发展到了一个新阶段。药店俗称药铺，多主营中药，兼设坐堂先生开诊，是与百姓生活密切相关，又有相当中医药水平的特殊商服机构。沈阳最早的中药铺首推广生堂，在努尔哈赤迁都沈阳城之前，广生堂就已经开业多年，以致有“先有广生堂，后有沈阳城”的民间说法。广生堂的创始人姓卜，购药行医规模渐大，陪都盛京时期除位于中街北侧的本号之外，还设立了大南关等地的分号。由于名声渐广，以致本号附近的胡同竟名“广生堂胡同”，嘉道年间又有万育堂、宝和堂、天益堂药店等陆续开张。广生堂和这三家规模最大，药品最全，声誉最好，故有盛京中药店的四大家之称。

天益堂的堂名，据说取自《千字文》的第一个字，而且表述愿将健康之益惠及天下的意思。天益堂的创始人是山西的武学畴，以7200两白银为资本，建房21间，辟6间为中街路南的门市房。天益堂经营中药材和中成药，聘用著名的中医师坐堂。经过数十年的努力，直至鸦片战争前后，天益堂已经成为盛京城内规模最大名气最大的药店。该堂以货真价实、薄利多销的方法吸引客户和病患，特别是前店后坊自己加工的中成药享誉四方。

### 三、金融业及杂业

城市经济社会生活离不开金融业的发展，但盛京时期，特别是鸦片战争时期并没有近代意义的银行。同时还有一些杂业，虽有传统但并非正业，例如妓院等故称为杂业。

盛京时期的金融业是从钱庄（钱铺）、票号开始的，直至鸦片战争以后半个世纪才有了近代银行、官帖局、官银号等。最早的钱铺称为“万亿恒”，是咸丰三年（1853）创立的，地处大北关。其后又有义泰长钱铺，地处大北关，同治十年（1871）的渊泉溥钱铺（地处大北关）、光绪元年（1875）的豫丰长钱铺（地处牛马行胡同），其后的秦汉钱号、德兴泰钱铺、咸元会钱铺和锦钱铺等，多数都集中在大北关。钱铺也是铺子，也是一种商业业态，只不过钱铺的商品是货币白银等的买卖或流通货币的汇兑，也有自号的私帖作为虚码货币（即“银票”），甚至铸造铜钱、木印纸钞等参与流通。钱铺的规模、数量、交易额、流通量很可能是一方经济的晴雨表。钱铺需要较大的资本投入和准备金银两，否则经营注水会影响信誉拖累市面，在钱铺业务少受和不受官方干预、控制的前提下，一些不法钱铺也会成为扰乱市场的捣乱者。万亿恒雄心不小，但资本金却很有限，义泰长规模稍大，但创办者李乃文不过筹集资本仅4万两白银。后来钱铺不断增加，但规模大小不等，其影响力和业务覆盖也仅限于本埠。城内长安寺是金融业比较集中的地方。据道光二十一年（1841）钱行公会所立《重修沈阳长安寺碑》可知，全城捐资的钱行有万增明、聚发号、义全合、德祥号等80家。捐资的借贷行有世合号、长发吉、环泉盛、积升人等10余家。同治末年成书的《陪都景略》提到金银号业的“万盛增”即为首饰业首户，也是城内有名的官股钱行，有“兵部首站”之称。其他如来源、广泰发等也影响颇大。在专兑银两业务领域有蔚太原、合盛元等公兑庄，其中蔚太原拥资50万两，开业于咸丰三年（1853），合盛元，资本30万两，开业于同治五年（1866），还有大德玉、小德玉等。当时全城金融业的总商家近200户，总资本规模达数百万，可以设想其在整个东北金融业的影响及地位。盛京的金融业在推动内外贸易、拉动实业发展和方便市民生活方面都做出历史性贡献。钱铺是以钱生钱的商业机构，盛京金融业还逊于当时东北的出口大港营口。后来银炉业也在盛京有所发展，但多数只是营口银炉的分支，要么就是规模过小，其自身都缺乏抵御风险的实力。

作为盛京金融业的辅业和补充，典当业甚至粮栈业，都比较发达，金银首饰业也有投资和市场需求，有贵金属的收藏，但就盛京城市的总体结构而言，金融业仍然处于由传统向近代过渡的时期。

杂业中最发达的是妓院业，主要集中在古城东南角北关和西关，而且名目繁多，“生意”兴隆。“半掩门”是“坐姐”的卖淫之所，妓女浓妆艳抹地“串店”招揽嫖客。高档的妓院或名花茶馆，或名书楼，或名某茶馆（如“蜚虹馆”）。总之有不同档次的妓院活跃于城市的不同阶层，加剧着城市的畸形和变态。

还有一些书铺、笔庄、刻字铺、裱画铺、装潢铺等都与文化搭界，或可称为文化类商业，只是因为规模有限，在这里归入“杂业”。书铺，以售卖书籍（当时多为线装书）为主，但也从事书稿的刻印和印刷，即兼有书籍的出版。文兴堂、四合堂有些名气，都有图书代卖、碑帖拓印销售等业务。同治光绪年间的会文山房还曾刻印清音子弟书《蝴蝶梦》行销于市。笔庄是专门出售浙江、安徽等地所产书法、绘画用毛笔、墨锭的店铺。学生习字、账号记簿都有毛笔的需求，笔庄可谓小物件大市场，除大路货之外，湖笔、徽砚等也很常见，早期的裕盛笔庄，后来的胡魁章笔庄等都在同行业中居于首要地位。刻字铺，著名的字号有彩盛兴、东盛等。裱画铺，是装裱书画作品的专门店，也可代制喜寿贺幛等业务。装潢铺，与裱画铺相类，只是档次稍高，除祭轴寿幛、裱画装潢外，也出售宣纸，并代卖一些当地文人所作鼓词、灯谜、字帖等。如会文山房除装裱书画外，也兼售卖书信笺纸，代制寿幛、对联、刻印图书字帖等。有的小店铺业务单一，如专售纸张，特别以售卖宣纸和高丽纸为主。还有专门应客户需求售卖糊房屋内顶棚、裱墙壁、糊窗户用纸的纸坊、棚铺等小店。

其他，胜吉斋、吉庆斋、宝兴斋等钟表铺，天顺、文兴等眼镜铺，还有扇子店、挂货铺（古玩玉器、铜器、瓷器、硬木家具等）、古董铺、炮铺（经营爆竹烟火）、礼乐班等都与文化相关联，只因总量较少，故亦归入杂业。

文化类杂业多以鼓楼为中心，西延至小西门内。

# 第二章
# 清政府对东北整顿时期的盛京

- 农民起义震动盛京
- 整饬吏治变通官制
- 放边设治发展工商及社会各业

在经历了两次鸦片战争的震动之后，盛京愈发感受到来自外国列强侵略的屈辱。同时，与战争相伴，太平天国、捻军等农民起义也涉及东北，清政府视为“龙兴之地”的盛京陷入动荡和不安之中。为此，鸦片战争后的十年间，清政府在血腥镇压农民起义的同时，也采取了革查贪官、变通官制、放荒旗地、鼓励实业、缓和矛盾等措施。光绪元年（1875），皇帝谕示：“东三省为根本重地，近来旗务吏治均报废弛，以致贼氛肆扰、整顿为难。目前要务，自以消联为一气，方为御侮良图。”[①]当时东北尚未设省，东三省只是一种特定的称谓，泛指盛京、吉林和黑龙江三将军的驻防之地。“根本重地”是说清朝在这里崛起，向为国家关注的重点。“旗务吏治”是指八旗军务和民治政务，即泛指清政府在东北的社会统治，“均报废弛”即都已无效。“贼氛”是对农民起义军的污蔑。面对这样的事实，清政府也承认“整顿为难”，但仍坚持“目前要务”为“三省联为一气”，即统一政令、军令，以致成为“良图”。正是在这样的背景下，清政府开始了对东北的整顿。盛京地处东北政治、军事、经济之中心地位，是东北地区最大的城市，是仅次于首都的陪都，整顿首当其冲。

清政府对东北的整顿是从整饬吏制、改革官制开始的，是一次政治补救，是对后来颁行“新政”的先行试验。剿办农民起义军不力的将军被革职，挪用库银的贪官被查办。同时，一改满族官员独霸职缺的传统，汉族官员也可跻身五部大堂。崇实提出的变通吏治章程得到朝廷的批准试行。

特别是迁徙盛京旗人到吉林屯垦，迁部分少数民族到盛京屯种，允许关内流民落户盛京等地的措施有利于农业耕种面积的扩大和生产技术的交流。移民实边，盛京开禁的程度有所扩大。

此间，社会事业方面的育婴堂、栖流所、粥场等成为“德政”。开征的“厘捐”、加收的盐税等又加重了人民的负担。频繁的水灾、疫灾加剧着百姓的苦痛，城市工商业亦进展缓慢，营口炉银，墨西哥鹰洋已成为交易的新结算方式和货币，城市经济形态正在向现代化转变。

清政府对东北的整顿首先是对农民起义采取军事镇压，同时在政治上出台了一些变革措施，调整土地制度、调整税捐、倡办实业等。直至甲午战争，前

① 《清德宗实录》卷一二，第8-9页。

后相沿20年，盛京（沈阳）地区的社会经济形态发生了一些积极变化，但清王朝爱新觉罗家天下的根本统治制度依然顽固，半殖民地半封建的社会形态并未改变。

# 第一节　农民起义震动盛京

咸同年间，盛京等地农民起义接连爆发，几至成为清政府整顿军政的大背景。

## 一、马振隆部农民义军

马振隆，原名马国良，后改名马振隆（震隆），俗称马傻子，今吉林梨树县团山子村人。同治年间，率众起义，提出“替天行道”，“杀恩合，坐盛京”[①]的斗争口号，是东北农民起义的著名领袖。马振隆起义军活动于吉林、盛京，威震辽东、辽西，在义军中影响极大。

马振隆原籍山东掖县，其先祖在乾隆年间因灾荒闯关东，携家落籍团山。马振隆早年丧父，母子相依，清贫度日。成年后，身体健壮，习武善射，当地知名。其性格纯厚，仗义豪爽，敢作敢为，人称“马大胆”。

同治五年（1856）六月，马振隆与赵大刀等在吉林宽城子靠山屯聚众竖旗宣布反清起义，与四平街（今四平）的王起部义军等汇合，相约以“红、黄、蓝、白、黑”分成五旗（即五部），相互协调支援，队伍发展到万余人。马振隆为红旗部老总，采取游击战术，转战于梨树、伊通、宽城子等地，取得攻城胜利。随后又南下，经开原、铁岭，偷袭兴京（新宾）永陵，杀死守陵官兵，夺获大量祭品，“段毙差役，阵亡官兵十余”[②]名。攻击清朝皇帝的祖陵，显然是对清政府的大胆挑战。义军这种“兵来而贼去，兵去而贼又来；兵合而贼忽分，兵分而贼忽合”[③]的战术，使清军疲于奔命，剿抚无着。同年九月，起义军来了个回马枪，再度攻入兴京，挫败官兵围堵。十月，马振隆率部两千余人，经辽阳碱厂堡，“窜至距奉天（沈阳）省城南二十五里之汪大人屯，官兵接仗失

①《崇实奏稿》第7册，《崇实为奏明同治四年奉天剿办马贼动用银钱核销集》。
②《清穆宗实录》卷一四五，第32页。
③《东华续录》（同治朝）卷五〇，第19页。

利。”[①]这种直逼省垣，屡败官兵的态势，使刚刚到任的盛京将军恩合仓促筹兵，甚至招募乡勇“御敌”。盛京告急，震动朝野，清政府不惜动用巨额银两采办军火，招勇筹兵，加强戒备。起义军没有直接发动对盛京城的进攻，而是继续在城垣周围郊区活动。十一月，马振隆部义军转战辽西，占领朝阳，同时分兵一支欲攻赤峰。数日后，义军放弃朝阳，东进往攻义州，奔袭辽北昌图厅，冲入大牢，砍开狱门，放出囚犯600余人。被释囚徒全部加入义军，昌图厅通判海盛被义军击毙。十二月，马振隆得报，此前占汪大人屯时曾以500人诈降得入盛京城的义军已做好内应准备，他们设法分发给奉天府、承德县和盛京刑部大牢“囚犯”的武器已经到位。初七日，马振隆率义军马队兵临盛京城下。狱内外相互配合，省城监犯同时反狱，并纵火焚掠，震惊全城。义军与出逃的“囚犯”举行暴动，一时枪声大作，火光冲天，满街的义军与“囚犯”汇合冲向绅宅官府，恩合和官兵惊慌无措，仓促围捕，血腥镇压。这次攻打盛京城获释“囚犯”600余人，有200人牺牲，余者和义军一起顺利出城，立即与城外指挥并接应的马振隆汇合，共同北上铁岭。

马振隆率义军乘胜攻陷铁岭城，“劫狱抢掠，焚其署狱”[②]，声势威震辽北。接着义军又进攻昌图，挥师吉林攻入宽城子、伯都纳等地。

农民起义军的发展壮大，连连攻城略地，引起清政府的恐慌。在马振隆义军重创盛京城后，清政府从北京派出兵部尚书、盛京人氏文祥率军出关扑向农民义军。文祥，姓瓜尔佳，字博川，号文山，又号绮园，隶满洲正红旗。同治年间，官至军机大臣、总理衙门大臣，权倾朝野，受命成为镇压马振隆部农民义军的直接指挥者。

文祥先祖世居盛京城南汪大人屯，农民义军曾占领该地，其家族财产受到冲击，文祥闻讯甚为恨之。文祥自幼读书，以科举进入仕途，自道光二十五年（1845）考中进士，官职累升，咸丰七年（1857）帝命为军机大臣行走，得以进入清廷统治集团权力核心。第二次鸦片战争之后，参与英法签订《北京条约》等对外事务，主张严力镇压太平军、捻军，手段残酷。同治元年（1862），文祥因功擢升为左都御使、工部尚书兼兵部尚书，任内务府大臣，隶属镶黄旗汉军都统，成为同治朝炙手可热的实权人物。同治三年（1864），王起、马振隆部农民义军进袭辽东、辽西，攻入兴京，转年又重创盛京城，清军屡战屡败。正是在这样的背景下，文祥成为清政权倚重的权臣，率军出关。

---

①《清穆宗实录》卷一五八，第12页。

②《清穆宗实录》卷一六三，第14页。

同治四年（1865）十二月十一日，文祥率军抵达盛京。面对盛京城的严峻局面，先统一军权，将盛京、吉林、黑龙江三省的官兵指挥调度权集于一身，决定分三路围剿各地义军。文祥从北京带来的官兵3000人，其中1000人配有洋枪，武器优良，弹药充足，对农民义军造成极大威胁。经过中阳堡、朝阳坡、新河口三次大战役后，农民义军多被分割、剿灭。加之马振隆部义军发生内讧，王起被杀，义军力量损失巨大。转年四月，马振隆及其余部被官军包围，马振隆被俘。文祥获悉，立即传令将马振隆“押赴军前正法枭示”，在黄镇堡将其杀害。大批农民义军被杀。

马振隆部农民义军失败了，文祥奉调回京，转任吏部尚书，后又升任体仁阁大学士等职。文祥在盛京大东关的宅邸“文中堂府”相沿许久，因为府第规模较大，其所在被称为文中堂胡同，至今仍是大东路北的一条古街名。

## 二、徐占一、李维藩等部农民义军

同治四年（1865）十二月初六日，农民起义军徐占一部500余人来到盛京城下，表示愿意投降官军，接受改编，盛京将军恩合不知是计，竟然允许徐占一部接受“招安”，并指令由协领穆锦率领入城，进入指定营地。徐占一部也是马振隆总旗下的一部，曾活跃于辽北、辽西，在与清军激战于盛京城南汪大人屯后，马振隆率部撤走，徐占一却受命向清军“投诚”，恩合误以为真，以此为剿灭义军的重大战果。仅仅过了一天，即农历十二月初七日，徐占一部率众发动暴动，冲出营地直奔刑部大牢，辟开狱门，释放囚犯，在押者600余人获得释放。义军又冲向户部掌管的金银库，取出银两留作军用，并分发贫民。接着获释的囚犯和积怨于官府的市民与义军一起烧毁了盛京刑部、工部等衙门。义军的壮举震动了官民，官员痛感大厦将倾，民众欢呼贪官污吏末日来临。

攻略得手后，徐占一率部从容出天佑门（小南门），杀出小南边门，与派出接应的马振隆部义军汇合。

农民义军的活动震动清廷。在徐占一部发动盛京城内暴动之前半年，即同治四年（1865）七月二十七日，时任盛京将军的玉明就因为镇压不力，受到免职交部议处的惩罚。一个月后，奉天府府尹德椿同样因未能协同镇压农民起义军，被清廷免职，交部议处。又过了一个月，刚兼管奉天府府尹事、盛京户部侍郎的宝珣因未能如实呈报起义军“骚扰”地方情况，被清廷降一级调用。同年十月，盛京境内农民义军活动频繁、势力扩大，清廷令奉天府着力整顿地方秩序，镇压农民起义军。正是在这样的情势下，徐占一部与马振隆部里应外合、诈降成功重创盛京城，清廷震怒。当月二十四日，刚刚上任四个月的盛京将军恩合被清廷撤职查办。农民起义军没有亲手“杀恩合”，也没有“坐盛京”，但义军进袭盛京得手，恩合被撤，可以说基本实现了斗争的政治目标。义军攻略盛京的行动极大地鼓舞了义军士兵与官军斗争的勇气和信心。

李维藩，原名李维忠，脸上有颗黑痣，绰号乌痣李。咸丰年间即与滚地雷王五等结伙聚众，在奉吉交界、近柳条边内外开展反清武装斗争。同治年间，李凤奎率领的农民起义军活动于辽西，声势高涨。受此影响，李维藩率部以昌图为中心，联合三姓葛成隆领导的矿工起义队伍在奉天围场内三道花园地方设立山寨，占据山林。李维藩部“始不过五六百人，继则多至一千数百人，以二十一人为一队，共分七十队，有马两千余匹，树造旗帜，拉运枪炮”。以“出没无常”的战术，到处“抗拒官军”。[①]

李维藩部义军揭竿竖旗于梨树（今属吉林省）小城子，在今辽宁昌图、西丰，吉林东丰、辽源，即清朝盛京围场建立根据地，转战中加入王起和马振隆部。由于破产失地的农民、手工业作坊和林工、矿工等人的加入，队伍已达数千人。起义军以“有人愿意入伙，给他一匹马，一杆枪，到处有仇报仇，有冤报冤”[②]相号召，有些商民金夫也由同情到转而参加。义军转战辽北、辽西，攻克过榆树台、梨树，进袭过义州、广宁。同治四年（1865），进击盛京汪大人屯之前与马振隆部合击过新民厅，在城内砸开牢狱，释放被押的贫苦百姓，焚烧了厅衙官府，为百姓伸张正义。

其他，义军白凌阿部，有“东荒蒙古人”之称，曾以贩马为生，咸丰九年（1859）冬，随同王五（王老七）在九宫台、山海关等地进行反清活动，因为贫困难度，咸丰十一年（1861）初率众二百余人在义州北三十里高台子地方起义，六月即与义军王达部汇合，十二月间又率领部众，各骑马匹，携带枪械，齐抵义州南门围攻城池，攻城未果，义军撤返朝阳途中王达被捕牺牲[③]，白凌阿率余部进入朝阳坚持反清武装起义。不久，白凌阿率义军蒙古骑兵，东渡大凌河，奔战间阳驿，在新民厅十里堡和卓索图盟境内，打击清军活动频繁。还有李凤奎、才宝善等都是人数较多的农民义军所部，只是马振隆、徐占一、李维藩、白凌阿各部或统或分，其活动范围涉及盛京城、新民厅（今新民市）及周围地区。

---

①《东华续录》（同治朝）卷五〇，第17页。

②《文祥奏报剿办红旗队马傻子所部马贼文件》，同治五年五月二十一日。

③中国第一历史档案馆：《盛京将军玉明等奏刁民聚众抗粮，拿获首要重犯审拟正法由》咸丰十一年三月二日。

农民义军旗帜上写着“替天行道”的口号，有阶级觉醒的政治要求，受到广大人民群众的关注和支持。东北农民义军的革命斗争前后相沿十数年，是与太平天国运动同期的农民起义斗争。东北义军冲破了清朝长期“龙兴之地”的禁锢，冲破了皇家“围场”、“陵寝”、“参山珠河”的藩篱，重创陪都盛京城，其积极意义在于促进了东北土地制度的变革，推动了东北社会经济制度必须改革的进程。也正是因为农民起义是被压迫者反对压迫的必然规律，农民起义在当时已成为燎原之势，而盛京将军等地方大员又镇压不利，于是清政府对将军、府尹屡屡撤职查办的同时，也派出文祥统领的洋枪队等精兵，向盛京投入大批人力、物力，对东北加以整顿已成为清廷的当务之急。

## 三、社会积怨酝酿抗暴风潮

鸦片战争以后，盛京地区的基本社会矛盾没有变化，仍然是满汉联合封建统治集团与劳动人民之间压迫和反压迫的矛盾。清政府在陪都盛京进行的是封禁、征调、加租、提税、增赋等暴政，城乡人民则是反封禁、闯关东，流民潮有增无减，反征调青壮年为躲征兵而钻山入林。百姓对加租税增享赋要么消极抵抗，要么开仓抢粮。在压迫与反压迫之间，社会积怨日益加深，矿工起义、农民起义和城市群众的抗暴斗争正在酝酿着。

清政府对东北长期实行封禁政策，究其原因主要是把东北视为满族专有的经济区域，不允许其他民族进入，把东北视为满族的精神家园、“龙兴之地”，以保持满族固有的尚武和骑射精神为由，希冀这里成为统治全国的军力源泉。清政府以盛京陪都体制管控东北，以封禁政策控扼东北经济。乾隆四十一年（1776）即发上谕：“盛京、吉林为本朝龙兴之地，若听流民杂处，殊与满洲风俗攸关”。因此，“永行禁止”流民入境[①]。道光十三年（1823）批驳《吉林绅士奏请令满汉子弟应试折》讲道：“朕恭阅列祖实录，俱以我满洲根本骑射为先”，“况吉林为发祥之地，非各省驻防可以，尤应以骑射为重，何得专以应试为能，转致抛荒立马旧业。”很明白，清朝皇帝不允许东北贵族淡化习武骑射，不允许子弟应试，只允许东北成为兵员供给地。正是在清朝皇帝的不断谕令下，封禁中的东北经济以皇族、宗室所有的各类官庄、官荒、围场的官地体制为主。盛京内务府管辖下的包括户部、礼部和工部所属的官庄、王庄即达300余处。盛京城及其周围不是八旗王公贵族的庄田，就是福陵、昭陵的陵户或专门

---

①《东华续录》（乾隆朝）卷二八，第24页。

为盛京工部烧瓦、制砖的东瓦窑、西瓦窑等官庄，其他黑牛圈、胭脂屯等也是分工细密的庄田之所在。

官庄采用农奴制管理模式，设庄头，庄头役使壮丁耕作和造作。壮丁初起多为明清之际的战俘，也有庄头置买的“家奴”、缘罪发遣的流犯和带地投充的壮丁。嘉道年间，壮丁的后裔因子孙世代充当，他们因万无出身之日的“世袭”制度大多被束缚在各处官庄。封禁所维系和保护的正是这种相沿了200年的农奴制度，理应遭到农奴的反抗和社会的摒弃。鸦片战争以后，官庄中出现的租佃制正在逐步取代农奴制，地方经济开始出现农奴的身份向佃农的身份转化，但其社会地位卑微，仍然处于皇粮庄头和地主的双重压迫之下。面对日益加重的盘剥，抗租抗税斗争已成必然。

官地之外的旗地制度也开始变化，先是私行典卖流行，接着“红册地”也开始有所买卖，正是官地、旗地向民地转化的同时，促进了小土地所有者和自耕农数量的增加。其中多数是旗人土地向汉族民人私有转化，转化后，期待着农业劳动力的投入，成为反封禁政策的社会需求。嘉庆以来，南方川楚及西北陕西等省爆发的白莲教起义历时近十年，波及地域很广，在沉重打击了清王朝统治的同时也造成了大量的战乱流民。关内山东、直隶（河北）、山西、河南等省连年发生的旱、蝗、水等灾害和疾病致使贫病交加的难农数量猛增。相对而言，东北地区尚称稳定，清朝政府在坚持封禁的同时也有了利用东北作为社会矛盾缓冲地的主张，于是有了禁中有弛的政策。乾隆时期大学士傅恒在《清厘奉天流民以培风俗议》的奏折中就曾说：“其商贾、工匠及单身佣工三项之人，为旗民所资籍，势难禁阻”。[①]就是说，封禁政策不仅受到广大汉族，特别是关内受灾的流民闯关东冲动的反对，也受到旗人和庄主的反对。当时的各类官庄、王庄主要是靠汉人壮丁奴仆在耕作。“其各庄园主一向是渴望人工的，非特不加拒绝，反极尽招徕之能事，于是借垫牛粮籽种，白住房屋，能下田的去下田，能伐木的去伐木，能种菜的去种菜，放羊的去放羊，喂猪的去喂猪，铁匠的送到铁匠炉，木匠的送到木匠铺，念过书的功名人则留到房里，教少东家念书，伴老东家清谈。”[②]简直就是一幅庄园生活风情画，其各得其所其乐融融的面纱之下，掩盖的仍是庄头对佃户的剥削。庄园需要各种劳动力，这种需要为关内流民闯关东提供了栖身佣工的可能，这种劳动关系为多数安身庄园的流民保持着自由身，不同于以往的农奴，其劳力创造价值是庄主接纳他们的根本原

①《八旗通志初集》卷一二九。

② 钱公来：《逸斋随笔》。

因。地方官府也希望通过吸引佃户增加产量、增加税收，所以驰禁已成为一种实际。弛禁可以实现流民成为持续新增和补充的劳力，弛禁可继续沿着一般旗人不习或怠于耕作、匠作的特权，弛禁面临着更加放开的反封禁呼唤。

同治元年（1862），清廷命盛京将军玉明清查闲荒地亩覆奏。这不是简单的耕作亩数预测调查，而是准备清查地亩提升税赋额度，以解决财政困窘和军政开支。转年，清廷再令清查奉天府闲荒地亩，并要求酌情开垦，以增收入。早在乾隆年间，奉天民地的赋税就有增加，从上、中、下三等，每亩征银七分、六分、五分不等，调至每亩征银八分，米四升多。清政府规定提高民地租赋额的原因是“寓禁于征”，即拟以高额租赋限制流民私垦，以利实行封禁。事实上私垦未能禁止，高租赋难以承受，只好私垦逃避租赋了。及至鸦片战争以后，封禁政策有所松弛，但又强化了清查闲荒，变私垦为官地、官垦并提高税赋的做法是不得人心的。对于流民垦荒者和佃农来说，一年的收获要交足庄头的，再要交给国家的银米兼征，剩下的也就一半左右。当时亩产也就300至400斤，扣除租赋所剩维持五口之家的口粮只能勉强度日了。佃几亩地，一年下来紧紧巴巴，人吃马喂，饲养猪禽几乎不可能，于是对清政府提高租赋的决定，多数是消极对抗，反对提租增税加赋。不堪忍受者竟聚众官府痛陈困顿，被拒后竟纵火烧掠官衙，参加农民义军者不时发生。

同治二年（1863），清廷命调拨奉天、辽阳等地旗仓所存粮米10万石，运往京师备用，招致盛京百姓的抵制和抗议。在盛京普遍受灾的情况下，粮食减产，灾民蜂至，调大批粮食入京是不合时宜的。

同治三年（1864），清廷拟定《奉天查办黑地章程》，即将一切私垦荒地在生地变为熟地之后，置开荒者的利益于不顾，统统视为黑地。提出对“黑”地必须重新丈量入官，起租纳赋变为官地，这无异于对流民垦荒者的经济劫掠。开荒时受庄主或无主之地之哄骗，一旦有了收成之后，官府、庄头纷至沓来，威胁利诱迫使就范。光绪二年（1876），清政府下令核查东三省可耕地亩，庄头瞒报的土地仍有继续，但流民、佃户开垦的荒地却几乎无一例外被收为官地，起科升租。光绪六年（1880），基于私垦的屡禁不止，基于增加税赋收入的预想，清政府公布东北放荒、免税、补助等法令，鼓励开垦关东荒地[①]。其后，山东、河北、山西等省入奉人数骤增，全年人数达10万余。鸦片战争以后二三十年弛禁政策才有较大调整，开垦荒地由严查变为鼓励。光绪十三年（1887），清

① 沈阳市文史研究馆：《沈阳历史大事年表》，沈阳出版社2008年版，第281页。

廷准允盛京将军庆裕的请求，清查同治二年至光绪十一年奉省各厅州县仓库正杂钱粮，对多年无力上交或因灾并未交的积欠有部分蠲免。光绪十三年(1889)，清廷命禁止奉天米粮出境，并赈抚受灾旗民动用仓米6.45万石，银6300两，借拨民仓米7.03万石。直至甲午战争前，基于盛京频繁遭遇辽河、浑河大水，春季大旱，夏季虫灾，秋季涝灾的实情，清政府对租税田赋有所减免甚至补助，但作为田亩的租赋税则却没有变化。广大人民群众对抗提租加赋的庄头的斗争也未停止。

## 第二节　整饬吏治变通官制

### 一、崇实与《变通奉天吏制章程》

鸦片战争的无以应对暴露了清朝政府的腐朽，不断兴起的东北农民起义沉重地打击了满清贵族的反动统治，挑战着清朝长期以来的封禁政策。在筹办海防的政策制定时，大臣丁宝桢等提出，东北毗邻俄国，应注意其咄咄逼人的态势，同时整顿东北军政。清政府在发布兴办海防的命令中说："东三省为根本重地，尤宜加意整顿，蓄该将军副都统府尹，切实筹划。"[①]清政府提出整顿东北军政，具有对内对外的双重意图。首先则是为了对内强化统治。命令中提到将军、副都统和府尹三级官吏要对整顿有切实的筹划，实际上地处东北的各级官吏的政绩、政风、事权、机构等都在整顿之例，查办、撤职、议处等自鸦片战争前后就已有之。光绪元年开始，伴随推行军事、政治改革亦整饬吏制、官制开始了。

光绪元年(1875)春，御史张观准奏称："奉吉与贼成患，清大员查办"[②]，清政府决定派崇实、岐元前往盛京。崇实，字朴山，完颜氏，满洲镶黄旗人。道光庚戌进士，入翰林，累官成都将军，任四川总督，现受命东来。清廷谕令："奉省目前要务，自以练兵筹饷为先，而尤以整顿吏治，为繁要关键。该处积习相沿，泄沓已久，崇实现在署理将军，责无旁贷，应如何变通补救之

①《清德宗实录》卷八，第10页。
②《清德宗实录》卷三，第9页。

处，着即悉心妥筹具奏”。[1]正当此时，盛京将军都兴阿因病出缺，崇实得以实任盛京将军。盛京户部侍郎兼管奉天府尹志和被弹劾，奉廷调回北京听候部议，崇实又被任命为署理盛京户部侍郎兼管奉天府府尹事务，可谓将军、府尹两级机构管理大权集于一身。随后清廷又有上谕：“该省事权不一，从前将军府尹往往各有意见，以致政令歧出，遇事抵牾。该处公事究竟因何不能彼此联络，势成掣肘，着崇实将实在情形，并酌定章程妥筹具奏。”[2]面对皇帝的旨意，崇实深感受到重用惶恐，面对清廷的多次催促，在经过半年左右的调研之后，于当年八月崇实向清廷提出《变通奏天吏治章程》七条，决心要改革奉天吏治，以清资源。崇实认为吏治腐败，甚至官匪一家是奉天（即指盛京全境）不静的原因。在章程前言中，首先明确改革原则：“惟是陪都重地，根本所关，若使建置规模不同各省，殊不足以重维系，而示尊崇。目下习梁所趋，未便再构成格。奴才辗转思维，惟有仍存五部之名，以隆体制，兼仿督抚之例，以一事权，救弊补偏大纲已立。然后筹经费，以资办公，则贿赂之风可息。专责成，以防推诿，则盗贼之源可清。”崇实主张在保留盛京陪都地位的同时，要参考关内各省督抚体制，实现“以一事权”，大权集于将军之手。然后筹经费、专责成、提高行政效率、制止贿赂之风，才会强化统治。

其奉天吏治改革的具体方案是：

一、“拟请旨将盛京将军一缺改为管理兵刑两部，兼管奉天府府尹事务，即仿照各省总督体制例加兵部尚书衔，另颁总督奉天旗民地方军务关防一颗，并兼理粮饷字样，以便管带金银库印钥，且可稽核户部出入……

二、“拟请旨将奉天府府尹一缺加二品衔，以右副都御使行巡抚事，旗民各务，悉归专理，裨与将军相承一气，不致两歧……

三、“奉天及吉、黑两省饷需汇于户部，其任非轻，不宜再兼府尹，反增枝节。而三陵典礼大内工，礼、工两部各有专司，皆于民间无涉。至将军虽管理兵刑，而该部堂官，责无旁贷，五部侍郎应仍其旧。……夫刑部……请旨申明定例。亦如京中刑部体制，嗣后惟旗民交涉罪在犯徒以上者，方准该部按律定拟，其余一概不得干预……

四、“拟于奉省添设首道一缺，名曰奉天驿巡道，阖省驿站及新设捕盗营子同通州县，悉隶天下……拟即将治中一缺加一道街，兼行首道事务……

五、“要拟请旨嗣后奉省地方一切案件，无论旗民专归同通州县等官管

---

①《清德宗实录》卷五，第11页。

②《光绪朝东华录》第1册，第112页。

理……

六、“拟请旨嗣后奉都大吏养廉，与其递折但立虚名，不如另咸归于实际，将军既照总督例，即以至少省份计之，养廉当一万八千余。府尹既照巡抚例，养廉至少当一万二千金……

七、“现将旗租草豆章程改为一律，无论宗室平民上中下户，酌一适中之数，按亩交收。……一仍有盈余约一万五千金……拟于盈余中先提一万金作为五部侍郎公费，每岁各分二千金，以资补贴。……余数千金即充军署公费……”[①]

《变通奉天吏治章程》的主要内容在于提高将军的地位，使其权限从驻防八旗军事和旗人行政一直扩大到旗民行政；主张府尹权限似各省巡抚，不仅提高了奉天府尹的官职品级，而且解决了原来盛京一境存在的“事权不一”的问题，盛京将军等成为一省（当时尚未设省）的最高军、政长官，府尹成为专理民人政务的行政长官。章程还希望通过设定“大吏”的养廉费解决“仓差陋规”、解决“使贿赂之风息”的问题，意在树立官吏高风，有利于缓和阶级矛盾。不过从给出的养廉银两数额看，府尹至少一万二千金，这个数额是县吏年俸的十倍，是一般公职人员的二十倍，是一般佣工市民收入的百倍，是广大农民收入的数百倍，真的能借此缓和阶级矛盾吗？事实上大吏们更多的收入不在于养廉银的高低，而在于权钱交易和以权变现的体制机制。所以这一主张的实行与否对奉天官场的贿赂之风并无影响，只是更隐蔽一些罢了。

章程中主张旗、民地方官员明确职责划分，有利于缓和满汉民族矛盾，但前提是必须各尽其职、各负其责，工作职能的划分时即去除满汉民族对立或民族歧视的原则，否则“盗贼之说可清”也只是空话，民族矛盾与阶级矛盾的叠加推动了社会矛盾加剧从而引发农民起义和城市抗暴斗争，与满汉官吏职责的划分并无直接关系。

《变通奉天吏治章程》较之道咸时期及其以前是有所变革的，其方案对清朝加强在东北的统治是有利的，贯彻了清朝政府整顿东北的吏治改革精神，也体现了光绪初期东北地区政治经济和军事的时代特色。经过清廷军机大臣和六部九卿的讨论之后，光绪二年（1876）一月，清政府批准实行。[②]

---

①《光绪朝东华录》第1册，第116页。

②《光绪朝东华录》第1册，第175页。

## 二、变通官制

崇实提出的整饬吏治和变通官制是相辅相成的。整饬吏治重在整顿官吏的官风，旨在提高行政办事效率，为此有改革事权，提高一些官职品级的做法。变通官制重在调整官吏的任免制度、铨选标准等，为此有新设的官职，新设的机构等。总体看，变通吏治、官制都有变与不变蕴含其中。不变的是陪都的将军驻防和盛京五部官制，变通的是扩大了汉族官员的任职范围，变通了一些官职的事权。变通官制仍坚持盛京将军为地区之首官，其所领十四城，即东路兴京城，南路辽阳城、牛庄城、盖州城、熊岳城、复州城、金州城、岫岩城、凤凰城，西路广宁城、义州城、锦州城，北路开原城及城下各路、边门、水师营之“旗人皆统于将军，其民人则辖于府尹”[①]的官制、事权未变，只是府尹也要受将军辖制，所以将军在变通后即成为盛京地区军政民政之首要。盛京将军从设立之初到光绪初年相沿二百余年，只由满族贵族出任。

盛京五部按例虽受北京各部节制，但在行政事务的管理上仍须会同盛京将军、奉天府府尹商办。变通官制后，盛京将军要兼管盛京兵、刑二部，并管带户部银库钥匙及印鉴关防，加强了对五部的管辖和管理。盛京五部各以侍郎领带部务，盛京户部侍郎，秩正二品，下设宗室郎中一人，堂主事一人，均为满缺。其部下设的经会司、粮储司、农田司等无论其郎中秩正五品，员外郎秩从五品，主事秩正六品还是各庄的庄官秩六品等都由满缺出任。庄官的品级已高于内地一般县官的品级，各司的郎中品级也几乎与内地知府官员的品极相当。在户部的二十三人笔帖式中间，只有二人为汉军笔帖式。其余，盛京礼部、盛京兵部、盛京刑部、盛京工部各级官员的绝大多数也都是满洲八旗人氏出任，只有最初级的官职（例笔帖式）可有少数汉族人氏，但也必须是汉军旗人。变通官制后，盛京五部铨选各官时仍要将本处笔帖式、举人、贡生、副榜传齐，按缺考取，咨送京城吏部注册，缺出依次拟补，引见补授。

奉天府，按例被定为京府，其制与顺天府相同，设府尹及其属官。按《光绪会典》卷七十四载，奉天府之管辖地方，有京县一，厅四、州二、县四；又领锦州府并所属州二、厅二；昌图府并所属县三。变通官制后，奉天府所属府厅州县又有所增改裁并。边外科尔沁一带民人，治以昌图府，其官属之考察升调、刑名判拟及钱粮奏销等事，均统于奉天府尹。

---

① 刘子扬：《清代地方官制考》，紫禁城出版社1994年版，第267页。

奉天府设府尹一人，满缺，秩正三品，变通官制后则加二品衔，以兵部侍郎、右副都御史行巡抚事。按例，奉天府尹例应由光禄寺卿、太仆寺卿升任，若上述缺位无应升之人，方可通政使司副使、大理寺少卿升任；另可以翰林院侍读学士、侍进学士、左右春坊庶子，另缮单开列改授。奉天府尹例应升各省巡抚、宗人府丞、通政使司通政使及大理寺卿。

变通官制后，奉天府府尹以“各省巡抚之治仿焉”，即“行巡抚事”，掌盛京地方民人（非满、汉等旗人之外）之事。由于民人数量累年增加，奉天府尹职事职权愈发重要。

奉天府尹之佐贰官，设有府丞、治中，并辖驿巡道、理事通判及军粮同知等员。其中，府丞为汉缺，秩正四品。治中为汉缺，秩正五品，变通官制，裁治中，改设驿巡道，仍为汉缺。理事通判为满缺，变通官制裁去此官，改设军粮同知，仍为满缺，这与盛京五部不同，府尹之佐贰官的多数已为汉缺。

府承掌理学务，主奉天考试之务，管理盛京宗学、觉罗学、官学及义学，稽核各项学务。治中掌管钱粮、户婚及田土事宜。驿巡道职掌巡察边防、督征税课、节制营伍，兼管驿站并审转奉天府属刑名案件。理事通判掌词讼及礼仪诸事宜。军粮同知掌管旗人与民人间之诉讼事宜，并办理考试之事。显然各官职能尚有交叉，变通中建驿军道和军粮同知是其重点。

在奉天府署之内部机构及所属府学之中设有经历司和司狱司，其经历为汉缺，秩从七品；司狱为汉缺，秩从九品；府学中的宗学是专门为宗室子弟教育而设，觉罗学专为觉罗子弟教育而设，官员专为满蒙八旗子弟而设；义学专为汉军八旗之弟而设；只有儒学才是为教育汉族生员而设，至于普通汉族百姓的子弟则基本无学可读。

承德（沈阳）县是以盛京附郭所设的京县，是直辖于奉天府的府之首县。在盛京将军、盛京五部、奉天府等各级机构中，直接与老百姓打交道的就是承德县这一级机构。县的行政主管称知县，秩正六品。下属典史一员，捕盗把总一员，统外要一人，县属兵丁四十名，专司捕盗。

新民厅（今新民市），系嘉庆十八年（1813）三月所设新民抚民同知改称。光绪九年（1883）增设厅教谕一员。厅属捕盗把总一员，统外委一员，亦领兵四十，专司捕盗。

康平县，系由光绪三年（1877）二月析置昌图府辖地设置康家屯经历而来。光绪六年（1880）改设康平县仍治康家屯。设知县一员、官秩六品。下属典史一员，并设分防郑家屯主簿一员。县设捕盗把总一员、统外委一员，领兵六十名，专司捕盗。

盛京将军、盛京五部、奉天府尹、承德县等各级机构调整事权之后，官员的铨选即成为变通官制的重要内容。变通的重点在奉天府尹的属官和承德县级官员，逐渐转为以汉缺官员为主。变通的目的在于强化对民人的管理，调整旗民关系。崇实认为奉省积弊，由于旗民不和。有清以来，奉天地方实行旗民两重行政体制，各处城守尉本系宗室专缺，官阶同于道府，远在县官之上，形成旗民交涉案件发生时，州县与城守慰会同办理。同一公牍，任意分歧，遂致城守尉目中几无府尹，州县官员更不放在眼里，会办各员未能和衷，彼此留难，案久悬搁。旗民纠纷伴随着旗员与州县汉官的矛盾，愈演愈烈。承德县官面对同处一城的各级上官难以有所作为。为此，《变通奉天吏治章程》中提出，禁止旗员干涉州县地方事务。“嗣后奉省地方一切案件，无论旗民，专归同（知）、通（判）、州县等官员管理。其旗界大小各员，只准经理旗租、缉捕盗贼，此外不得丝毫干预。”[①]同时提出，州县各官一律满汉兼用。光绪元年（1875）六月，崇实专折奏请：“奉天各州县，请照热河之例，不拘满汉，一例请补”[②]，然而却被清廷驳回，他再次上奏，强调奉天“今非昔比，势随时迁”，“人才贤否，政令得失，不在满汉，全在择人”[③]。经过半年的争议和等待，最后为清廷批准施行。盛京地区州县之官一律改为满汉兼用。

崇实推行整顿，奏参了盛京户部侍郎兼奉天府尹志和、府尹恭镗，均交部议处。府幕同知黄慕宪撤职递送回籍全州。副都统毓福、候补通判宜崇额，佐领春铎等分别受到惩办，吏治以肃。

同时，派左宝贵统带八旗等军，将刀矛队改为长胜营，禁民间私买枪炮、弹药，请拨直隶捷胜营，锦州成立洋枪队等，收到了军政改革的初步实绩。自光绪元年至光绪二十年，即从变通官制始直至甲午战争，承德、新民、康平的知县、同知任职情况已经体现出满、蒙、汉兼用。

光绪元年（1875），清廷以满洲正红旗文景为承德知县，以顺天宛平人刘祀为承德知县。以顺天宛平人刘愈勋为新民厅同知。

光绪二年（1876），清廷以江苏江宁（南京）人杨桂年为承德县知县。以山东历城人童恒麟、蒙古镶白旗廉隅先后为新民厅同知。

光绪三年（1877），清廷以浙江钱塘（杭州）人王春嵩为承德县知县，浙江萧山人朱克扬为承德知县。以江苏阳湖人张锡蕃为新民厅同知。

---

①《光绪朝东华录》第1册，第112—114页。

②《清德宗实录》卷一一，第9页。

③《光绪朝东华录》第1册，第146页

光绪四年（1878），清廷以汉军镶白旗人谈广庆为承德县知县。

光绪五年（1879），清廷以满洲镶蓝旗佛宝为承德知县，以顺天府（北京）大兴人张云藩为承德知县。以安徽怀宁人马宗武、浙江德清人姚熔人先后为新民厅同知。

光绪六年（1880），盛京将军岐元奏设昌阁府下属康家屯经历为康平县知县，加理事同知衔，秩六品，为康平设县之初，清廷以浙江萧山人朱克扬为承德县知县。

光绪八年（1882），清廷以汉军镶白旗谈广庆、满洲正白旗福培为新民厅同知。以直隶（河北）河间人李梅林为康平县首任知县。

光绪九年（1883），清廷先后以顺天府宝坻人张王绩、浙江会稽人陈士芸，河南祥符（开封）人章越为康平县知县。

光绪十年（1884），清廷以汉军镶白旗谈广庆为承德知县。以满洲正黄旗祥瑞、江苏溧阳人许之履任康平知县。

光绪十一年（1885），清廷以河南祥符人章樾为承德县知县。光绪十二年（1886），清廷以山东福山人王为澄、满洲正白旗福培先后为新民厅同知，以顺天府宝坻人张玉绩为承德县知县。

光绪十三年（1887），清廷以满洲镶黄旗达崇阿为新民厅同知，以直隶遵化人吉利为康平县知县。

光绪十四年（1888），清廷以夏浮镛为康平县知县。

光绪十五年（1889），清廷以安徽怀宁人马宗武为新民厅同知。以满洲镶黄旗达崇阿为承德县知县。

光绪十七年（1891），清廷以满洲正白旗荣禧为承德县知县。以浙江德清人徐镜第为新民厅同知。

光绪十八年（1892），清廷先后以湖南武陵人盛华昌、河南光州人黄毓森为承德知县，以安徽怀宁人马宗武为新民厅同知，以陈宝善为康平县知县。

光绪十九年（1893），清廷以蒙古镶蓝旗增韫为承德县知县。

光绪二十年（1894），清廷先后以安徽六安人陶守愚、四川华阳人郑锡华为承德知县，以广西马平人王安中为康平县知县。

二十年间，知县、同知的任命均来自清廷，任职官员也可谓满、蒙、汉族兼用，但都任期太短，有人数次被任命为知县，多数来去匆匆。在十九任承德知县中有十二任是汉缺，可谓汉官已占多数。在汉人知县中来自关内和南方的又占绝大多数，这多是因为县官多自科举中选择，而东北地区受清廷政策掣肘，多提倡骑射，限制科举的结果。

变通官制，起于崇实，成于崇厚（崇实之弟），坚持于庆裕等盛京将军主政时期，有利于缓和民族矛盾，有利于提高县级机构的行政效率，有利于促进社会安定。地籍回避制度使得本地人不能在本地做官，旨在从此剪除地方势力、有利倡廉的目的不一定实现，但南北交流，东西互动则有利于融合。

## 三、整顿机构

受鸦片战争和镇压太平军、捻军，东北农民起义军军费的急迫需求及整饬吏治、地方治安的需要，盛京出现了厘捐总局和谳局。崇实及其以后，盛京又出现了粮饷总局、电报局、官帖局、牛痘局等机构，均是整顿东北军政，巩固清朝“龙兴之地”的需要。

厘捐总局是指专门管理收缴厘捐的省级机关。盛京在厘捐收缴时并未设省，但盛京设将军驻防至少也相当或略高于关内各省，故亦有总局。厘捐是指正税之外的辅税，厘是指较低的货币单位，大约是一文钱的百分之一，即一厘钱。实际上这是一种比喻，厘主要是指商品物价值百抽一的额度，以捐的名义在正税之外又一种名义的加收。从全国看，厘金始于咸丰三年（1853），其时第一次鸦片战争结束，对外赔款数额巨大，加之镇压太平天国运动和捻军起义耗资空前，清政府决定“捐厘助饷”。转年，清政府下令各地推广。从此，厘金制度成为清朝地方的一项重要税收制度。咸丰六年（1856）十二月，盛京将军庆祺也以“盛京兵饷，待用孔函，库款支细”为词上奏获准，在盛京设立厘捐总局，推行厘金制度，试办厘捐铺税。其制规定：“店商于买货之家，照所买价值，每车钱百个，捐车钱一个，每粮十石，捐车钱一千，不及者以次递减；商贾、铺户，则量其生意之大小，分晰等市，按户逐日捐车钱十文或一千余文不等。两月以来，办理已有成效”[①]。既有成效，厘金制度迅速推广于各府、州、厅、县，推广到边门、关卡。在烟酒、牲畜、木植、当商已有例税的情况下，山海出产及大宗土特产又都纳入厘金征收之例，规定在城镇要按各商等次，逐户派捐，每月汇齐缴纳，村镇则半年收征一次，初起，每年全省可获厘捐金额车钱近十万吊，后又随着工商业的发达年征额可达数十万吊。

咸丰九年（1859），清廷以奉天捐输军饷，改善了各省向奉省协饷的做法，下令广增奉天各属学额，承德县增加一名。

光绪二年（1876）十月，盛京将军崇厚（由北京兵部左侍郎调差）奏请设

①《清文宗实录》卷二一五，第14页。

立奉天筹饷总局，决定整顿境内盐务和厘捐税务。奉天濒临黄海、渤海，营口及复州等地沿海有多处盐田，其中多数为官办盐场，但私盐场也不在少数。私盐泛滥冲击官盐专卖，大量私盐减少了盐税收入，为此竞加整顿，重点在变私盐为官盐，统由盐务管理部分加税扣捐汇入总局以筹军饷、官饷。

厘金税务亦是如此，自开办以来的十余年间，仅盛京城一地工商各号已达千家，但瞒报漏征屡屡发生。更有征缴人员与商家合谋，以多报少，以歇业、停业的名义争取免厘的也不占少数。整顿后，仅盐务和厘金两项，奉天每年收入占近二十万两之数，不再以车钱为收缴本位。

光绪八年（1882），盛京将军奏准，增加奉天盐税，以供练军俸饷，每一石（100斤）盐加抽制钱394文。转年又开征煤税，即每20斤煤炭交易要抽制钱12文，以充练军俸饷。以上两项涉及百姓日常生活和社会的大宗出产。当时奉天（相当于全省）地区的总人口已达800万人，比道光二十年（1840）增加了2.23倍①，每年筹得的练饷数额巨大。

在厘捐的整顿方面，自光绪十二年（1886）一月起，清廷准奏奉天厘捐添设官斗，以资整顿。厘捐制度推行了20年才有了关斗，才有了称量10斤的“标准斗”，此前可谓马马虎虎了。其实整顿厘务，只是收得更细微化了，抽缴更加宽泛。

谳局是议罪的地方，专称为局具有官设机关的含义。还在同治三年（1864），清廷即批准奉天设立“谳局”，其职责是专司捕盗和审理有罪之官员，有如今天的法院，是较早的司法机关。谳局曾主理过同治十年（1871）惩处窝贼分赃的宗室西斌等人的大案，同治十二年（1873）还参与了清廷所命修建盛京圈禁宗室觉罗的“宗室营”的工程，起建高墙、建起预留房屋等。光绪元年（1875）三月六日，崇实抵达盛京的第三天，即上奏清廷说：臣等沿途查访，“所经尚系冲突，已觉疮疾满目。推之四境，更当如何？”他回顾说：“大学士文祥，剿办马贼，倘足兵强，得以大加惩治。惜乎无人善后，失此机宜。都兴阿以不习吏治之武夫，仅知捕贼，迄于老病，更多欺蒙。”②他认为马贼横行，实由地方官不加整饬的结果。提出奉天府尹等官公然贿赂出行，其幕友黄慕宪盘跨衙署十有余年，并格外招摇。经奏准，崇实命令谳局整理出奉天府尹恭镗及幕友黄慕宪等一批地方官的犯罪事实，分别予以查处。一些招摇纳贿，“收受银

① 沈阳市文史研究馆：《沈阳历史大事年表》，沈阳出版社2008年版，第288页。

②《崇实奏为沿途体察情形并到奉日期恭折》，《崇实奏稿》行辕奏稿。

钱，包庇属员”[①]，或查勘矿产“委员侵蚀，商人拥利”[②]的官吏、宗室的案情也由“谳局”审理。

在恭镗之前，奉天府尹宝珣也曾受到降职处分。

同治二年（1863），宝珣奉调回故乡出任奉天府尹。任上，宝珣喜欢与盛京文人不时相聚，唱诗咏和，研读诗作，尤喜书法，以馆阁体最有名气，一些寺院、商铺、名门巨室多有其题写的匾额。宝珣管理下属不严，于同治四年（1865）被清廷查出奉天府有相当数额的公款亏空，难逃其责，并因未能如实呈报起义军活动情况，被廷令下调一级使用，为盛京户部侍郎。同治十二年（1874），宝珣被调任山海关副都统，任职未久却因事丢官，返回盛京闲居家中。光绪元年（1875）病逝。

恭镗仅是宝珣之后出任奉天府尹的继任者之一，德椿、额勒和布先于他继任，仕途或升或降罚未受教训。同治十年（1871）七月任职的满洲正蓝旗恭镗由湖北荆宜施道任上转来，直至被查交部议处，其四年时间却形成地方势力集团，终受处分。更多的原因在于体制机制，在于个人操守，在于崇实施行的整饬吏治和变通官制这一“契机”。光绪八年（1876），崇实在奉天招募防营，成立营务处。鸦片战争以前，盛京及吉、黑的军队并不设绿营，只设八旗驻防称为“制军”，其额定官兵四万四千余人。咸丰、同治年间，为镇压太平军、捻军起义，并外八旗兵大批南调，伤亡很大。镇压东北农民起义的过程中，驻防八旗数量不足，且腐败无能，因而有关内的清军相继北调。在盛京危急关头，清廷派兵部尚书文祥、都统福兴等率京城神机营、洋枪队数千人，并左宝贵（副将加总兵衔）率古北口练军马队等急出山海关，前来盛京剿杀起义军。战事结束，左宝贵部即以客军之名驻守奉天，盛京有了八旗驻防之外的新军——练军。

为成立营务处，盛京将军崇实在奏报关外八旗的情形时说：“久际承平，渐耽安逸。又专习刀箭，则火器便非所长，用以从猎远不如昔。”故从乾隆以后，已另雇猎户打牲，“谓之炮手，岁费五万余金。至咸丰时，军需孔棘，库款不充，东省因此停用。炮手因此失业，游荡边鄙，滋生事端，贼匪之多，半由于此”。[③]因此，同光年间盛京及吉、黑开始增设“练军”，正在实现由冷兵器为主向使用热兵器过渡，以逐渐取代八旗军。营务处在同治年间已设盛京“马队二

①《清文宗实录》卷三〇二，第15—16页。

②《清文宗实录》卷一七三，第17页。

③《奉为遵议筹办东省实在情形折》，《崇实奏稿》卷二。

千名，作为练兵，另由各该城八旗挑选苏拉（闲散）一千名，作为余兵”[①]的基础上，进一步加强加快八旗兵的裁汰、对练军的编成新设机构。营务处是主管盛京军事的办事机构，有对外防御抵御外侮，对内伺机剿灭“边匪”等农民起义，伐木工人和矿工起义的“职能”，并进一步制度化。

经过整顿，盛京将军先后在各城添练骑营，步队共约一万名。光绪十一年（1885），清廷准设东三省练兵大臣，对三省练军经过筛选，分别编成“盛字营”、“吉字营”、“齐字营”，分驻省城。东三省的驻防军队共达7.73万人。加上由关内调驻奉天的毅军，“东三省通计共有土客兵籍九万余”[②]。

新编的练军，仿照淮军和湘军，在装备与训练上较八旗军已有重大变化。从前旗营专司刀箭火枪，而练军改用“七响洋马枪”，“六轮手枪”和后膛枪，还配有洋炮。“操练业已普用新法”，实行“常规操练”[③]，废止了八旗军的春秋两操和冬季围猎的旧制。编制设统领（相当于旅长）、管带（相当于营长），分辖士卒，应该说练军的设立正在加速东北清军的近代化。

盛京将军崇实为了整顿奉天练军，奏准由原直隶练军将领左宝贵、王佐臣统带奉天练军，建立“奉”字练军，是为奉军之名的先河。并于金州、锦州添设洋枪队。

光绪三年（1877）八月，清廷准盛京将军崇厚奏请，添练奉天绿营、洋枪、洋炮各队，由提督左宝贵督办。

光绪六年（1880）七月，奉天练军改为前、后、左、右、中马队五营，步队一营，奉字中营。其中右营马队、中营步队并交记名提督左宝贵统带。同月，清廷发给奉天练军枪炮等火器。

光绪六年（1880），李鸿章奉命“统筹海防”，旅顺与营口划归北洋大臣控制。光绪八年（1882），北洋水师三口（旅顺、烟台、大连）为一军组成。光绪十六年（1890），李鸿章主持耗银140万两的旅顺军港及要塞建成，成为“北洋紧要门户”[④]。北洋水师与盛京练军成为甲午战前清军在东北的基本军事力量。

其他与军事相关的机构有：光绪十一年（1885）十二月，设立盛京电报分局，管理北京—奉天，奉天—安东（丹东）边门、吉林珲春间的有线电报线路。光绪十六年（1890）十二月，清廷准奉盛京将军裕禄成立测绘总局，为管理奉省舆图事务等。

---

①《清穆宗实录》卷三六四，第13页。

②《吉林通志》卷五四，第5页。

③《吉林通志》卷五四，第6页。

④《光绪朝东华录》第3册，2808页。

# 第三节　放边设治发展工商及社会各业

## 一、开放东边外

开放东边外主要涉及办理编籍、升科、设治事宜。东边外是指盛京东部柳条边之外，即出英额、旺清、碱厂、叆阳、凤凰城等边门外东至浑江、鸭绿江，东西宽百余里至二三百里不等，南北（乐沟至通沟）斜长一千余里的广袤地域。自清开国以来，东边外一直是盛京地区厉行封禁的重点。乾嘉时期，流民（大多来自山东）相继涌入，多以垦荒和伐木谋生。清政府虽然一再申禁驱逐，但实际上却愈禁愈多。同治八年（1869），盛京将军即奏报："自凤凰门迤南至旺清门北，查得已垦熟地九万六千余垧，男妇十万余人。"[①]地处滨海的大东沟（今东港），是流民聚众伐木的基地，本地及鸭绿江上流木材亦多汇集于此，形成较大的木材集散地。伐木工人宋三好领导的木工农民起义聚众四千余人，占据大东沟，造房三百余间，俨成势力。特别是与海上"巨匪"高希珍部率相结合，声震四方。光绪二年（1876）春，盛京将军崇实派密探进入大东沟等地侦察，五月，调集北洋兵轮，派左宝贵率部对大东沟实行围剿。"宋三好等八百余人阵亡，二百余人被俘，其余逃散"。[②]崇实据此向清廷呈奏："至边外善后计，自东沟至通沟，绵亘千有余里。历年以来，聚处之众，垦种之多，不特各处流民趋之若骛，即旗散闲丁亦多借地营生，赖以为活，大有剿之不可，驱之不能之势。"因此，建议："因时制宜，亦只有就地升科，设官分治之一法。"[③]权衡再三，东边外已经陆续被开垦，所谓东边六门内外卡伦已经失去效用，柳条边并不能成为阻碍流民的藩篱。与其听任流民私垦，不如放荒官垦；与其坐视物产交易税额流失，不如升科起赋增加地方财税；与其无视流民激荡，不如编入户籍安定民心，安定社会。同时，移民实边也渐渐成为开禁放荒安置流民的新理念。

清廷批准了崇实的建议，谕示："流民私垦边地，例禁甚严"，但"现在该

---

①《清穆宗实录》卷二六四，第8页。

②《崇实奏为东沟全胜保资折》，《崇实奏稿》卷二。

③《崇实奏为病势日增呼吁天恩赏假调理折》，《崇实奏稿》卷七，附录。

处地亩，小民开垦多年，乐输租税。朝廷恩施格外，原可宽存既样，以遂民生。所有大东沟一带已垦地亩，着准其一律升科。无论旗民，凡认地开垦者，一律编入户籍。”[①]以此成为“东边外”正式开放的标志。不仅是大东沟一地，整个东边外的私垦土地都合法化了，只是要一律升科。谕示中提到“无论旗民”，凡认地开垦者，一律编入户籍。这就是说来东边外谋生的流民有来自关内山东、河北等地的破产农民，也有本是旗籍，但出于多种原因逃亡出旗，现在允许将这些多年的“黑户”一律编入户籍了。在这个意义上可以说东边外的流民中就可能有来自盛京及周围的旗人，更可能有一些盛京城来此经营木材、山货、粮食等商品的从业者。当时随崇实一起出关赴盛京的候补道员陈木植，奉命到东边外凤凰城（今凤城市）设立衙门，办理编籍、升科、设治事宜。规定：“所有地亩，逐段行绳，分别上中下三则。除上则按亩稽征外，其余中则以两亩作为一亩，下则以三亩作为一亩，通计折算约五十万亩有奇。”[②]实际上，“通计其地不下一百七十余万亩”[③]。同时规定，升科地亩征正银三分，耗羡一分，木植、苇塘也分别征税。即使是按五十万亩稽征，仅地亩一项，盛京地方即可多得税银近两万两，应该说是清政府新增的一项重要财政收入。同时，随着开发的进程，东边外地区的荒地、弃地、禁地得到开发，人口增加，若干城镇兴起，工商业渐次发展等，所产生的经济效益和社会效益难以计数。农、林、果业逐渐成为东边地区的产业常态，山茧、缫丝和港口贸易、木材加工等业正在孕育新的城市，丹东市的前身沙河镇正在形成。

崇实主政盛京极力推动的东边外的开发，取得了明显的经济成果和社会成果。综观这一历史时期的开发又是历史上相沿已久的开发的积累，乃至形成了开发的大势，成为必然。仅就盛京全域而言，有清以来，顺治十年（1653）就有《辽东招民开垦条例》鼓励开发，为其后的开发起到导向作用。后来清政府长期封禁，但为求生存而闯关东的关内流民几乎就没有停止过，只不过是私垦流民的大流动。

第一次鸦片战争以后，仅岫岩厅所辖人口即达37万余人，外来移民在这里已开垦土地30余万亩，比雍正时期奉天府全部垦地数还多。移民（流民）开发了东部山区农业、山茧业，发展了大孤山、双山子、青堆子、英纳河、大庄河、花园口、尖山子、娘娘城、城子山城、黄骨岛城等规模不等的村镇。其中

①《清德宗实录》卷二〇，第5页。

②《奏为试办边外各缺并诉总理边务员折》，《崇实奏稿》卷六。

③《光绪朝东华录》第1册，第374页。

大孤山成为小有名气的港口，舟车辐辏，商贾云集，“江南杉船每年入口者不下数百余只，输出之品即大豆一宗，可至四十万石有奇，以故商业繁兴，为东边冠，清咸同间几与营口齐名。”[①]盛京地区正式人口统计始于乾隆六年（1741），辽东人口总数为138 190人，到嘉庆末年（1820）达到1314 971人，八十年间，辽东人口增长10倍。

同治二年（1863），御史吴台寿奏请开垦奉天荒地。称奉省闲旷之地，未垦实多，锦州、广宁、义州一带，官荒马厂，尽可设法变通，以开利源。[②]获准后，辽东湾沿海地区也得到了近一步的开发。清初设置的大凌河牧场，以及为牧场马匹供应饲料的官庄，仅大凌河东岸就有可耕地3 000余顷。清政府决定裁撤大凌河东场，将其马匹归并西厂，其土地由盛京八旗66佐领下甲兵按名分领，招佃承种。同治四年（1865），在盘蛇驿（今盘山县）设佐领一员，率兵200名驻守，改大凌河东场为盘蛇驿牧场。到光绪年间有可交纳官租之地20余万亩。同时，养息牧场、奉天围场以及蒙古科尔沁左前旗、后旗、中旗等地及今吉、黑两省的部分地方都相继得到开垦。辽东湾沿海的今锦州东、营口、盘锦、葫芦岛四市及周边地区的开发仍然是放荒官垦而且是由八旗甲兵按名分领，招佃承种，这与后来东边外的开发根本不同。但八旗甲兵成为放荒地的领主之后，所招佃承种之人仍然是历史上流民的后代或新涌入的闯关东者。从土地开发发展农业的视角审视，辽西、辽东的经济目的没有分别，放荒牧场、借蒙地放荒，开放东边外地方的区别在于时间有先后，管理办法有不同，但总的要求都是封禁政策必须摒弃，结果是辽东湾沿海地区的开禁为东边外地区的开发提供了有利的证明。

在辽东湾沿海地区开禁官场放荒和东边外地区大开发的背景下，盛京城及其周围也有大量流民入佃于旗地领地或少量私垦山荒、边荒。

在吴台寿提出开垦奉天荒地之后，时任盛京将军的玉明即奉命调查军荒，发现东边外范围内，“其间各项营生与前略同，然人皆流徙，聚集甚众，已有建庙、演戏、立会、团练、转牌等语”。[③]同治六年（1867），东边外移民的代表何名庆等人奔赴盛京，呈请开科，即要求清政府承认移民开垦土地的所有权。清政府派人实地查勘后发现，凤凰城、叆阳两边门外，移民开垦出的熟地、居住的房屋、从事交易的铺户比比皆是。凤凰城边门南至旺清边门的东北地区，“续

① 张杰：《清代辽东半岛的农业开发》，《社会科学辑刊》1992年第4期。

②《清穆宗实录》卷三五，第11页。

③《清穆宗实录》卷三五，第11页。

查出坐落多处已垦熟地十二万五千余亩”[①]。又在碱厂边门外查出“已垦熟地十二万五千余亩”[②]。两地相加即有熟地数达25万余亩，与后来光绪年间查得的东边外总垦地数相比，已占一半。在这两边门之外，尚有安东（丹东）、宽甸、桓仁、辑安、通化、临江等诸地，垦地总数尚有很大空间。东边外大开发“虽未全行开辟，已无大段闲荒”。[③]流民希望的是垦地后增收，政府关注的是升科起赋。

为了加强对流民的统治，在开禁放荒、起赋升科的同时，如何加强设治行政已成为当务之急。为此，盛京、吉林、黑龙江三省将军曾多次奏请“增设民官，划疆分治”。虽然有“旗民分治”的坚持，但加强民治已成为必需。光绪四年（1878），吉林将军铭安奏称：“窃维狐盗之方，固在整军经武，而端本之法，要在察吏安民。……查奉省官制，经前署将军崇实奏请增改旧章后，吏治及民风大有起色……奴才与崇厚（继崇实之后署理盛京将军）体察情形，迭经往返函商，意见相同，并集所属文武绅曹，悉心讨论，皆以为地旷人多，非有地方亲民之官，不足以资治理。”[④]在肯定崇实整饬吏治变通官制成果的同时，又表述了经过与崇厚等多方调研，达成共识，即从以资治理的需要出发，亟应设置“亲民之官”。经过清政府批准，光绪年间，盛京、吉林、黑龙江三省新开发的地区陆续建立起一批新的县一级行政机构。由于行政事务的增多，也有一部分原有的行政机构被升格。仅东边外辽北部分地区：

光绪二年（1876），设置凤凰直隶厅，辖宽甸、安东县、岫岩州，岫岩州，由厅改州。

光绪三年（1877），设置兴京厅（新宾），辖怀仁县（今桓仁），通化县（今属吉林），宽甸县；东边道，辖凤凰厅、兴京厅及其所属州县；昌图府，由厅升府辖昌图（今昌图）、康平县（今康平）、奉化县（今属吉林）、怀德县（今属吉林）。

光绪四年（1878），设海龙厅（今属吉林）。

东边外设治州县以后，取消了民地与旗地的界限，无论旗民，一律编入户籍，设治以后新增升科熟地由53万余亩增加到180万余亩[⑤]。设治编入户籍增加了社会的安定感，流民称呼渐改移民，数量日增，垦土日广，东边外进入发展

①《清穆宗实录》卷二九八，第3页。
②《清穆宗实录》卷三三五，第13页。
③《清穆宗实录》卷三三五，第13页。
④《清代吉林档案史料选编》（上谕奏折），第58页。
⑤ 张杰：《清代辽东半岛的农业开发》，《社会科学辑刊》1992年第4期。

新时期。到光绪十九年（1893），奉天府尹下辖三府一道，计二十二厅州县，到光绪二十年（1894），奉天地区人口达247.8万人，每平方公里有15.02人[①]。这个数字较之光绪元年已分别增加了三倍以上，这就为奉天地区社会经济发达提供了雄厚的人力资源，为盛京城保持东北中心的地位创造了条件。

## 二、繁荣工商

清政府对东北的整顿重点在军政，伴之以放荒设治，在经济和社会领域本无设想和规划。然而随着城镇的普遍兴起，工业、商业也不断发展，盛京城本身也开始了近代化的进程。在两次鸦片战争的影响下，半殖民地的社会形态日益加深，在清王朝仍坚持封建社会统治秩序的条件下，盛京城市的经济发展和社会进展仍然十分艰难和缓慢。

盛京的经济发展在光绪二十年以后直至甲午战争之前，主要表现在工业和商业的发展方面。其间，相继出现一批新式企业，有官办、商办、官督商办和官商合办等类型。所谓官办，就是政府出资的官僚资本，具有浓厚的封建性。所谓商办，就是民间私人或独产或合股集资的企业，有了资本主义经营管理的特点。所谓官督商办和官商合办，即以官资为主体，或以民间私人资本为主体，但在官本位的权力社会，只要粘上一个“官”字，则无论实际出没出资、出资多少，“官”就一定会说了算，成为企业的实际主宰。况且还有些企业只是“借”用一下“官”名，求得某种名誉、保险和方便，可见官督合办、官商合办还真有些名堂。

光绪元年（1875）起，盛京的传统工业仍然是以烧锅（酿造）、榨油（油坊）、米面加工（磨坊）为主，但也有了布匹、火柴、肥皂、玻璃制品、初级化工和食品、缝纫、皮革、纺织、木材加工、机械、文化用品、建材等行业。盛京的传统商业仍然是行、市、铺、号，但丝坊、堂号、行市等布局更加层次化，业绩中批发的比例有所上升，集中的商业街中街的地位愈加巩固。传统手工业已扩达54行之多[②]，官办手工业工场还出现了“省城罪犯习艺所”、“八旗女工传习所”、“贫民习艺所”。这些企业，有的在探索罪犯服刑期间通过劳动和学习技艺提高本领自食其力，有的专以八旗子弟中的女青年为习艺学员，有社会改良，争取女权的意味，有的则专以社会贫弱阶层的子弟为习艺对象，传授工、木、漆、染、织、金等技能，也有提高劳动素质改善民生的意味。这些习

① 沈阳市文史研究馆：《沈阳历史大事年表》，沈阳出版社2008年版，第292页。
② 沈阳市沈河区政府地方志编委会：《沈河区志》经济篇，第10章工业，实业，1988年版。

艺所都是办有工厂的，其主要产品涉及日用百货、针织、鞋帽、家具、丝绸、绣品、陶瓷、雕刻等，这些产品丰富了商品市场，受到广泛的好评。

盛京的手工业作坊初由盛京工部衙门和内务府管理，带有旗务性质。同治年间有民办“五行公议会”诞生，管理非旗人所办各类手工业。光绪末年，更有新设之“劝业司”成为盛京实业的管理部门。在商业方面，天合利、兴顺利丝作坊、广生堂、天朗斋药房等是著名的商号。光绪十九年（1893），开业于大北关的兴茂厚丝房成为后起者。传统工业中，万隆泉烧锅仍是酿酒业的首户，光绪元年（1875）开设于大北关的义盛泉，以年产烧酒50万斤，拥资近万而成为酿酒的后起之秀。榨油业的新兴者，光绪十年（1884）立增号在大西关开业，拥资八千，年产50万斤。[①]其后，永泉益开设于光绪二十年（1894），拥资近万，年产豆油50万斤，坐落于大东关。[②]

值得关注的是自光绪四年（1878）以来，陆续有一些铁工场开业。直至甲午战争（1894），铁工厂已成为盛京城具有一定规模的工业业态，与传统手工业作坊相比逐渐成为主要的工业门类。在一定意义上，铁工厂奠定了这座城市工业发展的近代化基础。其间：

工盛炉，系民间募股，拥资1 000元现洋在大北关开业，从事铁器制造。其家用、农事用具很有名，后也充事铁锅等铸品生产。

广合源铁器坊，民间合股，拥资6 100元现洋，在小东关果行胡同开业。规模较大，企业名称仍受“字号”传统影响，有车轮轮箍等产品。

福盛炉，民间自营资本，拥资奉小洋500元，在大北关开业，规模不大，但马具、木工工具的锻造有些影响。

德顺成铁工厂，专事铁器生产，拥资现洋1 600元，在大北门里三义胡同开业，专事生产铁器。有炉具、铁锅等产品。

白剪炉，资本金3 000元，在小北关天后宫开办。专事铁器生产。白剪炉的主打产品是剪刀等生活用具，其他还有朱剪炉等，都是有名气的铁器工厂。朱剪炉现今尚有地名存留。

义兴永，民间资本3 000元现洋，在大北关设厂开业，专门从事铁器制造。规模较大，有菜刀、军刀、木工工具等产品。

---

① 《奉天通志》卷一一四，见《东北文史丛书》，辽海出版社，第2568页。

② 沈阳市大东区人民政府地方志编纂办公室：《大东区志》经济篇，辽宁民族出版社1999年版，第124页。

德顺铁工厂，由业主赵勃然筹资开办[①]，从事多种铁制品生产。

十余年间，以上民间资本的铁工厂陆续开业。有些厂名为“炉”，但已不完全等同于传统的铁匠炉，而是在保留烘炉锻造小五金生活用品和农业生产工具的同时，往往和其他以“铁工场”命名的企业一样从事铸造（俗称翻砂）生产。这些铁工厂不是熔炼铁矿石，而是多以废铁回炼，或生铁加熟料再炼。生产中使用勺炉，由炉身和底勺两部分组成，以风箱（匣）鼓风提温，以焦炭为燃料。铸造铁器先要有木型，要有铸造用砂，以木型成砂型要有炉工、铸工、成型工、木工等多个工种的配合。铁工厂不再是师傅带徒弟，或某家庭手工作坊，有了工序、流程、有了订货、原料采购和成品推销的多个环节。最小规模的铁工厂的工人数量也在十人左右。前述工厂中多数以数十人为工人总成。

十数年间，盛京铁工厂的产品不仅满足了当地的需要，行销东北各地，并有出口。铁锅（铸）、菜刀（锻）、军刀（锻）、铁桦子（铸、锻结合）、铁链、锁等均成为畅销货，铁工业已经成为新兴的赢利行业。大大小小的铁工厂基于传统的手工作坊，又具有某些时代特征。铁矿石的主要产地本溪、辽阳等都距离盛京城很近。本溪、抚顺等地又有炼铁用的焦炭生产，当原料生铁与焦炭汇合于盛京铁工厂的熔铁炉里时，再辅以不同的辅助材料就有可能生产出熟铁、初级合金铁（钢），用于铸造、锻造的材料就丰富起来。这些新兴的铁工厂云集于东关和北关，尤其大北关为多，光绪年间城市工业区的发展已有了雏形。

作为近代工业的先河，盛京机器局的开办当为集大成者，只是时间稍有迟滞。盛京机器局缘于甲午战争刚刚结束，正式开工则又延后两年。光绪二十二年（1896），基于强邻逼索，沙俄借干涉还辽自恃“有功”胁迫清政府签订《中俄密约》，欲夺中东铁路的修筑权、经营权；强租旅大设“关东洲”并获取铁路沿线“铁路用地”驻军、设警、采矿和治外法权，东北危机深重。日本等其他外国列强也觊觎着金融、矿产、工商业等利权。同时，清政府经过十余年的摸索已经有了漠河、夹皮沟金矿、吉林机器局和旅顺大坞修理厂等办工业的示范。有鉴于此，时任盛京将军的依克唐阿上奏清廷[②]，请准建立盛京机器厂。选址大东边门，定名“奉天机器局”，由天津德资礼和洋行购进蒸汽机、冲压机、碾盘机及工夹、模具等，完成厂房土建、设备安装调试后，光绪二十四年（1898）正式投产，生产一元、五角、二角和半角的银币，流通市面。

由于工艺先进、成色固定、形制统一、重量均匀，一经问世，即深受社会

---

① 沈阳市文史研究馆：《沈阳历史大事年表》，沈阳出版社2008年版，第278-292页。

②《开办奉天机器局》，见《沈阳历史大事本末》，辽宁人民出版社2002年版，第378页。

欢迎。机械铸币改变了传统手工铸币的方法，填补了盛京机构生产的空白。机器局，其产品选择铸币实为抵制外币侵入，为统一国内币制做准备。机器局是沈阳近代工业发展史上的第一家。

矿业是工业的重要领域，盛京有悠久的煤矿采掘史和较大的市场需求。清道光以后，奉天就出现了煤窑，在锦州、义州、复州、辽阳等四城，“开采煤窑六十三座”[①]。其中辽阳属29座、复州属15座、锦州属8座。“每座每年应交税银十七两六钱零八厘，共应交银一千一百零九两三钱零四厘，解交盛京户部。”[②]光绪九年（1883），盛宣怀在李鸿章的支持下，个人出资近20万元购买钻探机器，招聘英国工程师总理矿务，在奉天金州骆马山开办机械采矿的第一家煤业。这些煤业虽隶属奉天府下或盛京工部，但都距盛京城市本身较远。光绪九年（1883），正月，清廷开征奉天煤税，每20斤抽制钱12文[③]，以充练饷。这是煤炭的消费税，是在产地之外出产税之外的双重税利，是要消费者承担的。当时盛京城市人口已达10万，每年用于燃料的煤近千万斤，所征煤税数额可观。

在商业方面，盛京城的人参、皮张（貂皮等）的传统贸易仍由“官参局”等把持，外地商帮进入增多，特别是洋油、洋药（鸦片）、洋钱、洋布、洋蜡、洋面、洋火等洋货开始进入盛京。最先进入盛京的外商是日本商人。光绪十六年（1890），山下永幸在小西边门开办永信号，专门经营照相器材。光绪二十一年（1895）西关又有冈田商行等开业[④]。在今西关大小什字街一带陆续有日本人开设的照相馆、汤池（澡堂）、料理店（饭馆）和妓院等，其中有些系受日本军部指使，在后来的中日战争中从事间谍活动。

### 三、筹办关东铁路

铁路是近代工业文明的产物，反之又促进着近代工业的发展。世界上第一条铁路1825年出现在英国，是工业革命的重要标志。中国铁路的诞生起于光绪六年（1880），时任北洋大臣兼直隶总督的李鸿章上奏获准，唐山至胥各庄的运煤铁路动工。此前，同治元年（1862），英国人梅辉立曾建议清政府广东当局修筑铁路，其后一些西方外交官、商人也陆续提出修筑铁路的要求，但是却遭到

---

① 《盛京通鉴》卷二《工司应办事宜》。

② 《盛京通鉴》卷三。

③ 沈阳市文史研究馆：《沈阳历史大事年表》，沈阳出版社2008年版，第281页。

④ 沈阳市文史研究馆：《沈阳历史大事本末》，辽宁人民出版社2002年版，第367页。

清廷的拒绝。至于理由，不外是在北方修铁路怕震动“龙脉”，在南方修又怕蛊惑人心，权益外溢。

同治十二年（1873），一向以天朝大国自居的清廷却遭受了蕞尔小国日本出兵进犯台湾。朝野上下震动之余，洋务派提出铁路强国、铁路强军的重要性。日本进犯台湾是要派兵舰的，但军力的集结和运输却是要铁路来实现的。光绪二年（1876）十月，李鸿章上奏朝廷要建造铁路，但这道提议修筑铁路的第一份奏章并没有被采纳。后来即使是唐胥铁路开工，也因为清政府高级官僚中顽固派的反对而停工。光绪七年（1881）六月，由于李鸿章的坚持和争取再度动工，转年完工。唐胥铁路不过才9.2公里长，后来经过改造成为京奉铁路的一部分。

东北的铁路修建是从光绪十六年（1890）四月开始的。当时清政府计划修建以营口为起点，经奉天（沈阳）、吉林，到达珲春的铁路，以期实现渤海和出图们江进入日本海的港市联结。线路走向全在东北，位于山海关之东，故称关东铁路。鸦片战争以后，沙俄攫夺了黑龙江以北、乌苏里江以东共100多万平方公里的领土，造成东北边疆危机。营口开港以后，外国列强势力侵入东北日甚一日，于是有了“关东铁路”的设想。光绪十七年（1891），清廷命勘查、评估关东铁路，测定了林西到吉林，沈阳到营口①的铁路走向及预设站点布设，但并未实施建设。沈阳到营口的线路走向后来成为“中东铁路”支线的一段。

作为关东铁路的序曲，光绪十二年（1886），李鸿章支持成立开平铁路公司，以改善运煤条件为主张，已将唐胥铁路延长至芦台。光绪十四年（1888），开平铁路公司拟迁天津，改称中国铁路公司，当年经营铁路75公里。后又有建造天津到通县的铁路计划等。实际上，关东铁路之前，开平、天津、唐山等地已经建成或拟建了一些铁路规划。于是在关东铁路设想的实施过程中，李鸿章力主充分发挥已建成的铁路，将关内外交通的改善作为方向，实现铁路的大连接、大贯通，主张暂时搁置林西到吉林的规划，以关内已成铁路为基础，规划从古治向东，出山海关经锦州、奉天到达吉林的铁路线路。可以建一支线抵达营口，吉林至珲春线可暂缓建设。这样规划，山海关至奉天的线路即成为关东铁路的主线、干线，后改称关外铁路（北）、京奉（天）铁路、平奉铁路、沈山铁路，现为京哈铁路山海关至沈阳段。

光绪十七年（1891）九月，关东铁路由清政府投资，李鸿章督办，正式开

① 沈阳市文史研究馆：《沈阳历史大事年表》，沈阳出版社2008年版，第289页。

工修筑。同时，在天津成立北洋官铁路局专司此事。光绪二十年（1894）三月，清廷为筹办慈禧太后的60寿典、治理永定河水患等事，停止向关东铁路拨款。这时铁路已修到山海关外的中后所（绥中），线路长约193.3公里。铁路工程停工，大批筑路民工失业，一些站房、器材、线路的维护经费无着。

又过了三年，光绪二十三年（1897）六月，在甲午战争结束的第三年，停工的关东铁路着手重新开工。由于沙俄政府正在诱迫清政府同意修筑中东铁路，其路线横穿满洲里至绥芬河，又从哈尔滨南下经长春、沈阳直抵大连、旅顺，所以关东铁路的终点被迫由吉林改为奉天。但是重新开工的关东铁路资金并未落实，只好采取向外国举债的办法解决。英、俄两国对此都表现出空前的热情，甚至争夺贷款的权力。为了抑制沙俄可能独霸中国东北的势力，清廷决定向英国借款。转年六月，中英签订《关内外铁路借款草合同》，10月10日，签订正式合同。规定，英国向中国贷款230万英镑，主要用于绥中至新民一段铁路的修建，偿还期45年，中国要用已成、未成的铁路作抵押，铁路收支款项必须存入汇丰银行。留下的新民至奉天的路段缺失不仅使关东铁路原计划的长度缩短了60公里，而且使这条铁路从建设到运营的收取款项全部落在英资汇丰银行的监管之下。

关东铁路（关内外铁路）续修工程的总工程师是英国人金达，中国方面的工程师是詹天佑、邝莪谋。贷款陆续到账之后，筑路速度有所加快。光绪二十六年（1900）六月，绥中至沟帮子，沟帮子至营口支线建成通车，沟帮子至大虎山段已开始铺轨。同年八月，八国联军入侵中国，北京、天津沦于战火，续修工程再次中段。其间，外国占领军商定，关内铁路由英国管理，关外铁路俄国管理，恢复工程已不可能。同年九月七日，《辛丑条约》签订，维持了外国列强占据关东铁路的局面。光绪二十八年（1902），清政府与英、俄谈判收回关东铁路管理权事宜，在优先保证外国驻华军队运输的条件下，收回了关东铁路路权。

同年，八月，关东铁路得已复工，第二年（光绪二十九年，1903），沟帮子至虎山段，大虎山至新民段分别完工。由于俄国的阻挠，新民暂时成为关东铁路的终点。

光绪三十年（1904），日俄战争爆发，奉天地区成为两军陆战的主战场，中国人民饱受摧残。日本军队为利用营口到新民的辽河水路（时届冬季，只能利用冰道），再经新民至奉天的陆路实施军需转运，利用关东铁路初始设计的线路走向和线路部分已成和未成的夯土路基，修建了一条临时轻便窄轨铁道，即称新奉铁路，在转年春季日俄奉天大会战中发挥了重要作用。

战争结束，清廷交涉要求收回新奉铁路，实现关东铁路直通奉天，但日本政府多次搪塞拖延。直到日本要改造“满铁”急需款项，同意中国以166万日元的代价买回新奉铁路，并附加辽河以东筑路款的半数要借贷于日本满铁，18年还期，其间必须由日本人出任总工程师，通车后运营收入必须存入日本银行。[①]同年六月，清政府付清路款，使用京奉铁路新名并宣布收归国有。

屈于日本的限制，新奉铁路只能以皇姑屯作为终点，清政府改窄轨为标准轨，光绪三十四年（1908）七月竣工，京奉铁路全线通车。皇姑屯虽称沈阳站，但只是当时的城市西部，京奉路真的通到盛京城下，那又是再经磨难的宣统三年（1911年）。其时通到了小西边门外，有了奉天站（沈阳老北站东1公里多一点）。关东铁路（京奉铁路）全长843公里，从光绪七年（1881）唐胥铁路奠基开始，经历了30年才陆续完工。

## 四、兴办社会事业

清政府对盛京军政加以整顿的时期，整顿领域之外，举凡教育、医院、公共卫生、慈善事业和邮局等社会公共服务和公益事业也都陆续起步，并具有助动城市经济发展和社会文明的积极影响。

光绪二年（1876）二月，英国基督教长老会在盛京创办文会书院，后改称文会中学，这是外国人在沈阳创办的第一所学校。外国人在盛京传教始于道光十八年（1838），这还在鸦片战争之前，当时有法国的罗马天主教神父来此传教，但影响不大。鸦片战争以后中国门户洞开，宗教已成为外国势力进入中国的先锋之一。从同治六年（1867）起，曾有一两个新教（基督教）传教士到过奉天。但直到同治十三年（1874年）以前，还没有外国传教士能在这里留下来。仅仅过了几年，随着营口的开埠，往来沈阳的客商和外国人也有增加。当盛京这座清朝陪都展现在外国人面前时，不仅故宫的宏丽建筑具有很美的欣赏价值，而且繁华的城市、众多的人口等都具有强烈的吸引力。于是，盛京被确定为洋教在中国东北传播的中心。苏格兰联合长老会（属基督教）的约翰·缪斯牧师和约翰·司金太尔牧师在盛京从租住小客栈的一个房间开始，到在繁华街道建起一个礼拜堂，教会得入盛京（沈阳）。

及至英国人建立文会书院，法国人也在小南关（小南街西）建起有120间房屋的教堂及附属建筑，后称天主教盛京总堂。

---

① 沈阳市文史研究馆：《沈阳历史大事本末》，辽宁人民出版社2002年版，第418-421页。

书院是非政府为主的民间教育机构，是中国传统集学子讲堂、议论时政的场所。[①]书院兴起于唐、宋，延及明、清。明嘉靖十三年（1534），沈阳卫蒲河千户所曾建有“蒲阳书院”。清康熙五十八年（1719），曾建有“萃升书院”，乾隆七年（1742）改扩建后称“沈阳书院”，拥有讲堂10间、斋舍21间。文会书院兴办时“沈阳书院”已迁新址，且规模更大，功能更多，每年要由督抚两署各考试2次，道府县三署各考一次，遴选人才。文会书院建立并没有这些功能，其选址在大西边门外路北的旷野，规模尚小于“沈阳书院”（后复名为萃升书院），教材、教师均是英国的，文会书院也不学经古策论，只讲英国历史、世界地理、数学和博物等课，新约书、教学唱诗等都是其主要课程。文会书院不是在盛京的外国人子弟学校，其教师也多数由长老会牧师兼任。学生的来源主要是教徒（或称教民）的子弟。其后随着人数的增加、知名度的扩大，一些官绅子弟也进入书院，书院终至改名文会中学，直到20世纪上半年，一直是沈阳有名的教会学校之一。现今东北神学院及其东邻即是当年文会高级中学的旧址之一部。

光绪七年（1881），左宝贵在奉天（沈阳）并马建位，魏振之、蓝天成等诸公倡捐创办牛痘局，是为奉天新式公共卫生事业之开始。[②]牛痘，是牛患的一种急性传染病，其病原体是一种病毒。症状是高热，眼睛和鼻孔都流淌脓状分泌物，病势沉重时反复冷热停止，腹泻带血，口内黏膜糜烂。此病亦称牛痘，死去的牛肠黏膜坏死，胆胀大，也有的称之为烂肠瘟，胆胀瘟。人也可以感染此病，其症状也是先发高热，然后全身出红色的丘疹，再变成疱疹，最后变成脓疮，中心凹陷，十天左右即可结痂，脱落留痕，即俗称麻子。此病称之为天花，或出花，曾长期泛滥于我国。

近代以来，世界医学研究从患病的牛身上取出痘疤中的浆液，接种到牛犊身上，使其发病，再取出牛犊身上的患病疱浆，其后含病毒的毒力减弱，用甘油将其保存起来，即为痘苗。痘苗若接种在人体上，可以预防天花病的发生。接种的过程称之为种痘。

牛痘局即是实施接种牛痘的地方，今天属于防疫部门，是公共预防医学的一部分。沈阳有了牛痘局是破天荒的事情，延续至今仍是学校学生医疗保健的一项重要内容。种牛痘本来是医护工作的地方却不称医院而称“局”，这也是那个时代的特点。牛痘局创办者是左宝贵，其主旨在“保民济生”，使儿童免遭天

① 沈阳市人民政府地方志办公室：《沈阳市志》第12卷，沈阳出版社1998年版，第14页。
② 沈阳市文史研究馆：《沈阳历史大事年表》，沈阳出版社2008年版，第280页。

花的侵害。

左宝贵，字冠亭，山东费县人，回族，道光十七年里（1837）生人。出身寒微，咸丰六年（1856）即投效清军，入江南大营。由于战时勇武，“垒营劳勋”，曾被任命为忠勇营管带，标游击、副将和总兵衔，自光绪初年跟随崇实驻军盛京数有年已。左宝贵治军严明，亦热心地方公共事业。《沈阳县志》卷九载文，左宝贵：“重文士，爱才勇，有奇拔异能者，辄罗之门下，功不吝赏，罚不私利，士乐为用。”左宝贵主持引进了牛痘技术，推广了种牛痘事业，其后还设立过义学、赈灾粥厂，栖流留所、济良所、育婴堂等，并倡办同善堂以总其成。左宝贵的义举全城尽知，影响深远。

创办义学，是为了让贫困家庭的子弟有机会接受免费教育。虽然规模不大，数量不多，但仍成为贵胄学堂等八旗子弟学校之外的补充，具有较高民众认可度。开办济良所，是为了一些无家可归的妇女和一些希望“从良”的妓女学到一些文化知识、生活技能，开始正常的社会生活。设立育婴堂，是为弃婴和孤儿提供社会救助。设立赈灾粥厂和栖流留所，是为因灾流离于城乡的难民免费提供每天的基本食物，使之有饭吃、有住处。这些机构都属于社会慈善、救助机构，是陆续设立的。

光绪二十年（1894）九月，左宝贵率部在平壤与日军作战壮烈殉国，转年五月，为了延续他的善举，盛京将军依克唐阿决定成立同善堂，隶属将军署，牛痘局开始的公卫和慈善事业得以改良、发展和传承。

光绪十年（1884）春，司督阁建立的施医院正式开诊，是为沈阳第一家西医医院。[①]此前两年，即光绪八年（1882），毕业于英国爱丁堡大学的医学博士司督阁出于传教布道的目的，受苏格兰长老会的派遣来到盛京。在小河沿北上坎租借了间民房，一人身兼医生、护士、药剂师三职，开办起免费的西医诊所。之所以如此，一方面他看到洋教的传播在这里已经开始，例如小南关的法国神父主持的天主教等，但感觉和中国人接触很困难，语言的障碍、文化习俗的差异，特别是对洋教的戒心是普遍存在的，甚至他想租房办教学都办不到。另一方面，他也看到中国人有病就医只找药堂的坐诊中医，尚无他认为真正的医院。于是他想用办西医诊所的形式接触中国人，扩大英国的影响，伺机再传教。诊所免费，可来就医的人却很少。几千年来习惯于中医看病的中国人，不习惯西医诊所这种打针吃药甚至动刀动剪子的诊治方法，认为身体发肤受之父

① 沈阳市文史研究馆：《沈阳历史大事本末》，辽宁人民出版社2002年版，第332页。

母怎么能由西医“乱”来。

转年，奉天发大水，灾民流离失所涌进沈城，加之卫生条件很差，难有洁静食物，故疫病流行，多为上吐下泻，重者脱水而亡，中医药堂应付不暇。此时的司督阁得到英国慈善机构募集的救灾款，从营口返回奉天[1]，决定以一部分款项开办义塾教授贫家子弟，另一部分购得奎宁等药品准备对病患施医。贫病交加的患者，抱着试试看的想法走进了他的诊所，简单有效的疗效迅速传开，司督阁西医诊所逐渐打开局面。光绪十年（1884），西医诊所更名为施医院，经费靠长老会募集，医院运营由长老会管理。

光绪十三年（1887），司督阁购得一处大房子作为医院，设50张男病床，15张女病床，并设手术室，施医院粗具规模，在奉天城站稳了脚跟。[2]光绪十六年（1890），奉天府鉴于施医院对奉天灾民的义举，对治疗灾后霍乱病流行的重大贡献，在社会各界倡捐巨款拨给施医院。司督阁决定扩建施医院，增设门诊、药剂、病房三部分，日诊病人二三百人。后又设女施医院增设若干专科。施医院已不再租借中国百姓民房，而是购地新建房屋，其遗址在今省肿瘤医院院内，司督阁的后人至今仍与盛京医院等沈阳医务界保持交流。施医院也不再只是灾民及一般百姓的免费医院，也是达官贵人前往就医的著名医院。施医院已改称盛京施医院，是沈阳影响最大，建立最早的西医院，其初建与发展的时期正好与清政府整顿盛京军政相合，虽然这并不是整顿盛京军政的内容。

司督阁在行医过程中尊重中医，聘请中医魏晓达、洪步老先生来院协助工作。同时，施医院招收数名中国男青年，做“侍疾生”，在经过必要的医学知识培训之后，使其尽快适应初级西医护理和医院清洁工作。这些人当中有些成为奉天首批中国西医，王宗礼、刘玉棠等就是其中的代表。

后来，施医院又有发展，曾有奉天医科大学的建立（东北第一所医科大学），司督阁本人也被英王室授予勋爵称号。

作为社会事业的新起点之一，光绪元年（1875），奉天城商界组织会议会附设水会，执行商界及城市的消防灭火任务。经商议，会议会取消了原来按旗分区设立分会的办法，决定按奉天城16条主要商街各设分会。同时决定，各分会除了商务活动外，根据实际需要，设立分水会，执行消防职责。全城16个分水会共购置人力水压消防车“水龙车”11台，每台配置团丁10名，着统一“勇”字号坎肩，十分醒目，利于执行勤务。只要有火警，水勇们即拉车前往，压动

① 沈阳市文史研究馆：《沈阳历史大事年表》，沈阳出版社2008年版，第282页。
② 沈阳市文史研究馆：《沈阳历史人物传略》（内部资料）2005年版，第479页。

水车，以水灭火，较之过去用盆、桶浇水显然有了时代性的进步。人力“水龙车”使用时要两人用力交替下压挤水活塞，连续不断才能出现“水龙”，现在看是“文物”，当时看真是破天荒的利器。

光绪元年开始的二十年间，盛京军政得到整顿，工商、铁路、社会事业得到初步发展。

# 第三章
# 光绪朝三次战祸时期的盛京

- 甲午战争与盛京
- 沙俄出兵占领盛京
- 日俄奉天会战重创盛京

光绪二十年（1894）至光绪三十一年（1905），日、俄两国连续在奉天境内发生三次战争：1894年日本发动的中日甲午战争；1900年俄国以镇压义和团为名，强占东北的庚子战争；1904年日俄为了争夺朝鲜和东北而在东北土地上进行的日俄战争。这三次战争使东北山河破碎，民不聊生。盛京城作为东北的政治、文化、经济中心在这三场战争中受到了严重破坏。

## 第一节　甲午战争与盛京

### 一、甲午战争爆发

中国在19世纪下半叶的一段时间里，和西方列强处于相对的和平状态，“以富国强兵”为目的的洋务运动进展顺利，取得了比较明显的效果。主要表现在左宗棠收复新疆；冯子才在镇南关大败法军；刘永福率领黑旗军多次挫败法军等。而此时远在日本海另一侧的日本也雄心勃勃，励志要向海外扩张。1868年，明治天皇睦仁登基即颁布诏书，欲“开拓万里之波涛，宣布国威于四方”。为了给自己创造一个良好的发展环境，日本首先于1870年明治维新之后和中国签订《中日修好条约》。条约中明确指出“嗣后大清国、日本国信敦和谊，与天壤无穷。即两国所属邦土，亦各以礼相待，不可稍有侵越，俾获永久安全。”

此后的日本急速发展军事力量，尤其是1890年后，日本以国家财政收入的60%用来发展海军和陆军。明治天皇为表示自己支持发展军事力量的决心，从1893年开始，宣布每年从自己的宫廷经费中拨出30万元，补充日本海军造船的费用。日本文武官员也拿出10%的工资捐给海军造船。日本上到天皇下到平民百姓，以赶超中国为奋斗目标，大力全民发展军事力量，到了1892年，提前3年完成了自1885年开始的扩军计划。日本建立了一支拥有63000人的常备陆军，同时还有23万人的陆军预备役。日本海军排水量达到72000吨，已经超过了中国的北洋海军。

1894年是农历甲午年，这时的朝鲜封建王朝内乱不断，国家日益贫困，朝鲜李氏王朝岌岌可危。当年2月，朝鲜“东学党”在全罗道发动农民起义，起义军势如破竹，严重威胁了朝鲜封建王朝统制。朝鲜政府部分官员欲向中国借兵镇压起义，但是又有人反对借兵，他们唯恐日本也借机出兵，到时朝鲜局面将很难收拾。到了6月“东学党”攻克全罗道的首府全州，然后直逼京城汉城，朝鲜朝野上下一片哗然。6月3日，朝鲜政府下定决心，向中国政府借兵。

李鸿章当即命令北洋水师提督丁汝昌派济远和扬威两艘军舰开赴仁川口与先期达到的平远舰会合，静观形势变化。清军分三批渡海赶赴朝鲜。大概经过20天准备，6月25日，2 400多清军全部到达朝鲜牙山。从6月8日起，日本政府不故朝鲜政府的多次反对陆续派遣军队向朝鲜进发。6月10日起，日本运兵船络绎到达朝鲜。大和、筑紫、赤城三舰也停泊仁川港并派出汽艇探测牙山。至16日，日本海军共出动了松岛、吉野、千代田、八重山、筑紫、大和、高雄、赤城共八舰，载陆军约4 000人、陆战队500人入朝，兵力达到赴朝清军的二倍。

清政府以光绪皇帝为主战的最高代表人物，政府中的核心人物户部尚书翁同龢、礼部尚书李鸿藻等也主张开战。6月25日，光绪皇帝谕李鸿章加紧备战。6月29日，北洋水师提督丁汝昌向李鸿章请战：“各舰齐作整备，俟陆兵大队调齐，电到即率往，并力拼战，决一雌雄。”6天后，光绪再次谕李鸿章备战。

李鸿章接到圣旨后便开始准备增兵朝鲜。首先他命驻守总兵卫汝贵率盛军6000人向平壤进发；马玉昆统毅军2 000人由海道进军义州；总兵江自康所部及天津练军共2 500人，增援牙山叶志超部；同时，命令盛京将军左宝贵派八个营兵力向平壤进发，会合各军增援汉城。

## 二、奉军出征赴朝鲜战场

左宝贵率领的奉军最早的前身，是同治八年（1869）成立的直隶古北口的练军。当时关外热河地区的满蒙地主及地方官员压迫、剥削当地农民，加上连年自然灾害，当地农民不断起义。左宝贵率领的是该军后营马队，于同治十一年（1872）调往热河镇压农民起义，前后大小战斗打了70余次，平定了热河农民起义。在镇压农民起义过程中，他“驱驰锋镝，艰苦备尝”，每战必躬先陷阵，“身先士卒”，往往“飞军冲入，东荡西决，多次身受重伤”，“濒于危者屡矣”，因而受到封建统治阶级上层人士的赏识和清政府的极大信任。清王朝最高统治者咸丰帝、同治帝和光绪帝曾先后赏给他六品军功，颁赏奖武金牌、白玉翎管、白玉扳指儿、大小荷包，赐予巴图鲁勇号，赏穿黄马褂、头品顶戴，赏戴双眼花翎等，给予他极大的荣誉。他由偏裨而跻身镇将官至“建威将军，记名提督、广东高州镇总兵。”当时的盛京将军崇厚也十分赏识他，1878年左宝贵被邀请到奉天省驻防，以客军驻防盛京，前后驻防奉天省近20年。

光绪六年（1880），清廷调古北口练军回防。经盛京将军岐元请求朝廷只将古北口练军马队三哨调回直隶，将原带队营官左宝贵留在奉天训练练军。于是奉军正式成立，包括前后左右中马队5营，中营步队1营，左宝贵任总理营务翼长，即奉军的最高军事长官。

左宝贵生于一个贫苦的回族农民家庭。父名世荣，母杨氏，皆早年下世。他“幼失怙恃”，又“乏恒产以谋生理”，不得不与其二弟宝贤、三弟宝清依附鳏叔世宏生活，饱尝人间疾苦。稍长，他又因得罪本村恶少不得不背井离乡，靠摆地摊当皮匠挣钱糊口，过着衣不蔽体食不果腹的生活。1856年，左宝贵因打伤缝马靴不给钱的官兵，被迫携两弟投效江南军营，开始了他的戎马生涯。回族人民历史上形成的尚武习性和英勇刚毅精神，练就了他强壮的身躯和坚强的意志，陶冶了他刚勇剽悍的性格。他作战勇敢摧锋直前，因而屡受提拔声誉日起。行伍出身的左宝贵，和历代封建社会中许多“壮怀激烈”、武功赫赫的名将一样，爱国爱民，为人正直。但他生活在封闭落后的农村社会缺乏文化知识，不可避免地受到封建政治和文化的影响，唯知“功名只应马上取”，忠君报国。1860年，因在宝山打死一名太平军首领升千总，1862年升都司，1863年解蒙城之围，俘斩匪首苗沛霖，升游击。1864年调到僧格林沁部将陈国瑞部下为忠勇营管带。1856至1868年间，他“转战楚、淮、皖、齐、燕、苏”等地，参与镇压太平军和捻军诸战役。太平军围困扬州时，他突出重围驰赴六合江北大营传递军书。与捻军作战中，率部急驰缓解安徽蒙城县围。李鸿章誉其为“东防诸将之冠”、“关外一日不可少之大员”。

光绪十三年（1887），东北三省各编成练军4 500人，分别称盛字营（步队8营、马队2营，驻防奉天）、吉字营（步队9营、马队7营、炮队1营，驻防吉林府）、齐字营（步队8营，马队2营）。光绪十五年（1889），左宝贵被封为广东高州、雷州、廉州三府镇总兵，仍留驻奉天。光绪十七年（1891），因剿灭金丹教有功，赏穿黄马褂和头品顶戴，赐建威将军称号。光绪二十年（1894），因西太后60寿辰赏戴双眼花翎。

左宝贵所统率的奉军属于地方部队，各营军官、士兵并不在清政府的军队编制之内。奉军所需的衣食、营房、武器、训练设备等都由地方提供，而清政府并不给他们拨付军费。勇营军队不在国家编制内，一切供给需要依赖地方，士卒们也没有八旗、绿营军队那种终身职业的国家福利保障，处于朝不保夕的临时工地位。

左宝贵统领的奉军纪律严明，规定士兵不准扰民、不准聚赌、不准吸食鸦片、不准榨取民财、严禁奸淫妇女、买卖公平。违纪者，先“穿耳游营”（就是用绳子穿透耳朵，牵着到军队营地示众，以儆效尤），然后再以军法论处。为了严肃军法，左宝贵先后杀了部下中两个长期违法的皇族子弟。

左宝贵也很重视奉军的近代军事技能训练，“步队要能起伏分合，炮队要能攻坚挫锐，马队以出奇驰骤为能，工程队以扩地利备军资为事”。奉军的主要训练项目有卧射瞄准，过山炮，掘地造营，修筑炮台，临敌散队，洋式火箭，安设行军电线，疾步逾壕，夜战，坚守，挖壕筑墙等。

当时东三省奉军的武器都是由吉林机器局提供。但这个局设备陈旧，技术落后，难以满足需求。而落后的经济条件也制约了奉军向外国购买武器的行动。左宝贵为了筹集购买武器的款项，利用自己的特殊身份，投资开办金矿，仅格力各金矿一年的分红就达3 600两黄金。这笔收入使得左宝贵可以向外国购买比较先进的枪械。后来的平壤战役中，日军在和奉军战斗时就惊讶地发现对方装备有先进的毛瑟十三连发快枪。可惜的是，可以用新枪淘汰旧枪，可大炮却只能等待朝廷分配，要不然就该被人弹劾意图谋反，后来奉军在与日军的作战中就是吃了炮火太弱的亏。

奉军多年来主要驻防在盛京城和通商口岸营口牛庄一带，其中驻扎盛京城的包括奉军亲军步队361人、后营步队451人、新右营步队451人、中营马队314人、右营马队314人、新练亲兵中营马队184人；驻扎营口牛庄一带的包括奉军左营、右营、中营、前营步队各451人，拨出防守营口水雷营的步队30人；另有驻扎昌图县附近左营马队314人，总计奉军全军兵力4 223人。①

在这之外，7月16日，盛京将军裕禄因“奉军统领左宝贵，前于开辟东边即身亲其事，该处地势民情无不熟谙”，又将驻防在中朝边境的记名提督聂桂林部勇营军队靖边军划归左宝贵督率。聂桂林部靖边军当时有右营步队357人驻防通化一带，中营马队、前营步队、左营步队、后营步队各357人驻防凤凰城（今辽宁凤城）一带，兵力总计1 785人。②

光绪二十年六月十六日（1894年7月18日），清廷军机处给左宝贵发去了一封电谕：“著抽调奉军带赴朝鲜平壤城，会办军务。”六月十九日（7月21日），接到援朝命令后，左宝贵命令奉军3营、靖边军5营一共8营分起开拔到九连城会齐，自己于二十三日起行，二十七日抵达九连城。聂桂林四营在九连城等候，驻营口之奉军右营步队、驻奉天之左营步队、靖边军后营均于十九日前后

① （日）参谋本部编纂课：《清国陆军纪要》，东京博文馆1894年版，第31–32页、35页。
② 中国史学会：《中国近代史资料丛刊续编·中日战争》5，中华书局1993年版，第18–19页。

起程。驻法库门（今辽宁法库，清朝初年曾在县城北修筑柳条边，定城北为西段十二边门之一，即为法库门）的奉军左营马队，已经发了调动命令。共计有马队2营、步队6营奉调入朝。马队每营263人，步队每营500人，共计3 526人。

左宝贵对日本军队有一定的了解，知道日本对朝鲜觊觎已久，一直密切注视着日本军队的动向。他清醒地看到朝鲜是中国的门户，中朝两国唇齿相依，唇亡则齿寒。当日军进占仁川后，“宝贵即派员至汉城出探绘图，为进兵之计”。并“禀请添军置炮，预备不虞”。同时他也做好了为国献身的准备，他在出征前告别的时候对好友、英国传教士都格·克里斯说：“这次战争与剿‘胡匪’不同，我怕是不会回来了。”

## 三、奉军血战朝鲜

奉军7月28日途经凤凰城，29日全军到达九连城，和靖边军会合、集结完毕。30日黄昏，左宝贵带亲兵渡河率先到达朝鲜义州。为保证行军途中军纪整肃，左宝贵还专门下发军规加以饬戒。在东援诸军中奉军的军纪一时最为人称道。一、随征之人有强奸妇女者，无论官兵均按军法。二、随征之人有抢夺民财者，无分首从均按军法。三、本军兵丁，有捏造谣言煽惑人心者按军法惩办。三、本军兵丁如拐带军装私自逃走者，由沿途关边度卡查验无护照者，扣留送营按军法惩办。四、本军兵丁有酗酒行凶及聚赌滋事者，一经查出重责割耳，轻者责革。五、本军官弁兵夫及随从人等均经预发薪粮以资足食，如沿途于民间买用食物等项须先问明市价，公平议买毋许强劝口角，违者责革，尔商民人等亦不得高招时价。六、每日于开行之先、安营之后、打尖之时，由该营官点名三次落后不到者重责。七、每日定四更吃饭、五更起队，各兵既饱食上道，不许中途复买零星食物致使队伍不齐，违者重办。①

7月31日清晨，在靖边军统领聂桂林的具体指挥下，奉军左营、后营步队及靖边军前营步队、中营马队分批乘坐舟船，渡过鸭绿江进入朝鲜，当天中午时分经过义州，继续向北方重镇平壤方向挺进。领先于奉军、靖边军大队，轻骑在前的左宝贵提前在8月6日赶到了平壤，与此前抵达的盛军、毅军将领卫汝贵、马玉昆会商防守大计。

左宝贵一到平壤立即进行部署，一面派侦探化装成朝鲜百姓向前深入150多

① 《日清战争实记》第七编，东京博文馆1894年版，第103-104页。

公里，搜集敌情；一面又于8月24日派出一支骑兵冒着大雨接应牙山溃军。

平壤是朝鲜北部重镇也是王室的旧都，背靠峰峦重叠的高山，面向波涛滚滚的大同江，地势险要，易守难攻。到8月底，聚集在这里的清军计有左宝贵的奉军、丰升阿的奉天盛军、马玉昆的毅军、卫汝贵的盛军，号称“四大军”，加上从牙山逃回的叶志超部芦防军等，共计35营16 000余人。8月25日，叶志超谎报军情饰败为胜，被清政府委任为平壤清军总统。他对平壤战守漫无布置，致使清军坐失良机。

9月10日，左宝贵得知日军逼近平壤，赶往叶志超处与诸将面商对策。“左主战，叶主退守，意见不合，”诸将依违参半。叶志超称“敌人乘势大至，锋芒正锐。我军弹药不齐，地势又不熟，不如整饬各队暂且退之，养精蓄锐，以图再举。”左宝贵坚决反对。他说：“奉命东征，誓当为国宣力，”“力即不及，义不可挠”。力主凭借坚城固守。争辩时他“怒发上冲，须眉皆竖”，愤然斥责“若辈惜死可自去，此城为吾冢矣。”叶志超理屈词穷，不得不“唯唯谢过。”于是各军划分防区做坚守打算。14日晚，日军朔宁支队和元山支队抢占平壤城北山头数座，左宝贵亲自率军出城争夺。因日军在兵力和装备上皆占优势未能取胜，乃入城以炮仰攻。当天夜晚，叶志超再次准备弃城北逃，左宝贵得知后派亲兵把其监视起来。

15日凌晨，日军发起总攻平壤之战全面展开。日军混成第九旅团从大同江东岸分三路进攻平壤城东南，拒守大同江东岸的马玉昆所部毅军奋力抵抗，与敌展开肉搏战，自清晨激战至午后打退了日军的进攻。日军朔宁支队和元山支队主攻平壤城北牡丹台、玄武门。这里日军投入部队7 000余人，是此次战斗最激烈的战场。担任这一线防守任务的是左宝贵所部奉军。日军首先向牡丹台外堡垒发起攻击，堡垒守军坚阵应战，双方鏖战良久，“倭人死伤无数，”但终因敌众我寡，战至8时许外重4座堡垒相继失守。日军两支队会合，从东、北、西三面向城外最后一座堡垒牡丹台发起总攻。左宝贵指挥官兵“以全力持之”，用速射炮向敌步兵还击，日军伤亡颇重，几乎无法前进。后牡丹台堡垒胸墙被日军榴霰弹击毁，守军死伤甚多，日军步兵乘势发起冲锋，牡丹台陷落，清军退守玄武门。

正在玄武门指挥作战的左宝贵，见牡丹台失守，“知势已瓦解，志必死”，乃遵照伊斯兰教教规，先期沐浴，身着御赐黄马褂，头戴珊瑚顶，“往来睥睨指挥。”部下劝他摘去头上翎顶，以免引起敌人注意。他坚定地说：“吾服朝服，欲士卒知我先，庶竟为之死也！敌人注目，吾何惧乎？”他亲自指挥一门重炮向敌人猛烈轰击。在枪炮横飞中腿上先中一弹，他很快将伤口包扎好，站起来继续鼓舞部下还击。不久炮手阵亡，左宝贵上前亲量大炮准星，手握大炮栓绳左右轰击。营官杨建春见城上危险，欲挽他下城稍避，“宝贵击以掌”，拒绝后退半步。左宝贵颈部再次被流弹击中，他强忍剧痛坚持在城头指挥。受左宝贵英勇奋战视死如精神的鼓舞，所部将士军心大振均勇往直前拼死抵抗。正激战中，一颗日军炮弹将城上清军大炮击毁，“铁穿宝贵胁下”，血流如注受伤扑地。众将士趋视之，“犹能言，下城始殒。”左宝贵英勇牺牲时，年57岁。继左宝贵之牺牲，奉军的三个营官除守备杨建胜重伤断腿外，副将杨建春和都司徐玉生先后中弹阵亡。尽管如此，奉军依然不屈。有数百士兵仍“据高壁，飞铳如骤雨降，不可向迩”。还有部分奉军士兵骤集于乙密台，“自楼橹左右壁眼频放铳”，顽强地进行抗击。

左宝贵壮烈牺牲后，朝野上下反响极大。人们以多种方式赞美悼念英烈，表达对其爱戴怀念之情。左宝贵牺牲的消息传到北京，光绪帝给予他“太子少保，谥忠壮，予骑都尉兼一云骑尉”等封号，将其事迹交付国史馆立传，让其生前立功省份建立专祠以褒扬忠烈。

盛京在南门外修建一座祠堂，在同善堂内雕铸一座2米多高的左宝贵铜像，人们自发组织纪念活动表达对左宝贵的深切怀念之情。

他的家乡今山东省平邑县地方镇，在其祖茔地为他营建一座衣冠冢，埋葬了他生前穿过的一只靴子。左宝贵衣冠冢为一方形圆顶坟规模宏大，墓前建筑有石牌坊、石狮、华表、御制碑等。华表南北两面刻有挽联，南面是时任兵部左侍郎杨颐的挽联：“孤军支柱穷边，伤哉为国捐躯，万里未能收战骨；几辈逍遥海上，恨不藁街悬首，中原何以谢忠魂。”北面是时任驻藏帮办大臣、内阁大学士、礼部侍郎衔尚贤的挽联：“经百战勇冠诸军，常开平天下奇男子。守孤城心拼一死，张睢阳古之烈丈夫”。在朝鲜，平壤人民在玄武门附近建立一座石碑，还流传着一个“雨夜七星门外左将军显圣”的故事。传说每年9月15日，如果下雨的话，夜晚10点左右可以看到“有个军人跨着白马，高挥着在暗淡中发着白光的军刀，向北方走去”。“这骑白马的将军就是左宝贵的英灵”显圣。这一传说虽然蒙上一层神话色彩，但反映了朝鲜人民对左宝贵的怀念。

### 四、日军进犯辽东直指盛京城

左宝贵牺牲后叶志超下令全军撤退，一日狂奔500里逃回国内。9月16日，日军占领平壤，朝鲜尽入日军之手，战火很快燃向了中国本土。日本天皇令日军尽快占领奉天乃至全东北。

平壤战役后的第二天9月17日，日本舰队在鸭绿江口大东沟以南的黄海海面突袭北洋舰队，中日两国海军由此发生了一场激战。战斗一开始北洋海军提督丁汝昌受伤，定远舰管带刘步蟾代替丁汝昌督战沉着指挥。中国海军英勇奋战，致远舰管带邓世昌在弹药用完之后，毅然下令开足马力撞向日舰吉野号准备和它同归于尽，但不幸被鱼雷击中，全舰官兵壮烈牺牲。经远舰管带林永升也率领将士战斗到生命的最后一刻。海战从中午开始历时五六个小时，清军损失致远舰等5艘舰只，日本旗舰松岛号受重伤，西京丸等4艘受创伤。清军虽然损失严重但主力尚存，日本聚歼北洋舰队于黄海的预谋并未实现，北洋舰队只要重整旗鼓仍可与日再战，但李鸿章为保存自己派系的实力命令北洋舰队“保船避战”，躲进威海卫军港，不准巡海迎敌。这样制海权为日本所控制，此后清军遭到日军海陆两路的夹攻。

10月下旬，日军兵分二路进犯中国东北边境，第一军25 000人在朝鲜义州一带集结。日军趁着夜色在虎山附近架设浮桥，并于25日凌晨在炮火的掩护下首先渡过鸭绿江。沿岸清军经过一天的抵抗相续溃逃，只有聂士成部坚守虎山阻击日军。于是，日军集中优势兵力围攻虎山。聂士成部终因寡不敌众退出虎山战场。次日，日军迅速占领九连城和安东（今丹东）。接着又于27日占领大东沟，31日占领凤凰城，11月5日占领大孤山。日军第一军掩护第二军攻占金州、大连湾的任务基本完成，日军总部令其稍作休整，在大洋河流域布置冬营，以待来年后沿着安东、本溪一线攻占盛京城。

日军第二军在第一军发起鸭绿江战斗的同时，即开始实施在辽东半岛登陆作战。拟从大连、金州、营口、牛庄、辽阳一线占领盛京与第一军会师。日军在14艘军舰的护送下用30多艘运输船分三批运送第二军在花园口登陆，包抄大连、旅顺。旅顺同威海卫隔海相望，是渤海的门户，同时也是一座拥有近代化设备的北洋要塞。11月6日，日军进攻旅大后路进攻金州，总兵徐邦道率军应战，伤亡惨重，金州失陷。7日，大连不战失陷。18日，日军进攻旅顺。海军提督丁汝昌见形势危急亲赴天津，请率北洋舰队赴援，但是遭到李鸿章的拒绝。而旅顺守军总办龚照玙早置诸军于不顾，于日军进攻前一天逃往烟台，其余将领也多作鸟兽散。只有徐邦道率军奋战，在激战三天后旅顺陷落。日军在旅顺制造了惨绝人寰的“旅顺惨案”，历时三昼夜，血洗全城，屠杀当地10 800余人。大屠杀的目睹者英国人阿伦在《旅顺落难记》一书中写道：“日军进城后，满路都是被杀者的尸体，竟辨不清路来。在一个池塘边，站满了日军，赶着一群老百姓，往池塘里跳。只见水里有断头的、腰斩的、穿胸的、破腹的，搅作一团。有一个妇女抱着一个孩子浮出水面，正往岸边爬来，日本兵就用刺刀对准她当心扎了对穿，第二个就刺那个小孩，只见刺刀往上一挑，小孩就被挑在枪头上。在另一个地方，10个日军兵捉了许多逃难的中国人，把辫子联在一起，当枪靶子打。有的斩了一只手，有的割下一只耳朵，有的斩断一只脚，有的砍头”。1896年，在旅顺建立的“万忠墓”碑文记下了日军的这场暴行：“光绪甲午十月（1894年11月）日本败盟，旅顺不守，官弁商民男妇被难者计一万八百余名，忠骸火化，骨灰丛葬于此。”

日军第二军攻陷旅顺之后，安东一线的日军第一军开始在岫岩集结，准备从东向西进攻海城，必要时与第二军在海城会师北上，然后再占领盛京。清政府为了确保龙兴之地不受外敌入侵，急命丰升阿、聂桂林等部驰援海城。海城驻防的清军有奉军等步、骑、炮队共十七营，分守海城左右两翼。12月13日，在日军第三师团的猛烈进攻下，清军败退到辽阳，海城陷落。海城失陷使得辽阳、盖平、营口、牛庄等处纷纷告急。清政府越发觉得盛京城的形势更加危急，于是急命依克唐阿、长顺各部西援。从1895年1月17日开始至2月24日止，各路清军先后四次反攻海城，伤亡数千人，但是都因各种原因而未能攻取海城。2月28日，海城日军第三师团开始反攻。在日军第一师团、第五师团等部的协作下，日军先后占领鞍山、牛庄、田台庄等军事要地。田台庄陷落后清军残部退往石山。从此，自田台庄沿辽河往东，自鞍山往西都被日军占领了。盛京城基本暴露在了日军的阵地前。

旅顺陷落之后停泊在威海卫军港的北洋舰队成为日军进攻的主要目标。威海卫位于山东半岛东北部，遥对旅顺、大连，港口呈新月形，港湾环抱着刘公岛。岛上和港湾南北两帮都设有炮台，与港内舰队互相配合，可形成立体交叉的强大火力，足以对付海上来的强敌。但是，如果岸上炮台失守则会形成对港湾和刘公岛南北夹击的形势。1895年1月20日，日军为避开从威海港正面进攻，从威海卫南边的荣成湾成山角登陆，由陆路抄袭威海卫之背，日海军从海上封锁威海卫。躲在港内的北洋舰队腹背受敌。接着日军攻占南北两帮炮台。日军占领炮台后把大炮转向港内，轰击北洋舰队。日海军于2月3日向刘公岛和北洋舰队发动进攻，中国将士英勇抗击。北洋舰队旗舰定远号中鱼雷后，管带刘步蟾下令把舰开到刘公岛铁码头外面，把军舰当炮台使用，直至舰上炮弹全部打完，才自行炸沉，刘步蟾也自杀殉国。

### 五、《马关条约》的签订与春生上书

1895年2月，盛京以南的辽东半岛失陷，不但作为清朝龙兴之地的盛京受到严重威胁，而且也威胁到了平津地区。再加上威海卫失守和北洋海军的覆没，这使清政府决定不惜一切代价求和。清廷紧急任命内阁大学士李鸿章为头

等全权大臣与日本和谈。日军由于战线拉得太长，人力、财力也已显不足。故此，日本政府也同意和谈。经过反复争议，李鸿章于4月17日与日本政府签订了丧权辱国的《马关条约》。条约中规定："下开划界以内之奉天省南边地方以鸭绿江溯该江以抵安平河口，又以该河口划至凤凰城、海城及营口而止，划成折线以南地方。所有前开各城市，皆包括在划界线内。该线抵营口之辽河后，又顺流至海口止，彼此以河中心为界。辽东湾南岸及黄海北岸，在奉天省所属诸岛亦一并在所让界内。"

有关赔款的条款是：中国约将库平银二万万两交与日本，作为赔偿军费。这笔白银对日本意味着什么呢？两亿两白银，加上后来由于"三国干涉还辽"追加的3 000万两白银，约合3.472亿日元，而日本政府的年度财政收入只有8 000万日元，这也就是说这笔赔款相当于日本4年多的财政收入总和。作为暴发户的日本或许有理由因此而感到兴奋。前外务大臣井上馨说："一想到现在有三亿五千万日元滚滚而来，无论政府或私人都觉得无比地富裕。"此外，条约中还规定：割让台湾及附属岛屿给日本；开放沙市、重庆、苏州、杭州为商埠，日船可以沿内河驶入以上各口。

《马关条约》是继《南京条约》后，中国空前的一场浩劫。土地沦丧，不仅破坏了中国的领土完整，而且便利了日本的进一步侵略。巨额的赔款加剧了清政府的财政危机，增加了中国人民的负担。东北的政治、经济、文化中心盛京也暴露在了日本的炮口之下。

清政府与日本政府签订《马关条约》的消息一传开，马上引起了举国公愤。国内各大报纸纷纷发表社论谴责清政府的卖国投降，主张集全中国的力量抗击日本侵略。清政府内部也有很多人反对签订《马关条约》。如：4月20日，两江总督张之洞即电总理衙门请求代奏阻止和议。他在奏折中列举《马关条约》将给中国造成的严重危害，反对对日妥协屈服。4月23日，翰林院编修李桂林、宋伯鲁、徐世昌、叶昌炽等83人联衔上奏，反对割地赔款的讲和条约。认为"所定条约，则目前之患愈深，日后之忧更大，既不能苟安于旦夕，且无从补救于将来，自非暂缓批准，审议详筹，不足以舒切患而存国脉。"同一天国子监祭酒陆润庠等上奏《请宣示和议条款折》，侍讲张仁黻等上《和议要挟难堪请饬廷臣会议折》，请求召开王公大臣、大学士、六部、九卿、翰詹、科道共同会议，加以驳正。4月24日，军机处收到山东巡抚李秉衡于19日发出的关于拒约再战的奏折，内称："如彼族要挟过甚，则拒其和议，勿为虚声所恫吓，勿为浮议所摇惑"，"臣虽老惫，愿提一旅之师，以伸积愤，即捐糜顶踵亦所不惜"。4月25日，帮办北洋军务四川提督宋庆致电督办军机处，要求拒约再战。电云："窃闻倭人逞其狡悍，无理要挟，既索巨款，复思侵地，为天下人所切齿，内而廷臣言路，外而疆吏，纷纷力争，莫不出于忠愤；况身在行间，敌忾之誓，不与共戴。""庆一介武夫，愿与天下精兵舍身报国。"4月25日，户科给事中洪良品上奏《请立毁和约》，言辞激烈，鞭辟入里。他认为日本如此要挟，是由于李鸿章"有心退避以就和局，倭人亦即窃透此意以肆邀挟。"李鸿章再反过来"为倭贼铺张声势，用心恐吓朝廷。"他请求皇上"圣明独断，立毁和约，勿循一切纷纭，以杜妄议。"4月27日，驻防奉天守军将领裕禄、长顺、依克唐阿等九人联名上奏，电奏说："目前兵力民情，均属振奋，仍尚可用。""若议和平允，则尚无失进退之义；倘过于受欺，则虑民必难服，不久必复生衅，是目前之和难以持久，而将来之患所忧万大。""万一彼族坚执不回，则以奉省兵团而论，尚可与之力战"。

盛京城普通百姓得知要割让辽东半岛时，"痛不欲生"提出了"结寨固守"，"坚壁清野"，誓死要消灭盘踞在辽东半岛的日军。士子们越出康雍乾以来严禁知识分子干预时事的成规纷纷上书朝廷，表述对战败签约将带来的灾难的愤慨和忧虑。内阁大学士额勒和布等代表侍读奎华等内阁官员155人的条陈，内称："今闻倭人籍端要挟，有赔款，割地，屯兵各条，此诚五大洲未有之奇闻，三千年所无之变局也，如果照此签约"，后果必然是"法人窥奥、英人窥滇，俄人西窥新疆，东窥三省（奉天、吉林、黑龙江），四夷交侵，各求所欲。"请求"皇上乾纲独断，万勿批准约章，饬下王大臣再行妥议，毋贻后悔。"①

4月30日，奉天举人春生等22人联合上书，力陈中国土地"尺寸不与外人"，"割地赔款以求和。不惟大失民心，抑且有伤国体。与其输巨款以饱寇仇，何如发重赏以励将士。"②反对割让辽东半岛给日本，要清政府利用日本劳师远征，补给线太长的弱点发动人民进行游击战争。当时，正值全国各省的举人会试北京，这些举子们"莫不发愤，连日并递，章满察院。"③而件件皆极陈和约之害，亡国灭种的忧患溢于笔端，如"是不成议和也，直纳降耳。从古中外和议未有要挟如此者，大伤国体，尽失利权，岌岌乎无以自立矣。"据清宫档案记载，先后上书者共计1 581人次，37件。其中最具影响的当推康有为、梁启超发起的，合18省1 300余位举人签名上递的"公呈"。这一被史家及后人称为"公车上书"的壮举，尽管"公呈"由于某些朝臣的干扰而未能递交，但康有为

① 《中日战争》（四），《中国近代史资料丛刊》上海人民出版社1957年版，第12—13页。
② 《中日战争》（四），《中国近代史资料丛刊》上海人民出版社1957年版，第39页。
③ 《戊戌变法》（四），中华书局1954年版，第130页。

令梁启超、李孟华等人"并日缮写，遍传都下，士气愤涌。"[①]许多知识分子利用诗歌、散文、小说、漫画讽刺揭露李鸿章的卖国行径。一些爱国艺人还用通俗易懂的唱词到处演出，号召人民反对这一卖国条约。

## 第二节　沙俄出兵占领盛京

### 一、义和团运动在盛京

19世纪末20世纪初，奉天、山东、直隶沿海地区是俄国、日本、英国、德国等国侵略者激烈争夺的地方，也是甲午战争受害最严重的地区。甲午战争给当地百姓带来了巨大的灾难和屈辱。战后列强又在这些地方开始抢夺港湾，争夺铁路的投资权，矿山的开采权，洋人的势力横行乡里，民族矛盾空前尖锐。沙俄和德国在东北、直隶和山东强行修建铁路，铁路成了他们榨取中国民脂民膏和镇压百姓反抗的工具。1900年（农历庚子年）以前，中国已经动工或通车的铁路基本都集中到这几个地区，沙俄在东北修筑中东铁路及支线南满铁路，全长2 850公里；德国在山东强行修建的胶济铁路全长445公里。北方铁路的修建直接影响了广大百姓的生活，对传统的运河运输业打击最为严重，铁路致使运河沿岸的城镇一蹶不振，大批船主、店铺破产失业断绝生计，社会矛盾异常尖锐。

随着铁路的延伸，这些地区成了列强倾销商品和掠夺原料的集散地，北方经济受到了严重的摧残。便宜的洋纱洋布使北方发达的手工业作坊无力维持。山东的手工纺纱业"几乎全部停歇"。[②]一些生产传统棉布的地方，"自洋布畅销以来农妇纺织亦为罕见之事，农村除耕种以外无副业之补助。"[③]除纺纱业外，钟表、机器、食品等产业也受到了洋货的冲击，从而造成了成千上万的手工业者和小商贩破产失业。北方广大破产小商贩和手工业者们把仇恨集中到了铁路、洋货和外国人身上，也是当时的必然趋势。他们认为，是洋货和洋人直接造成了他们的破产和失业，使他们失去了谋生的饭碗，严重地威胁了他们的生

---

①《戊戌变法》（四），中华书局1954年版，第130页。

②《中国近代手工业史资料》第2卷，第208页。

③《德州县志》第13卷，风土志，商务。

存。因此，“驱除洋人”“消灭洋人”就成了他们的共同愿望。

19世纪末，随着各国列强侵略的深入，奉天、山东、直隶等地的教会势力异常猖獗。仅山东就有教堂1300余处，教士150多人，教民8万多，全省108个州县之中，有72个州县有教会势力。有些地区，一个乡就有3到4个教堂。由于人数众多，各地经常发生教民霸占民房地产、强夺百姓生计的事件。有的传教士与当地的地主恶霸相勾结，招徕地痞流氓作奸犯科，强占人妻，横侵人产，给当地百姓带来危害。更有甚者，有的传教士包揽词讼，包庇教民，把治外法权延伸到中国教民身上，这引起了中国官民的一致愤慨。加之自然灾害不断发生，更加重了山东百姓的灾难。1898年黄河大决口，山东有50个州县受灾，淹死20多万人；1899年和1900年山东境内又发生特大旱灾，土地无法耕种，耕种了的土地又颗粒无收。连年的灾害使广大农村出现了十户九逃亡，哀鸿遍野的悲惨局面。内忧外患使得义和团运动首先在山东爆发，并蔓延到全国。

在山东、直隶等省义和团运动的影响下，奉天义和团组织也先后建立起来。早在1899年，旅大地区就出现了义和拳。方圆几十里的穷人，在马家沟的贫苦农民马成魁的率领下拉起义和团的队伍，他们说：“早年广东的‘平英团’，如今山东的‘义和拳’，咱们起会对俄。”接着抗俄村会纷纷建立起来。马家沟等八个村会又联合起来，订立了章程，立了传牌，一村报警，各村支援，村村会会，共誓抗俄，这是东北地区最早建立的义和团抗俄组织。不久，旅顺口也出现了“扶保中华，逐去外洋”①的揭帖，同时警告为沙俄效劳的买办，不得再为洋人“助力”。1900年2月，营口地区义和团开始公开练拳。2月间，锦州、新民等地也出现义和团，很多地方都设有“拳坛”，“传练甚速”。铁岭、海城义和团“聚众至二千余。”②

到6月初端午节时，义和团已在盛京城发展起来，6月中旬，盛京境内“初则三五结伙，继则千百成群”，盛京城内各处贴满了揭露“外国人侵犯中国种种罪行”的揭帖，号召“一切善良的中国人，应该立即奋起”，把帝国主义侵略者“驱逐出中国的领土”。奉天地区是东北经济发达，人口稠密地区。盛京是当时清政府统治东北的政治、经济、文化中心，也是盛京将军增祺的驻地。义和团运动在奉天发展得最早最快。盛京义和团首领刘喜禄、张海等人宣传“保国灭洋”，组织广大市民、无产者、市井流氓练拳。他们在天后宫、三皇庙、龙王庙等开坛设点，表演“刀枪不入”的功夫，一部分爱国清军士兵也参加了义和团

---

①《东北人民抗俄斗争史》，第31-32页。

②《义和团档案史料》上册，第201页。

的活动，6月30日，手持铳枪的义和团战士，攻克了大东门外的基督教堂，并它付之一炬。随后盛京义和团又来到城东南小河沿一带传教士住宅和英国传教士司督阁开设的医院。义和团抓了几十名教徒和医生，然后把教堂和医院烧毁，30日下午，刘喜禄、张海亲自率领义和团团民烧毁俄国为修建中东铁路支线设在盛京的铁路公司。同时有一支清军向中东路盛京火车站发起猛烈进攻，占领了车站以南的采石场，砍倒了电线杆，切断了电线，拆毁了铁轨，团团包围了火车站。盘踞在车站的俄军中尉率领俄军向烟台（今灯塔）煤矿方向撤退。

当天，义和团还烧毁了盛京城内外的一些天主教、耶稣教的“讲书堂”。位于盛京城小南关天佑门外，大什字街路西的法国天主教堂是天主教盛京总堂。该教堂建筑坚固，教堂为砖混结构，青砖素面，正面顶部突出有两个方锥形尖顶钟楼，东西并列，上部装饰有“十字架”，中央部位是大玻璃窗。三扇拱门，内有二十四根石柱支撑，穹窿镶嵌着巨大的花纹，是典型的哥特式建筑，可同时容纳1 500人。该教堂是当时盛京城内最高建筑物，在全国的教堂里其规模也是屈指可数的。数百名义和团团民在义和团首领的指挥下向教堂发起了冲锋。在教堂主教纪隆的指挥下，教堂里的教士、教徒约400多人，“各持枪炮，向外攻打”，[①]义和团当天没能攻下教堂。7月2日，盛京副都统晋昌亲自率领数百名清军携带火炮数门，也加入到了攻打教堂的战斗中。炮弹击中教堂，教堂内数处起火，义和团团民乘势攻入教堂前，战斗一直持续到傍晚，教堂全部被焚毁，300名传教士、教徒被杀。

盛京城内的神父亚历山大被判处死刑，李貌礼爵神父在中街被义和团杀死。整个义和团运动在盛京共杀死主教1人，外籍神父6人，中国籍神父3人，法国修女2人，教徒1 000多人。盛京城内的教堂无一幸免，全部被义和团焚毁。

义和团在烧毁教堂的同时也烧毁了一部分平时胡作非为、仗势欺人的传教士、教徒的住宅，但是一般市民的住宅“俱未殃及”。义和团并没有把抓到的教徒全部杀死，除了罪大恶极的教徒外，一般的教徒只要肯在寺庙里烧香，表示放弃对基督教的信仰，就发给他们一份不再信仰基督教的证明书。盛京义和团在刘喜禄的带领下，还包围了盛京将军衙门，向盛京将军增祺索要刀枪。增祺迫于义和团的压力，向义和团提供了部分武器。

盛京副都统晋昌主张“与俄开战”“联合拳会”“勠力同心”，“以期力保根

---

① 辽宁省档案馆、辽宁社会科学院历史研究所：《东北义和团档案史料》，辽宁人民出版社1981年版，第7页。

本”。[①]盛京义和团在晋昌的支持下，不仅群众踊跃参加，连清军的兵弁也大批涌入义和团。晋昌还邀请拳师到军中传习拳法。一个俄国军人后来在回忆录里写道：“大拳的思想具有强烈的吸引力，甚至正规部队，自他们的军事长官而下也在极力掌握这种思想，无数炮台营垒成了新运动庇护者设坛的地方。咒语和军号战鼓的声音交织在一起。”“拳师在进行热烈的布道，用神的启示和预言，使一个个团队情绪激动起来，主要煽动他们去同外国人进行战斗。”从他的笔下不难看出，清军高级将领不仅支持义和团，而且允许义和团在部分清军中进行公开发展。盛京境内，义和团和爱国清军共同断绝火车的燃料供应，以阻击旅大俄兵北犯。盛京以北的铁岭、开原、梨树等地义和团和筑路土工、爱国清军一起拆毁铁路、砍断电杆、焚毁桥梁。在辽中，俄军出兵保护东台子村教堂，义和团久攻不下，清军统领带领清军协助义和团攻击教堂，义和团士气高涨，先后有数千人参加围攻教堂的战斗。

在辽阳，义和团和盛京副都统晋昌为了阻止在旅大的俄军继续北犯，断绝了辽阳火车站的燃料供应，重点进攻烟台（今辽宁灯塔）煤矿和火车站。烟台煤矿被俄国占领之后，当地的百姓不断地掀起反占领、反掠夺矿藏的斗争。1900年4月，俄国总办准备在烟台开设一家医院和工厂，圈占400亩的土地。当地村民组织起来反对他们圈地建厂。俄国总办派遣30名骑兵和20名步兵携带枪支及火炮准备镇压当地百姓。4月2日晚，村民黎明时分伏击俄军，与俄军激战了3个多小时击毙数名俄军。最后，俄军丢下尸体向北一路狂逃。之后不久，义和团运动在奉天迅速发展。7月3日，烟台附近百姓和清军士兵协同作战，焚毁了辽阳、鞍山间的两座铁路桥和烟台煤矿。从盛京逃出来的俄国筑路工程师维尔霍夫斯基等人和俄军护路军中尉瓦列夫斯基率队逃到苏家屯火车站时，车站已经被毁。他们只好继续顺公路向辽阳方向继续逃亡。8日，他们跑到辽阳城郊派人进城找上校米申科求援，不料此时米申科上校已经率部逃亡鞍山。瓦列夫斯基只好沿太子河往朝鲜方向逃窜，结果途中遭遇义和团和清军，被一举消灭。维尔霍夫斯基在率公司职员逃往营口的途中被义和团活捉，押往盛京斩首示众。

在盛京北的铁岭、开原等地，义和团和清军一起为了阻止俄军司令格伦·格罗斯由哈尔滨南犯，进攻中东路车站，扒毁铁轨，砍断电信，袭击俄军哨所。铁岭的义和团从7月5日开始，向铁岭车站发动攻势。其中有个妇女人称李寡妇，自称红灯照，率领义和团焚烧两个教堂。接着，他们又开始攻击俄军铁

① 《义和团档案史料》上册，第359页。

路。李寡妇身先士卒不幸中弹身亡。傍晚，义和团与清军向铁岭火车站发起大规模进攻。俄军上尉乌茨基在子弹打光、伤亡惨重的情况下，丢掉大批辎重狼狈北逃。

盛京义和团发动的大规模反帝斗争，推动了吉林和黑龙江两省的义和团运动。6月末，吉林省城开始组织义和团，沙俄侵略者闻风而逃。7月中旬，长春义和团烧毁城内的天主教堂，然后把俄国修建的中东铁路二道沟火车站烧毁。吉林义和团冲破吉林将军长顺的镇压和破坏，到处打击沙俄侵略者，长顺电告李鸿章说："吉林铁路，早经饬所属各军竭力保护。无如拳民遍地，不论中俄(铁路)，一律毁坏，防不胜防。"

7月，黑龙江省义和团壮大起来，开始向沙俄侵略东北的中心哈尔滨发动了围攻。爱国的清军也参加到义和团的反帝斗争行列。义和团东从阿什河，西从齐齐哈尔，南自双城，三面包围哈尔滨。割断电线，拆毁铁路和桥梁，将3400名俄国护路军和中东铁路公司员工围困在哈尔滨。7月22日，义和团发起总攻，俄军溃败龟缩在松花江南岸市区待援。早在义和团围攻哈尔滨之前，中东铁路护路军得到清朝地方官员的通知，撤集在哈尔滨作防守哈尔滨的准备。义和团和清军在进攻的过程中，吉林军队由于长顺的控制没能按计划进攻，致使俄国侵略军得以守住哈尔滨。后来由伯力（哈巴罗夫斯克）溯江入侵的俄军到哈尔滨登陆，被围困的沙俄侵略军才逃脱被歼的命运。

## 二、俄国增兵东北

1900年6月初开始，俄国最高当局开始密切注视着义和团运动发展的趋势，寻找进攻东北的时机和借口，同时加紧进行战争准备。由于这一年中国农历称为庚子年，沙俄发动的侵略中国东北的战争又称庚子战争。6月8日，沙俄政府宣布关东一带进入战争状态，命令军队作好临战准备。6月15日，陆军大臣库罗巴特金命令驻伯力的阿穆尔军事总督格罗杰科夫中将，制订进攻东北义和团及清军的作战计划。6月17日，八国联军侵占大沽，沙皇尼古拉二世于6月23日宣布，首先在阿穆尔军管区进行战争动员。全区进入战争状态，并立即编组先遣军。7月6日，尼古拉二世宣布自任俄军总司令，陆军大臣库罗巴特金任总参谋长。不久，沙俄陆军部下令将原驻阿穆尔地区的西伯利亚军改编为西伯利亚第一军，并将新征调的部队进行统一编组和部署。

西伯利亚第一军：集结于旅大、海参崴。作战部队约34 300余人，计有步兵4个旅共32个营、骑兵14个连、工兵1个营又1个连、炮兵2个营又6个连。

西伯利亚第二军：集结于伯力。作战部队约36 200百余人，计有步兵4个旅共32个营、骑兵1个混成师共27个营、工兵1个营、炮兵2个营又7个连。

西伯利亚第三军：集结于赤塔、涅尔琴斯克（原尼布楚）等地。作战部队约31 300余人，计有步兵4个旅28个营、骑兵1个师25个连，工兵1个营、炮兵9个连。

登陆军：集结于海参崴、双城子。作战部队约33 700余人，计有步兵4个旅，共32个营、骑兵13个连、工兵1个营、炮兵3个营。

以上共有作战部队约135 500余人，火炮328门。此外，各要塞和军区尚有留守部队40 000余人。

7月14日，八国联军攻占天津。清廷因京城危急已无力顾及东北三省的危局。沙俄陆军部抓紧这一时机，分别于7月18日和22日致电在伯力的格罗杰科夫和在旅顺的阿列克谢也夫，指示俄军三路从北部（铁岭以北，含吉林、黑龙江省）、一路从南部（盛京）进攻中国东北地区：北部由西伯利亚第二军、第三军及登陆军一部担任主攻，司令部设于伯力，阿穆尔军事总督格罗杰科夫中将任总指挥；南部由西伯利亚第一军及登陆军一部担任主攻，司令部设于旅顺，关东省总督阿列克谢也夫海军中将任总指挥。沙俄陆军部作战指示的要点是多路出兵，攻取齐齐哈尔、哈尔滨、吉林、长春、盛京等重要城市，以实现分进合击、速战速决，迅速夺取东北三省的战略目的。经格罗杰科夫和阿列克谢也夫建议对上述方案作某些调整，沙俄陆军部最后决定按下述五路部署进攻。

西北路：以集结于赤塔、涅尔琴斯克的西伯利亚第三军一部为主力，越过阿巴该图，向东南进攻呼伦贝尔（今海拉尔）、齐齐哈尔，尔后会同北路俄军及东北路俄军一部，向吉林、盛京推进。

北路：以集结于海兰泡的西伯利亚第三军一部为主力渡过黑龙江，向南进攻瑷珲（今爱辉南）、墨尔根（今嫩江）、齐齐哈尔，尔后会同西北路俄军及东北路俄军一部，向伯都讷（今扶余）、长春推进。

东北路：除派兵一部支援海兰泡俄军作战外，以集结于伯力的西伯利亚第二军为主力，沿黑龙江、松花江水路，向西南进攻三姓（今依兰）、呼兰、哈尔滨，与“护路队”里应外合攻占哈尔滨后，分兵一部向东进攻宁古塔（今宁安），另一部向西助攻齐齐哈尔，尔后会同西北路和北路俄军，向吉林、奉天推进。

东南路（分两个方向进攻）：一部以集结于双城子、海参崴的西伯利亚第一军及登陆军为主力，向西进攻牡丹江、叶河宁古塔；另一部从克拉斯基诺出发，向西进攻珲春、鄂摩和。尔后合力向吉林、盛京推进。

南路：以集结于旅大的西伯利亚第一军和登陆军一部为主力。一部从水路进攻营口；另一部从陆路进攻熊岳、盖平（今盖县）。尔后向辽阳、盛京推进，并在铁岭同北部战场的四路俄军会合。

以上五路俄军，其中有四路俄军向盛京进军，可见当时盛京在东北的重要地位。在部署上述五路进攻的同时，沙俄政府又向东北三省铁路沿线增派“护路队”，使其由原来的6 000余人增至11 000人，借以牵制东北三省清军的行动，策应各路俄军的进攻。

正当沙俄准备向东北地区发动大规模武装入侵之际，关内战事十分吃紧，因此东北三省只能依靠原有驻军和防御设施抗击俄军。至1900年6月止，东北三省共有防、练军117营3哨。其中奉天省52个营，吉林省29营3哨，黑龙江省36个营。按编制计算，总数可达58 000余人，但实际不足50 000人。以后各省又进行扩兵，人数稍有增加。此外，东北地区尚有44 000余名战斗力很低的八旗兵。这些清军装备的武器，除一部分由国外进口、内地拨给和吉林机器局仿制的毛瑟、曼利夏步枪及克虏伯、格鲁森火炮外，还有不少抬枪、抬炮及其他旧式火炮。

东北三省的将军及其他军政要员，在如何对待沙俄入侵这一重大原则问题上，存在着根本的分歧，严重地影响了战争准备。

黑龙江将军寿山在沙俄重兵压境，形势危急之际多次上奏朝廷，历陈沙俄“乘我畿辅危急，日为增兵之谋”的种种事实，认为战争不可避免，提出了“不得不战”、“不可不战”、“不可失机”等抗战主张。[①]他还分析了抗战的有利形势，认为：甲午战争以后，人们“负痛方深”；义和团的兴起足见民心对沙俄之愤恨；在军事上可扼守陆路要地，以静待动截击深入我境、前后不能相顾的俄军。为了集中力量守卫边防，他建议朝廷“先清内患”，对沙俄“护路队”采取必要的防范措施。盛京副都统、育字军总统晋昌，积极支持寿山的主张。他建议三省联为一气并力抗战。伯都讷副都统嵩昆，也赞同寿山等人的抗战主张。但是，吉林将军长顺和盛京将军增祺却极力反对寿山和晋昌等人的正确建议，认为“当此各国合谋，何可再树一敌”，主张对沙俄的进逼实行不抵抗主义。

由于上述分歧，三省无法进行统一部署。主战的黑龙江将军寿山，只能调派本省力量加强战略要地的防御。1900年7月8日，沙俄阿穆尔总督格罗杰科夫以“护路”为名，要求将数千俄军经瑷珲、齐齐哈尔运往哈尔滨。寿山严词拒绝沙俄侵略者的无理要求，并积极进行临战准备。他奏请清廷分别委任瑷珲副都统凤翔、呼伦贝尔副都统依兴阿、通肯（今海伦）副都统庆祺为北、西、东

---

①《寿山折》，《义和团运动史资料丛编》第2辑，第273–274页。

三路翼长，分别指挥三路战守；委任安徽候补知县程德全为行营营务处，负责来往联络。此外，还向清廷请求调拨粮饷商请盛京、吉林两省匀拨枪械弹药等物，准备抗击沙俄的进攻。

畏敌怯战的吉林将军长顺则根本不作临战准备。由于晋昌的积极主战及义和团斗争的影响，盛京省做了一定的防御准备：西部由仁字军、奉军共8营2哨驻守锦州、山海关一带；北部由仁字军、奉军共6营驻守开原、铁岭一带；东部有4营清军驻守凤凰岭、岫岩一带；南部由晋昌自率育字军10余营驻守熊岳、海城一带。

八国联军于7月14日攻占天津后，沙俄陆军部即于7月22日命令驻旅顺的俄军暂停向直隶增兵，迅速前往营口，攻击清军和镇压铁路沿线的义和团，进占辽东半岛。阿列克谢也夫立即集中步兵20个营、骑兵16个连、炮兵5个连，分两部向北进攻：一部沿中东路支线北上，一部由水路增援营口、大石桥（今营口）的俄军。尔后进攻海城、辽阳、盛京。

海城西通营口北达盛京，南通熊岳、盖州，可控旅大，是重要的交通要冲，也是盛京城的门户。俄军和义和团、清军在海城的战斗较为激烈。1900年7月15日，俄军先夺占了距离海城10里的唐王山和距城5里的亮甲山，并向海城城内开炮射击。海城城楼重炮起火。义和团及清军奋力抵抗，毙伤俄军70余人，并乘势追击迫使俄军龟缩于大石桥、营口一带不敢轻易出动。义和团和清军“严扎扼守”，防堵俄军北犯。①

## 三、俄军占领盛京城

7月27日，在金山岭、老虎山一带，义和团、清军和俄军激战了一昼夜。在战斗中清军分统承顺阵亡，清军军心动摇，义和团的士气也受到挫伤。晋昌听到这个消息，于8月2日从盛京出发，亲自带队前往增援。海城位于中东路支线上，西、北两面为平原，东、南两面为山地。当时驻有育字军、奉字军及县属地方武装4000余人、义和团千余人，共有火炮8门。晋昌把地方的义和团统一整编为义勇军，分屯把守城南的各个要隘。同时他还在唐王山设置了炮台，在亮甲山布兵守卫。这样唐王山和亮甲山互为犄角利于清军攻守。俄军的进攻受到阻止，海城的战斗进入僵持阶段。

8月8日，俄军把辽南各自独立行动的部队集合到海城地区。8月9日，俄军

---

①《义和团档案史料》上册，第248页。

少将弗列舍尔率步兵2个团又2个连、骑兵4个连、炮兵5个连进驻大石桥，准备分三路进攻海城。8月10日，俄军从大石桥出发，分兵三路向海城发起攻击。义和团和清军在虎庄屯挖掘壕沟截击俄军。战斗异常激烈，在俄军的炮火猛攻下，由于实力相差悬殊，义和团和清军主动撤出了虎庄屯。随后，俄军对虎庄屯进行了疯狂的报复，他们在村里四处放火，点燃了整个虎庄屯，造成几百户村民无家可归。11日，俄军开始攻打距海城西南25公里的邓家台阵地，清军奋起抵抗，战斗从清晨一直打到午后，清军伤亡过半，最后撤退到唐王山。俄军追到唐王山阵地，并调动数门火炮对唐王山清军阵地进行猛轰。唐王山的清军炮兵进行了英勇还击，但是互射不久清军炮兵阵地就被俄军炮兵摧毁，不得不撤出阵地，俄军占领了唐王山。同时，俄军另外一部向海城发起了攻击。海城的清军在义和团、红灯照的配合下奋起反击，义和团和红灯照手持大刀、长矛、利剑表现得异常英勇。他们在清军撤退后仍然大张旗帜，喇叭齐鸣，唱着嘹亮的歌声结队上山与俄军展开白刃格斗。这里面不乏十二三岁的少年，年纪轻轻的姑娘和年迈的老人。他们有的抱住哥萨克骑兵的腿，把他们拉下马，有的用嘴咬他们，有的向俄军投掷石块。俄军在占领海城之后也不得不承认，海城一役打得异常艰苦。

俄军攻陷海城之后到处烧杀抢掠，奸淫妇女，城内平民被杀1 000多人，焚毁民房8 000多间。俄军还将学署的数万册藏书付之一炬。海城的失守使俄军打开了进攻盛京的门户，同时切断了盖平、熊岳和海城的联系。到8月2日，盖平和熊岳相续失守。俄军又把目标重点指向了营口。

营口战斗是海城保卫战的重要组成部分。7月27日，米申科率领配有重炮的俄军阻截从熊岳撤往营口的清军，同时对驻扎在营口城外西南方向的清军军营进行炮击。俄军占领清军军营后，清军撤入城内。当时的营口是一个开放的国际通商口岸。俄军的武装进犯引起了驻营口各个领事馆的强烈不满，纷纷提出抗议。俄军不顾各国的反对，于8月4日清晨向营口发起了猛攻。部分清朝官员临阵逃脱，驻守营口的清军骑兵3个营又3个哨，稍战即溃，仅义和团300余人同俄军英勇搏斗。战斗一直持续到下午5点，俄军冲入城内，在营口海关的屋顶上取下了清朝“龙旗”，悬挂上了俄国的海军军旗。第二天，俄军海军司令官阿列克谢耶夫亲自赶到营口，成立了临时的政权机关，由俄国领事敖康夫出任民政长官，直接对营口进行殖民统治。俄军在营口城内大肆抢劫，他们用斧头把关了门的商铺劈开，在光天化日之下抢夺财物。对妇女无论老幼即行轮奸，很多男子被他们砍死，营口城内尸横遍地。据当时的上海《中外日报》报道，营口商民死者有数千名之多，沿辽河的房屋大部分被炮火摧毁。

海城失守之后，整个奉天的形势急转直下。北路的俄军经长春南下奉天，怀德、铁岭、开原纷纷告急。关内的八国联军已经攻入北京，俄军在八国联军中出兵人数最多，他们带头洗劫皇宫，并想在和谈时窃取更大利益，从而实现他们的“黄俄罗斯计划”。为了独得东北，俄军从北京撤出部分军队，挥师东北。这支俄军先占领了开平煤矿、津榆铁路，扼住了关内外交通的咽喉山海关。消息传到盛京城，大小官吏“更为震动”。[①]

9月初，沙俄从其欧洲部分抽调来的两个步兵团、一个炮兵连抵达旅顺。9月21日，苏鲍齐奇中将也奉命到达营口。旅顺俄军遵照沙皇8月6日发出的八国联军占领北京后，旅顺俄军得到“主要任务将是攻占奉天，并征服盛京全省”的指令[②]，加紧进行北犯占领盛京的各种准备。

至9月下旬，营口、海城一带的俄军已有步兵11个营、骑兵4个连、炮兵10个连，随带火炮40门。侵略军分左、中、右三路向北进犯：弗列舍尔少将率左路进攻牛庄；苏鲍齐奇亲自指挥中、右两路进攻鞍山。

当时驻守牛庄、鞍山、辽阳一带的清军，除晋昌的育字军外，还有全营翼长寿长率领的奉字军、仁字军等，共50余营，加之义和团踊跃参战，兵力尚属可观。晋昌亲自坐镇辽阳，在海城的东、西、北三面，严密布置部队。他一面大范围调度军队，节节进逼俄军准备反攻海城；另一方面召集乡团互为应援。清军在晋昌的带领下士气大振，俄军40多天未敢北犯。但因增祺一再鼓吹停战议和，并多次调兵回保省城和增援北路，因而削弱了辽阳方向的作战兵力。

盛京将军增祺和盛京户部侍郎清锐，于8月11日竟在盛京杀害了义和团首领刘喜禄、张海及60余名团众。[③]盛京的义和团很多被杀，很多人逃到城外躲避官府追杀，还有一部分躲在家里不敢出门。接着，增祺又下令各州县将抗战的义和团众“一律查拿法办，以绝根株”。[④]奉天省其他地方的义和团有的被正法，有的被强行遣散，有的被“击散”。海城失陷后，增祺急忙派员至营口向俄军乞降，遭到俄军拒绝。增祺又致函各国驻营口的领事，希望他们能够出面向俄方调停，停止军事行动。在这种险恶形势下，反对求和的晋昌多次上奏朝廷，请求“收整队伍”，“广招民团”。

正当增祺还梦想通过妥协求和来结束这场战争的时候，沙皇尼古拉二世命

① 《义和团档案史料》上册，第703页。
② 《盛京将军增祺折·附黑龙江将军寿山遗折》，《义和团档案史料》下册，第896页。
③ 《义和团档案史料》上册，第913页。
④ 《义和团档案史料》上册，第913页。

令俄军：战争不能半途而废，要迅速解除满洲军队的武装。俄军于是调兵遣将从三面围攻盛京城。

俄军中将苏鲍齐奇在攻克瑷珲之后，按照命令迅速转到奉天战场。他率领一支增援部队于9月21日由旅顺到达营口。这样俄军在奉天南部集结了20 000军队。俄军分东、中、西三路向北进军。9月24日，西路俄军有5 000余人攻打牛庄，寿长率清军10余营及部分义和团进行还击。由于俄军以速射炮连续轰击，守军不支，退守大望台，旋又退守刘二堡。俄军于当日占领牛庄后，将数千名中国居民围住，挥舞马刀来回砍杀数小时。这就是沙俄侵略者吹嘘为“赫赫武功”的“牛庄战役”。

9月26日，中、东路俄军攻击鞍山火车站。在鞍山火车站站北的山地里，俄军遭到清军顽强的抵抗，米申科率领的两个中队几乎全部被歼灭，库班中队中队长瓦勒连上尉被击毙。27日，清军集合在沙河南八卦沟附近，布置了一个铁蹄形的阵地。米申科带领的俄军误入阵地，被清军团团围住，炮弹在俄军中间爆炸，俄军成片地倒下。直到俄军主力赶到，余下的俄军才没有被炸死。由于清军兵力部署的战线拉得太长和信息沟通不畅，彼此在战斗中不能相互援助，各部虽经艰苦奋战，最后终因力竭势穷，不得不退守首山堡。与此同时，另外一支俄军准备进攻辽阳城。当时，辽阳一带尚有清军步兵2 000人、骑兵600人、火炮三门。但在增祺的不抵抗命令下，城内遍插白旗。9月28日，俄军穿城而过，越太子河，直逼盛京城。

9月29日，当盛京得到辽阳失守的消息的时候，“阖城人民号泣奔逃，惨苦万状”。[①]这时，从黑龙江、吉林南下的各路俄军也已逼近开原、铁岭，对奉天形成南北夹攻的态势。盛京城里的军政官员惊慌失措，争相逃命。增祺携带将军印，偕左右逃往新民厅所属的广宁一带。被增祺从前线调回来的晋昌则收集数千溃军于30日出城，转移到东库鲁王旗（今库伦旗），附近的蒙、汉人民为了抵抗俄军侵略争相报名参军。

9月30日，俄军苏鲍齐奇中将亲自带领俄军准备向盛京发起攻击。他命铁路守卫队担任前锋，上乌丁斯克哥萨克第五中队充任支援部队，第11步、第14步兵团和哥萨克第一炮兵中队组成阻击队和侦察队。在他们后面是俄军3个半步兵营、火炮16门、机关枪4挺、工兵和哥萨克骑兵半个连。俄军沿着驿道小心前行，未遇到任何的抵抗。在盛京城里的清军预计俄军将于10月2日攻城。10

①《义和团档案史料》下册，第689页。

月1日这天，留在城里的清军忙着在城内的火药库、城门口、衙门外布设地雷，连城门都没有人把守。更糟糕的是，盛京城的城门在10月1日这天一直是开着的。上乌丁斯克哥萨克第五骑兵中队和哥萨克炮兵中队最先穿过浑河，于1日下午达到盛京城南门。哥萨克骑兵冲进城门迅速占领城楼和部分城墙，向城墙下面的清军帐篷猛烈开火。清军误以为大批俄军已经进城迅速撤到城外。傍晚时分，俄军大部队抵达盛京城，占领了整个盛京城的内城和外城。

俄军占领盛京城后在对盛京皇宫（今沈阳故宫）两年半的占领过程中，盛京皇宫宫殿及其藏品都受到了重大损失。俄军撤出之后，清政府官员对翔凤阁、东西七间楼、敬典阁、崇谟阁、太庙等处的藏品进行了详细的清点。“据目前所见有关当时清点结果的部分材料统计，在此期间宫内丢失和损坏的藏品达一万件以上。按光绪二十九年（1903）《盛京宫殿行宫楼阁缺失陈设器物清册》所记，当时点查翔凤阁缺失各宫殿陈设并库存器物金银器等项，共缺失各种器物3 000多件，大小银锭8 000个，共重6 000两。是阁所藏大多是金、银、玉、瓷所制御用珍品和库储金银，故损失最多。此次仅缺失各种金器、金锭、金条等总计重达10 000两以上。此外东7间楼缺失各项瓷器共6 300百多件，西7间楼缺失书籍墨刻等项共540多件（部）。”[①]除各楼阁所藏物品外，盛京宫内供奉和尊藏的清历朝帝后玉册、玉宝、玉牒、实录等亦有丢失。日本人内藤湖南记载，他在光绪三十一年（1905）至文溯阁翻阅（四库全书）时，发现“间有缺册”，疑为俄军占据时掠去。[②]由此可见盛京宫内各库无一幸免，藏品均遭俄军劫掠破坏。

与此同时，北路的俄军开始攻占铁岭，攻城时俄军受到了清军的顽强抵抗，伤亡很大。俄军一时攻不下铁岭城，就将距城三里多的民宅全部纵火焚烧，还枪毙了村民200多人。之后俄军再次攻城，预先潜伏在城里的俄军内应偷偷打开了城门，俄军得以攻入铁岭城。

在占领盛京前夕，沙俄从旅顺派出两个团又一个连，乘军舰4艘，于10月1日在山海关登陆。接着，这支俄军沿铁路北上，于10月4日占领锦州，第二天，俄军进入锦州城，“将该城军械全行收去”，[③]俄军出兵把守锦州城的四个城门，对过往行人严加防范。锦州城内的各种仓库也都被俄军占据，各类马匹、

① 沈阳故宫博物院：《盛京皇宫》，紫禁城出版社1987年8月版，第379页。

②（日）内藤虎次郎：《满蒙丛书》第3卷，《盛京典制备考》，满蒙丛书刊行会，大正十年（1921）出版。

③《义和团档案史料》下册，第708页。

钢铁等战略物资悉数被俄军据为己有，俄军还把锦州管庄存款21 000两白银也占为己有。为了搭建工事，还强行拆占民房逼迫百姓搬迁。俄军从而控制了直隶通往东北三省的铁路交通，切断了关内外的联系。10月6日，南北各路俄军于铁岭会合。至此，我东北三省各重要城市和交通要道，全被俄军侵占。

## 四、《奉天交地暂且章程》及影响

1900年7月，俄国借口平息义和团暴乱，保护铁路发动了吞并东北的大规模侵略战争。俄国的根本目的在于，在东北建立其军事殖民统治，实现“黄俄罗斯”计划。10月，俄军占领大部东北之后，改变其最初的计划与清政府订立条约，使其占领合法化、永久化。当时清政府已逃离北京，沙俄决定先强迫东北地方当局订立临时性的协定，然后再逼迫清政府承认。南满俄军总司令阿列克谢耶夫向俄国政府建议，让盛京将军仍负责行政事务，拥有一定数量的警察，以便迅速恢复奉天省“秩序”。同时俄军对盛京将军实行严密控制，派军事和外交代表“领导和监督”将军的行动，在形式上保持清朝的地方政府，实际上实行俄国军事占领，作为公开兼并的第一步。俄国政府采纳他的建议，并交由阿列克谢耶夫具体实施交收奉天的具体事宜。

盛京将军增祺，1900年10月5日被俄军在新民厅抓住。阿克谢耶夫强令增祺派已革道员周冕为代表到旅顺口，和他的代表库斯托维支“谈判”。周冕本是黑龙江的道员，因为贪污早已被革职。但是他本人精通俄语，与俄国人交流没有障碍。这是他被俄国人看中的根本原因。阿列克谢耶夫早已经拟好草案，周冕去也只是走一下签字画押过场而已。1900年11月8日，《奉天交地暂且章程》在旅顺口签订。这个暂且章程共有九条，它的主要内容是：（1）奉天省城等处现留俄军驻防，而清政府的地方将军及地方官等各级官员对俄军应以礼相待，随时协助解决住宿处及采买粮料等事。（2）“奉天军队一律缴械遣散，收缴军械”，中国军队尚存的军装、枪炮，一律交给俄军处理。（3）增祺回任后，应保卫地方安靖，务使兴修铁路，毫无阻拦损坏。（4）奉天省城乡各处准设巡捕队，如遇有事力量不足，不论何处可由俄官带兵帮同处理。（5）盛京城应设俄总管一员，办理关东边省长官与盛京将军“往来交涉事件”，以后“将军所办要件，该总管应当明晰”。（6）营口等处，俄方暂为治理；（7）俄军尚未占据的炮台、营垒、火药库“一并拆毁”。

1900年11月30日，增祺画押盖印。沙俄一手炮制的这个假交还真霸占的暂且章程，肯定了沙俄对中国东北军事殖民统治的既成事实。沙俄派总管监督盛京将军的一切，按着这个章程规定，盛京将军的巡捕队由沙俄总管发袖标，枪支编号码，中国军队完全缴械遣散。这就是沙俄政府对清政府“素敦友谊”，“不据东省寸土”，“交还”东三省的实质。苏联早期的史学家罗曼诺夫对这个章程的性质，曾有过正确的评价：“将军都就成了一种对俄国军事长官负责的机关，其作用为维持地方秩序。这显然是破坏了中国的独立与中国中央政府的最高主权。”

《奉天交地暂且章程》签订后，沙俄外交、财政、陆军三大臣制定《俄国政府监理原则》，除包括《奉天交地暂且章程》主要内容外，还规定东三省铁路的经营和护路队的设置，由财政大臣监督统辖，等等。这个“监理原则”经尼古拉二世批准后，沙俄政府就积极诱骗清政府进行所谓撤军交地谈判，其目的是弄到一张正式文据，实现其侵占东北的野心。它顾虑在北京商议易受其他列强干预，要求清政府任命驻俄公使杨儒为全权代表，在彼得堡举行谈判。清政府不知道增祺与阿列克谢耶夫已签订《奉天交地暂且章程》，同意俄国的要求。杨儒于1892年出使美国、西班牙和秘鲁，三年后转任驻俄国、奥地利、荷兰三国公使。杨儒出任驻俄公使期间，正是俄国侵华史上的一个重要时期。沙俄在鲸吞了中国黑龙江以北、乌苏里江以东以及西北地区150多万平方公里领土以后，又把掠取整个中国东北作为它的侵略目标。1896年，以助华抗德为名，强租旅大；1900年，乘八国联军侵华之机，沙皇尼古拉二世自任侵华军总司令，公然占领了中国东北三省。正是在这样的形势下，1901年1月1日，杨儒以驻俄公使身份被任命为全权大臣，负责与沙俄谈判交收东北三省问题。

1901年1月3日，伦敦的报纸刊出《奉天交地暂且章程》全文，引起中国及世界各国的强烈反响。杨儒报告清政府说：《奉天交地暂且章程》一事，事关重大，贻害无穷，虽说是俄国交还了东北三省，实际上是占领了东三省。清政府宣布增祺与俄国订约前后始终未向政府报告，不予承认。而后命令杨儒“废暂约，立正约”，“设法磋磨，不避其难”。日本、英国因俄国独占东北，唯恐伤害了它们的利益，纷纷向清政府提出警告。日本驻华公使小村寿太郎也对清政府提出不满，他说，世界各国都在注意着俄国人的一举一动，俄国名义上是交还中国领土，其实质是占领中国土。假如东三省为俄国所占，英国势必会学着俄国的模式占领长江流域的中国土地，德国势必会占领山东，到时候日本也不得不学着它们来争夺中国的领土了。英国、日本同时照会俄国公使，向俄国政府提出抗议。

杨儒等与俄财政大臣维特和外交大臣拉姆斯多夫分别会谈22次。中俄交涉首先围绕《奉天交地暂且章程》展开。第一次正式谈判一开始，沙俄代表维特和拉姆斯道夫凭强凌弱，在谈判桌上气势逼人，他们坚持要杨儒首先承认《奉天交地暂且章程》，然后再议正约。杨儒当即严正指出：“章程不但夺我兵权，而且干涉内政，侵犯主权，此事断难允准！”维特说：“章程已经中国官员签字。”杨儒驳斥说：“这是已革道员擅自画押，并未请示，政府更不知情。章程没有法律效力，必须罢废。”

后来俄国外交大臣拉姆斯道夫否认俄国同中国进行过谈判，订立过《奉天交地暂且章程》。他强词夺理，颠倒黑白，反诬中国侵略俄国，俄占东北是对中国侵略采取自卫措施的结果，即使永久占领东北，也是完全正当的。他还虚伪地表示，俄国没有占领中国东北的意图，同中国解决边界问题以后，就从中国东北撤兵。俄国因《奉天交地暂且章程》的泄露，遭到列强的责难。此时，八国联军正在北京和清政府进行分赃谈判，俄国急于在各国与清朝签订条约之前，与清政府先行订约，造成既成事实，使其他列强无法干涉。因而俄国担心由于《奉天交地暂且章程》的争论影响正约的谈判。为了摆脱困境，同时为了尽快签订正式条约，经杨儒多次争辩后，拉姆斯道夫于1月24日表示《奉天交地暂且章程》可以不批准，但要求杨儒择日再进行商议，再签订一个正式条约。

2月16日和3月12日，拉姆斯道夫分别提出两个书面约稿十二款，两个十二款内容差不多，主要内容为：中国允许俄国在东三省驻扎一支军队，直到各地治安良好为止以及清政府完全履行末四款的规定为止；中国不在东北驻兵，只设马步巡捕，人数与俄商定；“将军大员办事不合邦交，经俄声诉，即予革职”；“中国北境水陆师，不用他国人训练”；“连界各处，如满蒙及新疆之塔尔巴哈台、伊犁、喀什噶尔、叶尔羌、和阗、于阗等处矿路及他项利益，非俄允许，不得让他国或他国人，非俄允许，中国不得自行造路；除牛庄外，不准将地租与他国人”；末四款包括从东省铁路干线或支线造一条铁路直通北京以及由中国与中东铁路公司商定，铁路损失“以他项利益作抵”，等等。[①]俄国实际上想通过这个约稿独占东三省，攫取东北的“兵权、利权、派官之权”，而且企图囊括蒙古、新疆等地筑路、开矿和其他权利，甚至连中国自己在蒙古、新疆建造铁路也不允许。第六款“中国北境水陆师不用他国人训练”，实际上把直隶、山西、陕西、青海、甘肃都视为它的势力范围。杨儒反驳他们指出：俄国是欲将东北像俄之待布哈拉、英之待印度一样，所谓“交地”有名无实，道破了沙俄要把东北变成殖民地的要害。维特大为不满，认为杨儒视俄国未免如疯子愚人一般。杨儒对约稿提出“三驳三改”的意见，对其中关于中国北境水陆师不

①《清季外交史料》卷一四四，第19页。

用他国人训练，金州划归租借地，驻军及蒙古、满洲路矿利益等问题一一予以驳斥，实际上是对约稿基本否定。维特大讲俄在东北损失巨大，铁路被毁，兵士伤亡，耗费巨款，等等。杨儒针锋相对：若当时铁路不造在满洲境内，何至如此！有力的反驳，使得维特恼羞成怒，大发肝火。俄国为了迫令清政府迅速答应签字，一面通过驻北京公使格尔思恐吓李鸿章，如果中国“听各国谗言，不愿立约，则东三省必永为俄有”，“暂据将成久据”；一面企图再次向李鸿章行贿。维特还于2月10日电告华俄道胜银行经理璞科第，如李鸿章促成订约，事后给他五十万卢布作为酬劳。

俄国约稿内容透露以后，日本、英国、美国、意大利等国首先向清政府表示，俄国所列条议款，中国千万不能答应，不能把领土割让给俄国。如割地给俄国，虽然不是明割，但是，允许俄国在中国设管、驻军其实和割地是没有任何区别的。一旦中国和俄国达成协议，那么其他国家肯定会纷纷效仿的。英国还警告清政府，中国不应与一国单独订立有关让与土地、财政权利的条约，否则英国也将要求其他权利作为补偿。美国要求“中国勿与一国立密约让地，或借款别给利益。”德国声明“和议未结以前，中国最好不与他国及公司定约，将土地银钱等利益相让。”

清政府面对俄国和各列强的强硬态度左右为难，杨儒也迟迟没有在约稿上签字画押。俄国胁迫清政府签约没有得逞，改换手法，将原来的十二款改为十一款，删去“中国北境水陆师不用他国人训练”，对其他条款，也作了一些删削，例如满蒙新疆矿路及他项利益，非俄允许，不得让他国或他国人，改为“中国在满洲全境内，如未与俄先行商明，不允他国或他国人造路开矿及一切工商利益”；造铁路通往北京改为通往直隶与满洲交界之长城为止等。

俄国在谈判中耍尽了手腕，首先贿赂。维特和拉姆斯道夫事前因杨儒是驻俄公使就有交往，他们许诺杨儒，如果杨儒答应画押，俄国可在“青泥洼或彼得堡为公置田若干、庐若干。公择一而处之，足以徜徉，终其天年”。杨儒说：公事与私交是截然两事。我不顾中国利益便是不忠，诸位大臣可无须看重此友。“我为中国办事，中国利益我自应多争一分是一分，方为无愧我心，方为不负使职。”杨儒以国家利益为重，为祖国和民族分利必争，寸步不让。贿赂不行俄国又采取威逼恐吓的手段。维特恫吓说：中国只有两条路可走，或赶速画押，得俄国之帮助；或与俄决裂，听俄国之自便。拉姆斯道夫还以命令的口气让杨儒在15天内画押，并威胁说，如果在15天内不肯画押，便没有见面的必要了。杨儒毫不示弱，愿“束装以待”，宁肯与俄决裂，被清廷治罪，也不出卖祖国权益。

当俄国逼清廷签约的消息传出来之后，国内舆论哗然。中国国内舆论坚决反对与俄单独签约。上海绅商近千人两次在味莼园（张园）集会抗议，数十人慷慨演说。3月17日致电杨儒："俄约激动全局，大祸立起，士民公愤，乞力挽。"并且通电各省："东三省者中国人之东三省，非俄人之东三省。俄欲夺之，我必复之！"还致电朝廷，乞"力拒俄约，以保危局"。他们给李鸿章的公电说："俄约若成，中国即亡，士民公愤"，望"据理严拒"。江苏、浙江、广东、山东及东北公众纷纷表示支持。港澳同胞以及新加坡、檀香山等地海外侨胞一再电请拒签俄约。两江总督刘坤一、两湖总督张之洞给杨儒发去电报说："俄约各国哗然，立待效尤，如此约果定，各国另生枝节，中外矢集，窃为公危。请统筹全局，格外慎重。"意思是，不要杨儒签字画押，否则会造成其他各国的连锁反应，如果签字画押，杨儒本人也必将成为众矢之的。与此同时，力主"联俄"的李鸿章也电示杨儒："画押期限已迫。……势处万难。不能不允，一面将刺目处均删除，照允后无患，即酌量画押，勿误。"李鸿章要杨儒画押。两份国内大员的电文意思截然相反，这使官位只有四品卿的公使杨儒也是左右为难。但是杨儒还是以国家利益为大，不计个人得失，在给李鸿章的回电中写道："此约定后，果于国家有益，儒何敢爱惜此身，畏人交谪。朝廷俯察民情亦不便轻公议。即儒在外洋办事，亦不敢罔顾众议，谬然允行。归咎一身事尚小，贻扰君国罪莫大焉。"

3月26日，杨儒接到朝廷的谕旨："不遽行画押！"原来，沙俄迫订条约引起了列强的密切注视，英、日、美、德等国都不愿沙俄独吞奉天，纷纷警告清政府不得订约。清政府感觉到，"不遽画押，仅只激怒于俄；画押则群起效尤分据，其祸尤速"。在国内爱国官员和各界人民催促下，清政府电令杨儒不在沙俄约稿上签字。杨儒当即派译员将电文送往俄国外交部。拉姆斯道夫知大势已去，但又拿出无赖的腔调恐吓："现在无话可说，中国自看以后情形可也！"4月6日，沙俄政府发表宣言，声明这次谈判暂作罢论。至此，中俄交收东三省的谈判宣告破裂。3个月的谈判中杨儒据理力争，拒绝在卖国条约上签字。中国近代外交史上，这次谈判，是中国外交官第一次没有在屈辱条约上签字的谈判。这次胜利，为东三省留下一线生机，维护了祖国的统一。

## 五、人民群众的抗俄斗争

1900年10月，俄军占领盛京城及其他东北主要城市后，一面加紧政治外交攻势，逼迫清政府签订一系列卖国条约，妄图使俄国占领东北合法化；一面四面派兵占领更多的中国领土。俄军所到之处，“杀人放火，猖狂至极”。[①]但是广大人民群众并没有屈服。他们纷纷组织起来在北起大小兴安岭，南至黄海、渤海之滨的广阔地域内，进行“御俄寇，复国土”的武装斗争。八国联军统帅瓦德西在给德皇的报告中说：“俄国占领满洲一事，曾遇不少困难”。中国东北地区“常有武装完备之骑兵数百成群，袭击俄军，使其坐卧不宁”。在民族存亡关头，保卫祖国边疆和领土完整的神圣事业迫在眉睫，因此团结抗俄，并肩战斗成为东北各民族、各阶层人民共同的事业。在抗俄的营垒里，除高举反帝爱国大旗的义和团众外，还有世居在东北的汉、满、蒙、回、赫哲、达斡尔、鄂伦春和鄂温克等各族人民。有筑路的土夫，有种地的农民，有爱国士绅（包括地主阶级知识分子）和爱国华侨，还有独当一面众多的爱国清军官兵。当年黑龙江宾县绅士、知识分子出身的于翰卿，听到俄军进犯阿城时挺身而出，自备斧资，率领其组织的40多名义和团战士埋伏在二道河子峡谷英勇抗击俄军。在战斗中，他们“临危不惧，气力倍增”，“勇敢克敌，顽强作战。”与盛京将军增祺为代表的议和派不同的是主站的盛京副都统晋昌，在强势的俄军面前积极号召大家团结起来共同抵抗俄军侵略。他对部下说：“百姓奔走流离，纷纷避迁，呼号道路，死亡枕藉。吉林旗民避难于韩登举、唐殿荣所占之山里。奉天省城一空，其东南一路，吉峒峪为险固之区，团练并齐，聚族往依者以千万计。可见人心尚固。兼之马贼纷扰，动与俄人为难。此时俄亦穷于收拾，故急以议和歆动我官。”[②]晋昌、寿长率领的清军万余人，在奉天失陷以后，驻扎在东库鲁等地继续坚持抗俄斗争。他联合蒙古王公，招募蒙古兵，后把招募的蒙古族士兵整编成7个营。晋昌志在“练成劲旅，趁彼俄人经营边内，未及远顾蒙界之际，赶即联络声势，相机进取。”[③]在俄军侵略珲春时，刘永和组织了一支民军与义和团一道消灭俄国侵略军200多人。俄军进犯东北的北疆时，久居东北的赫哲、达斡尔、鄂伦春、鄂温克等少数民族人民不断配合义和团作战。在雅克石还活跃着一支汉蒙联合的抗俄游击队与义和团共同抗敌。

俄国侵略军在占领东北后，抗俄义军蜂起。1900年底至1901年春，东北义军大者几千人、上万人，小者几百人、几十人。参加义军的有贫苦农民、猎户、手工工人、筑路工人、伐木工人、矿工、游民和散兵等，其中有许多义和团成员。1900年底，黑龙江省以原清军义胜军士兵为骨干的一支抗俄义军，曾

---

①《义和团运动史料丛编》第2辑，第270页。
②《义和团档案史料》上册，第642页。
③《义和团档案史料》下册，第720页。

一度攻入俄军占据的呼兰城内。这支义军转移后，另一支以两响（绰号）为首的义军，又于12月24日攻入城内。1901年2月，巴彦县人民武装起义，以大青山为根据地，拥立首领称号“占北”。薄老五、陶四机匠、丁老疙瘩、王三老虎、郝天波等各股义军，远近悉归。4月17日，突入巴彦，袭击俄营，焚毁县署，哈尔滨为之震惊，沉重地打击了俄国侵略军。到1901年底，哈尔滨以东的义军因缺乏统一组织各自分散地游击活动，被沙俄侵略军和清朝地方部队以及地方武装“团练”所镇压。一部分南下转移到吉林东部继续抗击俄军。活动在三姓（依兰）一带的义军，在斗争中迅速发展到3万人。这支义军经常袭击俄军营地。

东北人民、清军官兵和义和团自发组织武装反抗，形成众多的抗俄义军，其中较强大的有三支：忠义军由王和达（即王老道）和董毅敏（即董老道）率领的义和团余部万余人，刘永和（即刘单子）率领的一支数千人民军，唐展荣、杨玉麟率领的一支千余骑兵的镇东军。

王和达是奉天海龙人（今属吉林省），贫苦农民出身。他们兄弟三人，王和达是老大。董毅敏原籍山东，较王和达年长，性情豁达足智多谋，是通化县修养保孤山子（今属吉林省柳河县）一座道观的住持，所以也被称为王老道。王和达跟他私交颇深，有事经常找他帮忙。当时在通化县东部的帽儿山（今临江）有一个秘密组织叫六合拳，六合拳首领杨老太太，参加过光绪十七年（1891）热河省朝阳（今属辽宁省）一带金丹道、在理教领导的反清反外国教会侵略的大起义。起义失败后，他们辗转到达鸭绿江畔的帽儿山，建立秘密组织六合拳，吸收信徒，隐蔽地组织武装，为反清“仇洋”组织力量。六合拳的根据地帽儿山是龙冈山的支脉，为偏僻山区且地形复杂险要。王和达和董老道率部与杨老太太会合，约有义军1 400余名，附近民众纷纷来投，很快便发展到3 000余人。他们经过短时间休整、训练，制造军械，筹集米饷，即投入到伟大的抗俄侵略斗争中。

刘永和是奉天海龙人，原籍山东，猎户出身，枪法超群，绰号“刘弹子”，当时年龄约50多岁，甲午战争前，出身绿林。甲午战争爆发后他在吉林投效清军，任管带（统辖一营长官），后罢兵遣队，复入山，主要在珲春一带活动，其部下多为猎户和游民。沙俄入侵珲春，刘永和毅然率部投入珲春副都统麾下，抗击俄军。忠义军起义后，刘永和率部奋力抗俄，经延吉、敦化到吉林的磨盘山，沿途吸收清军散勇和地方团练，队伍迅速扩大到数千人，其中手持快枪的骑兵有1 000余人。清廷为维护其统治，对俄屈辱妥协，逼迫义军缴械投降。刘永和等决定“不受官饷，亦不归其节制”乃独树一帜，决心抗俄到底。

杨玉麟是奉天盖平（今辽宁盖县）人，曾做捕役，绰号“十四阎王”，在吉林将军长顺镇东营效力。俄军入侵东北后，他领导一支数千人的队伍，以吉林官兵名义活动在朝阳和海龙一带。参加这几支抗俄武装的民众阶层十分广泛，起义队伍成分复杂，各军之间又独自作战，没有统一的领导核心，力量单薄，无法集中兵力进行大规模军事行动。

1901年1月下旬，各路义军迫切感到联合抗俄、共同作战的必要，于是刘永和率部从吉林西南回师海龙，1901年2月与王和达、董老道的农民军，杨玉麟的镇东军及李贵春，栾鸿钧率领的抗俄武装实现了联合。此后这几支抗俄军队以“御俄寇、复国土”为宗旨，集结将士约2万人，不受官饷，亦不归节制，独自竖起抗俄斗争的大旗，统称“忠义军”。全军将士2万余人，号称40营，仍沿用清军编制。刘永和称总统，统率全军，与刘永和兄弟相称的刘秉和为邦统。王和达、董毅敏、李春贵、杨玉麟等称统领，各统帅数营。下设营官、帮带、哨官、总巡、稽查等名目。忠义军的组成标志着东北人民抗俄武装力量日趋强大，标志着东北义和团运动进入了一个新的阶段。

1901年3月，屈膝于俄军的原盛京将军增祺企图利用刘永和抗俄不反清的思想招抚忠义军，但俄军不允，企图迫使忠义军彻底缴械。俄军关东司令官阿列克谢耶夫一面在铁岭至大孤山一线加强警戒，防止忠义军与退守东库鲁（哲盟库伦旗）一带继续坚持抗俄斗争的原盛京副都统晋昌联合，进攻盛京；一面调集奉天和吉林的俄军，在其头目柴尔必思克和高里巴尔斯指挥下，分兵三路进犯通化、海龙，围剿忠义军。柴尔必思克率俄军从奉天出发，1901年3月31日到达兴京，次日刚进入通化境内，就遭到王和达、董老道率领的忠义军的袭击。同时，忠义军一支精锐骑兵在帮带姜海山指挥下奔赴敌后直捣新宾堡。新宾堡地邻省城是兴京厅所在地，距老城及清朝陵寝重地很近。忠义军突袭新宾堡使俄军与清政府十分恐慌，俄军尼古拉部立即赶来救援。4月4日，姜海山率军以逸待劳，阻击俄军打死打伤20多人。4月6日，刘永和、刘秉和、杨玉麟避实就虚，率忠义军主力从通化西北赶到新宾堡与姜海山部会合，兵力达万余人。4月8日，忠义军进攻老城后与俄军在永陵展开激战。刘永和准备攻下兴京后，进军盛京收复省城。这时，柴尔必思克率俄军主力在通化扑空，急忙调头回援。另外两路俄军也被王和达、董老道及当地群众武装牵制，死伤50多人。4月11日，柴尔必思克赶到兴京，忠义军又迅速撤出。至此，俄军的围剿计划变为泡影，被迫退回奉天和吉林。

5月中旬，由李贵春率领的一支忠义军部队，出其不意突袭山城镇，俘清巡捕队哨官车俊隆，捣毁衙署，缴获俄军拟运往奉天城的军粮，严惩与俄军勾结的奸商。接着王和达、李贵春又率部攻克淘鹿（今辽宁西丰），毙俄兵10余名。海龙厅总管依凌阿急函刘永和，要求释放哨官，交还粮食。刘永和派统领栾鸿钧、马育仁赴海龙（今吉林海龙）谈判，却被杀害。刘永和闻之大怒，率大队人马进攻海龙。此时，驻吉林之俄军约5000人前来围攻，附近之地方团练也赶来助攻，忠义军陷入重围多次冲杀伤亡甚大，刘永和率残部突围退入龙冈山中。

此后，刘永和、董老道率主力回到通化一带休整；王和达、李贵春率部进入山城镇，准备再次阻击俄军。同时，刘永和于7月派十营总巡郑兰亭率一支精锐骑兵向凤凰城挺进。忠义军十营总巡郑兰亭（绰号老君炉）率一支精锐骑兵挺进凤凰城扩大占领区，牵制旅大俄军增援盛京。至此，西至盛京、铁岭一线，南至凤凰，北达海龙、通化，均有忠义军活动。

通化县清军某营哨官林成岱率众加入郑兰亭麾下，驰马进攻桓仁、宽甸。郑兰亭率骑兵“由通化长驱西下势甚猖獗团勇不能御，陷桓仁，破太平哨，入宽甸”。忠义军所到之处，沿途“游民”奋起响应，光林七部扩大“悍党千人”。忠义军占领宽甸后，声称端午节杀进凤凰城。当时，驻城的东边兵备道员荣森，立即调遣营官周某率清军奔赴宽甸境界抵御。结果这营士兵激于爱国之心，投诚了忠义军。忠义军扩大了兵员充实了兵械士气为之大振，迅猛逼向石头城。驻城道员又派炮队截击，与忠义军会战北荒岭子，炮队慑于忠义军的威武，胡乱放几炮就溜之乎也。忠义军未放一枪一弹，长驱直入，端午节那天果然占领了凤凰城。道员荣森早在炮队溃退时就仓皇逃窜到盛京，乞求俄军出兵。忠义军到大街小巷张贴文告揭露沙俄罪恶，号召百姓起来参加抗俄斗争。当时，城内许多百姓投奔忠义军。凤凰城人民为了欢庆胜利，在天后宫搭台演戏。

至6月21日止，忠义军连克怀仁（今桓仁）、太平哨、宽甸、凤城、安东（今丹东）等城镇，收复了盛京省东部、吉林省南部大片领土。此外，刘永和还率领忠义军主力，联络附近百余里的各支义军围攻海龙。各路义军彼此支援互相配合，一时威震吉林、盛京两省。

忠义军的抗俄斗争得到了东北人民的积极支持，发展很快。1902年初人数达到20万，他们团结在反清灭洋的旗帜下，在“御俄寇，复国土”战斗口号的鼓舞下活跃于丛山密林深处，驰骋于平原大川之间，使俄军受创甚巨，以故“俄军不畏中国之官兵，而畏中国之贼匪。”[①]

① 《海龙县志》第17卷，《兵事》第34页。

俄军围剿失败后，阿列克谢耶夫于1901年6月指令柴尔必思克、高里巴尔斯和“护路军”上校米申科率兵三路进犯通化、海龙、凤凰等地，再次对忠义军进行围歼。忠义军利用通化、海龙、凤城一带的有利地形，采取适合自身特点的战术与敌人周旋。在敌人猛扑过来时先将队伍撤至深山密林中，尔后昼伏夜出袭击敌军，胜则乘势追击败则退据深山；对俄军大部队，“不与力战”，“只于云阴月黑之夜劫营”，“用善枪者近敌营，伏暗中狙击，别以他卒鸣枪诱之，俄军出则狙击之”；若俄军“伏匿不动”则“俟其懈，出其不意击之”；若“自料不敌，则蛇行引退”。忠义军实行这一套灵活的打法，不断地消耗敌人兵力，有效地保存了自己的力量，使俄军的“围剿”落空，且受创甚巨。

此次俄军采纳了吉林将军长顺和盛京将军增祺的建议，大力扶植地方民团，利用忠义军叛徒组成别动队，从抗俄武装内部进行分化、瓦解和暗杀，对忠义军剿抚兼施。忠义军的成员除了农民、猎户、筑路民工、矿工、伐木工人、小商贩以外，还有大量的清军溃卒游勇和地方乡勇富户、地痞恶棍等，趁忠义军势力发展之际混迹其中以致成分相当复杂。忠义军的领导人刘永和等不但毫无警惕，反而以此“自诩其众”，“以虚声相炫耀”。在这些人中虽然有一部分人具有不同程度的反帝爱国热忱，但对清王朝的认识却很模糊。刘永和本人对清廷也抱有幻想一度欲接受招抚。在物资匮乏、斗争环境艰苦或形势不利的情况下，有些人极易被拉拢收，倒戈背叛。如投机商人林成岱曾为清军哨官，自称忠义军后不久便被俄军收降，改编为“花膀子队”，参与了镇压忠义军。此外，李贵春在通化被叛徒刺杀，刘永和的得力助手、忠义军帮统刘秉和在怀仁（今恒仁）被俘牺牲，这使忠义军的力量日益削弱以致刘永和、杨玉麟等主要领导人产生动摇。此后，杨玉麟率部出走重新打出镇东军旗号，到东库鲁投奔晋昌；刘秉和、姜海山在与俄军激战中被俘牺牲；李贵春被叛徒刺杀；刘永和、王和达、董老道等部被迫分散作战，忠义军实力受到极大损失。这时，各列强国家正胁迫清政府签订《辛丑条约》，要求惩办义和团祸首。不久，在东北积极支持义和团和抗俄斗争的晋昌被充军新疆。杨玉麟、刘永和等人对抗俄斗争再次产生动摇，于1901年冬先后接受清廷招抚，结果被俄军劫持到伯力做了俘虏。不久，俄军又将刘永和解回珲春，利用他的名义收缴其部下的枪械瓦解忠义军。王和达、董老道一部经过艰难跋涉转移至鸭绿江边帽儿山，与六合拳民众会师继续坚持抗俄斗争。

1902年5月底，王和达率六合拳攻克孤山子（今吉林柳河县城以东）。增祺命奉天马步全营翼长瑞禄率“精锐”倾巢出动，已复原职的依凌阿也更卖力地纠集当地巡捕队和团练，对六合拳抗俄义军进行围剿。7月间，王和达率领的六合拳武装与清军和俄军多次作战。7月底，在通化附近又与之战斗，经奋勇冲杀冲出包围，最后只剩下王和达及部下5人，准备转移到东部深山中积聚力量开展斗争。当他们化装经过盘石时被当地团练包围，经过搏斗终因众寡悬殊力不能敌，6人均被团练逮捕，随即被解往吉林杀害。

忠义军是东北人民自发组成的抗俄武装力量，坚持斗争3年多，进行大小战斗数百次，沉重打击了俄国殖民者的侵略势力，显示了中国人民保卫国土的坚强决心。光绪二十九年（1903）忠义军被中外反动势力联合绞杀。由于东北三省人民的英勇斗争，以及其他帝国主义国家出于自己的侵略目的，反对沙俄独吞中国东北，迫使俄国同清政府签订了《中俄收交东三省条约》。条约规定，俄军于十八个月内分三批撤出东北三省。沙俄企图把我国东北三省变成“黄俄罗斯”的目的终于未能实现。

## 第三节　日俄奉天会战重创盛京

### 一、日俄准备在奉天开战

19世纪末，沙皇俄国的领土已经扩张到2 280万平方公里，占世界陆地面积17%。据1904年的俄罗斯人口调查，其总人口约为1.41亿人。19世纪后期，各列强最后瓜分世界的斗争加剧。沙皇俄国为了打破孤立，利用德法矛盾转而加强与法国的关系，但同时没有放弃缓和与德、奥矛盾的一切机会。1897年，俄奥达成维持巴尔干现状的协定。后来又多次同奥匈签订关于巴尔干问题的其他协定。

19世纪末到20世纪初，各个帝国主义国家疯狂争夺殖民地和势力范围，对已经瓜分完毕的世界进行重新分割。中国是各列强掠夺的主要对象之一。在此期间，沙皇俄国对中国的侵略又发展到了一个新的阶段。特别是在东北方向俄国妄图并吞我整个东北地区，并且在沿海寻觅常年不冻港。

俄国侵占中国领土的主要手段之一是修筑西伯利亚铁路。这条具有战略意义的铁路是20世纪90年代初期经亚历山大三世批准修筑的。甲午战争后，清政府被迫签订《马关条约》，把辽东半岛割让与日本。这同俄国图谋独占我整个东北的侵略计划产生矛盾。为了对日本施加压力，沙皇政府于1895年4月17日（即《马关条约》签字当天）伙同德法两国共同对日干涉。演出了一场“三国干涉还辽”的闹剧。当时日本经过甲午战争的消耗，一时无力进行新的战争，在三国压力下被迫“抛弃辽东半岛之永久领有”（实际上是清政府以白银3000万两向日本“赎回”辽东半岛）。这样，俄国就成了战胜国的战胜国。俄国以“还辽有功”为借口继续扩大侵略权益。1896年，诱逼清政府接受《中俄密约》，随即索取了修筑中东铁路及其支线等特权。1897年底，俄国舰队擅自闯进中国旅顺口。翌年3月，沙皇政府以军事压力为后盾强行向中国政府“租借”旅顺、大连及其附近海域，霸占整个辽东半岛，从而在远东取得了梦寐以求的不冻港。

日本自从19世纪后半叶“明治维新”以来打破了封建的闭关锁国的状态，迅速发展资本主义，较快地摆脱了半殖民地化的危机，建成了当时亚洲唯一独立自主的资产阶级国家。明治政权成立之初，日本统治集团就确定以侵略扩张为其最高国策，集中体现为把矛头首先指向中国和朝鲜的所谓“大陆政策”。19世纪70年代，日本政府继侵占琉球和台湾之后着手侵略朝鲜，1876至1884年间，先后胁迫朝鲜签订多项丧权辱国的不平等条约。90年代初，日本爆发第一次经济危机国内各种矛盾十分尖锐，当时的伊藤博文内阁企图从侵华战争中谋求摆脱危机之路。1894年，日本政府利用朝鲜反封建、反西方列强和日本入侵的东学党起义，发动甲午战争。日本取得了战争的胜利，并于1895年4月与清政府签订上文提到的《马关条约》。该约除规定承认日本控制朝鲜外还要中国向日本割地赔款以及同意日本享受其他特权。《马关条约》关于割让辽东半岛的规定激怒了俄国，于是演出上文所说“三国干涉还辽”、迫使日本修改《马关条约》的事件。日、俄在远东的利害冲突进一步激化。

日本加紧对俄战争准备。1895年日本从中国掠夺的赔款2.3亿两白银，其中大部分都用于军事战备。日本的国家开支在1893~1894年为8 400万日元，到1897年增至2.4亿多日元，其中军费大幅度增加。甲午战争后，日本通过一项陆海军军备计划和铁路建设计划，所需款项总额达5.16亿日元，这项计划在1900至1901年间基本完成。这标志着日本已经作好对俄战争的准备。

英国历来把俄国看作同它争夺中国的对手，企图假手日本阻止俄国南下同其争夺我国长江流域。因此，英、日互相勾结于1902年1月30日在伦敦签订英日同盟，矛头针对俄国。美国自1899年提出“门户开放”政策以来几度想插足中国东北都被俄国拒之门外。为了打破俄国对东北的垄断地位，美国政府站在日本和英国一边。英、美两国对于日本给予大量的经济援助，为日本的扩军备战输血打气。

1902年3月12日，俄、法两国在彼得堡发表宣旨，声称两国对于将来远东或中国发生变化时，为保护两国之利益保留其自由行动的余地。这是把法、俄军事同盟推广到远东，矛头直指英日同盟。德国继续执行其推动俄国东进的政策。它希望俄国因占领东北而和日本甚至英国的矛盾激化，迫使俄国调开西部边境的俄军间接削弱俄法同盟对德国的压力。这样到1902年春，上述各帝国主义国家在远东问题上形成两大集团：一个是英日同盟以美国为后盾；另一个是法俄同盟。德国在欧洲反对法国，在远东则支持俄国。至此日俄战争的国际条件已经形成。于是都已经进入帝国主义时期的日本和俄国为争夺殖民地和势力范围，大力扩军备战积极推行向外扩张的政策。中国成了各帝国主义列强掠夺瓜分的主要对象之一。

日俄战争前夕，俄国陆军常备军总兵力约105万人，后备役军人达375万人。俄国将其中90%的兵力部署在西部地区，在远东只有正规陆军部队9.8万余人（148门炮、8挺机枪），另有警备部队2.4万人部署在中国东北和俄国滨海地区。与日军比较，俄军士兵素质差，装备水平低且军队内部高级军官与下级士兵之间矛盾严重。俄国海军编有各种舰艇361艘（总吨位达80多万吨），主力驻波罗的海和黑海，其太平洋分舰队驻旅顺口和海参崴（今弗拉迪沃斯托克），辖舰艇62艘（19万余吨），主要作战舰艇的装甲厚度、航速以及火炮射程均不如日舰。日俄战争期间，俄国进行过9次动员，先后征召近120万人入伍。

日本总人口约4 400万。战时可动员200余万后备兵员（实际上动员了118.5万人）。战争初期，陆军总兵力约37.5万人（1140门炮），其中25万人可用于日本列岛以外作战。火炮中37%为山炮，适于东北战场的地形特点。装备机枪147挺。海军是日本建军的重点。战争前夕日本海军有战舰约152艘（26万多吨），多数是在英国建造的新型舰只，性能良好规格统一。其中联合舰队主力由6艘现代化的战列舰及6艘装甲巡洋舰组成。日军兵役制度比较严密，后备力量动员准备程度较高。官兵受军国主义、沙文主义和“武士道”的影响甚深。陆军以师为最大的战术单位，一般由2个旅加上骑兵团和炮团等单位组成。战时两三个师编为1个军。

日本经过10年备战，本国实力大增，得到英、美等世界强国的支持后更坚定了信心。于是日本开始与俄国进行谈判。1902年6月23日，俄国陆军大臣克鲁泡特金来日访问；7月，俄国在旅顺召集驻远东高级官员会议。决定要占有中国东北，强迫中国同意俄国分担任免中国东北官吏和管理铁路、邮政、矿山等特权。8月，俄国政府设置远东总督府，任命海军大将阿列克谢耶夫为总督，赋予处理政治、外交和军事的特权，并且租借了朝鲜龙岩浦82万5千平方米的土地用于构筑炮台。8月间，日本驻俄公使栗野对俄国提出三项谈判的基本条件：（1）保证中朝两国独立；（2）日本在朝鲜拥有优惠权；（3）俄国对中国东北的铁路有优惠权。俄国拖到10月4日才作出答复，突出了两点主张：(1) 不承认日本在中国的机会均等；(2) 以北纬39度以北的朝鲜领上作为中立地区。表现出无视甲午战争中日本所得的权益。与此同时俄国还不断调遣军队来远东，增派舰只。1904年1月7日，据日本参谋本部获悉，俄国军部已经拟好对日作战计划并得到俄皇批准。俄国皇帝对阿列克谢耶夫总督委以开战的全权，总督也已下决心开战。但要等到经由红海东航的增援舰队到达和编组好西伯利亚第3军以及完成旅顺港的船坞工程以后。日本接着又向俄国提出了谈判条件，但是俄国已经不再同日本沟通。俄、日两国都意识到开战已迫在眉睫。

日本的宗旨是通过占领东三省铁路沿线，把日本势力打入俄国军队占领下的中国东北；而俄国则把东三省当做自己的势力范围，绝不允许日本人插足其间。1904年2月6日，日本宣布中止日俄谈判与俄国断绝外交关系。从1902年开始的日俄瓜分东北和朝鲜的谈判彻底破裂。

2月8日，日本联合舰队在司令官东乡平八郎海军中将的指挥下秘密出发，日舰在仁川港八尾岛灯台附近与俄国炮舰相遇。俄舰“高丽人号”欲开往旅顺，日舰拦截“高丽人号”并向俄舰开炮攻击。俄舰发炮还击，日俄战争爆发。与此同时，日舰向仁川港的俄舰发出最后通牒，要求俄舰离开仁川港；俄舰见兵力悬殊决定离港突围。日舰等候俄国舰艇驶至狭窄航道时，突然向俄舰发动进攻，双方展开激战俄舰严重受损，两艘舰艇自爆沉海，日军从而获取在朝鲜建立陆上作战基地的有利条件。仁川海战1个多小时以后，日本联合舰队下达了攻击旅顺港的作战命令。当夜23时许，日军第一驱逐舰队率先突击，4枚鱼雷一起射向停泊在旅顺港外的俄舰，俄列特维赞号战列舰登时中弹起火。俄军舰队被袭后也迅速组织猛烈还击，爆炸声、炮声震动了整个旅顺。当日旅顺夜战，日军共发射16枚鱼雷，击伤俄军军舰3艘。由于旅顺港内水浅且较为狭窄，只有一个宽150米的出海口，日舰难以排开队形组织有效火力，被迫退去。斯塔尔克海军中将担心误中埋伏下令各舰不得追击，避港不战固守旅顺要塞。战争一开始，俄军就将制海权拱手让给了日军。

## 二、辽阳会战

1904年2月，在日本攻击旅顺俄军的同时，日本黑木第一军6万人在仁川登陆，并迅速北上。5月初，日本第一军强渡鸭绿江，击败沙俄沿江守军3万余人，在陆路攻入中国境内。占领重要据点九连城、凤凰城，取得对俄陆上作战的第一个胜利。

5月5日，奥保巩第二军5万人在貔子窝附近登陆，进攻沙俄金州守军。双方经激战后俄军后撤，日军夺取大连，取得重要补给基地，并切断旅顺俄军与辽阳俄军主力的铁路交通。辽阳俄军奉命救援旅顺，双方在瓦房沟交战，俄军战败。野津第四军接着又在大孤山登陆，与第二军分道北上会合第一军准备进攻辽阳。6月初，乃木希典率第三军进攻旅顺，7月占领营口。8月，日海军在旅顺港附近摧毁俄国太平洋舰队主力，夺得黄海、日本海域的制海权，旅顺俄军陷入重围。

辽阳位于盛京城南约50公里，是盛京的屏障，同时也是中东铁路南段连接旅顺和盛京的枢纽，具有重要的战略地位，是历代兵家必争之地。日军发现大石桥、海城一线的俄军有撤退的迹象，判断俄军有可能在辽阳附近集结兵力。7月初，日军在总司令官大山岩指挥下，日军第一军、第二军和第四军分三路向辽阳进发。

俄军总司令库罗巴特金在辽阳周围部署了满洲集团军155个步兵营，483门火炮。[①]而日军兵力明显处于劣势，仅有步兵106个营，414门火炮。[②]但前一阶段作战日军已摸了俄军的底，所以日军增强了以少胜多的信心。

库罗巴特金令俄军在辽阳及周围地区修筑了大量工事，并把辽阳城墙凿成10处隧道，在城外修筑了多条纵横交错的公路。沿着公路沿线还修建了数个碉堡群，每个碉堡均设有火炮。在碉堡外面挖掘宽1.8米，深1.2米的堑壕，壕内插满木桩，或者架设了铁丝网，或埋设地雷。在堑壕外面也架设了铁丝网，并且还在阵地背后修了甬道，可使炮车通过。在太子河的右岸土城丘上排列重炮，以掩护堡垒。这样就形成了被俄军自认为坚不可摧的辽阳城防工事。

辽阳城防工事的外围，俄军还修建了三道防线。第一道阵地由鞍山东连高峰寺，大甸子、弓长岭、八盘岭、寒坡岭至红沙岭全长75公里，位于辽阳以南和东南约30公里。第二道阵地由沙河镇东连四方台、汤和沿、孙家寨，左至石咀子的小山脉，全长22公里，距辽阳约8公里。第三道阵地紧靠辽阳城，由首山堡至方家屯、孟家房、虎头崖，全长15公里。这三道阵地，特别是第一道阵地，纵深小，翼侧暴露，工事构筑计划没有完成，无法抗击日军的进攻。

俄军在库罗巴特金的指挥下，到8月23日已经在辽阳后卫的阵地集结完毕，重新编成了东满集群，南满集群，集团军预备队和两翼守卫部队共计22万

---

①（俄）军史编委会编：《1904–1905年的俄日战争》第2卷，圣彼得堡出版社1910年版，第350页。

②（俄）军史编委会编：《1904–1905年的俄日战争》第2卷，圣彼得堡出版社1910年版，第353页。

4 600人。俄军按计划进入阵地，右翼为扎鲁巴耶夫指挥的南部集团三个军，约6.6万人，178门火炮；左翼为比尔德林格指挥的东部集团两个军，约8万人100多门火炮。辽阳以东还有几个军。另外两个军作为预备队：辽阳、盛京各一个军。[①]占领阵地的各个军，又分别以40% ~ 50%的兵力作为预备队，这样一来，实际上投入战场的俄军兵力并不多。

日军的指挥官是满洲军总司令大山岩，他采取的是主动进攻的战术，共指挥三个军的日军，总计13万4 500人。他把第一军的主力布置在太子河左岸，从辽阳东面进攻俄军；第四军从辽阳至海城铁路东侧地区从正面进攻俄军；第二军从辽阳至海城铁路西侧地区进攻日军。日军部署与俄军不同，它把全部兵力投入战场，不留任何预备队，因此它在总兵力对比上是劣势，但在俄军两翼却造成了兵力优势。这是一个以少数包围多数的大胆计划。

8月13日拂晓，日军第一军4.6万人在120门火炮的配合下开始进攻辽阳外围红沙岭的第一道防御阵地。同时，日军第二军和第四军进攻鞍山附近的俄军南满集群。俄军担心被包围，主动撤出阵地，向辽阳第二、第三道防线集结。

在短短的10天内，辽阳集结了俄军18万人，火炮644门；日军13万人，火炮574门。8月30日清晨，日本进攻辽阳的战斗正式打响。俄军左翼的战斗一开始就很激烈。日方利用俄军暴露的翼侧，决定对西伯利亚第三军实施两翼迂回。为此，日第一军左翼的一个近卫师在俄军部署中打进楔子，出现在西伯利亚第三军的翼侧。为增援西伯利亚第三军，俄方立即投入预备队，其中包括马尔丁诺夫上校指挥的一个团。该团在行军途中获悉日军已出现在西伯利亚第三军的翼侧，马尔丁诺夫不等命令主动改变行动方向，转向西面，从高粱地隐蔽机动到日军近卫师的翼侧，突然以刺刀白刃战打退日军近卫师，形势转而对俄军有利。这是俄国军官发挥主动性的罕见的一例。但俄军东部集团指挥部不敢利用这一有利形势扩张战果，坐失战机。

日军于8月30日以三个军的全部兵力同时发起进攻。俄军以机枪、火炮和刺刀顶住各路日军的进攻。双方激战一整天，日军被迫后撤。日军正面进攻受阻，于当日夜间派第一军1.8万人偷渡太子河，31日晨迂回到俄军左翼，攻击左翼的5万俄军，与此同时加强对俄军右翼的进攻。9月1日一整天，俄军准备反击日第一军，为此在左翼集结了3个军，企图以迂回动作将日第1军压迫到太子河歼灭之。反击定于9月2日开始。但9月1日夜间日军进攻俄军左翼集团，占

①《俄国陆海军史》第14册，莫斯科1913年版，第90页

领了该方向一系列重要的战术要点，其中包括时官屯及其北面的小高地馒头山。在这种情况下，库罗巴特金决定在实施全面反击之前，首先夺回馒头山。为此分别从各个师抽出7个步兵团，154门炮。但这支临时拼凑的部队缺乏强有力的统一指挥，战斗的重担实际上落在伊斯托明指挥的1个团头上，该团下辖7个营，其中3个营是从其他团抽调的。伊斯托明不顾当时的条令和习惯作法，将7个营中的5个营编入战斗队，预备队只留2个营。战斗于9月2日19时打响，一直在黑暗中进行，双方激烈争夺。俄军一度收复馒头山，但在日军反击下陷于一片混乱仓皇溃逃。

时官屯—馒头山战斗的失利，使库罗帕特金有了放弃反击计划的借口。他不了解当时日军已投入全部兵力，并且遭到重大损失，尤其是日本第1军单独与俄军强大集团相对垒，处境对日军不利。俄军士气也空前低落，前线的俄军将军们给库罗巴特金的报告中也充满了悲观。他们强调弹药不足，伤病过多，要求增派兵源，加强预备役。这些报告使库罗巴特金非常沮丧，促成了他决定撤退到盛京，以期再集结部队补充兵源，然后再和日军决战。而此时的日军也决定9月3日晨将第1军撤回太子河右岸，进行休整。就在日军行动之前2小时，库罗巴特金命令俄军放弃辽阳退守奉天。9月4日凌晨1时，日军第五师团占领辽阳城，辽阳会战结束。此次会战，俄军损失1.7万人；日军损失2.4万人。辽阳会战前后经历了两个月的时间，日军的人数、装备均居劣势，伤亡也超过俄军，因俄军指挥失误日军反取得重大胜利。俄军失败后丧失了重要的军事要地，而日军打开了通往盛京的大门。

### 三、沙河会战、黑沟台会战

辽阳会战后，日、俄两军在盛京与辽阳之间的沙河地区（今沈阳苏家屯区沙河乡）互相对峙。1904年9月底，俄军集结了约21万人，758门炮和32挺机枪，总防线长达90公里。同期，沙河地区日军集结了约12万人，488门炮。前一阶段作战日军消耗很大，为补充兵员日本在国内进行了总动员，但仍不能根本改变兵力对比。

在这种情况下，日方决定在沙河地区转入防御，等待第3军尽快从旅顺解脱出来北上增援。俄军在辽阳会战中遭到重大损失欲北撤，由于日军的追击行动意外迟缓，便在盛京附近停止后退。鉴于日军的劣势和处于极端疲劳的情况，俄国政府迫于俄国国内革命运动的高涨和辽阳会战后国内对战争的不满情绪，要求库罗巴特金发动攻势解旅顺之围，借以挽回帝国的“荣誉”，提高沙皇政府一落千丈的地位。于是，俄军希望通过大举反攻挽回败局和不体面。

库罗巴特金制订的进攻计划是对浑河与太子河间之敌实施攻击，并占领太子河右岸，实际上就是把日军赶过太子河。俄军分左右2个集团：左翼3个军由施塔克尔堡指挥，向本溪湖方向实施主攻；右翼2个军由比尔德林格指挥，缓慢地向沙河方向前进，任务是把主攻方向的日军吸引过来。另以3个军作为预备队。左右两集团的进攻正面共50公里，总的进攻速度每昼夜不超过5公里。这个计划主攻指向山地，而俄军没有进行山地战的准备，特别是缺少山炮。更糟的是，俄方进攻的准备工作不隐蔽，被日方发觉，完全丧失了突然性。

日军统帅大山岩元帅决定将计就计，首先利用对俄军不利的山地地形，以防御战消耗俄军，然后投入新锐力量转入进攻，猛攻俄军中央和右翼一举歼灭俄军主力。10月8日，由73个步兵营和34个骑兵连组成的俄军东部兵团出现在日军右翼。从该地区可以攻击日第1军翼侧。10月9日，由45个步兵营和18个骑兵连组成的部队，对位于本溪湖一带日军右翼边缘发起攻击。部署在这个方面的日军只有梅泽道治少将指挥的近卫后备步兵旅8个营。由于防守坚决，被日军誉为“光荣的梅泽旅”。大山岩率领24个步兵营顶住了俄军东部兵团的猛烈攻击。10月10日，日军又集中全军主力从日军左翼向东北方向的俄军发起总攻。这次进攻因与猛插俄军右翼的骑兵第2旅相配合，结果俄军不得不于10月12日开始全面退却。日军立即利用这一有利时机转入进攻，这一行动导致一系列激烈的遭遇战。在某些情况下，遭遇战不仅昼间进行夜间也进行。夜战中，双方均不使用炮兵，部队以密集队形投入攻击，士兵胳膊挨胳膊，大多数场合夜战以刺刀白刃战结束。为识别敌友，俄军士兵袖缠白布带。这种激烈的遭遇战持续至10月15日。日军进展不大，只是在某些地段将俄军顶回沙河地区。大山岩决定在既得阵地上转入防御。

与此同时，库罗巴特金决定10月16日晨在自己右翼发动进攻，以恢复在沙河左岸的原态势。但15日夜间，日第2军奥保巩部以奇袭攻占俄军左翼第1军地段内具有决定意义的制高点万宝山（今沈阳苏家屯沙河乡魏家楼子村东烟龙山）。库罗帕特金放弃原定进攻计划，令第1军不惜一切代价夺回该高地。经16日、17日激战，俄军以伤亡3 000人的代价夺回了高地。日方死亡1 500人。双方各自巩固既得阵地加修工事，互相对峙，偶尔出动侦察部队或进行炮击。这种情况一直持续到1905年1月奉天会战为止。整个会战俄方损失4万余人，日方损失2万余人。

俄军在辽阳和沙河地区的会战接连以失败告终，而日军在旅顺方面又取得了重大胜利。1905年1月2日，俄军在旅顺正式签订投降书，旅顺的三万多俄军官兵成了俘虏。除了几万支枪，日本的战利品还包括火炮610门，炮弹20.3万发。同时，俄国的太平洋舰队大部也被日军消灭。旅顺陷落和俄国太平洋舰队主力被歼，使日本获得完全的制海权。日方竭力利用这一有利形势，围歼东北俄军于盛京地区，胜利结束战争。因此，日军统帅部迅速将第3军转移至盛京，同时新编第5军也向盛京开进。

俄国方面于1904年10月26日免去阿列克谢耶夫远东总督职务，由克鲁泡特金大将任远东陆海军总司令官。

到1905年2月中，盛京地区日军在长达100余公里的战线上集结了5个军27万人，1082门炮和200挺机枪。大山岩的计划是：以新到的第3军、第5军分别迂回俄军两翼，第1军、第2军、第4军以正面进攻牵制俄军于沙河地区，并保障第3军、第5军的迂回运动。主攻指向俄军右翼，由第3军担任。此时沿沙河一线集结的俄军组成3个独立的野战集团：右翼为考尔巴斯指挥的第2集团军，正面25公里；中央为比尔德林格指挥的第3集团军，正面20公里；左翼为李涅维奇指挥第1集团军，正面45公里。暴露的翼侧由独立部队掩护。俄军总兵力达33万人，炮1266门和机枪56挺。在害怕爆发革命的俄国政府的催促下，库罗帕特金决定发动酝酿已久的攻势。在乃木希典第3军北上之前，企图在沙河一线击溃日军主力，遂以格里帕别尔格大将指挥的第2军（由126个步兵营、90个骑兵连编成）和米舒钦柯中将指挥的骑兵团（由72个骑兵连编成）于2月25日向日军西翼黑沟台方面发起包围合击。黑沟台会战开始。

库罗巴特金计划用第2集团军（5个军126个步兵营、162个骑兵连439门炮）共10万人担任突击，任务首先是占领盛京西南约40公里的黑台沟、沈旦堡。库罗巴特金认为该地是日军整个阵地的关键。而这个方向上的日军实力却异常薄弱，只是由种田支队（1个步兵连、8个骑兵连）和丰边支队（3个步兵连、8个骑兵连）少数兵力分别防守。25日来攻的俄军有：黑沟台方面的2个师（由32个步兵营编成），沈旦堡方面的1个师（由16个步兵营编成）和向日军左侧插过来的米舒钦柯骑兵军（72个骑兵连）。被包围的日军秋山好古部率先在战场上大规模使用了机枪，把冲锋的哥萨克骑兵打得尸横遍野。大山岩十分重视战况的发展变化，在紧急调动位于后方的第8师立即奔赴黑沟台的同时，也从各条战线抽调可能抽出的兵力，编成临时预备队进行反击。1月26日至28日，日军西翼的各部队突破了俄军对秋山旅团的包围。1月29日拂晓，临时预备队的第5师在由柳条口至长滩的西北方向上分割攻击敌人阵地，以期各个击破黑沟合以南之敌。俄军又一次由于克鲁泡特金总司令官缺乏果断，丧失战机。由于他担心俄军第2军可能会遭到分割包围因而没有积极扩大黑沟台方面的战果。特别是由于日军部署在中央位置的部队（主要是第2军）的牵制活动，进一步增加了作战正面的危机感，以至几次拒绝俄军第2军司令官的增援要求。结果不但停止了对黑沟台方面日军的进攻，而且下达了撤退的命令。日军渡过了一次最大的危机。参加这次会战的兵力，日军为60个步兵营、30个骑兵连和180门大炮；俄国为126个步兵营，90个骑兵连和440门大炮。日军伤亡9 000人，俄军死伤1万2 000人。

## 四、日军越浑河攻击盛京城

黑沟台战斗结束后，日、俄双方在盛京展开了会战。2月20日，日军开始对盛京全线进攻，以俄军右翼为主攻方向。日鸭绿江集团军向俄军左翼迂回，占领清河城，并向抚顺方向发展进攻，从左侧对俄军造成威胁。接着日军第一、二、四集团军同时向俄军左侧并进，目的是诱使库罗巴特金把预备队从右翼调到左翼。库罗帕特金急忙调预备队迎战。这正中了日军的圈套。日第三集团军迂回到俄军右翼，从辽阳西北渡过浑河向奉天西北方向出击。第一、四集团军继续留在俄军左侧，配合鸭绿江军牵制俄军左翼。

2月27日，日军第二集团军从左侧撤出，第三集团军从右翼进行突击。库罗巴特金又被迫把预备队从左翼调到右翼，俄军陷于疲于奔命的混乱状态。在绵延约100公里的战线上，俄军右翼的预备队只剩下1个师。俄国第2集团军要对付日本2个军（约96个营、288门炮对133个营、468门炮），而且右翼挨打的同时，左翼2个集团军按兵不动。第2集团军被迫收缩阵地。

库罗巴特金决定对迂回其右翼的日第3军乃木希典的侧后发动反突击，为此从左翼2个集团军抽出若干连、营、团，匆忙编组一支混合部队，由考尔巴斯统一指挥。反突击预定于3月4日开始。3月4日，日第3军已经接近奉天以北的铁路线，情况紧急。但考尔巴斯声称部队没有完成集中，将原定的反突击日期推迟到3月5日，当时他指挥的第2集团军总兵力为120个营（8万人），俄军进行了几次毫无效果的血战，3月7日停止行动反突击没有奏效。日第3军继续向奉天以北迂回。

在此期间，日军从3月1日起对俄军左翼也加强了进攻，在俄国第1集团军抗击下进展不大。但3月5日考尔巴斯发动反突击时，俄军左翼2个集团军按兵不动。3月7日，库罗帕特金命令这2个集团军放弃沙河阵地，撤到浑河以北。他采取这个决定是企图缩短战线，抽出部队加强右翼并以新的反突击防止日第3军前出到奉天以北的铁路线。

3月9日，俄军对日第三集团军进行反击但没有奏效。此时，日军突破了俄军左侧防线，日鸭绿江集团军占领抚顺；第1集团军攻占旧站，与逼近奉天市区的第3集团军形成包围俄军于奉天城下之势。俄军已身陷重围。3月9日夜间，库罗帕特金下令北撤，退守四平一线。俄军在撤退中陷入混乱：骑兵（未参加会战）先于步兵和炮兵撤退，遗弃大批物资及日军俘虏、辎重堵塞了道路。部队失去指挥又遭到日军炮击，后卫陷入日军包围之中。1905年3月10日，日、俄两军共投入当年沈阳城人口3倍的兵力、近90万人激战；当天下午，日军占领盛京城，但日军也无力追击。3月11日，日第1、第3两军在浑河地区会师。此时俄军主力已逃脱包围，随后在四平街占领阵地，直到战争结束。

盛京会战是日俄战争最后也是最大的一次会战，总计俄军损失近12万人，日军损失约7万余人。俄军的惨败导致库罗巴特金被撤职，降为“满洲”第1集团军司令。远东陆军总司令职务由李涅维奇继任。盛京会战后沙皇政府仍不甘心失败，继续向远东增兵同时寄希望于从欧洲海域东调的太平洋第2分舰队。

整个会战日军动用步兵213个大队，骑兵57个中队，炮592门，战斗人员249，823人；俄军使用步兵306个大队，骑兵109个大队，炮1030门，战斗人员36万余人。①

盛京会战后在5月10日前后，日本在满洲各军侵入开原、昌图一线，准备以后的作战。

## 五、难民涌入盛京城

日本和俄国在中国领土上的战争长达一年之久，中国的领土主权受到了严重践踏，东北人民遭受了一场空前的浩劫。日俄战争期间，日俄双方直接投入兵力60万人，火炮2 000多门。在他们的相互厮杀过程中，东北人民尤其是盛京百姓的生命财产受到了严重的损失。成千上万的老百姓在炮火下丧生，或者残疾，无数的房屋毁于战火。许多民房被强占为兵营，还没来得及收割的庄稼或被践踏，或被割掉喂了战马。百姓的粮食被抢光，甚至连家具都被“取做火柴”②自旅顺往北至盛京城，凡是日军经过的地方，“菽黍高粱，均被芟割，以作马料。纵横千里，几同赤地。”③奉天广大地区人民呈现一片凄凉景象，难民流离失所。特别是辽南地区人民处境更是悲惨。“盖州海城各处被扰者有三百村，计八千四百家，约共男女五万多名。”④辽阳一带是日俄两军的主要战区，

① （日）《陆海军军事年鉴》，1938年版，第566页。
② 《日俄战纪》，商务印书馆1907年版，第11期，第17页。
③ 《日俄战纪》，商务印书馆1907年版，第13期，第85页。
④ 《日俄战纪》，商务印书馆1907年版，第16期，第77-78页。

难民人数更多。为了躲避战火，“难民之避入奉天省城者不下三万余人”，“无家可归，近于流莩”。[①]就连日本人自己承办的报纸《盛京时报》也不得不承认，东北广大百姓“陷于强烟弹雨之中，死于炮林雷阵之上者，数万生灵，血飞肉溅，破产家倾。父子兄弟哭于途，夫妇亲朋呼于路，痛心疾首，惨不忍闻”[②]

俄军为了修筑工事转运军需，经常以强制手段胁迫成千上万的中国百姓充当苦役。旅顺的俄军强迫5 000名中国工人日夜赶修工事不给任何工资，也不允许走出港口。有些地方的工人被俄军绑架上火车，拉到另外的地方做苦役。

为了躲避战火和苦役，成千上万的百姓逃离家园，奉天（今辽宁）的难民大量涌入了盛京城。“整个战争期间，交战地区中国人所遭受的困难是深重的。刚刚入夏许多家境殷实的人们带着自己的财务转移到相对安全的地方，慢慢地大批贫苦的乡下人也拖家带口涌入城市，或租房居住，或和亲朋挤在一起。在奉天（今辽宁）以南以西一望无际的肥沃平原上，无数村庄中的大多数农民仍然困守在自己的家园，企盼着战争不会蔓延到那里，从而躲过这场劫难”。[③]1904年8月，俄军在辽阳城及周围地区大面积布防，大多数村庄被俄军占据。老百姓们在辽阳会战前后两个月时间里，成群结队地离开家园，纷纷北上涌入了盛京城。盛京迎来了最大的一次难民潮。盛京城的主要街道不断出现连续不断的难民队伍，他们牵着骡马、牛羊，拉着打车，上面载着粮食、烧柴和衣物等。老人、妇女和儿童蜷缩在这些东西的上面。还有很多难民没有牲畜只好步行逃进盛京城。男人们挑着担子，担着必需的生活必需品，妇女则抱着孩子一步步艰难地前行。

辽阳会战后，俄国军队改变了过去对中国百姓的“友好”态度，指责中国人为日本人做事，帮助日本军队搜集军事情报。于是部分俄军开始清剿战场附近村庄的百姓，并对战区内的村庄进行了毁灭性破坏。百姓的民房被改成了营房，从房子上拆下来的柱子和檩条被拿去修筑地下掩体。原本富庶的村庄除了残垣断壁和偶尔看到的孤零零的烟囱外，什么都没有留下。[④]村里的百姓为了躲避俄军和战火，很多人连必需的生活用品都没有拿上就逃出了家园，赶往省城盛京。盛京城里的难民随着日俄两军战争延续，人数也越来越多。经常一天就有几千难民涌入城里。

---

①《日俄战纪》，商务印书馆1907年版，第15期，第84—87页。

②《盛京时报》，1906年10月18日。

③ 杜格尔德·克拉斯蒂：《奉天三十年》，2007年2月第1版，第155页。

④ 杜格尔德·克拉斯蒂：《奉天三十年》，2007年2月第1版，第157页。

1905年3月，盛京城里已经由难民90 000多人。为了解决难民住宿的问题，清政府、教会组织、上海红十字会、难民救济会等官方的和非官方的组织纷纷筹措资金，建立难民营。其中教会的难民营收留了12 000多人；清政府的难民营有超过38 000人；其他难民营有40 000多人。难民营里以妇女儿童和老人居多，很多男人把家里的老人妻儿安顿到难民营之后又自己跑回家里，看看家里还能找到什么能用的东西。难民营里，人员流动性较大。有时一个家庭在难民营里住了几天之后，又找到了在盛京城里的亲戚，于是就搬到亲属家去了。条件好点的人家在难民营里住了几天之后又在盛京城里租到房子。也有很多人因为初到盛京城找不到地方就住在寺庙里，有的人干脆住在大街两旁的屋檐下。沈阳当时最大的寺庙慈恩寺也不断接纳难民。寺庙里的禅房、走廊、塔楼里都住满了难民。就连盛京城里的两个剧院，还有个别银行、会馆也成了难民的住所。当时的盛京医院的院子里都住下了700多难民。当时，盛京城内的房租疯涨高出了战前的十倍。盛京将军不得不发布公告，明确规定每间房子的出租价格，凡是高出规定价格，漫天要价者要受到处罚。

随着天气转冷，盛京城内的难民没有因为冬天的来临而减少。盛京城内的卫生条件越来越糟糕，传染病频发。很多小孩子在难民营里染上了麻疹、痘病和猩红热。后来，天花又悄然在盛京城里蔓延，每天都有孩子因为染病而被夺走生命。

逃到盛京城的难民并未因此躲过战火。被围困在盛京城里的俄国士兵无路可逃的时候把枪口对准了难民。“当留在盛京城里的一些俄国士兵逃不出去的时候，有两个人好像疯了。就在盛京城北墙的东门外有个中国的大兵营，后来政府把其改造成了难民营，约有2 000人住在里面。疯狂的俄国人闯了进来，遇到谁就向谁开枪。一位妇女正在照顾几个星期前生的婴儿，一个俄国人闯入了她的房间开枪。子弹打中了母亲和婴儿，婴儿死了，母亲受了重伤，接着12岁的女儿也受了伤。在那个房间里，有2个人死亡，4个人受伤”。[①]战后的盛京城里野狗成患，无家可归的野狗无处吃饭，就以死人为食，它们变得异常凶猛。有一个野狗甚至闯入了盛京医院的难民营，从炕上叼走了一个小孩，人们追赶出去，虽然从狗嘴里救下了孩子，但孩子还是受了重伤。

战后的盛京城外到处是俄国人撤退时丢下的棉帽、毡鞋，当然还有马车、手推车、枪支甚至炮弹和手榴弹。很多百姓不认识炮弹就捡回家里，有的孩子

① 杜格尔德·克拉斯蒂：《奉天三十年》，2007年2月第1版，第161页。

拿着捡来的手榴弹玩耍，结果导致了数百人伤亡。有一个人在北陵附近发现一个仍然残留着部分引信的巨大炮弹，他把炮弹当成了一盏被遗弃的灯，于是拿回了家并放在了桌子上，点燃引信让全家人来看。结果全家人无一幸免都被炸死了。还有一个人捡到一个炮弹，回家后他把炮弹放在火上，结果整个房子被炸毁了，房子里面的人非死即伤。

战后几个月里，许多孩子和成年人因为接触炮弹和手榴弹而被炸伤。有的人被炸瞎了眼睛，有的人失去了手脚，还有很多人被当场炸死。春耕时，农民的锄头偶尔也会碰到埋在地里的炸弹引起爆炸，这给本来就生活在水深火热中的盛京百姓带来不小的灾难。战后短短几个月时间里，盛京医院就做了100多例截肢手术，有的人被截掉了整个上肢，有的是部分上肢，也有许多人失去了下肢。

## 六、战火下的盛京城

“奉天大会战”中，日、俄两军不但强迫沈阳城内外百姓挖战壕、修工事、抬伤兵，还大肆掳掠破坏。他们抢走粮食，征调牲畜车辆，稍有反抗就杀光、烧光全家或全村。城郊有个村庄的农民没听从俄军征粮命令，结果全村70余人均被杀害。溃败的俄军烧杀淫掠、无恶不作。

盛京城外苏家屯区魏家楼子是“沙河会战”的主战场，7天7夜的争夺战使村中大部分房舍被毁，未毁的房屋也被俄军拆掉梁柱、门板构筑工事。日军拉夫、抢粮，随意宰杀耕牛、骡马。村民张海等7人，因不甘受役使被俄军活埋。齐大爷因交不出粮食被俄军绑缚马后拖曳致残。据资料记载，当时“一个又一个村庄的居民被一扫而空，他们什么也不能拿出去”、“除了破壁颓垣、孤立的墙架、悄然耸立的烟囱外，什么都没有留下来。”

盛京城众多的古建筑被焚毁、破坏。苏家屯区陈相屯塔山塔、东陵区白塔铺白塔等都被日军怀疑可能成为俄军的瞭望点而遭到摧毁；南塔广慈寺建筑群被俄军当成炮兵阵地而破坏殆尽；万寿寺、长安寺经卷被焚、殿堂被砸。关外三陵中的二陵——福陵（亦称东陵，努尔哈赤墓地）、昭陵（亦称北陵，皇太极墓地）无一例外地遭到了战争的破坏。其中广慈寺被焚，只剩下南塔。二陵及周围都曾发生过激烈的战斗，陵中古物多被损坏，守陵的清军及陵户中的百姓有的也被杀害。当年面积广阔的大法寺（即今八王寺）也未能幸免。俄军士兵撤入小北关街后点燃了一个停放着60万捆柴草的同发园柴草园。大火迅速串入八王寺。俄军士兵又在大殿放火引燃了东西配殿。寺内僧人阻挡不及，寺内大殿五楹，东西配殿六间，僧房三间同时葬身火海。而寺内的紫檀雕花、香炉、珍珠、各种器皿被俄国士兵掠夺一空，就连大佛身上的金饰也被他们剥掉了。悠悠数百年的佛字圣地毁于一旦。俄军毁了萃升书院，皇寺、故宫分别成为日、俄两军的司令部，俄军还在沈阳故宫里放养战马。当时，沈阳城中房屋遭毁无数，百姓流离失所。

当时的机器局、大学堂、户部金银库等悉数遭到抢掠。俄军掠走省库中黄金4 000多两，后来几经交涉才返还1 000多两。据档案资料记载：沈阳数百家烧锅遭到抢掠，仅“永增兴烧锅”一家，就被掠走40余万吊钱的财物。沈阳全城有钱铺、票庄、银号、栈号、丝房、布铺、烧锅、洋行等百余种行业，近2 000家工商业户，全部遭到难以统计的损失。俄军在据守城垣时向各店铺索要财物及酒、肉供给。日本侵略者在俄军战败后，还强迫沈阳周边村民去掩埋日俄官兵的尸体；为日军修建“日军参战纪念碑”。城内1 366户商店被迫向日军“献纳粮秣费白银十万两，致使全城商店的总资本额减至五万五千两，因而影响到各钱庄、银号发行的钱票贬值或难于流通”。这些掠夺使盛京商民深受其害。

沙俄军总司令部设在故宫，俄军占据各制高点并把大炮架在城头，大炮发射时曾有墙体震裂的现象发生。日军攻城前占领实胜寺（皇寺）作为总司令部，先用排炮猛轰城垣，轰毁了几座城楼、角楼，将西南城炸开大豁口，成为攻城的突击点。俄军退却时又放火焚烧占据为兵营的盛京机器局、奉天大学堂，机器设备、图书仪器毁之无存。

盛京城南的浑河水运事业由来已久，历明清两代一直是辽沈地区下辽河、出渤海、赴津澄（烟台）沪的要道。在铁路尚未问世，陆路运力有限的情况下通过浑河可将木材、山货、皮货、粮食外运，也可运回杂货、绸缎、工具等。会战之时由于时值冬季，水运商号中木船依例在骆驼圈子进坞过冬，俄军以缺乏薪炭为名将其全部劈开作柴烧光，沿河船只全部遭洗劫。

光绪三十一年（1905）三月十日，日军在二台子接受俄军投降。同年9月5日，日俄两国在美国的朴茨茅斯港签订了媾和条约。其中第五条和第六条规定，“大连、旅顺的租界权和长春（宽城子）至旅顺口间的铁路及其所有支线以及该地区所属的一切权利、特权财产、所属煤矿等全部无偿地转让给日本。”①

依《朴茨茅斯条约》，日本可接收的铁路主要是大连、旅顺至长春间的704.3公里。另有吾妻线2.9公里，旅顺支线108公里，甘井子支线11.9公里，营口支线22.4公里，抚顺支线52.9公里。其中涉及今沈阳的有苏家屯、榆树台、

① 参阅日本满史会：《满洲开发四十年史》上卷，辽宁编写组译，1987年内部出行，第92页。

孤家子站段。榆沈线8.6公里，榆树台、浑河、沈阳均在界内。以上各线共911公里，[1]约占原沙俄强建中东铁路长度的三分之一。如果加上战争期间日军强筑的安（东）奉（天）铁路260.2公里，日本直接控制的铁路已长达1 171.2公里。这个数字是当时日本国内铁路长度4 449英里的六分之一。[2]

但是日本并不满足于此，对合约、协约中的条文随意翻译，甚至把曾向中国提出但是被拒绝的无理要求说成“合法”。比如将条约中的“一切权利”解释成沙俄对非法强占的“铁路用地”站房、仓库及附属设施的拥有、使用和经营权利。“特权财产”解释成沙俄在东北南部的道胜银行、商贸公司、教堂及住宅等。“所属煤矿”解释成抚顺、烟台（辽阳北）两处原沙俄强占为中东路供煤之路矿。日本真正的意图在于借战胜沙俄的机会加快推行其对中国东北的殖民侵略政策。为此它把原本不存在的说成是有；把沙俄非法实行的，说成是“合法”。

1905年12月22日，日本强迫清政府签订了《中日会议东三省事宜》正约、附约，将和平大街以西到铁路沈阳站，南到南八马路、北到市府大路范围内，划定为日本附属地，创下了帝国主义列强在沈阳划定租界的恶例。

上世纪初，作为清朝的盛京陪都，沈阳已经形成繁华格局，正向近代城市转化。日俄战争的“奉天大会战”使当时经过200多年建设的沈阳古城满目疮痍、元气大伤，尤其是发达于明清两朝的浑河水运系统及其绿化林带均遭毁灭，严重阻碍了沈阳经济、文化等诸多方面的正常发展。

5月27日，俄国从欧洲增派的第二、第三太平洋舰队38艘舰艇驶抵对马海峡，遭到日本99艘战舰截击，28日俄国舰队大败，被击沉19艘，被俘5艘，死亡5 000人，被俘6 000人，俄国舰队几乎全军覆没，日本海军取得大胜。

1905年6月初，美国向日俄双方提出议和建议。8月10日，日本的小村寿太郎和俄国的S.Y.维特全权代表本国在美国朴次茅斯举行和谈。9月5日，双方代表在《朴次茅斯和约》上签字。根据和约，日本获得库页岛南部并取得旅顺和大连的租借权、长春至旅顺间的铁路及其支线的管辖权，并攫取了对朝鲜的实际控制权。

为了使进行中的谈判条件更有利些，日军大本营决定攻占库页岛。新设立的第十师团自7月7日至8月1日，击败约5 000名俄军占领了整个库页岛。7月下旬，后备第二师团对朝鲜北部发起行动，9月3日占领会宁，将俄军驱逐到图

① 东北文化社年鉴编印处：《东北年鉴》，东北文化社1931年版，第483-484页。

②（日）井上清：《日本军国主义》，中译本第二卷，商务印书馆1985年版，第146页。

们江以北。至此，大规模军事行动停止。

1905年10月16日，讲和条约经批准后正式公布，连续20个月举全国力量的这次战争以日本的胜利而告结束。讲和的主要条件为：承认日本在朝鲜的地位，俄军从满洲撤退；经过清国承认，将辽东租借权及有关南满铁路的各种权益转让给日本；库页岛南部转让给日本等四项。

日本参加这场战争作战的陆军兵力为：野战师团14个，后备师团2个，后备步兵旅团10个，加上临时特设部队的渡江人员，共计达100万人。损失为：死亡及免除服役者10万8千，其他2 000，合计约12万人；军马约38 000匹；陆军军费开支为12亿8 000万日元。包括海军军费，共计军费开支约15亿2千万余元。俄国陆军约有8万人被俘，被日军缴获军马4 000匹，火炮900门，步枪1万余支。

# 第四章
# 清光绪、宣统时期的盛京

- 变“铁路用地”为“满铁附属地”
- 日本非法在“附属地”设警办教育
- 日本强行租借十间房

光绪二十年（1894）中日甲午战争爆发，大清政府战场失利，迫于日本的军事压力，签订了丧权辱国的《马关条约》。根据条约规定，中国割让辽东半岛给日本。但是这严重地危害了俄国在华利益，于是俄国联合德国、法国对日本政府施加压力，以迫使日本放弃辽东半岛。日本虽努力想保住条约所得，但无奈中日战争使日本军队损失严重，无力对抗三国的军事威胁，而英国也建议日本接受三国的“劝谕”。在此外交压力下，加上签署条约的日方代表伊藤博文是主和派，日本在5月5日宣布放弃对辽东半岛的永久占领。但是，日俄之间仇恨的种子就此埋下，日本对俄国怀恨在心，谋求“卧薪尝胆”，大力鼓吹发展军事工业，以期待报仇之机。

光绪二十二年四月二十二日（1896年6月3日）沙俄利用中国在中日甲午战争中战败的困境，借口“共同防御”日本，诱迫清政府派遣特使李鸿章与俄国外交大臣罗曼诺夫、财政大臣维特在莫斯科签订了《中俄密约》，获得了在中国东北修筑铁路的权利。沙俄与清政府分别于1896年9月8日、1898年7月6日分别签订了《合办东省铁路公司合同章程》《东省铁路公司续订合同》和《旅大租地条约》。1898年8月东清铁路破土动工，1903年7月14日，东清铁路全线通车。俄国通过铁路获得了在中国东北的种种特权并强租了旅顺和大连作为沙皇俄国的租借地。

1904年2月8日夜，由东乡平八郎率领的日本联合舰队，在旅顺口外偷袭了俄国海军中将斯塔尔克率领的俄国太平洋舰队。以此为开端，日俄两国于同月9日及10日相互宣战，日俄战争爆发。

尽管战前日本政府向清政府做出了保护当地人民生命财产，尊重中国主权的承诺，但是日俄战争中日军同一样，每到一处，就毁坏民宅，强征粮食，迫使当地居民充其向导，修建军用设施；霸占土地，杀戮中国当地居民；未经中国政府同意，非法敷设临时军用铁路。1905年，随着日本对俄战线的北移，日军还在大连、旅顺、金州、丹东等占领地驱散中国官吏，设立军政机构，由日军将校出任军政长官。这种带有殖民管理性质的军政机构同时还负责同中国地方政府的各种交涉事务。

1905年3月10日，数十万日军涌入盛京，一方面追逐北撤的沙队，一方面开始对盛京实施军事占领。1905年6月，日俄在中国东北的大规模战争结束，两国在美国总统的斡旋下，开始准备和谈。日俄两国开始媾和的前夕，清政府拟派员参加谈判，遭到日本政府的拒绝。清政府无奈之中，于1905年6月26日下谕各督抚和中国驻各国公使，征求对日俄议和的中国应付方针。经过清政府内部磋商，1905年7月6日，清政府驻日公使照会日本政府外务省，中国政府声明："……两国不幸失和，本政府深为惋惜。现闻将开议和，复修旧好，本政府不胜欣幸。但此次失和系在中国疆土用武，现在议和条款内，倘有牵涉中国事件，凡此次未经与中国商定者，一概不能承认。"但日俄两国根本不顾及清政府的这项声明，于1905年9月5日签署了《朴茨茅斯条约》，俄国承认朝鲜是日本的势力范围，把根据1860年《中俄北京条约》从中国割去的库页岛的南部划给日本；日俄双方还以中国主权和领土做交易，竟然把俄国对旅大的租借权及南满铁路（长春至大连段）的所有权转让给日本。这样一来，南满铁路沿线成为了日本的势力范围。

日俄战争前，盛京只有零星的日本人。而战后却有大批日本人携妻孥子举家来盛京，或经商、或办厂，取代并超过了沙俄在盛京的势力。

在军事占领的前提下，日本在盛京设立"军政署"、"居留民会"、"领事馆"等机构，并非法驻军、设警，进行殖民主义渗透。进而强占土地变"铁路用地"为"铁路附属地"，强圈"十间房租界"，形成日本独霸的"国中国，城中城"，给盛京带来殖民地形态的屈辱。"满铁"则是日本势力急速膨胀的推行者。

## 第一节 变"铁路用地"为"满铁附属地"

### 一、"铁路用地"的历史背景

盛京殖民地城市史的萌芽始是从"铁路附属地"开始的。1900年，沙俄"借地"修筑的中东铁路南满支线经过盛京的一段完工，车站内有简易的站房及月台、货栈。同时，在今老道口大桥东首北侧中东路盛京站附近出现了一块沙俄"附属地"，这块"附属地"也被称为"铁路用地"。它不是用来铺设铁路、修建站房、货场的辅助用地，也不是堆放建筑材料所必需的占地，而是利用铁路已经运营，在原建路堆料的地方又肆意扩大而成的。"铁路附属地"以当时的盛京站为中心，东侧到西塔东，南到今北二马路，北部和西部则有铁路为屏障。这块不规则的四边形土地处于当时盛京城外围，靠近清代的京奉御路（即今皇寺路、华山路），可以控制盛京的陆路交通。这块“附属地”也是现在太原街商业区的萌发地。

中东路南起旅顺，向北修筑至盛京。1899年春，大批山东、河北的万余名农民被骗到盛京，以预定的盛京站为中心投入筑路工程。在靠近大皇姑屯、北孤家子、瓦房屯、南孤家子等村落的中间突兀形成了新的“居民点”。1900年1月，铁轨已铺向铁岭。路成后民工北移，因为铁路占地所破产的盛京部分村屯的农民在城内和火车站附近游荡、寻觅谋生之路。一批沙俄冒险家也蜂拥盛京火车站附近。于是，沙俄控制的中东路当局又将非法占得的土地大肆拍卖大发横财，“附属地”成为沙俄占据的国中之国。

盛京站规模并不大，为四等车站。它位于原沈阳站北货场二号库附近，距盛京城约6华里。其站舍是木板房，上敷瓦楞铁瓦，站台较短，配有给机车上水的简易水塔。铁路建成之初，包括两名俄国妇女车站内共有19名铁路员工。此外还有护路的沙俄驻军39人，其中第二步兵连有15名士兵和第八骑兵连的24名哥萨克骑兵。时任盛京站守备队队长的是沙俄步兵中尉瓦列夫斯基。[①]此外在苏家屯站有职工5名，护路队军人12名。文官屯、虎石台等站也有数量不等的俄方铁路职工和护路军队。他们在中东铁路全路的七座重要大桥之一的浑河桥还专门设有护路兵所。

俄罗斯人在“铁路附属地”内建立了多个工商企业，如罗高切夫面粉厂、莫洛佐夫纺织公司、泰得利纺织公司等，他们的产品大量倾销盛京。盛京当地的土特产和大量的谷物粮食被俄罗斯人掠运回俄国。东北的青壮年劳动力，甚至中国妇女也被装上火车运往俄国。

依据中俄东省铁路合同的有关章程，开采砂土、石块、石灰、堆放物料的铁路工程已经结束，作为“专为铁路之用”[②]的“铁路用地”应渐行撤销。可是，沙俄却利用出兵镇压东北义和团的机会，对东北实施武装占领并将“铁路用地”加以扩大，提出设立哥萨克人居民点和士兵村庄的方案。[③]在今老道口大桥东南到西塔和今北七马路以北规划出俄国式的新市街，在此兴建东正教堂、建兵营、兴住宅、办公司等，这完全违背了中俄双方商定的“铁路用地”绝对不准许作铁路经营之外的其他用途的规定。1903年6月，沙皇尼古拉二世又批

① （俄）B. B. 戈利岑：《中东路护路工人参加1900年满洲事件纪略》，李述笑、田宜耕译，商务印书馆1984年版，第713页。

② 《中俄东省铁路合同章程》第六条规定，东三省中国经济史学会：《东北经济史论文集》，第885页。

③ （苏）B·阿瓦林：《帝国主义在满洲》，中译本，第94页。

准《东省铁路附属地内俄国人民移殖条例》，规定沙俄移民享有各种特权和优待。沙俄这种掠夺土地，实施殖民统治的做法有悖于国际公法，也未得到中国政府的承认。

“附属地”是一个充满罪恶的世界，其中有沙警、宪兵的横暴；有沙俄商人的贪婪；也有后来发展成为“柳町”妓院区的腐朽。它是沙俄强对东北土地的非法强占，是中国近代史上的耻辱，也是沈阳近代殖民城市史的发端。

## 二、“满铁附属地”的非法扩张

日俄战争后，日军在对盛京实行军事占领的同时，日军铁道兵“提理部”接管了原盛京站及铁路，并对“铁路用地”实施军管。1906年，日本政府指令成立“南满铁路附属地”，简称“满铁附属地”或“附属地”。这种名称的变化不是语言习惯的差异，而是地域政治地位的根本变化，是日本以“满铁”为代理人，在东北先行实施殖民统治，建立国中国、城外城的开始。日本宣称：在铁路沿线各站，圈定一定的地域，兴办饭馆、旅店，起建住宅、学校，规划市街，都是“满铁”出资或支持兴办的，所以可称为“满铁附属地”而为“保护铁路”，日本人设警、驻军亦为必需。日本在东北完全不顾中国主权，非法行政30多年。即使遍查1898年中俄签订的中俄东省铁路南满支线合同及相关的文书，也根本找不到“附属地”的任何字迹。显然，这是战后日本恃强，横加给中国的屈辱。

日俄战争前，沙俄在盛京的“铁路附属地”以老道口和西塔地区为中心。日本接管后又使这片非法强占的土地的范围迅速扩大，逐步向东与商埠相接，向南扩展到南五马路，北部和西部已越过铁路。“满铁附属地”的面积已经超过了盛京古城的面积，达到1 547万平方米。

“满铁”是以经营铁路运输的名义进行侵华活动的，铁路也确实起到了军事镇压和经济掠夺的作用。日俄战后，日本加紧了在东北南部的铁路经营计划。战后，安奉铁路进入盛京，修建了安奉路奉天车站（今沈阳市第108中学附近）。车站虽小，设备也很简陋，但对日本人大批涌入盛京，掠夺本溪等地的煤炭等都起过很大的作用。

“满铁附属地”的扩大，是以侵夺中国官民土地为先决条件的。“附属地”的圈定并非合法，日本接续沙俄以后又不断加以扩充。向东，由日本陆军出面，在盛京商埠地内占地165亩7分6厘。这片地位于十间房稍南属于民人李席珍的产业，被圈定为“日本陆军用地”，并公开埋设12个标桩，“界内”李氏经营的德胜窑业也随之倒闭。此案交涉十几年，而日本驻奉总领事却答复：“已由该国陆军省为继续善意之占领”，[1]交涉期间又有200余亩土地被日军强占。向南，今南三马路以南，南京街以东等广大地区也都是“满铁”从商埠地的预备界中占去的。数年之间，“满铁附属地”的面积较之沙俄占领时期扩大了几倍。

1907年7月1日，“满铁”奉天出张所成立，八年后改称地方事务所。事务所不仅管理铁路事务，举凡行政、司法、教育、警察、乃至经营、驻军各项权力无不加以攫取。“满铁”奉天地方事务所无异于“附属地”政府机构，是1923年盛京正式设市以前即已非法行使市政管理权的侵华机构。同年9月，所谓日本关东都督府邮便电话局即在盛京开设了奉天支局，后来又改称奉天邮便局。这些局所都设在“附属地”内，主要是为居住在“附属地”内的日本人服务的。

1908年6月，“满铁奉天电灯营业所”在西塔开业送电。这座发电所的主要设备是120KW的三相交流发电机，沙俄在旅顺曾经使用过。日俄战后，日本将其运来盛京，开始向“满铁附属地”送电。[2]8月，日本横滨正金银行在小西关设立支行，并发行纸币，强行在盛京市面流通。接着日本又在盛京设立电报局，强占奉天省城电报局一部分，对外营业。10月，日本又取得了在盛京等地的日本领事裁判权，日本人变得更加有恃无恐。

1908年以后，日本出于建设奉天驿（今沈阳站）实现“南满”、安奉两路并站的设想，制定了新的市街发展规划。[3]今南一马路以北，直至北七马路，铁路以东直至今和平大街，被确定为新的“满铁附属地”。不过预定建设的街路还都是赋予中国风格的地名。如沈阳大街、语德大街、中央大街，等等。“附属地”内筹建兵营、警察署、学校、宪兵队、电话局、铁路宿舍、商店、住宅、公园、变电所、水源地、植物苗圃，等等。一个日本式的新市区正在形成，其面积远远大于原“铁路用地”。而攫取的手段只有一个，那就是强占。对此，中国地方当局呼吁、抗议全然无效，而被圈占的三家子、十里码头、瓦房屯等地的中国村民被迫破产。

1909年4月，日本政府批准成立“满铁独立守备队”派兵驻盛京，在今沈阳铁路局原址兴建兵舍。5月，“满铁”以办理“满铁”对沈外交事务为名又在盛京城内成立“奉天公所”，对东北地方政权和盛京各界进行特务活动。在此期间，“满铁”还设立了“奉天地方法院”、“警察署”、“宪兵队”、“消防队”等部

---

①东北文化社年鉴编印处：《东北年鉴》，东北文化社1931年版，第344页。

② 参见《沈阳电业局志稿》

③ 辽宁省档案馆：《日文资料》第4册，《工矿商档》，第2648号。

门。至此，连同之前成立的日本驻奉总领事馆及以后建立的日本关东军驻奉天特务机关，日本在盛京的占领区逐步扩大，而且各种机构也逐步“健全”起来。

“满铁”设立的“奉天地方法院”与事务所毗邻（今沈阳站对过、原沈铁分局址），“警察署”（后以今市公安局址为新署）、“宪兵队”（后以今沈铁公安局和路局的一部分为队部）、“消防队”（今和平消防中队址）等也相应建立。

同时，日本人在“附属地”内陆续续开办了一些学校。例如，春日小学（原前进歌舞团处）、弥生小学（原省机械厅大院址）、平安小学（今沈铁一中址）、高千穗小学（今沈阳市第101中学址）、浪速女校（今沈阳市第20中学址）、加茂小学（今沈阳军区机关东邻）、千代田小学（今沈阳市育才学校）、朝日女校（今省人大机关址）、奉天高等小学校（今省委机关址）、奉天中学堂（今沈阳市第23中址）、奉天公学校（今沈阳市中山中学）、奉天小学校（今和平大街小学址）、奉天商业学校（原医大三院址）等，都只能是日本人或“满铁”员工子弟才能入学。至于1911年开办的“南满医学堂”（后改南满医科大学即今中国医科大学校址）是“附属地”内唯一的一所高校，它对普通中国人来说更是可望而不可即的。

在“满铁附属地”不断扩张的同时，日本人还不断在附属地内发展商户和工业企业。如1906年开业的“东亚烟草会社分社”和“奉天满洲制粉会社”。“满铁”在盛京兴办的产业则起自1907年开办的“奉天铁道工厂”和“苏家屯铁道工厂”。“东亚烟草”位于商埠地，制粉和铁道工厂位于“满铁附属地”，“苏家屯铁道工厂”则位于“苏家屯满铁附属地”。

“附属地”不是铁路所必需，除却堆放铁路用料、建筑站房、员工住宅之外，更不应有其他的社会功能。但“春日町”（太原街）已成为主要商业区，“七福屋”、“满毛”（原沈阳市一百）等都成为规模很大的商店，而且“柳町”（西塔附近）、十间房、“信浓町”（今和平大街北段）和今沈阳站南一、南二等地区到处可见日本人开设的鸦片烟馆、吗啡馆，还有出售大烟土、海洛因的毒品商店。“菊文饭店”、“沈阳馆”等都是著名的日本妓院。

“附属地”内生意最兴隆的除却妓院、烟馆就是军火，吉田商会、大正洋行、青木洋行、上田商会、吉川组、原田茂商会、敷岛洋行等都是公开贩卖枪械子弹的商店。日本浪人与中国地痞相勾结，在日本军队和“满铁”的庇护下，使“附属地”成为藏污纳垢的“黑窝”，正直的中国人很少到这里来，而不法之徒到盛京城内作案后，只要再跑回“信浓町”以西（当时与商埠地分界），跑进“附属地”，便可“安然无恙”。

“附属地”内多数是日本人居住、经商、建公司、开工厂，但也有其他外国人和少量中国人居住。除日本人之外的所有“附属地”居民必须向“满铁”签据契约，声明一切都服从“满铁”管理，并交纳“管理费”。经商者还必须向“附属地”管理部门交纳税金。附属地内在教育、选举、司法等方面，中国人都备受歧视。

### 三、强筑“安奉铁路”到盛京

安奉铁路（今沈丹铁路）原系日俄战争期间日本为了从朝鲜调运物资、军队的迅捷，于1904年8月由日本临时军用铁道部运工修建的一条从丹东经由凤城、下马塘、本溪桥头至盛京的单线简易轻便铁路。按约定，日俄战后本应拆除。1905年9月1日《朴茨茅斯条约》签订后，根据该条约的规定，俄国擅自将在中国东北的部分权益转让给日本。1905年12月22日，日本又同清政府签订了《中日会议东三省事宜正约》，迫使清政府承允日本继续经营安奉铁路十五年。以此为开端，中日间围绕安奉铁路的改良、改筑、铁路附属用地、铁道守备队、警察等问题进行了数次不同层次的外交交涉。

安奉铁路在当时的东北具有非常重要的战略地位。一般来说，近现代的铁路均从商业角度考虑铁路线路。如果铁路沿线没有近现代工业和矿山以及密集的人口群，即使是再好的铁路线路选线也不会有人问津。按此道理和当时安奉铁路所处的地理位置等实际情况进行考察就会发现，安奉铁路无论是从运营的客货源看，还是从铁路敷设投资来看，都不是一条十分理想的铁路线路。

1908年1月17日，当时为“满铁公司”总裁的后藤新平在给日军井上大佐的一封信中也曾预测，“……此线隧道很多……不利于行驶和运输。……此线不利于改为复线。……此线永远不能避免巨大亏损”。既然日本已经认识到修建安奉铁路的诸多不利因素，那么，为什么还急于修建这条铁路线呢？

1904年日俄战争爆发后不久，日本军方是处于军事运输上的考虑敷设这条简易铁路。1904年3月，日本军方为了战时的运输需要，成立了临时军用铁道部，负责战时铁路的修建和军事运输。同年3月，在刚刚成立的临时军用铁道部的组织下，在朝鲜境内的汉城至新义州间敷设了京义轻便铁路。同年4月，日军击退了驻扎在丹东附近的俄军，5月进驻凤凰城后，为便于从朝鲜运输弹药和给养，又于1904年8月，在丹东县城至凤凰城间敷设了一条长约72公里的轻便铁路。接着，又从凤凰城向下马塘方向向前延长敷设了116公里。1905年8月10日，临时铁道部组织了第二轻便铁道班，负责敷设下马塘至盛京间的铁路线，该段铁路于1905年12月3日竣工，并于同年的12月15日首次通车。

从铺设安奉铁路的过程看，日本修筑安奉线简易铁路的目的仅仅是为了战时的需要。而实际上，无论是在日俄战争期间还是中日北京善后会议后，日本都有进一步考虑。

日俄战争结束后，日本从沙皇俄国手中抢夺了俄国在中国东北的旅（顺）长（春）铁路和旅顺、大连的租借地，并从清政府手中强行索要了安奉铁路的经营权。这样，通过安奉铁路和旅长铁路的连接，就可以从日本出发，渡过朝鲜海峡，经由朝鲜铁路，通过安奉铁路线，联系南满铁路，这不仅可以大大缩短从日本到中国东北的时间和距离，而且日本还可以通过该铁路加强对朝鲜半岛和辽东半岛的进一步控制。

日俄战争后，沙皇俄国在朝鲜半岛的势力为日本所取代。1905年11月17日，日本强迫朝鲜与其签订了第二次《日韩协定》(因1905年为农历乙巳年，故又称《乙巳条约》)。根据这个协定的规定，朝鲜沦为日本的保护国；朝鲜的外交关系和外交事务统由日本的外务省监理指挥，而且日本政府还负责履行现存朝鲜与外国签署的条约；日本向朝鲜派驻统监，作为日本在朝鲜与外国的代表等。1910年，日本又正式吞并了朝鲜。这样，安奉铁路发挥了另一种功能，即通过安奉铁路和南满铁路，日本还可以进一步加强对朝鲜的殖民统治。

通过安奉铁路和南满铁路，并与朝鲜铁路相配合，在紧急的情况下，日本可以迅速渡海沿铁路线来华，可进一步深入中国东北南部和东北腹地。“九一八”事变后的历史表明，这条深入中国东北腹地的铁路交通线，对日本迅速从朝鲜调兵和从日本本土渡海运兵都起到了巨大的作用。

通过安奉铁路并与南满铁路线相配合，日本还可以抗衡欧美等西方国家对中国东北的势力渗透，进而实现日本军国主义征服满蒙，征服中国，征服世界的“世纪美梦”。此外，日本还可以通过该铁路的延伸，进一步掠夺东北腹地的矿产、森林、煤矿及农业资源。

中日间关于安奉铁路的最早交涉始于1905年中日北京善后会议第二轮会议的前一天，11月22日清政府给日本驻中国公使内田康哉的一份照会。在此前后，日军从朝鲜的边境城市新义州向中国丹东城区附近修筑铁路，并强占土地，拆毁官衙和民宅。日军的这一蛮横做法引起了当地居民的强烈不满，并引起了当地中国外交涉部门同日本驻地军方的交涉。清政府认为，在日俄战争已经结束，日俄已停止武装冲突的情况下，中国政府不能准许日军再以军事需要为借口继续拆毁官衙、民宅强征土地和修筑铁路。

1905年12月，中日北京善后会议后，安奉铁路引起中日间争论的第一个焦点是，对安奉铁路改良还是改造。是在原路的基础上进行改良，还是对原安奉轻便铁路进行加重、扩轨的改造；是在原线路的基础上进行改良，还是改变原线路，与南满铁路相连。清政府坚持照1905年中日北京善后会议上所签署的附约第六款进行，而日方则以各种理由，主张对安奉铁路进行改造。

1907年4月，日军从旅大租界地和南满铁路以外的中国东北地方撤兵以后，中国东北地方当局和日本驻华奉天总领事馆之间，就安奉铁路沿线的矿山权益问题展开交涉和谈判，由此开始安奉铁路改良、改造的又一次争论。

在这段时间里，安奉铁路一直未动工扩修，因为日本内部就安奉铁路的扩修尚未达成一致意见。1906年11月26日，日本违反原中俄关于“南满铁路”设立的相关条约条款，成立了旨在经营中国东北旅长、安奉铁路和铁路沿线附属矿山等的日本国策公司——“满铁公司”（南满洲铁路株式会社），第二年3月，“满铁公司”在大连正式挂牌，开始了日本在中国东北的铁路运营。在围绕安奉铁路的改筑问题上，日本政府内部出现了两种不同的意见。其中一派以“满铁公司”总裁后藤新平为代表，继承了日俄战争中曾任日军参谋长的儿玉源太郎等人的主张，认为从安东到盛京重峦叠嶂，曲线多，需要穿凿的山洞隧道多，工程耗资巨大，且该段铁路线地处偏僻，铁路改筑投入运营后恐难以盈利，从铁路的经济效益考虑，主张将安奉铁路从安东向大石桥修筑；另一派以日本驻旅大租界地的驻军和日本国内的军方为代表，出于军事上的考虑，主张在安奉轻便行军铁路线的基础上进行改筑。这一派的军方人物认为，在中国东北南部的辽东半岛有日本旅大租界地，并在租界地内驻有日本军队，且有旅长铁路与之相通，这样，在距离旅大租界地不远的大石桥处，再行修筑铁路与旅长铁路相连，就失去了军事意义。而从安东至东北重镇的盛京方向修筑的安奉铁路的意义远远大于从丹东向大石桥方向修筑的铁路。主张在安奉轻便行军铁路的基础上进行铁路改筑。

刚刚成立的“满铁公司”和刚刚就任“满铁”总裁的后藤新平的势力毕竟不比在刚刚结束不久的日俄战争中取得“辉煌”胜利，势力和权力正逐步上升的是日本军方，最后日本政府决定，在安奉线的基础上进行改筑。

安奉铁路的修筑过程极其复杂和曲折。1905年9月5日，在美国签署的《朴茨茅斯条约》的主要内容是：经中国政府允诺，俄国将旅顺口、大连湾及附近领土海的租借权转让给日本；将宽城子至旅顺的铁路转让给日本。因此，素以东北为“利益生命线”的日本，越发加紧对安奉线的改良，企图将釜山至新义州与长春至大连的铁路相连接，抗衡欧美势力侵入的大铁路网，进而实现日本军国主义所梦想的征服满蒙，征服中国的“大陆政策”。

为了尽快取得清政府对日本国做出的承诺，同时图谋比日俄和约中更多的侵略权益，11月16日，日本外相小村寿太郎率领《朴茨茅斯条约》谈判的原班人马趾高气扬地开进北京，同庆亲王奕劻、北洋军袁世凯进行谈判，“商议善后”。1905年12月22日，由于两国的实力不均衡和清政府的腐败，面对小村的恣意专横、咄咄逼人，清政府被迫签订《中日会议东三省事宜正约》即《附约》。根据1905年12月22日中日两国代表在北京签署的《中日会议东三省事宜正约》的附属条约第六款规定“中国政府允将由安东县至奉天城所筑造之行军铁路仍由日本国接续经营，改为转运各国工商货物。自此铁路改良竣工之日起，以十五年为限，即至光绪四十九年止——”此内容也就是说，清政府承允许日本继续经营安奉铁路十五年。同时条约中还规定：清政府承认日俄和约中俄国让与日本的各种特权，并允许日本开辽阳、长春、哈尔滨、齐齐哈尔等16个城市为商埠；在奉天、营口、安东划定租界；在鸭绿江右岸设置本植公司等一系列特权。

《东三省事宜正约》的签订是《朴茨茅斯条约》的补充和继续，使日本在东北这块肥沃的土地上攫取了更大的权益，标志着日本将沙俄势力逐出南满，从而在中国东北站稳了脚跟。此后，日本对安奉铁路进行一系列改良、改筑，都是以此条约为所谓的“法律依据”。有计划地、有步骤地利诱、胁迫清政府，从而达到攫取路权的罪恶目的。

《东三省事宜正约》签订后，日本便开始了对安奉铁路的前期改筑准备。满铁副总裁亲自率领测量队进行线路测量。如1908年满铁对凤凰城草河口到苏家屯的一线测量等，并秘密计划从陈相屯改线至苏家屯，企图将安奉铁路并入南满线，造成安奉铁路为南满线的事实。满铁当局非常重视改筑工程，中村是公（满铁总裁）1908年7月19日致电小村外相说：“安奉线改筑问题对如今打开对清外交来说是一个绝好的机会，若是贻误一刻将会造成国患的基础，岂不是永远追悔莫及吗?”力意尽早开工。

根据《正约》及附属条约的规定，日本除因运兵回国需耽延的十二月可不计以外，安奉铁路的改良施工，最迟不得晚于1908年12月。而到了1909年初，日方还尚未进行该线的改良施工，该路的改良施工日期早已超过了条约所规定期限。3月，日本决定动工改筑安奉轻便铁路，欲将轻便窄轨改为标准宽轨。3月9日，中日双方会晤，中方代表发现日方提出的方案同原安奉线路有异，该方案改变了陈相屯至沈阳的铁路线路，由原来的陈相屯直通沈阳线擅自改为从陈相屯西折经苏家屯，并轨南满铁路。对此，中方提出质疑，日方代表解释说，陈相屯以东线路基本按原线路进行，陈相屯以西部分从经济、技术上稍做调整。清政府坚持安奉铁路“改良之事须专照北京协约（《东三省事宜正约》）而行，可就原路改良，不许改造，照日本全权大臣之声明，酌要改良，不许改造全路”。反对日方将安奉轻便铁路改成宽轨，双方意见分歧很大，谈判陷入僵局。由此可以看出，当时的清政府在安奉铁路问题上，一直坚持改良不改造的立场。随后，中日双方有过几次接触，但都未有结果。

在这种情况下，解决中日间安奉铁路的分歧问题，被提到了中日两国政府会议议题上。日本在一段时间里，先准备着手进行陈相屯至安东间铁路的改筑，而陈相屯至奉天间的铁路改线问题，将在其他段铁路改筑完善后再同清政府进行交涉。为了安奉铁路的改筑，日本政府甚至准备以最后通牒的形式，迫使清政府做出让步。

1909年5月29日，刚刚上任不久的东三省总督锡良投书清政府外务部，提出了关于安奉铁路的八条意见。同年6月15日，清政府也同意了对日交涉八项办法和方针。同月24日，锡良将清政府采纳了的十条意见书递交给了日本驻奉天总领事小池张造。在这份提案中，清政府重申不能改造安奉铁路和收回铁路以外的被日人占用的土地等。

6月22日，日本内阁召开会议，会上决定，“清政府如对我仍不回答，——帝国政府则必须根据条约权利，着手进行改筑工程”。日本政府一方面加紧进行安奉线改造工程的准备，另一方面，日本政府加紧对中国清政府上层施加压力，清政府不得不于8月4日向小池张造声明：清政府允许日本改筑安奉路。1909年8月6日，日本驻华公使伊集院彦吉向清政府发出最后通牒式照会，照会中指责清政府“若藐视帝国政计和衷隐忍之诚意，左右托辞，旷日弥久，——依然固执以前之态度，自交涉开议以来，业逾七月有余，迄今仍未允我所请”。因此决定“帝国政府——据条约之权利，决定不俟贵国之协力，自行改筑安奉之线路”。同日，满铁的施工人员在日本警察和铁路守备队的武装保护下，在本溪附近的福金岭段强行开始进行安奉铁路宽轨的改造施工。此时的清政府由于来自日方的强大压力，态度上有所变化，清外务部一方面重申清政府对安奉铁路的态度，另一方面又对日本表示经由陈相屯的问题双方可以协商解决。8月19日，中国代表、东三省总督锡良同日方代表、日本驻奉总领事小池张造签署了《安奉铁路节略》，中国政府同意日本进行宽轨改造施工，并同意就其附属地的购地等问题的具体细节再行商议，该《节略》的第二条规定：“陈相屯至奉天之线路应由两国日后再行协议妥定”。清政府不仅同意了日本改造安奉铁路，而且承认了日本今后在安奉路上改线的可能性。同年11月5日，中日签署了《安奉铁路购地章程》，其规定日本在安奉铁路附近附属地的购地标准、价格等项事宜，同时满铁总裁还训示安奉铁道设置购地局，令其掠夺铁路两旁的中国土地。

《中日安奉铁路节略》与《安奉铁路购地章程》的签订，是清政府在安奉铁路的改造、改线、土地等问题上的让步，使得中国政府在改筑问题上处于更加无助更加被动的尴尬局面。而此时的日本，在解决了安奉铁路改筑前的诸多矛盾和障碍后，开始了大规模地掠夺扩张性的铁路改筑工程。

关于安奉铁路改筑问题，清政府一步步对日进行了妥协和让步，日本于1911年完成了对安奉铁路的扩轨改筑工程，并与南满铁路相连，形成了日本对朝鲜和中国东北的铁路交通网。

改筑工程于1909年9月中旬全线动工，1911年11月1日全线开通，线路总长261.66公里。该路有大小桥梁205座，最长的太子河铁桥长544米。铁路占地2 058.6公顷。与此同时，日本还不顾清政府的强烈反对，于1910年4月4日，逼迫清政府与之签订《鸭绿江架设铁桥协定》，从此日本在鸭绿江上架设了铁桥，使安奉线与朝鲜的京义铁路接轨，日后日本要求享受陆路通商减税待遇。几乎是在鸭绿江架桥的同时，1909年9月4日，清政府代表梁敦彦、日本政府代表伊集院彦吉在北京签署《东三省交涉五案条款》，清政府被迫出让安奉铁路沿线矿产权益，此后，日本更加有恃无恐地在安奉铁路沿线派驻铁路守备队，建立警察派出所，并在丹东的六道沟建立兵舍和铁路宿舍。安奉铁路沿线的权益被日本一步步剥夺殆尽，安奉铁路事实上已成为日本南满铁路通往釜（山）—汉城—新（义州）朝鲜铁路，进一步掠夺东北经济资源的一个重要铁路交通支线。

满铁改筑安奉线，名义上是要“变临时军用铁路为永久的和平交通机构”，实则是为了日军侵略中国时，更迅捷地通过朝鲜将部队运到东北，安奉线通车后由东京到奉天只需60小时，大大缩短了行程。不仅如此，安奉线改筑后，日本还大力修筑支线，掠夺矿产资源，可以说，安奉线在日本霸占中国土地、掠夺东北的矿产资源等诸多方面发挥了极其重要的作用。

## 四、“奉天驿”

1899年11月，侵占中国东北地区的沙队修建东清铁路南满支路到盛京，为了交通运输的方便，在此建成车站，俄人称之为“茅古甸”（满语“谋克敦”译音，为兴盛之意）也即奉天，属于当时的四等小站。

1904年，日俄战争爆发。翌年3月10日，日军占领奉天，“谋克敦”开始为日本人服务，同时改名为“南满洲铁道奉天驿”。为了进一步扩大车站能力，1909年，日本南满洲铁道株式会社开始对奉天驿进行改建扩建，地上二层，局部三层，中间有哥特式的半直圆形拱起，好似士兵的头盔。候车室结构不尽合理，一楼几乎只是过道，且阴森狭小，不过楼后的多车道站台，楼前宽阔的广场还是有些近代特色。广场对面同时起建的两座二层（局部八层）新建筑，布局对称，结构相近。一个为旅馆，一个即是“满铁奉天地方事务所”及消防队之所在。两座楼均设高耸的塔楼，与站房的穹顶相辉映，整个建筑具有明显的欧洲与日本相混合的风格。

今天的沈阳站那时已粗具规模，其建筑在沈阳红砖建筑技术及艺术发展的历史上具有一定代表性。

1910年，“满铁”投资30万元兴建的“奉天驿”即奉天车站（原今沈阳站第三候车室主体建筑）开始使用。它占地1273平方米，整个建筑具有明显的欧洲与日本相混合的风格。“奉天驿”成为盛京城最大的火车站，随着它的开通，原“奉天站”均已撤废。安奉轻便铁“奉天释”建成以后，“满铁”加速其“附属地”新市街计划将其合并。原沈阳县大皇姑屯耕地一部，瓦房屯耕地一部，十里码头村及全部耕地揽军屯耕地一部等都被“满铁”强行划入“附属地”范围。所谓新市街，是以“奉天驿”为中心向东开辟三条干线（今中华路、中山路、民主路），其中一条（今中华路）与“奉天驿”站前广场垂直，其余两条斜向放射。站前有南北向的大街，即今胜利大街（日本曾名以若松町）。与之平行开辟十几条街路，其中今南京街（日本曾名以加茂町、富士町、获町）为干线，今和平大街（日本曾名以信浓町、雪见町）、七经街（日本曾名以敷岛町）为界。“附属地”与商埠地的东部分在今中华路（日本曾名以千代田通）以北有东西向的北一至北七等街路，以南有东西向的南一至南十二等街路，这呈几何状开辟的街，连同西塔地区原“沙俄铁路附属地”街路和“南满铁路”西即今云峰街、兴工街以东的几条街道共同组成了“附属地”的新地界。这里的云峰街路走向、建筑风格等与沈阳城内毫无共同之处，几千年来沈阳城市的民族建筑风格特色被打破了。这便是至今沈阳不能形成统一建筑风格的根本原因。“附属地”内街路纵横，自1919年日本擅自将“奉天驿”及周围的街道名称全部改为日本街名以后，可以说“日本化”的推行日益加快。

### 五、马车、洋车及马车铁道

日俄战争使盛京的公路、水路运输受到严重的破坏，直至铁路兴起才解决了长途客货运输的需要，但在盛京市内如何解决城市生活中的交通工具仍是一个问题。“附属地”这个城市实体出现以后，在“附属地”内部以及与盛京城市之间的交通工具问题亟待解决。

“中东铁路”修建时期，四轮俄式马车与俄国人一起涌进盛京。日俄战后，沙俄败北，但这种铁皮结构、带雨篷、客人与驭手相分离的大马车却留了下来，后来的几十年里，成为盛京的主要交通工具之一。

还有两种近代交通工具是日俄战后在盛京城出现的，这就是从日本引进，而且是不引自进的人力车。这种两轮客车也是铁皮结构，但多是一人所乘，与马车相比体积大为缩小，而且它的动力来源是人力。这种车来自日本东洋，即被呼为“洋车”。“洋车”兴起于日本明治维新之后，30多年后又在中国大量出现，逐渐地车名被易为“黄包车”，在中国的许多城市都有。盛京的人力车夫最盛时有几千人之多。马车、人力车在盛京充当市内交通工具前后数十年，在私人汽车出现以前，不少达官显贵和地方富豪拥有相当数量的私人马车、人力车。

伴随着马车、人力车的使用，盛京又出现了马拉轨道车，即马车铁道。马车铁道，就是在街道上铺设轻型钢轨，用马匹拉着车厢在铁轨上奔跑。由于摩擦力减小，这种马车载客增多，速度也有提高，但由于铁轨的限制，只能在固定的线路上行驶，这种固定的线路后来成为盛京最早的公共交通线。

1907年10月18日，盛京成立中日合办马车铁道公司，第二年1月4日开始营业。其实，合办马车铁道是中日双方妥协的结果。日本大仓等八个财团想联合在盛京搞日本独资的“株式会社奉天公司”，盛京赵清玺等人也想在盛京创办中国独资的马车铁道公司。①日本大仓等的独资，不外是凭借战胜沙俄的“余威”要挟中国，对东北进行经济渗透，盛京赵清玺等人的独资意在挽回利权，振兴民族实业。迫于日本驻奉总领事馆和日本商团的压力，在多次交涉无效的情况下，赵清玺等人这才走上了与日本人合办马车铁道的道路。

合办马车铁道，对中方来说是既不情愿，也是不合算的。合办的条款规定：“该公司自成立之日起，按照中历计算扣至15年为限，应由中国政府收买后令之解散。该公司股本，只准招募中日两国商人。中国商人应认股全额十分之六，日本商人应认股全额十分之四。”②值得注意的是，中方的股份是以11.4万支付，日方的股份却以提供马车和铁道设备支付，合资7.6万元。

日方提供的马车铁道设备并不是什么“新鲜货”，而是日本国内淘汰的破烂货。马车铁道19世纪曾在一些欧美国家应用过，20世纪初均已不用，而改用有轨电车。1887年，日本在东京开辟了品川至上野的马车铁道。16年后，东京修建有轨电车，时兴了一阵的马车铁道被拆除闲置。盛京合办马车铁道，大仓财团等将闲置的马车铁道运到沈阳。

---

① 辽宁省档案馆：《奉天军督部堂档》第17772卷。

② 辽宁省档案馆：《奉天军督部堂档》第17772卷。

马车铁道车厢是铁木结构，很像旧式俄国四轮马车和后来的有轨电车车厢。车厢两端设有驭座，避免了终点转向时的车厢调头。驭座即车夫的位置，没有脚踏车铃、刹车装置。车厢设门四个，左右两侧设长木椅座及绳环扶手，可容纳40人。车厢由马匹拖曳，沿轨道行驶。

盛京马车铁道由盛京火车站起，经十间房、小西边门至小西门，全长4.03公里。1907年9月1日，轨道工程开始，四个月后全面竣工。盛京马车铁道以小西边门为界，分作东西两区，每区车价奉大洋半角。全公司拥有马车27辆，马73匹。①

奉天驿建成之后，马车铁道随之向西南延长1.2公里。两年后改两匹马拉车为四匹马拉车，每日可往返160个车次，日送乘客达7 000人次，马车增加到29辆，马匹增加到200匹。②

盛京马车铁道连接着盛京城区与“满铁附属地”，是“南满铁路奉天驿”与京奉铁路盛京站的交通联络线，客流量很大，业务繁忙。日本财团在合办马车铁道事业中捞到了很多实惠，从运量上就可见一斑：仅从1908年1月通车到1916年末9年多的时间里年均运送乘客132.6万人次。③1922年11月，奉天省公署按契约解散了中日合办盛京马车铁道股份有限公司，但大仓财团仍然经营着西塔至“奉天驿”之间的马车铁道，直至将其改建为有轨电车。西塔向东至小西门的那一段由奉天马车铁道善后事务所经营。

## 第二节　日本非法在“附属地”设警办教育

日俄战争后，日本根据《朴茨茅斯和约》从俄国手中夺取了中国中东铁路南段（长春至大连）和经营抚顺煤矿等特权。1906年，创立南满洲铁道株式会社（简称“满铁”），总资本为2亿日元，日本政府投资1亿日元，另一半股份主要来自日本皇室、贵族和官僚。翌年4月开业，以经办铁路、开发煤矿、移民及发展畜牧业等为其经营方针。“满铁”实际上是日本帝国主义在中国大连设立的对中国东北进行殖民侵略的机构。是日本在中国东北进行政治、经济、军事

---

①《盛京时报》，1907年9月13日。

②（日）奉天商工会议所：《奉天经济二十年》，1925年版。

③（日）满洲铁道株式会社庶务课：《奉天铁道附属地概况》1919年版，第54页。

等方面侵略活动的指挥中心。“满铁”第一任总裁后藤新平。总社设有总务部、调查部、运输部、矿业部、地方部；分社设于东京，下有东京东亚经济调查局。出版《满铁月报》等刊物。1907年4月，南满洲铁道株式会社开业。

“满铁”成立当年即成立七个“地方事务所”作为其派出机构，其中成立于1907年的“满铁奉天地方事务所”是其规模最大、地位也最为重要的一个。

## 一、满铁奉天地方事务所

“满铁奉天地方事务所”成立以后，以“附属地”为基础，另外设立派出所管理新台子到沙河、苏家屯到姚千户、苏家屯到榆树台、孤家子铁路区间的各个车站、运营及各“附属地”。短短几年间，盛京“附属地”的面积由初期的108万平方米扩展到430万平方米。日本人口数量也从1907年的282户增加到15 726户，70 073人。

日本设置警察权，与其主张在南满铁路附属地有其他行政权的理由相同，同样属于违约侵权行为。条约上中国政府没有放弃警察权的规定，《合办东省铁路公司合同》第5款也规定所有诉讼由地方官照约办理。中俄《旅大租地条约》第8款同样也有相关规定：“唯此项让造支路（长春至大连线）之事，不得借端侵占中国土地，亦不得有碍大清国大皇帝应有权利。”可以看出中国没有在铁路用地内放弃警察权，而且还事先声明保持警察权的行使。

日本在东北的警察权，一种是属于日本外务省下的领事馆。光绪三十一年（1905），日本在盛京设立总领事馆，后又相继在哈尔滨设立了总领事馆，在新民、安东、吉林、长春、辽阳、铁岭、齐齐哈尔等地设立了领事馆或领事分馆，分别管辖由领事馆所有的日本人侨居区的警察。另一种属于日本拓务省下先后出现的关东都督府、关东厅以及关东局等，管辖旅大租借地与南满铁路附属地的警察。1906年7月，日本公布了关东都督府官职，规定关东都督对铁路附属地保有警察及军事的权限。

日本在南满铁路警察人数不断上升，1906年931人，1920年1 773人，1931年达到2 500人，警察岗位196处。还有大批宪兵、密探。关东州和南满铁路附属地的警察系统，分驻于日本各领事馆管辖的侨居区的警察系统，不仅对日本人，也对中国人实施统治。日本警察在附属地任意逮捕、处罚或杀害中国国民，还经常到附属地外行凶，甚至绑架中国警察，强行闯入中国警察局逮捕中国官员，甚至枪杀中国官员。

在司法体制方面，铁路附属地由日本统治，实行领事裁判权，审判权归日本驻南满各地领事馆。一般案件归领事馆处理，重要案件由日本在关东州的法院审判。

“满铁”在奉天的涉外机关，又名奉天公所。1909年5月1日设立。1907年6月，满铁在长春设立了交涉事务所，处理收买长春附属地的问题，后来沿线各地发生的交涉案件增多，于是在奉天设立了代表机关，称为满铁公所，长春交涉所为其派出机关。1909年5月1日，满铁公所改为奉天公所，先后向长春、吉林、安东、北京、营口、大连等地派出了驻在员。佐藤安之助为首任所长。其主要任务是同东三省当场交涉铁路、矿山用地及附属事业用地等问题。1907年，奉天公所收买了修建长春车站和增设铁路线的用地，1908年，组织人员对吉长铁道预定线路进行勘查，1909年，安奉线改建工程和隧道工程收买了土地。

“满铁”在其管辖的其他地方也设有满铁地方事务所。

1906年，满铁会社将铁路沿线的行政权委托给在各地设立的地方事务所。事务所在车站前左侧平房内，毗邻保线区事务所。

满铁地方事务所管辖范围相当于一个铁岭县，从铁路沿线（新台子—四平）的铁路桥梁，到车站附属地的工商业、行政、文化教育、卫生、农场、饲养、苗圃、公共设施、治安等方面都为其所管，在铁路两旁十几华里以内的农村，亦可随便搜查逮捕中国人，中国官员无权过问。

## 二、日本设在“附属地”的警务署

奉天警务署为日本人设在奉天满铁附属地的日本警察机关，1906年始建。依据有关外交条约，不受中国政府和后来的伪满政府管辖。

日本无视国际公法和中国主权，非法在东北各地设立警察机构。1906年，日本政府擅自决定对铁路附属地拥有司法、行政管理权，将满铁附属地视同租借地、殖民地，在铁路沿线附属地设置警务署及警务支署。随着附属地的扩张，又增设了警察派出所。

日本不仅在附属地设立警察机构，还到附属地外非法设警。驻奉天等地日本领事馆设立了警务署，配置了武装警察。他们打着保护侨民的招牌，恶意妄为，横行无忌。

## 三、“附属地”内的医院、学校和图书馆

“满铁”在南满铁路沿线设立了许多医院和诊疗所，这些卫生设施的作用与“满铁”在附属地兴建的其他公用设施的作用是一致的，都是为了满足日本移民、“满铁”日本职员在东北的生活需要，吸引更多日本移民迁入，迷惑东北人民，粉饰殖民统治。前“满铁”的一名理事长就曾对此坦言“总裁的想法是要

利用医术和教育笼络人心，安定人心”。[①]

“满铁”设立的医院在总体上较之中国原有的医院有明显的优势，设施完善、门类齐全、医疗技术先进，而且颇具规模。其中“满铁”奉天医院是当时东北较大的医院，在苏家屯等地的“附属地”内“满铁”也建有医院或门诊部，甚至在“附属地”外，“满铁”还有奉天红十字会医院。从“满铁”医院的实际运营分析，不难看出“满铁”建设这些医院的真实原因。在满铁“附属地”内的日本人为多数，中国人为少数，可是，在“满铁”所属医院就诊的人次中，日本人占68.%4，中国人只占28.8%，其余为外国人。[②]只有中国人人数一半的日本人，就医人次却是中国人的两倍多。而且从“附属地”内，东北人民的生活水平看，能够负担起医疗费用的中国人大多数都属于上层阶级。因此，“满铁”所属医院的作用就是要为日本人在东北提供医疗服务，稳定日本对东北的殖民统治，笼络东北显贵，欺骗、迷惑东北人民。

文化侵略是日本帝国主义为了永远地控制东北，奴役东北人民而采取的一种带有极大欺骗性的侵略手段。日本以铁路附属地为据点，实行文化侵略，灌输同化、奴化教育，并且广泛搜集情报，为他们进一步侵略服务。日本在东北的文化侵略涉及教育、新闻出版、宗教、卫生、科技、体育等各个方面，几乎是无孔不入。

日本对东北的文化侵略中，满铁附属地的教育殖民色彩最为明显。从1905年以后，日本帝国主义在奉天附属地地区开办了各种各样的学校，数量之多，规模之大，遍布整个“附属地”。日本开办的学校，一方面是为了日本移民教育的需要，另一方面则是为了同化、奴化中国人，使中国人耳濡目染，接受其侵略思想，从思想上征服东北人民，培养殖民地的顺民为未来全面侵华做准备。春日小学、弥生小学、平安小学等即是日本在沈阳推行殖民教育的典型。正如后藤新平所说，在中国设立学校，是一种“文装的武备”，他提出的教育方针是“同化主义”，“收拾”“新附”人民的“不驯”之心。[③]

日本在东北的教育事业分别由关东厅和领事馆管理。关东厅管内分为关东州教育和铁路附属地教育，州内由州厅掌管，在满铁附属地的学校除少数私立学校外，都由满铁负责经营。“满铁”从1907年10月开始接管教育方面的工

---

① 苏崇民：《满铁史》，中华书局1990版，第401页。

②《满铁昭和六年度统计年报》，第871-873页，转引自苏崇民：《满铁史》中华书局1990年版，第409页。

③ 宓汝成：《帝国主义与中国铁路（1847—1949）》，上海人民出版社1980年8月版，第418页。

作，相继创办了各类学校、幼儿园、图书馆及教育研究所。满铁开办的学校根据服务对象的不同，分为两种：一种是为日本人开设的学校，一种是为中国人开设的学校。为日本人开设的学校包括小学校、实业补习学校、中学校、高等女学校、实业学校、专科学校、大学等，完全采用日本国内的制度法令。为中国人开设的学校叫做“学堂”，包括普通学堂、公学堂、中学堂、实业学堂及师范学堂等。在条件允许的情况下，可以进入教育日本人的学校学习。初等教育一般参照中日两国的学制，中等教育主要采用日本的学制。[①]但是，两者的办学方针、教育目的是截然不同的。

日本在满铁附属地为中国人设立的学校，美其名曰是为了“谋求两国相互亲善，共存共荣的途径，以期维持东洋的永久和平”，采取“两国文化融合为基本方针”。[②]为中国人开办的初等教育机构有公学堂和日语学堂。1911年，满铁附属地公学堂根据1914年重新制定的《满铁附属地公学堂规则》，规定开设课程为：修身、中国文、日本语、算术、手工、图画、唱歌、体操等，其中把日语作为必修课，予以重视。[③]除了关于基础教育的公学堂，满铁于1912年7月在铁岭设立了日语学堂，日语学堂的学制为两年，主要学习日语以及关于商业的知识。此外还有实业教育，满铁会社和关东厅等机构设立了名目繁多的实业学校，分为农业学校、矿山以及商业学校，比较有代表性的有位于营口的商业学堂。日本在东北设立实业学校的目的主要是为日后对东北进行经济侵略服务。

日本在东北为日本人设立各类学校，使这些日本移民子弟接受军国主义思想，了解东北地区的风俗文化，为其以后侵略全东北培养储备力量。为日本人开办的学校完全是按照日本国内的教育法规、教育模式，形成了一套完备的教育体制，从幼稚园、小学校、中学校乃至实业学校、专门学校、大学，一应俱全。日本在东北所设立的专门学校及大学，主要是为了便于日本人深造而设立，虽然也有中国学生考入，但是数目很少。位于满铁附属地内的大学是南满洲医科大学。该校1909年在盛京设立，原名南满洲医学堂，后改为医科大学，“分为本科，预科，专门部，预备科，本科及专门部，修业年限四年，预科及预备科，各为一年。预备科注重日语，入预科或专门部之中国学生而设。”中国学生的数量很少。日本为中国人设立的学校还有一种，就是补习学校，这是满铁

---

① （日）满史会编：《满洲开发四十年史》下卷，东北沦陷十四年史辽宁编写组译，1988年版，第432—433页。

② （日）满史会编：《满洲开发四十年史》下卷，东北沦陷十四年史辽宁编写组译，1988年版，第439页。

③ 董守义、袁闾琨：《日本与中国近代教育》，辽宁教育出版社1993年版，第80页。

会社为普及日语而设立，科目除了普通学科之外，主要是学习日语，满铁会社还为其提供经济支持，“每年由满铁会社，补助大宗经费。八校经费，五万九千六百四十二日金，满铁补助费为四万五千七百七十二日金，约占十分之八。”[①]

满铁附属地计有为日本人设立的小学校29处，分校5处，实业补习学校39处，家政女学校12处，中学校4处，高等女学校4处，商业学校1处。此外还有南满洲工业专门学校，满洲教育专门学校和满洲医科大学3处。为中国人设立的公学堂11处，日语学堂1处，中学堂2处，商业学院2处，农业学校2处，矿山学校1处。日本在附属地内设立的各类学校，学生以日本青少年为主，中国学生的数量很少。

甲辰之役，日、俄两军争夺盛京，城垣被占，各种文化典籍亦大多散失。奉天提学使司张鹤龄奏请在奉省建立图书馆，拟“广购各省私刻本暨东西洋科学图书”，[②]以供备藏观览，启迪民智。光绪三十三年（1907），择定宗人府胡同程牛录官厅为馆址开馆。转年四月，新馆址在大南关提学司署前落成，九月迁入，定名为奉天图书馆。藏书楼、阅览室、发售室、陈列室等齐备，并将前省学堂、前学务处所购图书全数调入，奉省人士家无藏籍者，多每日至馆阅览。

1909年，在原陆军小学堂旧址，新设东三省陆海军图书馆暨辑印军事杂志等机构。图书馆集古今户外典籍，东西洋军事、军史文库等书刊供陆海军人阅览。由于需款甚巨，除由陆军、海军参谋拨领主要用度外，各军官佐甚至督抚都有不等的捐资。该馆编辑的军事杂志每月一刊，散发到各军营中，对普及军事知识起到一定的作用。

报社有日本人在奉天的《奉天日日新闻》报社、《盛京时报》社。满铁所建的图书馆有数个，其中规模较大的是奉天图书馆，建筑面积1 150平方米。这些文化设施都担负着双重的使命，一方面为日本移民的文化生活服务，另一方面美化日本对东北的侵略行径，掩盖满铁附属地殖民性的本质。

《东三省官报》《奉天官报》，是盛京较早的近代报纸，但由于是政府公报及文件总汇，所以在社会上影响有限。光绪三十三年（1907），汪洋创立的私人报纸《东三省日报》，有广泛的影响，也是中国人在盛京创立的第一张报纸。张兆麟在小南关创立的《醒时白话报》发行较久。其他如《东三省民报》《微言报》《奉天国民报》《奉天商工日报》《奉天谭风报》《疾呼报》《亚洲日报》《民铎报》《牖民报》《奉天画报》等也有不同的报龄和影响。《大中公报》，1910年7

① 东北文化社年鉴编印处：《东北年鉴》，东北文化社1931年版，第814页。
② 《纪图书馆》，徐世昌：《东三省政略·学务·奉天省》，第9页。

月才创刊，但由于该刊主笔是同盟会会员，敢于抨击时弊、主张革命，在社会上有一定的影响。辛亥前夜创办的《奉天国民报》，其主笔是著名的同盟会员、奉天联合急进会会长张榕，鼓吹满汉联合共建共和，[①]是奉省当时最为激进的报纸。

日俄战争后直至辛亥革命，盛京教育文化事业有所恢复和发展。同时，日本势力控制下的教育和文化事业及其他外籍文化事业也有所扩张。

## 四、“附属地”商业的日本人独霸性

日俄战争前，盛京已有少量的日本人。他们有的分散在城内，以食杂店等为幌子，非法居留。有的在西关什字街经营“料理店”、“汤池”和妓院，当时以获取沙俄军官为情报对象的艺妓，战后曾被日本政府誉为“娘子军”。

战后，盛京出现日本设立的军政署，为日本人进入盛京、日本资本插足盛京，提供了方便，也使盛京官员无法有效行政。

一部分日本人随日军进入盛京，一部分日本人以旅行者身份滞留盛京。1905年10月21日，军政署干脆取消了日本人到盛京的限制。11月1日，其“侨民会”对进入盛京的日本人发放正式居住、营业许可证。在完全没有法律依据的情况下，日本人可以堂而皇之地赁房、居住、经商了。

日俄战争期间，日本政府即发行了数亿元的“军用票”，并强行在东北流通。日军所需要的大批粮食、肉类等军需品除直接抢掠外，都是用这种彩色纸头从中国百姓手中“买”去的。

战后，进入盛京的还有日本朝鲜银行、正金银行。它们以只限东北流通的所谓日本“老头票”兑换“军用票”和中国的现银，完成了“军用票”到日本货币的转换，开始了更大规模的金融欺诈和资本掠夺，实现了在东北进行经济侵略的原始“积累”。

1905年5月，井上一男作为正金银行的代表，在小西关设立支行，推行“军用票”兑换。

当年，远藤次郎代表三井财团来盛京设立分店。三谷米次郎也代表三井财团来沈设立关东洋行。另外，前田丰三郎开办前田洋行、千贺环开办千贺洋行。前面二人是早期进入盛京的日本商界著名人物。而前田和千贺还有一个共同的秘密身份，即战前即受命潜入东北，成为日军特别任务班的成员。[②]

---

① 郝其文：《近现代沈阳报纸简介》，《沈阳文史资料》第4辑，第158页。

②（日）奉天日本居留民会：《奉天物语》，1925年版。

截至1906年1月，在盛京的所谓日本旅行者有男人1 570名，女人567名，计2 137人，[①]其中大多数成为“居留民、侨民”。他们或来自日本国内，或由营口、新民等地迁移盛京，其中真正经营商业的仅有220人。另外一些人或倚仗日军以“战利品”名义拨给房屋和土地，或者混迹于他业，或成为日本浪人。

战后仅一年，日本人在盛京的经营者已有145户，涉及运输、杂货、旅店、饭馆、糖果等16种门类。与此同时，畸形繁荣的是日本娼妓业，甚至出现了日本妓院街——柳町。

从旅沈日本人数量和经营者数量上看，在盛京的日本人不算多，但要加上“满铁”日本员工、总领事馆等官职人员、日本警察及其他公职人员，加上守备队、驻军、占领军的数量，高峰时盛京的日本人远远超过城内的中国17万常住人口和10万战争难民的总和。战后，大批日军返回，在盛京的日本人大量减少，但较之战前仍然是增加许多。

从分布地域看，日商先是集中在西关一带，日本银行、洋行、旅馆、饭店、照相馆、浴池、妓院等集中于此。“军政署”、早期日本驻奉总领事馆、“侨民会、居留民会”、医院等也设在这一带。清军名将左宝贵的故宅亦被日军“征用”。日本人还极度兴奋地举行“国旗揭扬”仪式。一时间，这里真成了日本人的天下了。

“铁路附属地”是由“铁路用地”改称的。日本人接管初期，出入盛京站的客货列车都要接受中国警察的检查和监督，但不久日方照会中国当局，拒绝中国警察在“铁路用地”执行警务，甚至威胁中国，必要时将采取一切强硬手段。而且“铁路用地”大部分改称“满铁永租地”，连同扩展的“附属地”是日本资本扩张的较集中地区。

整个地域由“满铁”经营自不待言。发电所、电话局、邮局、自来水等事业陆续兴起。在铁道西还出现了“满铁奉天工厂”和“制粉株式会社”。它们与当时东关的奉天军械局等相比发展较晚，但却是日本在盛京建立工业产业的开始。其他建筑、饮食、百货等各业也有发展，最后出现商业集中地区“春日町”(即今太原街)。

第三片较集中的日本人商业区则是所谓“十间房”地区，1909年后被圈为“租界”。该区曾有日商饭馆135家，仅艺妓和娼妓就达636人，当时被日本人称为“新欢乐境”。该地区曾办过几家日商卷烟厂，但大多光景不长。其中较著名

① (日)奉天商工会议所：《奉天经济三十年史》，第18页。

的是后来的大安和启东烟草公司，原沈阳卷烟厂的前身。值得一提的是，有一个叫伊豫峰的日本人，1906年10月由营口来沈，在“十间房”地区赁地、设厂生产酱油。后来发展到拥有15万元资本，建起5 000平方米的厂房，雇佣50余名工人，从事酱油、味精等调味品生产，成为盛京同行业中的大厂家。

简言之，辛亥革命前，日本资本已在盛京插足，在“附属地”、“租界”、西关三个地区日益发展，对盛京的民族工商业造成咄咄逼人之势。

## 第三节　日本强行租借十间房

### 一、十间房日本商业街

日俄战争以后，日本人在原民族电影院和遂川街一带建房，后来逐渐增加。日本人所建房屋像统一规划过，外观看起来是一样的，简陋的用木板条抹灰做成的墙壁都用白灰粉刷过，其颜色与周围庄稼地的绿色形成了强烈的对比。这些房屋是一些日本人擅自在此开设的果子屋、水产店、小饭店。很快就有了新的日本居民在此麇集，这里俨然成为一座日本村落，于是逐渐以“十间房”称呼之。从这个意义上说，“十间房”是日本利用战后军事占领盛京的机会，怂恿一些日本人聚集在此而形成的新居住点。

“十间房”地处商埠地北正界南缘，向西过西塔就是“铁路用地”，其东则是通往城内，其北部则是早经划定的商埠地，南部尚属沈阳县地。“十间房”处于一个很优越的商业位置上。随着经过这里的小西边门到“铁路用地”马路（今市府大路及小西路）的修筑和马车铁道的开通，“十间房”日愈繁华起来。日本选择在此“租地”，是因为这里是“铁路附属地”最靠近盛京城区的地方。十间房地区因此成为盛京最早较集中的外国人商业经营区。但日本人在此开设商店，建造住宅，甚至建起了日本妓院街……所有这些都超出了《租地章程》的规定。随着日本人的增多，所占地域不断扩大，在北方他们向商埠地渗透，东、西、南三个方向则大量侵占和诱买、强买、强租中国居民的土地。为处理日益增加的中日纠纷，中国地方当局多次与日本驻奉总领事馆交涉，但日方往往以维持日本人生计为理由，以侨民、居留民的身份为掩护，拖延搪塞不予解决，置中国商民的正当要求于不顾。

“十间房”商业街的出现并无合法地位，但在日本驻奉总领事馆的鼓动下，实行先行强占，逐渐扩展的“既定事实造成”的方式，在战后数十年间就形成了“十间房”日本商业街。[①]

## 二、所谓“日本陆军用地”

沈阳县居民李席珍是一个经营砖窑多年的业主，在“十间房”一带拥有百余亩土地。日俄战争期间他为避乱“跑反”出走黑龙江，战争结束后返回故地。其砖窑和成品则已被破坏殆尽。日军占领盛京后，为扩大“十间房”占地面积，以“日本陆军用地”为名强占了李席珍的土地，并在周围钉立起12根柱桩，派兵看守。李席珍报官请求收回，中国地方当局与日本驻奉总领事馆多次交涉也未获解决。日本驻奉总领事馆先是说那是无主土地，后又说李席珍的地照是假的，再后又说那块土地是军事用地，日本驻奉总领事馆无权过问。这件著名的“十二柱桩案”迁延十数年都未能解决。被占土地竟由日本驻奉总领事馆擅自卖给了日本人儿玉右二等人，还有一部分被辟做日本神社用地或建成日本军营。

其他挤占商埠地和中国业主土地等问题，也由于日本驻奉总领事馆的无理庇护而得不到解决。日本所占“十间房”地区不断扩张，在北部、东部挤占了商埠地的规划区域，在南部和西部与非法扩张的“满铁附属地”毗邻。因这种强占侵夺是零星和分批进行的，“十间房”与商埠地的搭界呈犬牙交错的不规则形状。

## 三、不付租金的“租借地”

租借地是一国根据条约在一定期限内为条约所规定的目的租借给另一国的领土。租借地的概念借用国内法的租赁关系，因此租借方应向土地所有方缴纳一定的租金。租借土地的主权不转移，租借只在约定的期限内有效，在租借期内租方取得对领土的使用权。鸦片战争以后，西方列强故意曲解强加给中国的不平等条约，在某通商口岸圈定某一地域，为外商提供经商、建库栈、码头用地而设立租借地。其位置、范围在取得中国官方同意，并缴纳租金后方能成立。然而，盛京却是个例外。盛京是一个内陆城市，也并非某个不平等条约所规定的通商口岸，所以根本谈不上租借地的划定。1903年美国向中国提出在东北开放奉天（沈阳）、安东（丹东）为商埠的要求，紧接着日本也向中国提出开

① 奉天居留民会：《奉天夜话》（日文资料），第11页。

放奉天和大东沟为商埠的要求。中美首先修改了通商续约，确定中国自行开放奉天等地为商埠。清政府认为“美约既已允开，日约随以照办”，[①]1903年10月，奉天被辟为商埠一事通过中美、中日在北京签字的通商条约得以确定。后由于日俄战争爆发，盛京开埠一事暂时搁浅。

战后，自1905年11月17日至12月22日，共开会22次，中日双方在北京签订《中日会议东三省事宜条约》三款及《附约》十二款。通过这些强加于中国的不平等条约，“日人不仅继承俄人之地位，且攫得许多额外利益”[②]。在此以后，“日人所谓满蒙权益，以及种种不可思议之纠纷，莫不以此幕交涉为其关键也”。[③]这些条约及附约在侵夺中国之权、提出种种无理要求的同时，也要求中国自行开放盛京商埠。

1906年5月3日，划定沈城大西门外、小西门外到大西边门、小西边门边墙之间为外国人居留地，西关边门外辟地一万余亩作为商埠地。商埠地范围东起边墙，西至满铁附属地（今老道口附近），北起皇寺界内（皇寺路路南），南至大道（即市府大路）止。[④]这个范围不算小，仅比原盛京古城内的面积略小些。

为此，盛京将军赵尔巽曾与北洋大臣袁世凯商量，“请发银30万两为奉天开埠经费”。[⑤]但得到的答复是“须由本省自行筹垫，俟并又设税关后，于征收税款项下陆续归还”。[⑥]盛京地方政府决定在商埠界内收买地段，并按上中下分为三等。上等每亩永租价为250两白银，中等200两，下等150两，又考虑：“地势尚有高低繁简之分，再于各等中分上中下，以20两为递减。”[⑦]在《奉天各埠租地简章十六条》中的第九条规定：另定年租之法，每亩每年缴纳租价40元，地丁税课等项在内，税五年者一次交足按八折算。租十年者，一次交足按六折算。但这种优惠条件仍然受到美、日等国的刁难。

1907年4月，奉天开埠总局（为开埠新设的管理机构）已将商埠用地“将次购竣，拟在省城之西门外车站附近地方作为万国通商场，遂绘埠界详图向驻奉日美两国总领事分别声明无何”[⑧]，但美、日两国总领事“仍固执前论调勘画

① 辽宁省图书馆藏：《中日中美通商条约》（续集）。
② 王芸生：《六十年来与日本》第4卷，生活·读书·新和三联书店1981年版，第214页。
③ 王芸生：《六十年来与日本》第4卷，生活·读书·新和三联书店1981年版，第214页。
④《沈阳商埠局第一次报告书》，辽宁省档案馆：《奉天省公署档》。
⑤ 徐世昌：《东三省政略》（四）《交涉·商埠交涉篇》，第2186页。
⑥ 徐世昌：《东三省政略》（四）《交涉·商埠交涉篇》，第2186页。
⑦ 徐世昌：《东三省政略》（四）《交涉·商埠交涉篇》，第1195页。
⑧ 徐世昌：《东三省政略》（四）《交涉·商埠交涉篇》，第1195页。

埠界须按约由两国合同商定，现在并未会商碍难承认，自是埠界埠章依然未定”。[①]

盛京商埠属于中国自行开放，埠界划分无需与外国会商，也不必听命于某个外国，但盛京商埠的最后定界还是被英日两国阻挡了一年。

1907年4月，清政府在东北正式建立行省，盛京将军也改称东三省总督。9月，因为运入商埠货物纳免税问题使商埠划界迫在眉睫，而“奉省开埠局前次收买预作商埠之地亩则已屡经各国商人先后呈由各国驻奉总领事传请永租”[②]的申请越来越多，奉天交涉司（已将开埠总局并入此司）决定将商埠地址划分正界、副界、预备界三片，正式确定范围，自行对外开放。

盛京商埠与外埠不同，除却沿海和内地的差别之外，盛京商埠还不能按一般惯例使在盛京的外国人都集中在商埠地内居住和经营。因为外国人进入盛京的时间不等，商埠地范围明确之后，原来已来沈多年在城内和其他地区居住的牧师、教士、医生、商人等并不愿搬进商埠地。更何况，在商埠地之前，俄日两国在盛京也和在东北其他铁路沿线一样都私设或扩占了“铁路用地”、“铁路附属地”。那里形同国中之国，对中国来说，那里是主权和领土的双重沦丧。这种怪诞的历史现象是东北之外的其他城中很少有过的。

盛京商埠与关内商埠还有一点不同，那就是“凡外商所运土货，亦不纳税”，[③]所以在商埠地内，“外商愈发达，中商愈退步”。[④]

盛京最早确定的商埠地，以原北孤家子村为中心，以今天的皇寺路和市府大路为北南界限，这就是后来所说奉省的商埠地北正界。

开埠不久，其界东部，即现在的市政府以北，直到皇寺以东设有美国领事馆、德国领事馆等建筑。而后的沈阳宾馆、市政府院内是奉天公园的所在。由此向西，现在的丝织厂以东有交涉司用地、美商老晋隆洋行、英美烟厂等。商埠地西部（原沈阳大戏院西北）有永成烧锅、中法银行，其西有协济公司、志新公司。其北（原北道口派出所）还有商埠巡警局设立。北正界西部有强本公司、满洲银行等。

在商埠北正界尚待发展的时候，又有南正界的出现。它西界边墙（今北京街），东界现和平大街，北临今市府大路，南界今大西路。

① 徐世昌：《东三省政略》（四）《交涉·商埠交涉篇》，第2188页。
② 徐世昌：《东三省政略》（四）《交涉·商埠交涉篇》，第2189页。
③ 东北文化社年鉴编印处：《东北年鉴》，东北文化社1931年版，第355页。
④ 东北文化社年鉴编印处：《东北年鉴》，东北文化社1931年版，第355页。

南正界确定之后，获得了先于北正界的发展，远在北正界的外国领馆纷纷迁入南正界。1908年5月30日，日本侵犯中国主权，在二纬路（现沈阳迎宾馆址附近）设立日本总领事馆警察署，并先后在十间房、小西门里、大北门里、大西关万宝盖胡同等地设立警察派出所。

宣统元年（1909），日本强迫中国与之签订了《奉天十间房租地章程》，逐渐实现其谋占租界的设想。

章程主要内容有：(1）日本人与中国人曾订有合同，年租或永租奉天十间房土地，因此地已归奉天开埠局收买，是以租地之日本人必须与奉天开埠局再行订立合同，方能租地，兹特规定数条如下，以作订立新合同之依据，但此规定与十间房以外之土地毫无关系。(2）日本人欲租地时，由欲租地之人呈请奉天开埠局派员会同测量，在租借之地插立界标，由奉天开埠局发给租地人地契并征收租金，租金交付与奉天开埠局。以后每年分为四季，每季初旬缴纳，如系永租者，于订立合同时如数缴付。如有拖欠之事，可请日总领事馆催缴。(3）年租期限将满，该租地人不欲永租，而另有他人欲永租时，奉天开埠局当于6个月以前通知租地之人，该租地人于6个月内拆去房屋，交还土地，不得迁延，亦不得要求迁移、修理等费。(4）以后日本人在十间房内有新欲租借土地者，应按新定租地简章办理。若租地简章此时未能订立，则可以全按本规定办理。(5）奉天开埠局如欲降低合同内土地所定之租价，另立有利条件将土地租与他国人时，日本居留民亦当按照办理。

这个租地章程与津、沪等地的租地章程含义不同，由于盛京是日本先占地，后立章，所以租地章程仅仅只是一纸迟到的、补办的文书而已。不仅如此，盛京的租借地与津、沪等地的租借地在性质上亦有区别。一般外国列强在中国租借土地都需要向中国政府交纳租金，而日本强租十间房为租界却未缴纳任何租金。而且根据中国地方当局公布的盛京商埠地的章程及区划等文件的规定，“十间房租界”的主权、行政权、司法权等均属中国，这与租界有着根本的区别。

“十间房租界”的形成，与“南满铁道附属地”是同期出现的两码事，是日本独霸的强占地域。它既不许中国地方当局划定，也不向中国政府缴租。它的形成于“南满附属地”的扩张是同步进行的。不久，战后日本接受的那块原沙俄“铁路用地”也被改称“满铁永租地”。当然，中国当局并未收到分文地租。于是“满铁永租地”、“十间房租界”、“满铁附属地”连成一气，成为日本势力在盛京急剧扩张的基地。

# 第五章
# 东北新政时期的盛京

- 清政府推行东北新政
- 改革司法及编练新军
- “预备立宪”
- 设银行 兴实业 办学堂 设公园

宣统元年（1900）至宣统三年（1911）是清王朝统治的最后时期。这一时期，清王朝内忧外患，摇摇欲坠，清政府企图通过新政改革获得自救，但最终难掩颓势，走向灭亡。

1894年中日甲午战争，中国战败，签订了丧权辱国的《马关条约》，中国半殖民地化程度进一步加深。各帝国主义国家纷纷以不平等条约为借口，加快了对中国侵略的步伐，自然资源丰富的东北地区，成为列强垂涎的目标之一。在东北，主要的侵略势力是俄国和日本。光绪二十二年（1896），中俄签订《中俄密约》，俄国取得修筑东省铁路的权利。光绪二十四年（1898），俄国获得修筑中东路支线、强租旅顺和大连的权利。光绪二十六年（1900），沙俄借义和团运动之机，出兵东北，控制了东三省。日本以甲午战争胜利者的身份，凭借《马关条约》，向辽东渗透殖民侵略势力。光绪三十年（1904），爆发了日本和俄国为争夺东三省殖民利益和势力范围的战争。战争以日军获胜告终，双方签订《朴茨茅斯和约》，两国凭借各自操控修筑的铁路，加深对东北的侵略。

此时，东北地区民族矛盾和阶级矛盾空前尖锐。甲午战争和日俄战争期间，辽东广大地区作为交战的战场，受到直接破坏和摧残，加之国内镇压义和团运动，底层民众的生活更加水深火热。连年的战乱、灾害使清朝统治出现了严重的政治危机、财政危机。

在这种情况下，在全国推行“新政”的大背景下，光绪三十一年（1905），赵尔巽任盛京将军推行一系列举措，清政府开始酝酿在东北推行新政，光绪三十三年（1907），徐世昌出任东三省总督，采取诸多措施，清末新政在东北全面推行。

其内容涉及政治、经济、军事、文化等各个层面。

政治方面，实行官制改革，设立新官制和新机构。

经济方面，振兴实业，整顿金融。

军事方面，改革军制，设置警察。

司法方面，设立提法司、审判厅、检察厅，并设立“奉天省模范监狱”。

文化教育方面，废除科举，办新式学堂。

清政府推行东北新政是清政府在面临内忧外患的情况下进行的一场变革，所有措施都是以保护“龙兴之地”和维护清王朝封建专制统治为前提。新政虽力图拯救危亡，但终难以挽回清王朝走向覆灭。清政府发布很多新法，制定一些改良措施，从实际效果来看，能够促使经济发展和社会进步的不多，人民的生活状态几乎没有本质变化。

东北新政虽然具有很大的局限性，但是也能看到改革给社会带来了一些新变化，客观上有利于民族资本主义的发展，是一场力求自保，顺应时代潮流的具有资产阶级革命性质的变革，是清末全国推行新政的一个部分。

## 第一节　清政府推行东北新政

### 一、裁撤盛京五部

盛京五部的设立是清仿明南京陪都之制，为“隆重陪都”而设。顺治入关后，盛京各部院衙门移设北京。盛京地区，以总管大臣镇守，总理盛京户、礼、兵、刑、工各项政务。据《清史稿》记载：“初，缔造沈阳，建六部，置秉政、参政各官。世祖奠鼎燕京，置官镇守，户、礼、兵、工四曹隶之。十五年（1658），设礼部；明年（1659），设户、工二部；康熙元年（1662），设刑部；三十年（1691），复设兵部；并置侍郎以次各官，五部之制始备。”[①]盛京五部是相沿200余年，为盛京作为陪都的一项特殊设置，其实际意义较弱。清朝末期，因“事权不专”、“百弊从生”，盛京五部也在不断调整。

盛京五部的裁撤是一个逐步的过程。光绪元年（1875），“定将军兼理兵、刑二部，佩金银库印钥，稽核户部。”[②]清政府对奉天的军政管理机构进行了改革，兵、刑两部统归将军兼管，所有旗民一切案件系归将军总理。此后，五部事权统持于将军，而五部的实际作用也进一步被削弱，户部所掌财权也逐渐向将军转移。

东北实行新政的大背景下，盛京五部首先被裁撤。光绪三十一年二月九日（1905年3月14日），清政府召见署理户部尚书赵尔巽，密议东三省事宜。四

---

① 《清史稿》卷一一四，《志九十八·职官一》，中华书局1977年12月第1版，第3296页。
② 《清史稿》卷一一四，《志九十八·职官一》，中华书局1977年12月第1版，第3296页。

月，朝廷任命赵尔巽[1]为盛京将军，准其“将奉事变通办理，不必尽拘成例”[2]。谕命盛京将军赵尔巽迅速请训启程。后又谕令，允许“赵尔巽到任后，地方一切事宜，著责成认真整顿，并破除常例，因时制宜，所有应兴应革及劝惩各员，均著悉心体察，随时电奏，请旨办理。”清政府命赵尔巽赴职盛京，通常被看做是东北新政的发端。赵尔巽就任后，马上开始尝试推行奉天官制改革。五月，赵尔巽提出变革东北军政管理机构的十二条具体建议，即通、简、真、实、专、分、合、任、信、断、知本、重禄。即内外上下无事不隔，只有通下情才能求治理；革除一切繁文缛节、繁琐公务、忌讳及陋习；吏治、学务讲求真正做到实处；据实上报各省人口及岁出岁入状况；各省督抚职权有专有分，地方各级官员当合则合，当省则省，当并则并；任用专人理财；用人惟信；果断推行变革措施；不忘从根本做起，“知其为本，虽千难万折，亦必达政策之所定而后已”；以重禄养官，“事事见诸实行，时时持以定力”。[3]希望中央政府能够“兴远大之规”，“不循蚩氓之欲”，变革措施一旦取得成效，“则疑者自消，阻者自服”[4]。此时，赵尔巽对东北官制改革逐渐形成较为清楚的思路，认为权力的集中是解决冗吏相互掣肘、整饬吏治的关键所在，革除弊端必从统一事权开始。为此，赵尔巽着手裁撤盛京五部和奉天府尹。

盛京五部的裁撤主要有两大步骤，其一，架空衙门。光绪三十一年（1905）六月，清政府谕令盛京礼部侍郎崇厚、刑部侍郎儒林、工部侍郎（兼署兵部）侍郎钟灵，均来京当差，所有五部事务都由盛京将军兼管。当时户部侍郎廷杰暂署盛京将军，赵尔巽到任后廷杰又奉命前往吉林查办事件。这样，清政府首先调离裁撤了盛京五部侍郎，五部衙门成为空衙门，为最后裁撤五部做好准备。

架空衙门之后实行第二步，裁撤衙门。盛京五部体制，原来是为突出陪都之意，但清末奉天“局势艰危，自非改弦更张，无以图补救于万一”[5]，“欲改官必先裁官，所谓欲兴利必先除弊，乃一定不移之办法。”[6]；光绪三十一年

---

① 赵尔巽，号次珊，晚号无补。清末奉天（辽宁）铁岭汉军正蓝旗人。同治进士，授翰林院编修。历任安徽、陕西按察使，甘肃、新疆、山西布政使。光绪二十九年（1903）调任湖南巡抚。三十年（1904）署户部尚书。三十一年（1905）出任盛京将军。三十三年（1907）年任湖广总督，后改任四川总督。宣统三年（1911）任东三省总督。

②《奉省改定官制说略》，中国第一历史档案馆藏《赵尔巽档案全宗》，101号。

③（清）朱寿朋：《光绪朝东华录》第5册，第5353页。

④（清）朱寿朋：《光绪朝东华录》第5册，第5352-5355页。

⑤《奏裁奉天府尹员缺》，沈桐生辑：《光绪政要》，第2159页。

⑥《赵尔巽为东二省调补官员之奏稿》，《赵尔巽档案全宗》，100号。

(1905) 年七月，赵尔巽再次上奏，请裁五部："盛京五部体制，原是以隆重陪都，而今不仅徒有虚名，而且事权不专，百弊丛生，胥根与此，不予革除，难言整顿"。赵尔巽建议"当裁者裁，当改者改，当并者并"[①]。同年八月，清廷同意了赵尔巽的请求，将五部官员除与三陵事务有关者外，一律裁撤。裁撤盛京五部是赵尔巽上任之前整顿奉天官制计划的重要内容，在《清史编年》中，记有"是日，赵尔巽奏准裁盛京五部。其奏略谓：陪都五部，日久弊生，不予革除，难言整顿。现饬归并五部事务，以便裁撤。俟清理就绪，即将衙门员缺分别留撤，以一事权。此为赵尔巽未赴盛京之前即已提出之计划。其事由盛京将军兼管。"[②]

## 二、裁撤盛京将军署，设奉天省公署

清兵入关后，以盛京为留都，先以内大臣一人何洛会为留守，称"盛京总管"；顺治三年（1646）改称"昂邦章京"；康熙年间，称"镇守辽东等处将军"、"镇守奉天等处将军"；乾隆年间正式称为"镇守盛京等处将军"，简称为"盛京将军"。盛京将军下设印务处、折本房、步营司、督捕司和户、礼、兵、刑、工五科等办事机构。驻扎在沈阳城的盛京将军职责较重，负有总督所辖地区旗、民事务的全责。一般同时拥有兼管奉天府尹事务大臣、盛京内务府总管大臣、兼管盛京兵部等几个头衔。到光绪元年（1875），盛京将军"管理盛京兵刑两部、兼管奉天府尹事务、兼兵部尚书督察院右都御史、总督奉天地方军政兼理粮饷"，集盛京地区各大官署权力于一身。

清末，在内忧外患的双重压力下，特别是赵尔巽实行东北新政对奉天官制进行初步改革尝试之后，清政府对东北的官制改革赋予高度重视，于光绪三十二年九月初二日（1906年10月19日），派载振、徐世昌[③]考察东三省情形。考察时间为光绪三十二年九月二十六日至十一月二十日（1906年11月20日—1907年1月4日），历时三个月。经过三个月的考察，徐世昌和载振先后上奏《密陈考查东三省情形折》《密陈通筹东三省全局折》两折，将考察情况和解决对策详述

---

① （清）朱寿朋编：《光绪朝东华录》第5册，第5352—5355页。

②《清史编年》第12卷，光绪朝下、宣统朝。

③ 徐世昌，字卜五，号菊人，又号弢斋。近代直隶天津人。光绪十二年（1886）中进士，授翰林院编修、国史馆协修、武英殿协修。二十一年（1895）冬袁世凯在天津小站练兵时，成为袁世凯的谋士。三十一年（1905）以后历任兵部侍郎、军机大臣、巡警部尚书。光绪三十三年（1907）出任东三省第一任总督、钦差大臣兼管三省将军事务。宣统元年（1909）调职邮传部尚书。宣统二年（1910）授体仁阁大学士。宣统三年（1911）任皇族内阁协理大臣。

其中。《密陈考查东三省情形折》中主要奏陈考察结果："伏查东三省比岁以来，迭遭变故，创巨痛深，为二百余年所未有"，如不因往推来，则后患无穷。[①]必须"现在三省办法虽有图新循旧之殊，行政用人亦复互有得失，而其不足以为起衰之剂与救亡之策则一也。何者？国家统治领土之法，莫要于行政机关有指臂相使之效。而我三省官制则以军署为之长官，以州县为之僚佐，夫以治兵之职而辖理民之官，所务不同，利害亦异，隔阂既甚，牵制斯多，其终乃无一利之能兴，无一弊之不出，所以数百年来有最良之殖民地，而曾不能一收殖民之效。"因而主张彻底改革旧的官僚行政体制，以为补救之法。"必须大加改革，于用人行政诸大端，破除成例，以全国之人力财力注重东陲，乃可望补救挽回于万一。"[②]指出东三省渐趋沦亡的危急形势及其政治黑暗的现实，认为根本症结在于旗汉并治的双重行政体制。光绪三十二年十二月初六日（1907年1月19日），徐世昌再次上《密陈通筹东三省全局折》，指出东北三省的安危存亡事关中国前途的兴衰。危急局势下，实施新政、增强实力，必须将东三省统一治理才能图存，认为："目下三省情形，铁路贯注，商埠同开，举凡内政外交，均有利害相因之势，若各分疆域，各为风气，无论势涣力薄，于控驭之方多所未便，且彼此政策不能一致，尤恐失外交之平衡，卒之散漫支离，同归于尽。故必联合三省属诸一人，乃可收统一之效。"他们主张特设东三省总督一员，"予以全权，举三省全部应办之事悉以委之，除外交事件关系重要者，仍令与外务部咨商办理外，其财政兵政及一切内治之事，均令通筹总揽，无所牵制。"另在总督之下设奉天、吉林、黑龙江巡抚各一员，"专理三省民事吏事，仍受督臣节制，其权限应略视内地各省巡抚为轻，不得与督臣并行，凡有奏件均须由督臣领衔方许入告。所有三省用人行政，悉听总督主持。"[③]

清政府看到徐世昌先后所上奏折，几天后即上谕内阁，"著各该将军体察情形，慎选廉吏，力祛壅蔽，严杜侵渔，广辟利源，预谋生计，以期渐臻富庶，用副朝廷勤恤民隐之至意"，饱尝兵祸的东北三省，"亟应培养元气，固植根本"[④]。光绪三十三年三月初八日（1907年4月20日），清廷以"东三省吏治因循，民生困苦，亟应认真整顿，以除积弊而专责成"为由，同意徐世昌等在东三省设立总督、巡抚的建议，谕令改盛京将军为东三省总督，兼管三省将军事

① 《附考查奉天情形单》《附考查吉林情形单》《附考查黑龙江情形单》，徐世昌：《退耕堂政书》卷五，卷六，第233，283，315页。

② 徐世昌：《密陈考查东三省情形折》，《退耕堂政书》卷五，第8–9、10页。

③ 徐世昌：《密陈通筹东三省全局折》，《退耕堂政书》卷七，第13–15页。

④ （清）朱寿朋：《光绪朝东华录》第5册，第5615页。

务，随时分驻三省行台，增设奉天、吉林、黑龙江三省巡抚，并以徐世昌补授东三省总督。[①]

光绪三十三年四月十四日（1907年5月25日），徐世昌上奏《拟定东三省职司官制及督抚办事要纲折》以及《东三省职司官制章程》。具体内容是：奉天、吉林、黑龙江三省各设行省公署，以总督为长官，巡抚为次官。总督兼管三省将军事务，三省巡抚兼管旗务，兼副都统衔。在行省公署内分设承宣、谘议二厅。承宣厅秉承督抚掌管全省机要，总体上把握考核用人等各方面事宜。谘议厅管理议定一省法令章制，研究本省利病，应行损益各事。归并原有局署，酌量分设交涉、旗务、民政、提学、度支、劝业、蒙务七司，各设司使一员管理司事。另设左右参赞各一员，分管承宣、谘议两厅事务。承宣厅及各司，均设分科，每科设佥事及一二三等科员佐之。谘议厅不设官缺，选明达政治的人担当议员、副议员、顾问员、额外议员。另设督练处，加强陆军实力，扩充军政。关于专设提法使以理刑法一事，另议奏陈。[②]《东三省职司官制章程》着重对有关职司官制予以说明，核定督府厅司各级官制的权限。主要包括设立行省公署，酌定有关职司官制的品级，厘定各司道所管权责，划分权限，专设督练处，筹练新军，专立司法，议改各属官制，酌拟补署办法，设缺分别次第，建造衙署，筹支廉费，吉江两省拟移建省治等相关问题。[③]徐世昌等的上奏得到朝廷的允准。

根据徐世昌的奏请，三省将军军署衙门原有户、礼、兵、刑、工五司与三省民署衙门各局、所合并，分别成立奉天、吉林、黑龙江行省公署，以总督为长官，巡抚为次官。行省公署内设承宣、谘议二厅，交涉、旗务、民政、提学、度支、劝业、蒙务七司。具体职责如下：

承宣厅。光绪三十四年（1908）奏定设立承宣厅，承宣厅察承督抚掌一省机要、考核用人各事，下设左参赞一员总理全省机要事宜，辅佐总督巡抚管理全省的人员考核、行政管理等事项。厅内分设四科，每科设一名佥事员，办理科务，另设一二三等科员、额外科员、差遣委员、正副司书等官。凡是各司道局所处理行政事件，都汇集于承宣厅，由左参赞提出处理意见，最后由总督和巡抚来做最后决定。与内地各藩司另外还要兼管用人、理财等事务相比，承宣厅的权责较为专一。

① 中国第一历史档案馆：《光绪宣统两朝上谕档》第33册，第31页。
② （清）朱寿朋：《光绪朝东华录》第5册，第5670页。
③ 徐世昌：《东三省职司官制章程》，《退耕堂政书》卷八，第454–463页。

谘议厅。光绪三十三年（1907），奉天谘议厅与承宣厅同时设立，谘议厅掌议定法令、章制各事，具有立法性质。由右参赞一员负责相关事务，掌管全省法令、章制、统计、报告等的事宜。厅内不设具体官缺，由明达政治的人作顾问员、正副议员、额外议员，不定品级，不限员数。第二年添设编纂、庶务两科，每科设一二三等科员、额外科员、差遣委员、正副司书等官，分别办理科务。各司道佥上呈的应行核议事件，都集中到谘议厅。同年，又设立两名参事，品级和佥事相通用。凡是章程、法令以及一切暂行规制，都由谘议厅议决，或者由司道局所呈交谘议厅核议，最后呈由总督、巡抚决断。

交涉司。奉天原来设有交涉局，设立行省后，为适应对外交涉事件增多的需要，撤去交涉局，改设交涉司，主管相关交涉事宜，原有交涉局归并入交涉司。奉天交涉司司使由驿道陶大均试署。在交涉司司使以下，分设互市、界约、和合、庶务四科，不同等级的科员处理交涉事务。交涉司下辖各处交涉分局及开埠局。同时以日本在奉天各处开发通商为由，在辽阳州、铁岭县、新民府派副领事办理居留民事务。

旗务司。旗务司掌办理旗署各事，以军署原有户、礼、兵各司改并。由正红旗满洲印务参领恩志署理该司司使。司使之下，沿袭军署户、礼、兵、工各司旧制，分设军衡、稽赋、仪制、营造、庶务五科，后来因为办事权限不清，经谘议厅与旗务司几次斟酌厘定，改设四科，管理所有关涉内务府、八旗等的一切行政事宜，及变通旗人生计筹划等事，都由旗务司督饬办理。每科设佥事及一二三等科员、正副司书等官缺分配办理所管事务。旗务司下辖旗务调查处、八旗工厂、锦州八旗工厂等附属机构。

民政司。光绪三十三年（1907），奉天民政司设立，调锦州府知府张元奇为民政司司使。民政司掌办理民治、巡警、缉捕等事，掌管全省地方行政、自治及区划疆理，后来还督饬选举等事。民政司设佥事，为司使次官。分设民治、疆理、营缮、户籍、庶务五科，每科设一二三等科员、正副司书等官。裁撤巡警道后，巡警、缉捕等事务也并入民政司管辖。民政司内添设警政科，而以户籍、疆理两科合而为一。民政司本身兼管警务，所以一切选举社会自治的机关，都以民政司作为倡率执行的基础。谘议局筹办处、自治研究所、工程局、省城巡警总局、乡镇巡警局、卫生医院、官吏禁烟查验所、高等巡警学堂、巡警教练所、贫民习艺所、同善堂、济良所、探访局等，都是民政司的附属机构。

提学司。光绪三十一年（1905）三月，奉天设立学务处。同年十二月，学政李家驹改订学务处章程，分设教务、庶务、编译、书记、会计、调查、收掌、游学八科。三十二年（1906），裁撤提学司改设学务公所，分设总务、专门、普通、实业、图书、会计六课。着手改定东三省官制后，设提学司总理全省学务，法政、师范、高等以下学堂都隶属提学司。司使以下，设佥事为次官主理。按其课目改为六科，仍设立一二三等科员及正副司书等官，附属机构有各项普通学堂、师范学堂、法政学堂、方言肄习所等。

度支司。光绪三十一年（1905），赵尔巽奏请设立奉天财政局，管理公私所有出入款项，设督办一人总理全局事务。三十三年（1907），徐世昌奏定东三省官制时请设度支司，度支司掌办理财赋等事，任命奉天东边道张锡銮为度支司司使。将原有财政、厘税等局改并，而划出盐务总局暨铜圆局，特派专员办理。由司使、佥事专门负责全省出纳、会计以及税务、垦务等事务的处理。其附属机构有各类税捐、硝矿、木税、会务、垦务各局等。

劝业司（六月改为劝业道）。掌办理农、工、商、邮电、航路、垦、矿等事。奉天省曾设立农工商务总局，管理农业试验厂、工艺传习所、商品陈列所、渔业公司、官牧厂、造砖厂等相关实业机构。改制设省后，奉天拟设劝业司，由候选道黄开文署理劝业司使。考察政治馆建议各省都设立劝业道，奉天于是改司为道，原有农工商务总局即行裁撤。以司使、佥事等主管司署事务。并增设种树公司、森林学堂、农事演说会、植物研究所、官纸局、矿政调查局、硝皮厂等处机构为其附属。

蒙务司。掌办理蒙部各事。奉天辖科尔沁六旗。

都练处。办理编练新军、振兴兵学、整顿防军各事。

巡警道。光绪三十三年（1907），奉天设立民政司，兼理巡警事务。不久，清廷允准各省增设巡警、劝业两道缺，奉天随即设立了巡警道，由在任候补道奉天知府邓稼缜署理巡警道。下辖巡警总局、乡镇总局、卫生医院。分科设员，与其他司道大致相同。但巡警道总归是各省没有设立民政司之前的权宜之计，而且巡警本来就是民政的一个部分，所以不得不添设巡警道缺。奉天省已经先设立了民政司，再添巡警道一缺，往往容易造成事权不一的情况，于是奉天巡警道设立不久即奏请裁撤，原有事务仍归民政司办理。

## 三、废除旗民二重制

清朝建立以后，在东北首先推行八旗制度，把东北社会完全纳入八旗制度管理之下，推行一元制的行政管理体制。盛京旗署中最高的管理者是盛京将军，是奉天地区的最高军政总管，权力高于一般的督抚，职责也比较宽泛。盛京将军驻盛京城，掌管全区兵马和推荐任命武职属员，兼理盛京地区旗人户口、田宅，诉讼等事务。盛京将军治所设于盛京城内，凡满洲、蒙古、汉军八旗事务，皆统之于盛京将军，将军下设副都统、城守尉、防守尉、协领、骁骑校、佐领等级官丁。经过清初的多次调整，最后在奉天地区形成“以城为纲，而路及边门属之”的驻防城体制。由盛京将军直辖或分别隶属各副都统管辖的旗署衙门，是清朝管理奉天地区旗人的机构，具有强烈的军事管理特点。盛京将军所辖疆域：东至兴京（今抚顺市新宾县）边二百八十余里吉林界；西至山海关八百余里直隶临榆县界；南至宁海（今大连金州）南境七百三十余里海界；北至开原边境二百六十余里；东南至镇江城（今丹东振安区九连城乡）五百四十余里朝鲜界；西南至海八百余里；东北至威远堡（今开原县东北）二百三十余里吉林界；西北至九官台（今义县西北九关台）边门四百五十里蒙古界①。

但是，在旗人之外，依然存在其他民众。特别是移民进入奉天地区之后，民人数量大大增加。为管理这些民人，在旗属之外，清政府又设置了以州县为特征的新管理体制。顺治十年（1653），清政府设立了辽阳府，辖辽阳、海城两县。顺治十四年（1657）四月，撤销了辽阳府，“于盛京城内置府，设府尹”②并规定府尹“掌留都治化与其禁令，小事决之，大事以闻”，③凡民人事务均统之于奉天府尹。奉天府辖有二州、六县、三城，即承德县、辽阳州、海城县、盖平县、开原县、铁岭县、复州、宁海县、凤凰城、岫岩城、熊岳城。康熙三年（1664），在辽西地区设立了锦州府，隶属奉天府。与盛京将军衙门并存的奉天府，是清政府在盛京地区建立的专门治理民人的机构，主官为奉天府尹。

随着移民迁入的数量越来越多，旗民杂处现象十分普遍。旗民二重行政体制已经不再适合于奉天地区。旗民之间的矛盾日益明显，二元制管理机构旗署和民署之间的矛盾也越来越突出。旗民分属的二元行政管理体制建立在“独尊满洲”国策的基础之上，为维护旗人的利益而存在。在这个体制下，旗民之间的矛盾越积越重。另外，在盛京二元体制的管理结构中，上层之间和下层之间也都存在尖锐的旗民矛盾。一方面是上层之间的矛盾，即盛京将军和奉天府尹之间的矛盾。盛京将军名义上是奉天地区最高的军政长官，但是实际上他的主要行政管理对象只是旗人。随着奉天地区民人的不断涌入，民人的数量已经大大超过旗人。伴之而来的是奉天府尹的事权越来越重。盛京将军位高而权轻，

---

①（清）阿桂等纂修：《盛京通志》卷二四，《疆域形胜》，辽海出版社1997年影印本，第392—400页。

②《清史稿》卷五五，《地理志》二，中华书局影印本1998年版，第542页。

③《清史稿》卷一一六，《职官》三，中华书局影印本1998年版，第896页

奉天府尹位低而权重。另一方面，是地方管理旗人的各城守衙门与管理民人的各州县衙门之间的矛盾。崇实总结地方上的旗民分治有如下弊端：“旗界同居，非亲即友，官中公事，但论私情，其弊一也。会办各异，未能和衷，彼此留难，案久悬搁，其弊二也。命盗重件，遇有旗人则借强宗为护身之符，托本管为说情之地，抗拒容忍，不服查拿，其弊三也。捕盗不利，州县官处分綦严，而城守尉佐领等官尤有专责，乃尽诿罪于骁骑校及领催微末诸员，指名搪责。”因此，司法严重不公，致使“劫掠横行，致无忌惮，其弊四也。”[①]虽经康雍乾三朝不断地调整，但是体制上的弊端依然存在。光绪元年（1875），清政府鉴于奉天地区行政管理体制混乱，行政效率低下等具体情况，把素有干练之称的崇实调往盛京署将军事。崇实上《奏请变通奉天吏治章程》折，推行官制改革，对旗民二重制进行了调整。第一，针对奉省地方“事权不一”，将军、五部衙门和奉天府尹长期各自为政而又互相牵制的局面，他建议加重将军职权，“将盛京将军一缺改为管理兵刑两部，兼管奉天府府尹事务，”这样，盛京将军就独揽了奉天省民政、财政和军事大权。第二，针对旗民争讼中，府尹不能决断的情况，崇实建议专一奉天府尹事权，自后“将奉天府府尹一缺加二品衔，以右副都御史行巡抚事。旗民各务，悉归专理，俾与将军相承一气，不致两歧”。第三，针对旗民二重体制，崇实建议“嗣后奉省地方一切案件，无论旗民，专归同（知）、通（判）、州、县等官管理。其旗界大小官员，只准经理旗租，缉捕盗贼，此外不得丝毫干预”。崇实的这三条措施均涉及旗民二重制的改革，为新政期间旗民二重制的彻底废除做了积极的准备。

20世纪初，日俄帝国主义国家加紧了对东北的掠夺，严峻的形势迫使清政府开始对东北全面整治，随着官制改革的推进，旗民二重制这一管理体制也被逐步废除。1907年，徐世昌上奏，认为：“国家抚有中夏，垂三百年为臣民，有何畛域?乃人方合力以谋，我犹自区为两界，以万里实委诸他人。譬诸大盗入室，而子弟犹复分门别户，各顾其私事之，可痛孰甚于此!此等积习，三省皆所不免，而黑龙江为尤甚。官虞失权，兵虞失利，雷同附和，并为一谈，实则三省制兵久与编民无异。何如豁除界限，一视同仁，不立旗汉之名，但注所居之籍。”[②]

光绪三十三年（1907）三月，清政府制定了《东三省督抚办事要纲》和

①（清）崇厚：《盛京典制备考》，清光绪四年（1878）奉天督署刻本，卷八，《崇实奏拟变通吏治折》。转引自丁海滨，时义：《清代陪都盛京研究》，中国社会科学出版社2007年1月第1版。

② 徐世昌：《退耕堂政书》卷七，第366页。

《官职章程》，颁布了新的建置法令以及新的官制。下诏改盛京将军为东三省总督，裁吉林、黑龙江将军，改置奉天、吉林、黑龙江三巡抚。同时任命徐世昌为东三省总督，唐绍仪为奉天巡抚。原盛京将军所属八旗副都统衙门被裁撤，所有旗民均归奉天省统辖。盛京将军是管理旗民事务的最高长官，裁撤盛京将军就意味着在地方最高行政机构中废除了旗民二重制。清政府在废除盛京将军的同时，设立行省制度，行省公署机构官制厘定之后，省公署下设旗务司或旗务处，三省旗署作为独立衙署不复存在。东三省地方当局又对三省各属官制进行了改革。鉴于外城副都统官阶过大，旗民两途，意见参差，互相倾轧，动多牵碍，决定陆续裁撤三省外城副都统，多置府、厅、州三级地方官，以重民官体制。

裁撤旗务官制，包括裁锦州副都统和海龙总管。锦州副都统“久无责任可言”，改行省后，旗务司为旗官统属，该副都统“几同虚设”。由此，徐世昌于光绪二十四年（1908）八月奏请将锦州副都统裁撤。海龙总管所管“仅止催收钱粮”，因之，徐世昌于光绪二十四年（1908）十一月奏请将海龙总管裁撤。除奉天虽然仍然保留了盛京、兴京、金州副都统三缺，但实际上已名存实亡外，东三省副都统全部裁撤，标志着八旗军署统治的结束和道、府、厅、州、县民治体制的完全确立，从而在体制上完全废除了历时二百余年的旗民两重制。

除了体制上的废除，在行省公署各厅、司机构的人员编制方面，也突破了有清一代满汉员缺的比例限制，显示满汉平等，在官员的任用上要求“一要谙外交，二要通兵法，三要娴新政”①，用人行政不分畛域，以人才相宜者遴充。

旗民两重行政体制是造成满汉民族隔阂的重要原因，通过改革，旗人不再是拥有特权的一个阶层。徐世昌在筹划旗人生计问题上给予旗人多种优惠政策，如推广学堂，规定八旗兵额出缺不补，重视实业教育，增强满汉交往等。

## 四、设立道、府、厅、州、县

因时势变迁，疆域递变，加之外交日迫，内政日繁，清政府实行新政，裁撤盛京五部，废除盛京将军，设立行省制度之后，对于行省当局的各级属官进行改革，增设府县，并划清行政区域，以加强地方政权建设。一方面是裁撤三省外城副都统，同时清政府设立道、府、厅、州、县。实行新政之前，奉天虽已在部分地区设治管理汉人事务，但“边荒各处，未经设治者所在多有，既经

---

① 徐世昌：《东三省政略》卷五《官制》，（台北）文海出版社1965年版。

设治之处，而旗署、民官各怀意见，欲图整治，牵掣良多”，因此，徐世昌认为“非多设民官，不足以一事权而资整理”。他会同三省巡抚拟定出奉天改革的具体方案：于海龙府下增设辉南直隶厅；洮南府添设醴泉县；营口改为直隶厅；鹿岛改隶庄河厅；兴仁县移驻抚顺，后又移驻千金寨；设立长白府，划清与吉省分界，下增设安图县、抚松县；添洮昌道；设临长海道；常兴岛增设州判；理临江县、通化县之界；划锦县、锦西厅之域；改山海关道为锦新道，分巡锦州、新民两府，兼任山海关监督；东边道改为兴凤道，升兴京直隶厅为兴京府，与凤凰直隶厅同受兴凤道管辖。

光绪三十四年八月二十日（1908年9月15日），东三省总督徐世昌和奉天巡抚唐绍仪联名奏请清政府在长白设府治，他们在奏折中指出：“临江县上负长白山，下界辑安，北连吉林，广袤八九百里，幅员辽阔，治理难周”，特别是“奉省东北边境辽阔，交涉日繁”，况且“此险要之区，守备空虚”，难固“边圉”。奏请以八道江为界，分临江县东部长生。庆生二保地，长白山北麓，添设长白府，治十八道沟、十九道沟之间的塔甸地方（今长白镇），设治之后，与临江辑安两县“联络声势，呼应灵通”。“以保卫国土不受侵犯，巩固边疆。”同年10月6日（九月十二日）旨准，无领属，隶于奉天府。前署长春知府候补、直隶州知州张凤台为设治总办，委临江县令李廷玉为帮办，筹办长白设治事宜。宣统元年（1909），宣布正式办公。此后，安图、抚松两县也先后设治，归长白府治公所管辖。

洮昌道、临长海道均设于宣统元年（1909）三月，两地或接蒙占，或与韩境为临，均属紧要之地，徐世昌认为设此两道缺，可维持边计，杜绝觊觎“于内政、外交关系非浅”。

兴京直隶厅原属奉天府，日俄战后该厅成为日韩进入奉大要路，交涉日多，因之徐世昌于宣统元年（1909）三月奏请升该厅为兴京府。

兴仁县为奉天府属县，光绪三十四年（1908）五月，因抚顺与日本交涉渐繁，徐世昌将兴仁县移治抚顺，名为抚顺县，后因抚顺所属千金寨有日人“时滋事端”，又将抚顺县治移驻千金寨。

常兴岛为复州属地，孤悬海上，“地方官向不过问，视同瓯脱”，徐世昌于光绪三十四年（1908）五月设长兴州判一员。

鹿岛本为凤凰直隶厅属地，“常有外人来往，注意经营”，因之徐世昌于宣统元年（1909）三月奏请将该岛改隶距该岛较近的庄河直隶厅管辖，“以杜外人觊觎之心”。

宣统元年（1909）二月，徐世昌以锦州、新民两府“地当冲要，事极繁多”为由，奏请改奉锦山海关道为锦新道，分巡锦、新两府权属。

奉天原有东边道，后割其所属临江、辑安、通化三县归临长海道，徐世昌遂于宣统元年（1909）三月，奏请将东边道改为兴凤道，分巡兴京、凤凰两厅权属。

营口厅原属奉天府，开埠以后“各国领事麇集，交涉益繁”。徐世昌于宣统元年（1909）三月，奏请改营口厅为直隶厅，认为此举可使“新政便于设施”，“裨益地方，良非浅鲜”。

辉南直隶厅设于宣统元年（1909）二月，由海龙府东南大肚川一带之八社改治而得，以招抚因伏莽出没而畏惧不归的居民。

醴泉县原为科尔沁右翼图什业图王蒙旗，于光绪三十二年（1906）仗放，垦户渐众，但“蒙疆僻远，夺劫时闻”，“商民亟望设官，以资卫护”。因此，徐世昌于宣统元年（1909）二月奏设醴泉县。

截至宣统三年（1911），奉天省辖四道、八府、八厅、六州，三十三县。

## 第二节 改革司法及编练新军

### 一、设立警察制度

设立警察制度也是东北新政的一项重要内容。光绪二十八年（1902）开始在东三省实行的警察制度，主要经过了增祺初设、赵尔巽改革、徐世昌扩充和锡良整顿等几个阶段。

警察制度前身是光绪二十七年（1901）盛京将军增祺于东华门设立的保甲局，在此基础上，光绪二十八年（1902）三月，增祺将其改为警察总局，专司奉天城治安、卫生事宜，分设七分局。建立警察制度时，地方政府首先要确保五百名警察，并规定“营务处总司缉捕，警察局职任稽查，且巡捕队兵原为防盗而设”。四百名巡捕，按章程在街巷巡查，巡检城内外烟馆、伙房、客店等处。警察按区域“日夜分定班数，站街查察”，各正副巡长分段督察勤务，营务处随时查点，相互稽查。一百名巡捕拨归工程队，以便修理边墙。在《奉天警察总局巡警队站段换班一切章程并各关应站数目缮具清折》中，有规定警察勤务守则的部分。“一、每街各派巡警队轮班。巡警大街四名，小巷二人，分段专管。每日夜分派八班，每三点钟换班一次，由每早六点钟起，以次轮换，周而复始，以均劳逸。每换班时，须接替之人到班后，方可回局。即在局中，食宿歇息，不准他出。出必告，返必面，私自出局者责惩。二、巡警队日间携棍一根，系以自卫，不准打人，夜间拿枪，非捕盗不准放响，一闻枪响，委员立时查询，违者重责斥革。三、如有不可理喻拒捕之人，或夜间遇有盗贼，巡警队以吹小铜哨为号，临近闻之，亦吹铜哨相应，自近而远，闻声齐到帮，同拘捕送局，审明办理。四、凡巡警队按段直立街头，不准携伞执扇。号衣一律，不准任意穿带，不准带用眼镜。无事须缓步巡行，不准在街奔跑。大雨雪准立檐下，不准入铺面人家，吃茶吃烟，随便坐卧，任意谈笑戏谑。俟换班时，回局歇息，不准与朋友聚饮。不准与街市人嘈闹戏谈，违者责革。”[①]创设警察的目的在于巡查城内外的重要地点，而且执行勤务和轮休时都要严格遵守相关规则。

光绪三十一年（1905），赵尔巽就任东三省将军，署盛京将军廷杰，开始大幅度地改革奉天警察组织，扩充省城州县警察，使其具有一定规模。首先，以兴修马路事宜归并于警察局内，改名工巡局。当年，工巡局改为巡警部，旧名与部章不合，翌年，复改为巡警总局，道员张锡銮统管[②]。巡警总局主要管理社会治安，也兼管工程和卫生事宜。裁撤帮办，设置提调、总巡各一员，裁撤属下文牍、承番、收支三处，设警务、书记、裁判、卫生、工程、调查、侦探、消防、出纳、庶务十科[③]。光绪三十二年（1906）六月，经过道员姜恩治厘定章程，设立执行、司法、卫生、教练、工程为五科，在五科之中，分别设股，“复立书记、交涉、出纳以综五科之成”[④]。总局设有总办、会办，书记、交涉和出纳股三股有股长一名，股员4名至7名，执行、司法、卫生、教练和工程各科有科长一名、几个所属股，各股有股长1名、股员2名至9名。执行科管辖警事警卫、消防、交通风俗、营业工厂4股，共有13名股员。司法科管户口、侦探、裁判3股，共有21名股员。卫生科的属下有清洁、医务、防疫、分析4股，共有股员18名。教练科管理教练股，共有9名股员。工程科有筹备、监察、工事3股，共有7名股员。奉天巡警总局把省内外地域划分为7局，各派任警官一人为局长。分局有巡弁、巡长、巡记、书手、司书生、局役等职。基层组织有巡目和巡警。巡目大体分为头等和二等，头等巡目有三、二、一级的区别。二等分

---

① 辽宁省档案馆馆藏档案：《饬省城内外巡队按段巡缉并分别派员管带札各处由》，JB14,142。

② 徐世昌等编著，李澍田等点校：《纪内城巡替》，《东三省政略》卷六《民治·奉天省》，第939页。

③《奉天通志》卷一四三，民治二警察，辽海出版社2003年版，第3323页。

④《纪内城巡警》，《东三省政略》卷六《民治·奉天省》，第939页。据《东三省政略》，“五科之中分股十有七”，没有列出具体股名，在此，根据辽宁省档案馆馆藏档案，以15股概要说明。

为三、二、一级的等级。巡警是最基层的人员，有头等、二等、三等的高低。这样奉天省城警察人数将达到约1 500余名[①]。除此之外，附设卫生医院、屠兽场、工程队都隶属巡警总局[②]。赵尔巽赴任奉天将军以后，奉天省城巡警总局在规模上空前扩大，组织系统也开始专门化趋向，奠定了后来警政发展的基础。

光绪三十三年（1907），徐世昌到任东三省总督以后，设置民政司，“掌办理民治、巡警、缉捕等事”[③]。奉天省城巡警总局总办王治馨改订局章，改设总务、行政、司法、卫生、捐务5课，分设共19股，并设稽查处及警卫、消防、侦缉、清道各队。同年五月，设置巡警道一缺，统管全省警政事务。下分设行政、司法、卫生、庶务4科，按民政部章程，改庶务为总务，列于各科之首。光绪三十四年（1908），裁撤巡警道，全省警政由民政司主管[④]，设警政一科，由民政司管理警务，改巡警总局为警务公所，又附设贫民习艺所。宣统元年（1909），改为奉天全省警务公所，以民政司为总办，改五课为总务、行政、司法、卫生、捐务五科，设第一、二、三屠兽场。

徐世昌执政期间，巡警总局在组织上设总局和7个分局，每分局分为2个区，共有14个区，附设警卫、消防、探访队。总局设总办、提调各一员，局中分为5课。局内有36名局员，司书杂役等有59名，总共有95名人员。总办受督抚的委任，负责省城警务，指挥监督其属下。提调也受督抚的委任，并且服从总办的命令。它的主要任务是“联合各课，整理全局事务”。5课分别为总务、行政、司法、卫生、捐务，共设21股。在总务科里，有警事股。机要股、文牍股、文应股、统计股、筹备股和警卫股等7股；行政课由治安股、交涉股、户籍股、营业股、交通股等5股组成；司法课有裁判股、侦察股、监视股等3股；卫生课有清洁股、防疫股、医务股等3股：捐务课由收发股、核计股、稽查股等3股组成。[⑤]各股的职掌大体如下：（一）总务课各股：警事股，掌决定所属各局

①辽宁省档案馆馆藏档案：《为具奏整顿警察兼设警警务学堂由》，JB14，268。赵尔巽时期，省城巡警总局的实际警察额数为630名。《密陈考查东三省情形折附考查奉天省情形单》，《退耕堂政书》卷五，奏议五，第16页。

②《密陈考查东三省情形折附考查奉天省情形单》，《退耕堂政书》卷五，奏议五，第16页。

③ 徐世昌：《拟定东三省职司官制及督抚办事要纲折附东三省职司官制章程》，《退耕堂政书》卷八，奏议八，第25页。

④ 徐世昌：《拟裁奉天巡警道添设洮昌临长海两道员缺折》，《退耕堂政书》卷二三，奏议二三，第18−19页。光绪三十三年，奏定东三省官制，在奉天设民政司。民政司掌东三省的地方行政、地方自治及行政区划等事宜。在司内设佥事，“为司使次官”。其下属有五科，为民治、疆理、营缮、户籍和庶务。还设一二三等科员、正副司书等官。其下属机关有谘议局筹办处、自治研究所、工程局和官吏禁烟查验所。《东三省政略》卷五《官制》，第838页。

⑤《附巡警总局局制职掌章程》，《东三省政略》卷六《民政·奉天省·警政篇》，第940页。

队服务方法及应设各项额缺暨巡逻分配以及应办事宜细则，并得随时会同各局队长官会议该管兴革事件，还掌管该局员的赏罚进退及考核、调练和稽查等事。机要股，掌管关防、电报、电话及各局队稽查等秘密的报告。总分局服务功过、进退、派差、请假，暨调查各员履历凭照，并传送口号、汇呈值班名单与通行证据等事。文牍股，掌各项公读之审议、缮写、收发和编存等事。文应股，掌收支一切款项及公用物品与预算决算等事。统计股，掌统计总分局队的各项事件，按月呈报，以考成绩，兼管测绘等事。筹备股，掌总分局队修造房屋，制办器具，及军储收发检验等事。警卫股，掌警卫宫殿及督抚衙署与中外大员来往之须保护者，所有临时因应添调巡警及配置等事，均由警卫队官与各局巡官及马队队官等人商酌办理。（二）行政课各股：治安股，掌监察集会、演说、报纸及一切出版物，给商民刊布傅单、告白及其他有害治安与风俗之虞，如宗教及迎神、赛会、妓馆、说书场、戏园、料理和公园等事。交涉股，掌调查各国领事员役及军队等，与寓居城关的各国官商教士等户口，与一切文件的翻译与外国人及其事故的接待、报告、应付等事。户籍股，掌编纂稽核户口总分册籍及临时、定时调查索引及按月报告等事。营业股，掌一切市政之考察及度量权衡，与当铺、古董店、刀剑枪炮火药店、茶室、饭馆、客栈、伙房、菜市和瓜行等的管理事项。交通股，掌行人车马通行的督察，道路、桥梁危险的预防与一切车辆停车场及车厂的管理，及路灯、电线、电杆的稽查等事。（三）司法课各股：裁判股，掌裁判一应违警罪犯，至户婚、田土、钱债、命盗等一切民事、刑事案件。假预审以后，分别送交各级审判厅管理。侦察股，掌犯罪证据的搜查：监视股，掌留置已定、未定各项人犯及证据物、遗失物、没收物，人犯所有物的检查、收藏、招领和拍卖等事。（四）卫生课各股：清洁股，掌督察居民施行清洁方法及通泄沟渠、整理公厕、官井及管理清道夫役、车骡等事。其有与交通股、工程局有关系者，随时会同办理。防疫股，掌种痘、时疫、兽疫的检查预防及市脯、饭食、料水、罐头、牛乳与一切死故埋葬等事。其西、南、北的屠兽场管理检查事件，皆隶之。医务股，掌考察地方各种病情，制备随时施送药品及变故死伤与急病者之检验、诊断治疗，与总分局队官弁、长警、拘留人犯有病者之诊视、医治，招入巡警体格之试验等事。（五）捐务课各股：收发股，掌收房、铺车捐暨妓馆、戏园、屠场菜市、斗用、官地各项捐款以及发给捐照等事。核计股，掌考察各项捐款收入数目汇报等事；稽查股，掌稽查、报告各项捐款有无隐匿、偷漏及额外需索等事。警卫队掌管警卫事宜。消防队管有关消防事宜、调查水利、救护水灾、经理器具、练习体操等事。探访队掌弹压非常事件、整理交通、追捕凶犯、搜查罪犯、路上警卫、巡查、报告机要等事。[①]

七个分局各设巡官一、正副巡弁各二，第一、二分局各有149名人员，第三、四、六分局各有202名人员，第五分局有216名人员，第七分局124名人员。“各局管辖不同，繁简不一，所有长警因以增减”。分局警察人员总共有1 244名人员。附属队人员总共有234名人员，其中，警卫队为120名，消防队为60名，探访马队为54名[②]。光绪三十三年（1907）六月，巡警总局改制，整顿巡警官制，把巡弁、巡长、正目、副目分别改为（正）巡弁、副巡弁、（正）巡长、副巡长，统一巡警官制[③]。宣统元年（1909）二月，道员申保亨禀定，“以商埠地面空阔，人烟稀少，华洋杂处，铁道交驰，非分设两局，难资控驭。当即添设第八分局以期周密。”[④]

宣统元年（1909），锡良接任东三省总督，在徐世昌扩展警政的基础上，整顿警察组织，节省警政经费，努力设立预备巡警，企图控制地方基层社会。宣统二年（1910），警务公所归并民政司，并委奉天府知府孟秉初兼充所长[⑤]。宣统三年（1911），辛亥革命发生之前，赵尔巽回奉就任东三省总督，前省城警务由奉天府监督办理，“殊不足以崇体制”，民政司议定将该所仍改为巡警总局，添设总办一员管理局务，由总督节制[⑥]。宣统二年（1910），民政司按照部章，将各分局区一律归并，巡官改为区官，正副巡长改为正副巡官，并设分所[⑦]。宣统三年（1911），将禁烟所、探访队、同善堂、习艺所等归并巡警总局[⑧]。

在这一时期，奉天的乡镇也设立了警察制度。光绪三十一年（1905），因日俄战争而省城四乡不靖，盗贼蜂起，署督廷杰奏设镇巡警，按地筹饷，其大多数警兵从乡团招募而来。仿照日俄两国的警制，在同年五月开办，委承德、兴仁县知县为总办，“名曰官督绅办”。最初分设两局，后来裁并，把承德、兴仁两县地域划分为五路，设分局37处，各分局设置局董一、正副巡长各一，警兵

---

①《附巡警总局局制职掌章程》，《东三省政略》卷六《民治·奉天省·警政篇》，第940—941页。

②《附巡警总局局制职掌章程》，《东三省政略》卷六《民治·奉天省·警政篇》，第940页。

③《巡警改制》，《盛京时报》卷三，光绪三十三年六月二十日，第293页。

④《纪内城巡警》，《东三省政略》卷六《民治·奉天省·警政篇》，第939页。

⑤《责成孟所长主持警务》，《盛京时报》卷一五，宣统二年四月二十六日，第99页。

⑥《警务局实行改变》，《盛京时报》卷一九，宣统三年五月二十七日，第237页。

⑦《实行警务官制》，《盛京时报》卷一五，宣统二年六月初四日，第240页。

⑧《禁烟所拟归并警务局》，《盛京时报》卷一九，宣统三年五月十三日，第174页；《探访队并入警局》，《盛京时报》卷一九，宣统三年五月十四日，第179页；《同善堂归并警务局办理》，《盛京时报》卷一九，宣统三年闰六月初三日，第390页；《习艺所归并警局办理之原因》，《盛京时报》卷一九，宣统三年闰六月初九日，第413页。

30名至40名，局董和巡长都由当地各屯公举[①]。赵尔巽上任以后，实行扩充乡镇警政的政策，奏调陈希贤为乡镇巡警总局总办，城内设总局，设置提调一，不归两县节制。在五路要冲另设分局5处，旧37个分局改为37分区，各局董改为经理部主计，掌管亩捐收入的报缴，在每区添设正副巡官各一、巡弁一。同年十月，又改步警为马警。省城四乡警政像城内一样也开始渐有起色。光绪三十二年（1906）四月，总办朱庆澜移警局，添设清乡委员，分往各路，实行清乡，除去巨匪。光绪三十四年（1908），知府陈友璋、道员申保亨、知府忠芳新任奉天警务职位[②]。宣统元年（1909）四月，新任东三省总督锡良裁撤乡镇巡警总办员缺，"委知承德县事都林布监督办理"，改名为镇乡警务局，设置警务长一名，以县署总务课长刁庆祥任之。同年八月，知事金正元改警务局为镇乡警务公所，四路分局改为分区，巡官改为区官，分区改为分驻所，各区主计一律裁撤，两区合并，共举收捐董事一员，专理收解警学亩捐事宜。同年八月，刁庆祥交卸，以张润身接任。宣统二年（1910）三月，协领成德任警务长[③]。

为实行警政需要，对警政有识的专门要员，警察组织应具备专门的教育培训机构，设立警官补习所、高等巡警学堂、宪兵学堂等。光绪三十一年（1905），奉天省城创立警务学堂。但由于条件简陋，教育教学尚未走上正轨，"至三十二年，毕业者二百余人，然功课浅鲜，程度低微，不合于用。"同年九月，改警务学堂为高等巡警学堂，以教育培训警务官吏为宗旨，设立高等、简易、专科。由于经费支细，先开高等、简易两科，高等以三年为期毕业，简易以一年为期毕业，合定学生150名，并令自费膳费，以资补助。光绪三十三年（1907）九月，奉天巡警教练所成立，学生额数200名，分甲乙两班，一律住所。设立巡警教练所的意图是，"既设高等巡警学堂以教官弁，而普通之巡警尤宜广行教练，以收实效。"光绪三十四年（1908），遵照《各省巡警学堂章程》，设所长一员，"巡警学堂斋务长兼任之"。另外，教务、庶务等各员，一半由堂员兼摄，以节省经费。学期以一年为毕业。学科为"曰国文，曰大清违警律，曰警察要旨，曰政治浅义，曰地方自治大意，曰奉天地理，曰操法。"[④]此外，在县级还设立各县巡警教练所等机构培养警务人员。光绪三十一年（1905），乡镇巡警总局曾设官长补习班，有60名毕业生。后来设司法警察班，有60名毕业

①《沈阳县志》卷三《民治·警察》，第29页。
②《沈阳县志》卷三《民治·警察》，第29—30页。
③《沈阳县志》卷三《民治·警察》，第30页。
④《纪巡警教练所》，《东三省政略》卷六《民治·奉天省·警政篇》，第957页。

生。光绪三十二年（1906），又设五路教练所，各分区有200名毕业生。宣统二年（1910），承德县设巡警教练所有96名毕业生。[①]

另外奉省还设有鸭绿江、浑江两江水上警察局（管理由安东至长白沿江七县治安）、辽河水上警察局、安奉铁路警察局、山林警察、司法警察、宪兵警察等。清末警察制度的建立是在国家被列强瓜分危机下，地方行政权力强化与扩大的产物，是清末“新政”的重要内容。奉天警察制度的设立作为基层行政的重要机制，在某种程度上发挥了稳定城乡社会，引发地方行政与社会近代化变革的作用。

杜格尔德·克里斯蒂著的《奉天三十年（1883—1913）》中记载：“此时人们开始感到需要警察了。战争带来了很多变化，有好的也有坏的。传统而简单的生活方式正在成为过去，因此，政府组织了一支半军事化的强大的警察队伍，小小的蓝色岗亭出现在街角，这些维持社会治安的卫士们日夜监视着城市，不久，这些岗亭甚至出现在城市要道上，去指挥城市交通。卫生委员会也组建起来，虽然不太完善，却有了一个良好的开端，并且在奉天历史上第一次颁布了有关城市卫生方面的法律。”[②]

## 二、建立审判厅、检察厅和“奉天省模范监狱”

清政府在全国范围内推行新政，司法改革是其中一个重要方面。光绪三十二年（1906）九月，清政府下诏书改刑部为法部，专任司法，大理寺为大理院，专掌审判。光绪三十三年五月二十七日（1907年7月7日）清廷发布上谕，各省按察使司改为提法使司，分设审判厅，令东三省先行开办。光绪三十三年（1907），东三省总督徐世昌奏请先于各省设提法司，试行司法与行政分权。提法司掌全省司法行政，监督各级审判厅。制定《提法司分科职掌大纲》、《各级审判厅办事规则》与《各级检察厅办事规定》，初步明确了讼诉、审判、检查、旁听、上诉的程序。当年底，奉天省始设省府州县审判厅，并附设检察厅，并建立“奉天省模范监狱”。

在东北，徐世昌开始全面推行官制改革时，“首以行政、司法分权为要务”[③]，认为司法机关只有与行政机关真正分离，才能实现司法独立。于是在

① 《沈阳县志》卷二《职官》，第8页。

② 杜格尔德·克里斯蒂著，伊泽·英格利斯编，张士尊、信丹娜译：《奉天三十年（1883—1913）——杜格尔德·克里斯蒂的经历回忆》，湖北人民出版社2007年版，第170页。

③ 徐世昌：《东三省政略》卷一〇《司法·述要》，第1440页。

《具奏东三省公署官制折》内，建议朝廷仿照西方三权分立制度，各省另立提法司，裁撤原设的驿巡道兼按察使衔，改各省按察使为提法使，管理驿巡道所管的全省刑名案卷等相关事务，并通过筹设各级审判厅，管理下辖府厅州县司法事务。提法司作为司法行政机关，“掌全省司法上之行政事务，监督本省各级审判厅、检察厅”，“提法司为司治独立衙门，不在公署各司之例，毋庸入署办公，设遇有关于行政应行请示事件，可于公署办公时间入座会议。”①

审判厅的设立。光绪三十三年八月二十六日（1907），奉天奏定《提法司衙门官制职掌员缺品位清单》，具体规划了地方审判监督机构提法司的机构设置、管理权限以及官制、职掌、员缺。规定“提法司掌全省司法行政，监督本省各级审判厅及检察厅”。②与此同时，东三省总督徐世昌等在《酌拟各级审判厅官制职掌员缺品位清单》中确立了地方上的“四级三审制”，以及各级审判厅、检察厅的权限，人员编制和职掌品位。要求高等审判厅厅承、高等检察厅检察长等官为请柬官，各民刑厅科科长、推事、典簿、主簿为奏补官，各厅所官、录事为委用官。光绪三十三年（1907）九月，奉天高等审判厅开始试办，该厅设“厅承一，检察官一，议员二十六名，研究一月后，禀明两帅，再行实行”。③光绪三十三年（1907）十一月，即在奉天省城各级审判厅开办之前，奉天公布了《奉天高等厅开办告示》，一方面强调了新式审判厅的职能，以及新式审判精神，另一方面强调了严禁翻诬，妄控等不法行为，并对高等审判厅案件的管理范围作了规定。④随后，奉天提法司又出示了《设立各级审判厅、检察厅示》，告示中强调司法独立和审级制度，并决定于本年十二月一日，将奉天省城高等以下各厅一律开办，并将兴仁、承德两县词讼转交给地方各级审判厅审理。⑤另外，奉天督抚也出示告示强调了各级审判厅的审判权。⑥

光绪三十三年（1907）十二月一日，宣布盛京地区于该日开办高等审判厅、奉天府地方审判厅，并于奉天府辖的承德、兴仁两县按巡警区设初级审判六厅，各厅均附设检察厅。所有民刑案件均赴各级审判厅诉讼，作为行政机关

①《吉林公署试办章程》，李澍田：《吉林新志吉林公署政书》，《长百丛书》（四辑），吉林文史出版社1991年版，第30页。

②《盛京时报》卷四，光绪三十三年九月二十日，第375页。

③《盛京时报》卷五，光绪三十三年十一月十五日，第185页。

④《盛京时报》卷五，光绪三十三年十一月二十七日，第245页。

⑤《政治官报》卷四，光绪三十三年十二月初八日第七十八号，第496页。

⑥《盛京时报》卷五，光绪三十三年十二月初二日，第257页。

的承德、兴仁两县从该日起不再受理词讼。[①]奉天省城各级审判厅正式开办，同时出台了《奉天各级审判厅试办章程》，该章程“悉依法部奏准京师高等以下各级审判厅试办章程办理，其有酌量增减之处，另载附章与本章程一律施行”。[②]《奉天审判厅试办章程》共五章一百二十条，具体规定了各级审判厅的审级制度、权限制度、回避制度、预审、公审制度、执行制度；诉讼制度中规定了起诉、上诉制度，另外还规定了证据制度、保释制度以及检察监督制度。在各章中具体规定了时效和民事、刑事分立制度。另外，在奉天各级审判厅试办章程中还规定了各级审判厅的区域管辖权限和审判权限。

光绪三十三年（1907）十二月二十四日，东三省总督徐世昌等奏《开办各级审判厅情形折》，对各级审判厅的人事安排作了汇报，另外还要求“凡熟谙新旧法律，及于审判事理，确有经验者，不分京外实缺及候补、候选或系奏咨调用，或系留奉当差人员，均经切实考查……由该署司呈明臣等轧委，分派各厅以备任使。至初级各厅检察官即分委各巡警局之巡警官暂时兼办。”[③]至此，奉天省城地方各级审判厅、检察厅正式开办，开始审理地方上的涉讼案件，进入了正式审判运作阶段。

光绪三十四年（1908）五月，兴仁县移驻抚顺，并改兴仁县为抚顺县。光绪三十四年（1908）十二月初一日，奉天抚顺地方、初级审判厅正式开办。由高等审判厅庭长程继元署理地方厅推事长，由奉天府地方检察厅检察官萧晋荣试署地方厅检察长。[④]宣统元年（1909）三月十五、二十日，营口、新民两埠地方商埠审判厅正式开办。[⑤]同年十月，位于中朝边境的商埠城市安东设立地方、初级两厅。[⑥]其后宣统二年（1910）十一月和宣统三年五月，辽阳和锦州也分别设立了地方、初级各厅。[⑦]这样至清统治结束时，奉天省共设有高等审判厅1所，地方审判厅7所，初级审判厅9所。

审判厅的设立。奉天在审判厅内附设检察厅，作为审判厅的辅助机关，检察厅基本是与审判厅同时设立的。从省城的高等检察厅到各府厅州县的地方检

---

① 《督抚开办各级审判厅告示》，《盛京时报》，光绪三十三年十二月初二日。

② 《盛京时报》卷五，光绪三十三年十二月初六日，第273页；《东三省政略》，总5937页。

③ 《盛京时报》卷六，光绪三十四年正月十三日，第25页。

④ 徐世昌：《东三省政略》卷六《官制》，第3457-3458页。（台北）文海出版社1965年版。

⑤ 《政治官报》卷二〇，宣统元年三月二十日第五百四十八号报，第404页。

⑥ 《安东审判检察两厅开办演说词》，《盛京时报》，宣统元年十月二十五日。

⑦ 《辽阳审判厅开厅词》，《盛京时报》，宣统二年十一月十二日；《锦州地方初级审检四厅开厅提法司吴司使训覆》，《盛京时报》，宣统三年五月十七日。

察厅，构成奉天检察体系。高等检察厅，设检察长和检察官，管理该检察厅事务，检察审判是否公允以及调度司法、警察等事。地方审判厅在检察长之外，也设立检察官，助理其检察事宜。高等检察厅、地方各级检察厅的检察官在刑事、民事的裁判方面，发挥重要辅助作用。奉天地方检察厅内，还设立医师一名，检验吏数名，为病犯诊治或者做法医检验。地方检察厅内还附设刑事讲习所，培养专业法医人员。

各级审判、检察机构相继设立后，立即着手处理东北地区民刑诉讼案件的审理和判决，充分发挥其作为东北地方司法审判体制的重要作用。第一，提高了办案效率。东北各级地方审判厅成立前后，即积极采取各种措施清理本地积压案件。第二，依例裁断、重视证据，力求公正。第三，民众法律观念有所增强。这一时期形成的司法管理体系，也体现了明显的近代化特点。

奉天省模范监狱的设立。在原有旧式监狱、罪犯习艺所和监狱工场的基础上，东北当局开始筹办新式监狱。徐世昌来到东北后，对旧式监狱和罪犯习艺所进行改造，为新式监狱建立做好准备。宣统元年（1909）九月，法部又上折奏请在各省建筑模范监狱，要求各省于宣统三年（1911）以前一律建筑完成。因此，锡良饬令奉天提法司吴钫查照办理。在罪犯习艺所的基础上，委派留日警监科毕业生林绍敏等赴外地调查，吸收已建模范监狱、习艺所的经验，创建奉天模范监狱。

奉天省模范监狱创办于1908年年底，并制定了《试办简明章程》。监狱设有典狱长一人，下设“三课二室”：文牍课，守卫课和庶务课（管理土地建筑和会计）；教务所，医务所。宣统元年（1909），行营发审处看管所和奉天府地方审判厅看守所，先后划归该监狱管理。民国时期改名为沈阳监狱、奉天第一监狱、辽宁第一监狱。监址在天佑门内。主要羁押已决和未决刑事犯，后经改良监管已决犯。该监狱的构造共分五部分：第一部分是官舍，又分前中后三段，除有事务室、会议室和看守长室外，中段的大楼最高层设有瞭望厅，全监置于它的监视之下；第二部分是杂居室，呈十字形分四翼，中央设一看守圆亭；第三部分是分房监，也有四翼，但采扇面形；第四部分是工厂两个区；第五部分是男囚病监和女监及工场和病室。全监共计大小二百三十多间，可容纳四百人左右。

### 三、改革奉军，编练捕盗队、巡防队

20世纪初，筹练新军是清朝推行“新政”的一项重要内容。东三省原有军队种类“有八旗额兵，有巡防营，有捕盗队，有护垦队，总计马步一百数十

营，土客并收，操法不一”。[①]光绪二十六年（1900），俄军入侵东北，奉天盛军（旗队练兵）、奉军（绿营练兵，分为仁字军、育字军，凡二十营）、亲军（将军都辕练兵），共二十八营全部瓦解。在这同一年，清廷通饬全国“练兵为当今最急之务，谕令各省认真训练，勒期具奏。”[②]光绪二十九年（1903），清政府颁行新军军制，设全国练兵处，各省设督练处，以督抚、将军主政。同时裁汰原有的绿营，训练新军，并增征练兵专款。

清末东北新政推行之初，即开始对军制予以调整和变革。当时军事上的调整主要体现在两个方面，一方面是筹练新式陆军；另一方面是地方官员对清廷原有军队的改编。东北新式陆军编制相继形成。奉天省结合自身地域特色，对调派来的军队予以整编，把新招募的兵丁充实进去，奉天省先后编成一镇两协两标。

光绪三十一年（1905），盛京将军赵尔巽向清政府奏请调拨军队剿灭辽西匪患，得到朝廷允准，直隶总督遵旨派陆军第三镇大约一个混成协的兵力，由保定移驻锦州。光绪三十三年（1907），徐世昌任东三省总督后，奏调该镇全军开拔东北。徐世昌根据“东省多山，异于平陆”[③]的特点，在该镇营制中增加一营过山炮、减少一营陆路炮，与直隶总督协商后，把该镇原领的十八尊克虏伯陆路炮暂存保定军械局，另换为十八尊格鲁森过山炮，完成了陆军第三镇的编练、完善工作。全镇军队分驻在吉林省城、长春府、磐石县、额木索、宁古塔等处。光绪三十四年（1908）夏，调驻锦州各营队改驻长春、昌图。宣统元年（1909）春，调宁古塔、磐石县、额木索所驻零星队伍，各回本部，归标训练。同年六月起，锡良又着手将奉天省陆军第一混成协的两标人马，总计有步队十一营，马队一营，炮队一营，工程辎重各一队，军乐队半队，遵照陆军部已定章程，编成一镇，即后来的陆军第二十镇。[④]

陆军第一、第二混成协。光绪三十三年（1907）六月，第五、第六两镇中部分营队，在徐世昌的奏调下，先后开拔来到东北。按照清军营制，设官编练，是为第一混成协。全协军队分驻新民府镇安、辽中两县，由步队、马队、炮队、工程队、辎重队、军乐队组成。第一混成协抽编组成后，徐世昌又从第

---

①《东三省总督兼管三省将军事务徐世昌等奏议设东三省督练处试办章程折》，吉林省档案馆、吉林省社会科学院历史所：《清代吉林档案史料选编·上谕奏折》，第31页。

②《光绪朝东华录》第4册，总4511页。

③《纪陆军第三镇》，徐世昌：《东三省政略》卷四，第640页。

④《奉省编练陆军第二十镇成镇日期并改编筹饷办法折》，中国科学院历史研究所：《锡良遗稿·奏稿》第2册，第1055-1057页。

二镇和第四镇的各标抽调步马炮工程辎重等营队，总计由步马炮八营和工程、辎重二队组成陆军第二混成协。光绪三十三年（1907）五月，先后开拔到奉天驻扎，主要承担卫护省城的任务，编制与第一混成协相同。

奉天陆军第一标。由赵尔巽卫队及备补队等三营、徐世昌亲军营归并改编而来。光绪三十二年（1906），赵尔巽奏请采用陆军新发募练协巡营一营、炮队一营及备补队一营。协巡营官弁目兵，大半由北洋陆军调拨而来，编制为陆军新章制。赵尔巽将协巡一营、炮队一营编为卫队，备补队一营附属于巡警。光绪三十三年（1907），徐世昌赴任时，由民政部调拨协巡队600余名。其目兵原系各镇之续备军，精娴操法，于是改为亲军营。同年七月，徐世昌将亲军营与赵尔巽所练之协巡营一营、备补队一营、炮队一营合并，改编为步队一标（一、二、三营）、炮队一营，按照陆军部奏定成案，设立员缺，增设稽查官、参谋官各一员，命名为奉天陆军第一标，官佐目兵匠夫计2516名。步队第一营驻黑龙江省城齐齐哈尔，第二营、三营及炮队一营驻奉天省城西关外。

奉天陆军第二标。光绪三十三年（1907），徐世昌在将奉军四十营、新安军四营、盛军二营，遵照部章改编为五路巡防队时，从奉军旧中路、旧前路中，抽调娴习新军操法之官佐78员、精壮兵丁1600名另编为步队第一、二、三营，名为奉天陆军第二标，营制饷章均与第一标同，设稽查官、军医长各一员，共有官兵夫役1911名。光绪三十四年（1908）六月，调驻锦州城东八家子。

整编水师。主要设立奉天河防营和营口巡防舰队。奉天中贯辽河，自营口往上，水路七百多里，到达昌图府的通江口，船舶运输很便利。光绪二十六（1900）年之后，匪盗日益增多；第二年，将军增祺拨河防马队一营，用来保卫商旅；三十二年（1906）十月，盛京将军赵尔巽奏设巡船10只，添配官弁兵夫125名，专门负责巡逻缉捕；三十四年（1908），徐世昌编改奉天五路巡防队，将河防编入巡防队的中路，归中路管带管辖。辽东控扼渤海、黄海，原有北洋水师守卫领海，但甲午、庚子两役之后，舰船尽失。光绪三十三年（1907），盛京将军赵尔巽购买两艘巡洋舰，即“安海”、“绥远”。徐世昌上升后，派两舰驻于营口，巡戈海面，以保商船。

巡防队在东三省匪乱蔓延、外敌乘隙入侵的危急情况下，以原有巡防营队为基础，三省都调整组建了各路巡防队。奉天设立五路巡防队。奉天营制，本已凌杂，自光绪二十六年（1900），义和团起义时，俄国人乘机入侵东北，东北官员力图捍卫边界，征集与招抚并用，收编了一些土匪地方武装。赵尔巽奏请从中裁留、挑练马步四十营，称为奉军，分驻八路；另编新安军四营，盛军二营，总计为四十六营。徐世昌根据《陆军西部巡防队暂行章理》，将这些旧事军队统编为中、前、左、右、后五路，每路九营。平时操练步伐技术。后路之马队及一、二、五、六、七共五营，分驻黑龙江呼兰府，剩下的驻于奉天各郡邑，作用是“巡防缉捕，以辅新军兵力之所不及，亦不可或少也。”[①]

捕盗队捕盗队是纯招募汉人编成，是为绿旗营。奉天捕盗为25营，分驻各个州府县，属该驻地长官统辖，负责缉捕地方盗贼。其中昌图府捕盗千总1名，把总1名，外委3名，兵120名；新民厅、海城县、承德县、开原县、铁岭县、辽阳州、锦州、宁远州、义州、广宁县均为捕盗把总1名，外委1名，兵四十名；盖平县、复州、金州厅均为捕盗外委1名，兵20名；怀德县、奉化县、康平县均为捕盗把总1名，外委1名，兵60名；海龙厅、凤凰厅、安东县、宽甸县、怀仁县、通化县、兴京厅、岫岩州均为捕盗外委1名，兵20名。[②]大约有兵千人左右，但兵数与设置也是不断变化的。

## 四、奉军西大营、北大营和东大营

清政府在东北正式设立行省，改盛京将军为东三省总督，徐世昌任第一任东三省总督。由于沈阳乃清朝发祥之地，且为控扼东北之重地，徐世昌决定修建奉军西大营、北大营和新民东大营。

西大营位于大西门和大西边门之间大道南。甲午战争前，这里是清军的兵营，在新政时期，这里也得到了修整。辛亥革命后，这里仍是奉天中路巡防营第一标的驻地。而且因为是驻地，带动了周边的一些行业发展，饭馆、商号、旅社云集。

北大营始建于光绪三十三年（1907）。在徐世昌任总督时，为巩固奉天省城防御，在城北旺官屯东南、喇嘛园子北面购买南北长达3里，东西宽4里的土地，修筑起四方形的驻军营垣。北大营选址距古城北门外10里，东距东大营约20里，西距“中东南满支线”（后名为中长路）300米，南距柳条湖村500米。整个营区接近正方形，各边均为2 000米，基地面积400万平方米。营区周遍屯2米高的土墙作为围墙，顶可并行两人，在土墙两侧各挖1米深3米宽的壕沟，夏季雨水流入沟内，形成天然护营河，土围墙每边均设1营门，称卡子门，门外分设左、右两个岗楼。南卡子门为当时主营门，设有卫兵室，门外大道经喇嘛园子，后老瓜堡与奉天小北边门相迎，铺有直通城内的沙石路。该营区内，南部为大操场，东、西、北三面均建有驻军营房，按队、营、标（团）协（旅）

① 徐世昌：《东三省政略》卷四《军事军政篇》，第687页。
②《奉天通志》卷一七一，军备四，清，第9–10页。

分别布设成方阵，圈圈相套，中间的协统驭各标，集中且方便。营房周边植有杨柳树，北侧营房前排的高大房舍是驻军首脑的指挥机构。操场与营房间，有马蹄形的林荫道隔开，沙石路面，道路两侧垂柳依依。南卡子门是日常进出通道，大门不远便筑有大影壁，壁旁筑有阅兵台。军属住宅在营外，距南、北卡子门不远。整个兵营有平房71间，瓦房43间。

北大营建成后，一直是驻兵重地，成为保卫沈阳的北面藩篱。徐世昌将赴奉天就任时，便奏准以北洋陆军3个混成协调驻东三省，供其节制。其中第2混成协是由步队两标6个营，马队、炮队各1个营，工程、辎重各1个队编成的。1907年5月开赴省城，先是租赁民房暂驻大西关、小北关和小东关一带，待营房盖起后驻扎北大营。

东大营在沈阳城东北10公里，处于天柱山脚下，沈水之滨。东大营坐北朝南，其东面是努尔哈赤与叶赫那拉氏的陵寝福陵，南临沈抚公路，北枕沈吉铁路，西面与城区接壤，距北大营约10公里，其地理地位和战略地位极为重要。

东大营在沈阳地形与地貌中有着重要的军事作用。沈阳市区地势平坦，少有起伏的丘陵。仅有两条土岗，一条从东陵山地经过旧城向西至沈阳南站有一条缓慢倾斜的自然岗脊，在旧城处有较高的突起。另一条是从东陵的山嘴子向西经毛君屯、文官屯摆向北陵，直甩塔湾的一条绵亘北部市区的黄土岗。两条土岗共同源于东部丘陵，东大营就是这两条龙的“咽喉”，构成沈阳地区的军事重地。

## 第三节　“预备立宪”

### 一、奉天设立全省自治局

光绪三十一年（1905），清政府设立中央考察政治馆，同时要求各直省设立类似机构，考察本省政治，以作为立宪之预备。光绪三十二年（1906），各地纷纷成立相似机构。

光绪三十二年（1906）冬，赵尔巽奏请设立奉天全省地方自治局，委任提学使张鹤龄为局长，遴选明达诚实谨慎人员，分考订、调查两科办理相关事宜，考订时注重对东西各国已成之法的编译，调查则重在对本地旧有习惯的详细了解。“因奉省人民程度不一，更非内地直省可比”，所以“仿照各国创办各种要政必先设养成会及研究会之意”[①]，在自治局内附设调查员养成会和自治研究所。调查员养成会于光绪三十三年（1907）成立，收学员140余名，培训实地调查人才。光绪三十三年（1907），清政府诏令各省设立调查局，奉天设立调查处，调查本省土地、人口、气候、工、农、牧、副、渔及商业情况，定期向省署报告。

## 二、成立奉省地方自治筹备处

1840年鸦片战争以后，中国饱受欺凌，许多有识之士开始思索强国之道，从起初的开眼看世界，到师夷长技以制夷，再到逐渐认识到政治体制带来的弊端，国人对西方政治制度特别是议会制度认识逐渐深化，把将其作为欧美列强的立国之本、富强之道。1906年9月1日，清政府排除反对意见，宣布“预备立宪”。光绪三十三年（1908），清政府颁布了《钦定宪法大纲》。《钦定宪法大纲》共计23条，由“君上大权”和“臣民权利义务”两部分构成。《钦定宪法大纲》由宪政编查馆参照1889年《日本帝国宪法》制定，是中国历史上第一部宪法性文件。《钦定宪法大纲》规定：“大清皇帝统治大清帝国万世一系，永永尊戴”；“君上神圣尊严，不可侵犯”。皇帝有权颁布法律，发交议案，召集及解散议会，设官制禄，黜陟百司，编订军制，统帅陆海军，宣战媾和及订立条约，宣告戒严，爵赏恩赦，总揽司法权及在紧急情况下发布代法律之诏令。并且“用人之权”，“国交之事”，“一切军事”，不付议院议决，皇帝皆可独专。另外，又以附则形式规定，臣民有纳税、当兵、遵守法律的义务。在法律范围内，享有言论、著作、出版、集会、结社、担任公职等权利和自由。《钦定宪法大纲》确认了君主立宪制的政治改革方向。

地方自治，“为立宪之基础”，以“补官治之不及”[②]，谘议局成立后，原谘议局筹办处改为地方自治筹办处，具体负责地方自治事宜。

地方自治分为两级，府州县议事会是清政府“预备立宪”的基础和重要内容，而城镇乡自治是府厅州县自治的基础。

第一，府厅州县地方自治。府厅州县的自治事宜包括府厅州县的公益事务，或城镇乡不能担任的公益事务，以及以法令、命令委任办理的国家和地方行政事务。奉天府厅州县的自治机关就是议事会，宣统二年（1910）九月开办，负责调查选举、制造名册、分配议员人数等方面事务。到宣统二年

① 故宫博物院明清档案部：《清末筹备立宪档案史料》下册，第718页。

②《自治》，《奉天通志》卷一四二，民治志，民治1，第3261-3262页。

(1911）九月，奉天、抚顺、本溪等地相继成立府厅州县议事会、参事会。其中，除长白、辉南、安图、抚松、礼泉、镇东六属系刚刚设立县治，不在原定计划，辉南、临江、开通、靖安、安广五县因人口稀少，下级自治还要持续办理外，全省两级自治已经结束。

第二，城镇乡自治。光绪三十四年七月二十八日（1908年8月24日）民政部上奏《城镇乡地方自治章程》和《城镇乡地方自治选举章程》，同年十二月，经清政府核议，命令各省次第筹办。《城镇乡地方自治暨章程》共9章120条。明示自治名义，划清自治范围，慎重自治经费，责重自治监督。总纲中明确地方自治以转变地方公益事宜，辅佐官治为主。按照定章，由地方公选合格绅民，在地方官监督下办理。并划定城镇乡区域和自治范围及相关权限，规定城镇乡的居民及选民应具备的条件。其他各章则就城镇乡议事会、城镇董事会、乡董、自治经费、自治监督及相关惩罚规则、文书程式和附加条件做了规定。

到宣统二年（1910），奉天城镇乡自治会先后成立二十四处，正在创办的有承德、铁岭、辽阳、海城、开原、盖平、营口、昌图、西安、宁远、凤凰等十一处，即将创办的有抚顺、本溪、辽中、法库、复州、康平、海龙、东平、锦县、磐山、义州、安东、庄河等十三处。[①]城镇乡筹备自治区域，已经大半完成。到宣统三年（1911），下级城镇乡议事会、董事会、乡董、乡佐等机关也广泛设立。

为了培养所需人才，宣传自治思想，光绪三十四年（1909）奉天成立省城自治研究所，制定《地方自治研究所章程》，附设于省谘议局，同时命全省各地官员选派端正明达士绅，叠经考核，选取学员180名，来所学习《钦定宪法大纲》《自治章程》及《选举章程》，学习期满后，遣回各属推广传习。截至宣统二年二月，奉天所属府厅州县共成立地方自治研究所43处，招收学员3370余名。到宣统二年（1910）十二月为止，毕业学员已达3785名。[②]同年七月，奉天省地方自治筹备处又令各属成立自治研究会，学习议事、办事各种手续，学习课目为各自治章程、自治会规则、宪法大纲、现行法制大意等。参加人员为议事会（董事会）自治职员、本境全体议员。研究会会期为每年九、十两月为限。为筹备地方自治会选举事宜，还成立了奉天各属地方自治事务所，附设于各府、厅、州、县衙署。办理各属议事会、董事会自治议员的选举。至宣统二

①《恭报筹办宪政第三年成绩折》，中国科学院历史研究所第三所：《锡良遗稿·奏稿》第2册，第1278页。

② 中国科学院历史研究所第三所：《锡良遗稿·奏稿》第2册，第1278页。

年（1910）二月，全省共成立地方自治事务所46处。这样，为成立全省各属自治机构，共设立了两级办事机构和两层研究机构。前者为省地方自治筹备处和府厅州县自治研究所，后者为地方自治研究所和地方自治研究会。

## 三、奉天省谘议局成立

光绪三十三年（1907）四月，成立奉天行省公署，内设二厅、七司。其中谘议厅掌议定法令、章制各事。光绪三十二年（1907）七月，清政府发布《预备仿行宪政诏书》。九月，要求各省设立谘议局，作为“采取舆论之所，稗其指陈通省利弊，筹计地方治安，并为资政院储材之阶。”[①]奉省亦成立谘议局，以民政司使张元奇充任局长。翌年，依清政府命令改为谘议局筹备处。同年六月，清政府公布《谘议局章程》《议员选举章程》，并要各省督抚一年以内一律办齐。

在奉天，光绪三十四年（1908）正月制定《奉天全省谘议局呈准试办选举章程》，内中对选举人和被选举人应该具备的资格做了明确规定。

对选举人的规定：（1）年满25岁以上的男性，在省内长期居住，具备下列条件之一者：在省内从事教育或其他公职时间满三年者；中学堂毕业或在国内外高等学校毕业；具有生员以上的功名；担任过七品以上的文官或者五品以上的武官；在省内拥有价值五千元以上经营资本或不动产；（2）或者是年满25岁以上，非长期在本省居住的男子，但在本省居住两年以上并拥有价值一万元以上经营资本或不动产。对被选举人的规定：年满30岁以上的男性，在本省久居或在本省居住十年以上者具备选举人资格。[②]

当时奉天全省参加复选人数统计如下：奉天府21769人，昌图府46512人，新民府3448人，海龙府9016人，锦州府4290人，凤凰厅7082人，兴京厅1371人，洮南府482人，总计93970人。[③]

另一方面，在专门设立的选举事务所内设立司选员和监督员，并根据选举所需订定相关办事规则。根据《奉天谘议局筹办处拟定投票所办事细则》的规定：“初选监督按投票之多少分设投票所，每所设投票管理员一名或两名，凡投票事务之准备及布置，管理员皆任其责，复选监督于复选区内设一投票所，派管理员一名或两三名；初选复选各区得设一投票检监察员一名或五六名，协助

① 故宫博物院明清档案部：《清末筹备立宪档案史料》下册，第667页。

②《奉天全省谘议局呈准试办选举章程》，《盛京时报》光绪三十四年（1908）正月十五日、正月十八日、正月十九日、正月二十日。

③《谘议局纪事》，《盛京时报》宣统二年二月三十日。

管理员稽查投票所纪律。”

“选举当日，管理员及监察员应分担责任，其发给票纸管理员之监视，签字及照料写票投票指出监察员主之。每一投票人只准给投票纸一枚，如投票人因笔误或墨污请求更换者必须将废票收回再给一纸，惟一人不准更换票纸三次。投票管理员应将拒绝投票之事项揭示于写票处：（1）未列名于本属投票所之投票薄上者；（2）投票人非本身亲到者；（3）投票人未签字于投票薄上者；（4）选举人名册制造时虽有选举资格，然至选举时因犯谘议局章程第六条各项情事已由选举监督通知本所者；（5）投票人犯谘议局议院选举章程第一百○三条之罚则不得为选举人及被选举人者。投票箱投票纸及选举人名册过午后六时由管理员检查员分别收藏，投票箱之内外钥匙管理员及检查员分掌之；投票人关于投票事者有疑问时管理员及检查员当明白指示；投票人偶有违背定章等事实，出于无心者管理员及监察员应婉言劝阻，至投票人不听劝阻时，恃强反抗，始得传唤警察加以干预；选举当日过午后六时投票入口封闭后，如有后到之投票人欲从出口进门者一律拒绝；投票完毕之翌日，移交投票箱时须将选举人名册及投票薄一律移交；移交投票箱时，管理员监察员必有一二人亲身护送并得要求检查沿途保护”。[①]

奉天省谘议局于宣统元年九月初一日（1909年10月4日）宣布成立。议场始建于清光绪三十三年（1908），1910年建成，地址位于今日沈阳市沈河区桃源街118号。谘议局按西洋式总体布局，围绕着圆形街心花园广场而集中分布。其中心主楼是壮丽辉煌的议事场所，东西各有一座西式风格红砖造的配楼。奉天省谘议局以吴景濂为议长，孙百斛、袁金铠为副议长。吴景濂时任奉天师范学堂监督，兴城人，有“奉省教育家”的誉称；孙百斛有候补知府衔，沈阳人，以兴办实业著称；袁金恺有候补知县衔，辽阳人，著名政客。谘议局是全省的议事机关，议员针对本省应兴应革事件、本省岁出、岁入预决算、接受本省自治会或人民陈请建议事件、申覆督抚咨询事件、资政院议员选举以及本省单行章程规则之增删修改和处理地方自治等相关事宜进行讨论、议决各项应行应革事宜。奉天谘议局成立后的五十天的日程中，得到讨论并被议决通过的议案有三十四件。议案内容涉及官制、设治、民政、吏治、边防、财政、旗蒙事务、实业、司法、学务等许多方面。其他的活动中，谘议局组织和参加的四次请愿较为重要。宣统二（1910）年的二月、四月、七月、十月，分别进行了召开国

①《奉天谘议局筹办处拟定投票所办事细则》，《盛京时报》光绪三十四年十二月二十五日、二十六日。

会的请愿游行活动。其中第三次，请愿代表组团进京，割臂刺股血书“请开国会”，迫使清政府答应宣统五年召开国会。之后．宣统二年（1910年）十月五日，省谘议局出面组织了绅学商农及自治会八团体和四十六州县代表共万余人的游行请愿活动。第四次，十月十日，奉省第四次国会请愿团再次赴京，然以失败告终。

清政府设立的各地方谘议局，是中国历史上首次出现的具有一定立法权和监督权的地方宪政机构，是预备立宪筹备事宜中的一项，也是清末“新政”的重要内容，具有深刻的历史意义。

## 第四节　设银行 兴实业 办学堂 设公园

### 一、成立东三省官银号

顺治元年（1644），清军入关，定都北京，改盛京（沈阳）为陪都。此后，清廷每年拨银百万两，以供修缮祭祀和俸饷。由是京局及外省宝银，经公估局折兑，遂在奉天各地流通。《大清会典》载：顺治四年（1647）题准置盛京钱局，铸仿明式“顺治通宝”制钱。

光绪十三年（1887），奉天设宝奉钱局，铸“光绪通宝”钱，背满文“宝奉”纪局，计铸100余吊10余万枚。市场商品交换和支付，通行银两和制钱。光绪二十二年（1896），盛京将军依克唐阿奏建奉天机器局，铸大清光绪蟠龙纹银元，大、小两种并用。[①]由于银、钱不敷流通，更行用银炉“过炉银”帖、华丰及华盛官帖[②]，各钱庄、铺号之凭帖、飞子等纸币。钱法混杂不一，民用不便。

随着商品生产和商品交换的发展，货币的需求量也越来越大。由于中央通

---

① 光绪二十二年（1896）六月，盛京将军依克唐阿奏呈创建奉天机器局。二十四年（1898）七月，铸大清光绪蟠龙纹银元大、小两种。小银元为1角、2角、5角3种，10角合大银元1元。市面物价低贱，多行用小银元。

② 光绪二十年（1894）十一月，盛京将军裕禄奏准创建奉天华丰官帖局，发行制钱官帖。二十二年（1896）五月，盛京将军依克唐阿裁官帖局，收回库银8万两。二十四年（1898）五月，奏设华盛官钱局，印发华盛官帖。二十六年（1900）十月庚子事变，沙俄军队入侵奉天，钱局停业倒闭。

货不敷需求，造成通货奇缺，于是清廷允许各省设立纸币发行机构。

光绪三十一年（1905）十一月一日，盛京将军赵尔巽整顿奉天金融，为收回官帖及限制私帖流通，向清廷奏准创建奉天官银号。财政总局拨沈平银30万两，另招商股数万两，为官商合营的地方金融机构。地址在奉天省城内钟楼南路东。选任候补知县马恩桂为总办，魏景春为总经理。官方委任总经理主持银号业务，总稽查监督检查营业情况，书记官办理文书档案事务。并从商股选任总商、副商、司账（会计）、副司账管理日常业务。官银号业务主要办理存款、信用放款、抵押放款、汇兑、货币发行等，并设官银炉熔铸生金银，附设公估局检验宝银及银成色等业务。

奉天官银号下设分号，先后在营口、辽阳、安东（丹东）、新民、彰武、长春设立分号。光绪三十二年（1906），财政总局增拨资金，退还商股，改为官办，资本增为60万两。

奉天官银号为奉天最早创建的新式银行，有代理省金库及货币发行权。印制发行东钱票（官帖）、银两票、银元票，为奉天省规定的地方法制货币。

东钱票，又称“官钱帖”，是以东钱为本位的钱帖。与东钱等值流通，初期市面规定牌价75吊合本位币银元1元。光绪三十一年（1905）十一月，奉天官银号印制发行钱票。印制总额799.05万吊。其形制为竖式，纸质粗糙，白地套蓝，图案简单。帖面上端为“奉天官银号·钱票”字文，中间为面额（吊），右侧为冠字、编号，左侧为光绪纪年日期，均为发行时用墨笔填写，并加盖朱红印章。奉天市面小额交易和支付，多行用东钱，按市面规定牌价进行商品交换和流通。光绪三十三年（1907）奉天建行省后，减陌钱“光绪通宝”重库平五分，在北京以东及奉天省境域流通，称“东钱”。奉天官银号钱票改称“东钱票”。光绪三十四年（1908），东钱票发行总额69 716吊。[①]宣统元年（1909）四月，东三省官银号成立，改发东三省官银号东钱票，奉天官银号东钱票陆续收回。宣统三年（1911）停止流通并销毁。

银两票，又称“官银票”，是以沈平银为本位的银帖，与沈平银[②]等值流通，并可兑现实银两，以库平七钱二分合本位币银元1元。光绪末年，奉天省城钱庄、当铺、粮栈、油坊、烧锅、店铺等，印制签发钱帖、银帖盛行。光绪三十一年（1905）十一月，奉天官银号为抵制私营钱庄银帖的流通，印制发行以

---

① 奉天官银号东钱票发行额：光绪三十一年（1905）54972吊，光绪三十四年（1908）14744吊。见《中国近代货币史资料》，第1021页。

② 沈平银，为奉天地方银炉衡量银两的计算标准，1两合35.99克。

沈平银为本位的银两票。印制总额100万两。面额有1两、5两、10两三种。其形制为竖式，票面上端为“奉天官银号银两票”字文，中间为面额（两）。右侧为冠字、编号，左侧为光绪纪年日期。

光绪三十四年（1908），银两票发行总额46 576.2两。[①]宣统元年（1909），奉天官银号改为东三省官银号，遂停止发行并收回旧票。宣统三年（1911），停止流通，全数销毁。

银元票，是以银元为本位的兑换性纸币，属银元价值的代表符号或商品交换的媒体，可兑现银元。光绪三十一年（1905），奉天官银号为解决银元不敷市场流通，由天津北洋官报局印制奉天官银号银元票，分大、小银元票两种，可兑现大、小银元。是为奉天省最早的银元兑换券。

大银元票，是以大银元为本位的兑换性纸币，与大银元等值流通。光绪三十一年（1905）十一月，奉天官银号发行大银元票。票面上端为“奉天官银号银圆票”字文，下端为满、蒙两种文字，中为面额，右侧为冠字、编号，左侧为“光绪三十一年造”字款；背面印有钦命汉、满、蒙三种文字谕告。宣统元年（1909）四月，奉天官银号改为东三省官银号，发行“大龙元票”，陆续收回奉天官银号银元票。

小银元票，是以小银元“角”为本位的兑换性纸币，与小银元等值流通。光绪三十二年（1906）一月，奉天官银号发行小银元票。其形制：票面上端为“奉天官银号银圆票”字文，下端为满、蒙文，中间为面额，右侧为冠字、编号，左侧为“光绪三十一年造”字款；背面印有钦命汉、满、蒙三种文字谕告。1916年12月1日，奉天省改行奉大洋本位制，发行奉大洋票。不予兑换并收回奉天官银号小银元票。1925年全数销毁。

奉天官银号的设立为奉天地区金融事业的发展发挥了很大作用，对奉天的经济繁荣发挥了促进作用。光绪三十三年（1907）四月二十日，奉天改为行省，徐世昌任东三省总督，唐绍仪为奉天巡抚。徐世昌认为，银行乃是“三省金融之牛耳”，对于东三省的国计民生关系重大。其理由有四：第一，银行可以将东三省丰富的资源较为迅速地转化为经济优势。“东三省林、矿之盛甲于全球。枝节为之，非徒无益。有银行则可以次第伐采林区、矿产，所获之利，则还借债之本利而有余，且可以更番推广”。第二，开设银行有利于抵制日、俄的侵略。“有银行则可以召集各国之商家，而我有汇兑、储蓄之便，不为正金、道

① 奉天官银号银两票发行额：光绪三十一年（1905）35006两，光绪三十四年（1908）430756两。见《中国近代货币史资料》，第1013-1014页。

胜所垄断。各国必相率偕来，外资一集，遂得破两强相持之局而平均其势力”。第三，银行有利于东三省的财政、金融的稳定与发展。“理财之道，贵在流通。奉之官银号、吉之官贴局、江之广信公司皆以成本薄弱，纸币充盈为虑。有银行则信用必深，所发纸币利必倍蓰。可以出债票，可以收税权，可以齐币制”。第四，银行有助于筹措资金，修筑铁路。“东省实业之未兴，实由于交通之不便。有银行则可以出各种债券以经营铁路”。[①]基于以上四点，徐世昌提出设立东三省银行的计划。

鉴于东三省货币各不相通用，欲谋求统一三省币制，将官银号业务扩展东北三省。翌年（1908）九月奏准，于宣统元年（1909）四月二十一日，奉天官银号改组为东三省官银号，增加资本沈平银60万两，成为东三省官办的金融机构，兼理东三省金库及货币发行权。发行东钱票、银两票及银元票三种货币。其《章程》规定：“东三省官银号系政府官有营业，为活动三省的金融机关，并代理政府国库。”总号由奉天城钟楼南路东迁至大北门里。[②]周克昌任总办，下设会办管理全行行政与业务。杨宝云为总经理，下设副总经理，管理营业部业务。经营业务有存款、放款、汇兑、期票、税关解汇及买卖生金银、外币业务，代理委托并保管有价证券、贵重物品等。

东三省官银号在东北各地设有分号，分大小四等。一等分号：奉天公济平市钱号、哈尔滨、长春；二等分号：大连、安东（丹东）、营口、锦县（锦州）、开原、公主岭、吉林；三等分号：奉天（沈阳）、辽阳、海城、盖平、新民、铁岭、昌图、八面城、西丰、四平、双辽、山城子、通化、延吉、通辽、洮南、黑龙江（齐齐哈尔）、黑河、山海关；四等分号：辽中、新宾、新立屯、法库、东丰、西安（辽源）、海龙、宁安、绥化、呼兰、安达、复县、庄河、奉城、岫岩、宽甸、本溪、抚顺、郭家店、范家屯、下九台、绥中、兴城、锦西、义县、北镇、黑山、彰武、盘山、台安、辉南、柳河、康平、临江、桓仁、长白、双城、辑安、开通（通榆）、双山、一面坡、田庄台、清原、洮安等。在关内设有天津、北京、烟台、上海等分号。各分号设正、副经理，下设总务、营业、出纳、会计四股，办理业务。

除了东三省官银号以外，奉天省还有两个较大的官营银行存在，即交通银行东北分支行和大清银行东北分支行。光绪三十四年（1908）清政府邮传部创

---

① 徐世昌：《退耕堂政书》卷三四，第1812页。

② 东三省官银号主体营业大楼于1928年扩建，1929年竣工投入使用。今为中国工商银行沈阳分行沈河区支行楼址。

立交通银行，随即在奉天省的营口和盛京设立分行，处理航路、铁路、电信、邮政等四方面的金融业务。光绪三十五年（1909），清政府大清银行在盛京、营口、安东、锦州、大连、盖平、铁岭等地设立分行或分号，处理存放款、汇兑及银行一般业务，并发行银两票、银元票及钱票等。

上述官营银行的出现，对于发展奉天地区近代金融事业、维持钱法、整顿社会经济秩序，乃至推动奉天地区社会经济的繁荣等方面都起到了一定的积极作用。尽管如此，清朝官私银行业的发展并不像西方国家那样是工业生产发展的结果，而是由于列强对华贸易的发展，清政府财政的需要，以及内地财富集中于沿海口岸城市的结果。同时在外国资本的压迫下，许多官僚认为投资工业不如从事银行投资业更为有利，从而产生了诸如官营资本、私营资本的近代银行机构，错综复杂的环境也造成了奉天地区近代银行业的畸形发展。

## 二、八旗工艺练习所

20世纪初年，清政府在全国各地兴办了一批新的官立经济机构——官办工艺局和工艺厂。它是当时清廷的“新政”的主要内容之一。在奉天也先后成立了工艺传习所、工艺局、八旗女工传习所、八旗工艺厂所等相关机构。

光绪三十二年（1906）四月，盛京将军赵尔巽在奉天城东门外银圆局内附设工艺局，开始先成立金、木两科试办，随后更名为工艺传习所。奉天工艺传习所设专办官、副专办官各1人，事务员8人，教员3人，工师14人，工匠43人，学员定员180人。实际仅招收15至22岁的青年70人。常年经费为白银2 000两，1907年增至白银5 000两，学员一年制造的陈列品销售额为白银20 000两，增设缝、木、雕、漆、绣、毯、染、金等科，并仿照半日学堂办法、兼授国文、测算、绘画各学科。次年六月，奉天行省公署设劝业道，掌管工人培训和调配等事宜。工艺传习所隶于劝业道，在城东小河沿扩充厂房，是年冬，新所竣工，修订章程，改良工艺，添设织布、刷印、玻璃、凿井、胰皂、洋烛等工厂。传习所招收公费艺徒，延聘专门技师传授工艺，并设有教习同步兼授国文、测算、绘画等科目。艺徒学员毕业后，即可分配各地府、州、县教授工艺或创办工厂。奉省地区物产丰富，工艺传习所及各种工厂的创办，就本地之原料制成本地之货，为促进当地的经济发展创造了有利条件。

光绪三十四年（1908），奉天工艺学堂与工艺传习所合并。1914年7月20日，奉天各传习所和习艺所在省城大西关奉天商店陈列所举办实习产品展览会，展期一个月。8月20日，选出习艺所的毛毯等百余种产品送巴拿马万国博览会展出。

光绪三十三年（1907），奉天省当局以妇女无职业为由，创办八旗女工传习所。因经费由旗务处拨发，故冠以“八旗”头衔，所招学生，不分满汉。宣统元年（1909）10月，正式开学，设置纺织、刺绣、缝纫、造花、编物、育蚕六科，地址在省城大南门里老工部衙门。1912年，旗务处撤销，八旗女工传习所改名为奉天省立女工传习所。

作为解决八旗生计问题的辅助措施之一，奉天八旗工艺厂的设立又具有特别意义。由于清末社会经济条件的变化，八旗子弟不能完全依靠祖辈们的功劳领取俸禄、旗饷、地租，他们的生计问题也日益严重。“奉天旗人其总数及百二十万以上，户口既繁，生计尤苦”。[①]为了维护封建专制统治，清政府在各地开设八旗工厂，“专收无业旗丁，年十三以上四十以下者，使习浅近工艺，如有兵丁自愿入厂学习者，亦准报名考验”，“使八旗子弟人人皆能各执一业，以为谋生自主之基”[②]。奉天旗务处于宣统元年（1909）二月设立了奉天八旗工艺厂。该厂专门“招集旗籍艺徒，设额五百名，分木工、铁工、陶工、藤工、漆工、染工、织工、缝工、毛工、纸工十科，并附设讲堂授以普通教育”。[③]同时，又在锦州设立八旗工艺分厂，“先就本地所宜暂设毡毯、皮革等科，与奉天八旗工艺厂联合办理。”[④]“所需经费，采以指定八旗自赏银两拨充。”[⑤]经过一段时间的经营，效果明显，“近来得利尤丰，日计开支经费以外尚有盈余。”[⑥]因为奉天八旗工艺厂的开办颇有成效，东三省总督锡良遂又奏请清廷筹设奉天八旗女工传习所。

## 三、八旗学堂、官立中学堂等及奉天大学堂

在奉天实行新政以前，学校教育的三种主要形式有官学、书院、私塾。此外，还有一些特殊的教育载体，如宗室觉罗学、八旗官学、八旗义学等，这是专为满蒙贵族、满族地主子弟设立的专门教育机构。直至清末，奉天的教育水平一直处在较低的层次，除了讲授一些汉字、书法以及道德教化外，学校教育对社会发展几乎很少有促进作用。而且教育机构的分布密度不高，且规模也有限。赵尔巽曾言，“陪都根本重地，应早昌明学业以为各省倡。乃风气不开，反

---

① 辽宁省档案馆藏：《兴京县公署》第27286卷。
② 徐世昌：《东三省政略》卷八《奉天教养篇》。
③《奉天通志》第50卷，第1060页。
④《奉天通志》第50卷，第1060页。
⑤《锡良奏稿》第2册，第1045页。
⑥ 辽宁省档案馆藏：《兴京县公署》第25543卷。

逊各省，父老于此各如愧矣。”[①]。

光绪三十一年（1905）赵尔巽接任盛京将军，遵光绪帝上谕于东三省各设学务处，作为各省教育的行政机构，总管仍称为学政，下设书记、庶务、编辑、调查、会计、游学等八科。同时责令各地方兴办学堂，每县都得有学堂。改造祠堂、庙宇，租借民房，暂为校舍，办学经费则抽捐于民。光绪三十二年（1906），奉天省改设提学使司，设提学使一人，张鹤龄出任奉天省首任提学使。学务处改为学务公所，内设各科，并在下属府厅州县设立劝学所，层层管理。光绪三十三年（1907）以后，奉天设立教育总会，宪政讲习所等教育行政机构，并将私塾改称为夜课。

奉天新政开始后，立即按照1903年清政府颁布的《癸卯学制》要求，在纵向层次上进行多级别的全面改革尝试，围绕科举为中心的旧式教育，很快转变形成了幼儿教育、小学教育、中学教育、大学教育等四个层次。

幼稚园教育　清末以前，幼儿教育基本是在家庭内部完成的，是家庭教育的一部分。光绪三十四年（1908）初，清政府正式颁布了中国第一个幼儿教育法规——《奏定蒙养院章程及家庭教育法章程》。该章程将幼儿的公共教育载体定名为蒙养院，作为教育学龄前儿童的专门机构，列入学制系统。遵照这一规定，奉天的幼儿教育也开始走出家庭，进入学校。光绪三十三年（1907），奉天地区最早的蒙养院——省城第一蒙养院创建，有蒙童8名。次年，增办省城第二蒙养院，当年共有蒙童175名、教员11人、职员5人。该蒙养院设施先进，儿童游戏室、保育室完全仿效日本国内最新形式，儿童游戏运动器材比较完备。[②]此后，其他地方也零星设立了少数蒙养院。这些蒙养院招收3～7岁的幼儿，任务是“重养不重教”，所以规定每日授课不能超过4小时。

早在光绪二十八年（1902），新设的奉天大学堂即从教学实践考虑，筹设“省城小学堂”，以各旗官学为基础设置“蒙养学堂”。同年十月，以省城关厢占用八旗官房设置“蒙养学堂”八处，每堂设教习2员，学生20名，是为省城小学堂创建之始。新政期间，在科举制废除的背景下，奉天省的小学教育开始了大规模的转变，新式小学校纷纷设立。经过几年的大力发展，到清末，奉天地区的小学教育，尤其是初等小学教育相当发达，在全国23省中名列前茅。另据调查资料统计。光绪三十四年（1908），奉天省学龄儿童（7~15岁）的平均就学

① 中国第一历史档案馆藏赵尔巽档案，全宗，第187号。

② 富香海：《创立时期的奉天女子师范学堂》，《文史资料选辑》第5辑，辽宁人民出版社1965年版，第125页。

率达到11.3%，发展最好的是法库直隶厅，就学率高达61.50%。[①]

奉天中学堂　奉天官立中学堂最早创办于光绪三十一年（1905）九月，后来因为学生过多，原有的一所公立中学不足以适应教育发展的需要，遂于省城大北门外依牛录胡同添设自费中学堂一处。翌年二月，改名为奉天中学堂。又利用奉天官立中学堂原址改办完全师范学堂。[②]后来接收方言学堂和高等学堂学生各两班，“学生日多，教务日渐发达矣。”[③]到宣统元年（1909），奉天省已有中学堂5所，学生505人。

奉天大学堂　光绪二十七年（1901）十一月，盛京将军增祺筹办奉天大学堂。起初在省城外攘门外各祠庙创设，后来改建在内治门外的旧营房作为校舍。光绪二十八年（1902）九月，正式开办。总办为孙百斛，谈国楫，顾汝基、荣德为帮办。奉天大学堂对入学的生员具有较高的要求，经过严格筛选，“先尽各属举人、五贡、监生及高等生童选充”[④]，以2∶1的比例进行选拔。这年夏季开始正式招生，应试者五百余人，试题为策论、经义各一篇。秋季发榜，计正取生四十八人，备取生若干，冬季始行开课。[⑤]光绪二十九年（1903）正月，奉天大学堂迁入新校舍后改称盛京省学堂，总办改称总理，帮办改称副办，仍任孙百斛为总理，聘李伯陶为提调，刘春烺为总教习，按照《钦定高等学堂章程》，办理各处事务，所有职员遵照省学堂规制进行设置。正额学生200名，聘请中西文教员讲授国文、英文、满文、历史、地理、诸子、数学、体操等课，常年经费五万两。光绪三十年（1904）正月，“省学堂被俄人占据”，就此停课，一蹶不振，以至停办。“以后学生或留学外国，或考入国内高等学堂，或办地方教育，对当时社会风气颇有相当影响。”[⑥]由于新学刚刚兴起，相应的教育管理机关还没有建立起来，所以大学堂还兼管奉天省的教育行政。“为一省学务之总汇。当时如筹设省城蒙养学堂、核办各属小学、考选北京师范馆学生等，皆为大学堂所主持。”[⑦]奉天大学堂是近代东北地区第一所高等院校，揭开

① 《光绪三十四年（1908）奉天省学龄儿童及已就学者统计表》，《辽宁省志·教育志》，辽宁大学出版社2001年版，第879页

② 李喜平：《辽宁教育史》，辽海出版社1998年版，第207页。

③ 《奉天通志》第151卷，教育三，清下，第13-14页。

④ 《奉天通志》第151卷，教育三，清下，第8页。

⑤ 孙祖昌：《奉天省第一个学堂》，《文史资料选辑》第1辑，辽宁人民出版社1962年版，第75页。

⑥ 孙祖昌：《奉天省第一个学堂》，《文史资料选辑》第1辑，辽宁人民出版社1962年版，第76页。

⑦ 《奉天通志》，第151卷，教育三，清下，第2页。

了奉天教育改革的帷幕。宣统元年（1909），奉天省筹办了奉天高等学堂，招收学生149人，1912年又并入了法政学校。

八旗学堂　早年设立的宗室学和八旗官学，在实行新政时期开始发生变化。光绪三十一年（1905）五月，正红旗满洲协领奎明筹办八旗小学堂，十一月，又将满洲八旗学堂改办为满洲八旗小学堂。宣统元年（1909）四月，改为八旗公立第一两等小学堂。宣统二年（1910）九月，四处小学堂合并成为八旗公立两等小学堂，肄业者皆高等学生，翌年改称八旗公立高等小学堂。日、俄两国在辽东开战后，原来的宗室觉罗学因此停办。光绪三十一年（1905），赵尔巽奏请改宗室觉罗学堂为官立维城两等小学堂。九月开学，招收高等初等学生各4班，皆皇族子弟，供应颇优。堂内规则极为严整，军式操法一时为诸校之冠。1912年，改为筹边学校。即为现在沈阳满族中学的前身。

专业教育在新学兴起以前，奉天地区教育完全服务于科举制度，形式单一。在新政中，近代职业学校开始出现，专门的职业技术教育兴起。当时奉天省开展了各种形式的职业技术教育，具体包括：各类专门学堂、师范学堂、实业学堂以及成人的短期职业培训班。为了满足经济政治发展对专业人才源源不断的需求，奉天省各级政府大力发展职业技术教育，几任最高地方行政长官都对此倾注了大量心血。因而，奉天省的职业技术教育也多以公办学堂为主。

奉天新学中发展较好的是师范教育。“学堂必须有师”，教师的培养关乎学堂命脉，“师范无人则学生程度必不能合，蒙学、小学均同虚设。”①因而，新式学堂的兴起，从根本上推动了师范教育的诞生。新政开始后，盛京将军赵尔巽在咨行学部，调请大学堂师范毕业生到奉天省任教的同时，于奉天地方建立师范学堂，发展师范教育，培养教育人才。奉天省的师范学堂是严格按照清政府的要求而设立的，分为初级师范学堂、优级师范学堂、简易师范科、师范传习所。清末奉天省的师范学堂与师范传习所一般规模较小，学制多者三五年，少者一二年，至少者几个月。“光绪三十一年，筹设师范传习所于省城，遴选中学成绩之优异者取入焉。三月毕业，以充小学教员。此为奉天有师范之嚆矢。”由于师资缺乏，当年冬天，“添办简易师范学堂，越明年更设长期师范传习所、初级师范学堂、师范简易科、体操专修科及女子师范学堂各一，乡间师范传习所五，各县饬立师范传习所一区，以储教材。”②于是，师范学堂在各地纷纷出现。辽阳、海城、铁岭、盖平（今盖县）、法库、新民、绥中、凤城、岫岩等县

① 赵尔巽档案，全宗，第178号。

②《奉天通志》第151卷，教育三，清下，第10-11页。

都先后设立了师范传习所，辽阳、凤城、新民等地还兼办师范简易科。[①]此后的两年内，奉天省共有师范学堂30所，学生1360多人，“师资于焉略备”。[②]其中的奉天两级师范学堂是当时全省最好的学校，毕业生在全省影响很大。原本设有选科3班，初级本科1班，光绪三十三年（1907），提学使张鹤龄请改选科为优级师范科，并添招初级本科两班，遂更名为奉天两级师范学堂。宣统元年（1909），添招优级师范选科1班，简易科7班。1912年，改为奉天两级师范学校。随着新学的兴起，一些女子学堂建立起来。在“男女有别”的封建道德之下，女校不能采用男教师讲课，于是女子师范学堂应运而生。光绪三十二年（1906）春季，赵尔巽令奉天学务处创办“奉天省官立女子师范学堂”，为女子学堂培养师资。到宣统三年（1911）有50人毕业，有40人走上了教育岗位，奉天省为女子教育提供了必要的师资力量。此外，在省城还设立小学教员补习科，专门研究管理和授课办法，以增专业进知识，提高从业技能。[③]

奉天省对于师范教育管理尤为认真。不论是课程设置和教材使用，还是在教学方法和成绩考查上，都有着严格而具体的要求。培养目标不同，学制不同，课程设置也不一样。为小学造就师资的初级本科学制五年，设置国文、外国语（英语、日文）、数学（包括算术、代数、几何、三角）、修身（摘讲《五种遗规》）、经学（读讲《春秋》、《左传》、《周礼》）、教育（心理学、伦理学、教育学、教育史、教育原理、教授法、实习）、化学、物理、历史、地理、博物（植物学、动物学、矿物学）、法制经济概要、兵学、体操（普通体操、兵式体操）、武术、图画、手工、音乐等。师范简易科学制三年，课程设置相同，只是内容较精简。为中学培养师资的优级选科设史地、博物、数理化三科，科目不同，修业年限不一样。课时分配上以专业课为主，另有人伦道德、经学大义、心理、教育等通习课。此外，还开设有德语作为选修科目。各级各类师范学堂所使用的教材基本都是学部制定的，优级选科用的有些是教师自编、编纂改定或者选择善本作为教材。师范学堂的考试分为临时考试、学期考试、年终考试、毕业考试、升学考试五种。临时考试不定期，学期、年终、毕业考试与平日分数各占最后总分一半。年考及格者方准升入下一年级，不及格者留级补习，仍不及格者退学。评定分数分六个等级，以二十分为一个阶梯，二十分为

① 辽宁省地方志编纂委员会办公室：《辽宁省志·教育志》，辽宁大学出版社2001年版，第589页。

②《奉天通志》第151卷，教育三，清下，第10页。

③《奉天通志》第151卷，教育三，清下，第10页。

及格，以上者为下等，以下者退学。[①]此外，奉天省两级师范学堂还附设中学、小学各一所，作为师范学堂学生的实习基地，由师范学堂派员率领，会同附校教员共同指导实习，还到省城优良中小学参观，以备实际参考。[②]

为了满足经济发展对于新型人才的需求，在“实业救国”的影响下，奉天省大力发展实业教育，建立了农、工、商等的专门学堂，以培养实业人才。在兴学过程中，非常重视对于农业人才的培养。赵尔巽主张先设农业试验场，后立农业学堂。因为“考究他种实业，自宜以学堂为先，试验为辅；独至农业，似宜以试验为主，学堂为辅。”采纳彰武县士绅周士藻在省城设立农业学堂，以培养实业人才的建议，光绪三十二年（1906）四月，赵尔巽在省城大东边门外东塔前创办奉天农业试验场，聘日本农学博士为场师。农业试验场划分为苗圃、菜园、树艺、农产、园艺、畜牧、蚕桑等八区，购置新式农具，采购东西各国种子种苗，雇用本地农工，试种各类作物，饲养与改良畜种。试验场附设学堂一所，教习由日本场师兼任。同年九月，奉天农业学堂正式开学，先招农业速成班学生两班。光绪三十四年（1908）四月，增加中等农业学生两班，更名为奉天省城官立中等农业学堂，经费由农工商局供给。[③]学科分为预科和本科。学习内容除专业知识外，还有一定比例的基础知识。除了在课堂学习之外，还有土壤、肥料、作物、园艺、农产、养蚕、虫害、气候、林学、兽医、水产等十多种实习科目，供学生选择。另外，还可以酌加其他关系农业的科目。宣统二年（1909），添招农业教员讲习所一班，三年毕业。另外，还招蚕桑补习班及完全班各一班，进一步推广农业技艺。

1905年7月，日俄战争刚刚结束，清政府即派赵尔巽任盛京将军，经营东北三省事务，以图重振清王朝在东北的统治。赵尔巽面对东北地区饱受战乱之苦的破败景象，认为“非布新除旧，无以自治，无以图存!”[④]奉天省城（沈阳）率先启动“新政”。鉴于缺少能够实行新政的人才，赵尔巽又迫不及待地筹建一些专业技术学校，为新政的实行培养人才。光绪三十二年十月十一日，（1906年11月26日），在盛京将军赵尔巽主持下，委托奉天提学使张鹤龄利用奉天机器磨坊闲置房屋创办了奉天工业学堂，是为近代沈阳成立的第一所实业学堂，名

① 辽宁省地方志编纂委员会办公室：《辽宁省志·教育志》，辽宁大学出版社2001年版，第630页。

② 辽宁省地方志编纂委员会办公室：《辽宁省志·教育志》，辽宁大学出版社2001年版，第632页。

③《奉天通志》第151卷，教育三，清下，第14页。

④《清德宗实录》卷五四七，第2页，总第5387-5388页。

为奉天实业学堂。在赵尔巽的支持下，奉天省城的新式教育迅即兴起，城内“学堂林立，学生日多”。一年以后，全市“学堂43处，宣讲所3处，学生4124人，其中女生351人。”[①]

光绪三十二年（1906），赵尔巽应东边开埠局的要求，拟在安东设立奉天森林大学堂，在松花江、嫩江近水之地预留有木之山50里，作为该学堂实习之用。翌年开设一班，有学生50余人，这是东北最早的森林学堂。后根据学堂监督郭宗熙建议，学堂移至省城建立，并改属劝业道领导。[②]“山林木材良多委弃，亟思造就垦殖人才，以备录用。”光绪三十四年（1908）二月，东三省总督徐世昌应劝业道黄开文所请，创办奉天省城官立中等森林学堂，校址在省城大东关，招收300人，设森林预科、本科以及速成班。本科学制五年，延聘日本林学专家分科任教。常年经费由度支司木税款供给。宣统三年（1911）二月，与农业学堂合并成立奉天官立农林学堂。[③]

奉天省大力发展教育，振兴商业，急欲开办商业专科学校，自己培养人才。光绪三十一年（1905），奉天省将光绪三十年（1904）日本人仓喜平在营口创办的营口商业学堂接收过来。1912年9月，迁入省城，并改名为奉天省立中等商业学校，[④]为银行和官办企业培养财务会计人员，[⑤]是为奉天省唯一的商科专业学校。

光绪三十一年（1905）五月，奉天学务处总办叶景葵奏准将游学预备学堂改为实业学堂，八月开学。定名为奉天高等实业学堂，徐鸿宝为监督。这是新政中东北最早的工科职业教育学校，奠定了奉天工科教育的基础。该学校最初为预科性质，一年后改为公立工业专门学校。宣统元年（1909），按照教育部所颁中等实业学堂章程，又改为中等工业学校。1913年，改为公立工业专门学校。

仕学馆。仕学馆是清末为政府官员学习法政而设的机构。科举停止后，一时间出现了人才供给上的断层。为了补救这一空白，光绪三十一年（1905），赵尔巽请准在省城设立仕学馆一处，学额定为60名。不分满汉，“考取在省候补同通正佐，年岁合格，文理稍优者，为内班，考取本籍士绅，留心政治，材堪造就者为外班。”[⑥]此外，在自愿的基础上，还招收一定数量的渴望接受教育的候

---

①《盛京时报》，1907年6月26日。

② 王贵忠：《东北职业教育史——从远古到民国》，辽宁大学出版社1999年版，第117-118页。

③《奉天通志》第151卷，教育三，清下，第14-15页。

④《奉天通志》第151卷，教育三，清下，第15页。

⑤ 王贵忠：《东北职业教育史——从远古到民国》，辽宁大学出版社1999年版，第119页。

⑥《奉天通志》第151卷，教育三，清下，第11页。

补者作为旁听员。于是年十月开学，按简易速成办法教授历史、舆地、刑法、约章、理财、警察、教育等七门。这是一所培养后备干部的学校，学员毕业后择优录用。光绪三十二年（1906）六月，鉴于各省多已设立法政学堂，由仕学馆招收新生60名，连旧有学员，另择校址，各组成一班，建立法政学堂，七月初正式开学。同年冬，法政学堂合并仕学馆，公费、自费学生共400名。[①]分为五个班，官费生定额20名，自费生不定额。“所授课程均以中外法律、政治、经济之切于实用，必须通晓者为主。借储理新政人才。”[②]按学生程度分为专科和讲习科两科，学制分别为两年和一年，后来各增加到三年和一年半。而“时在学各生，因以原定期限太促，多愿改入别科，以资深造。”又因当地士绅愿意自费入学者甚众，所以招收了两班。光绪三十四年（1908年）八月，第一届学生157人毕业，分派各司道和吉、黑两地实地练习。1912年九月，改为奉天官立法政专门学校。仕学馆，本来是不分满汉，一体肄业的。“奈限于学舍学额收容无多，因另设一旗员仕学馆，专教旗员。所有实缺候补及在籍各员凡文理粗通，不沾嗜好者，均准考送入馆肄习。”[③]后并入法政学堂。实行新政后，奉天旗务处创办奉天崇实学堂、八旗学堂、女工传习所等学，虽冠以八旗之名，但在“化除满汉畛域”的方针下，也招收其他民族学生。

方言学堂。清末，地方上设立的外国语学堂被称为方言学堂。光绪三十四年（1908）正月，奉天省创办了自己地方的外语培训学校——奉天方言学堂。“择中学程度较优之学生，取入焉。凡一百三十余人，分习英、日、俄文三科。”[④]宣统元年（1909），奉天方言学堂改为高等学堂，九月并入法政学堂。

女子美术学堂。光绪三十三年（1907），由女子师范学堂日本教员前田茂子、服部升子请准，在省城大南门里创设公立女子美术学堂，招收高小毕业女生。从《奉天女子美术学堂章程》看，该学堂以“教授女子之技艺，必期有益于家庭教育”为宗旨，必须门第清白，品行端淑，身体健壮且有切实公正绅民及家族为之保证方收入学，分为简易科、高等科和撰科三种，除学习缝纫、刺绣等专门技能外，各科还分别学习一些基础知识。包括简易科学习的算学、日语，唱歌等；高等科还学习国语、历史、地理、修身等；至于撰科，则是“特撰定一科课之”。学习内容不同，修业年限也不一样，以六个月为一学期，简易

① 《奉天通志》第151卷，教育三，清下，第12页。
② 《奉天通志》第151卷，教育三，清下，第12-13页。
③ 赵尔巽档案，全宗，第177卷。
④ 《奉天通志》第151卷，教育三，清下，第10页。

科两个学期，高等科四个学期，撰科不定期。每月交纳银洋一元为学费，另外，“生徒所用一切材料等件，一律缴价”。[①]同年四月，学堂开学，不久停办。[②]

东三省陆军讲武堂。在推行教育新政过程中，近代陆军军事教育也从无到有，并有所发展。光绪三十二年（1906），赵尔巽在原盛京将军府创办了东三省讲武堂普通科，培养陆军初级军官。挑选巡防学员入堂肄业，一年毕业。光绪三十四年（1908）十月，改称陆军讲武堂，地址移至奉天小东门外，挑选陆军巡防各一班，六个月毕业。宣统元年（1909）十月，又续办两期。宣统三年（1911），因革命军兴起，该堂即行停办。民国后几经变革，改称东三省陆军讲武堂。先后为陆军部队培养了数千名军官。[③]

体操专修科。光绪三十一年（1905）三月，于省城小南关以北创设体操专修科。后来迁到大北门外大法寺西，改为体育美术专修科，学制一年。所取学生程度较低，设备较简陋。宣统元年（1909），并于两级师范学校。[④]光绪三十三年（1907），开办了奉天师范学堂体操专修科，这是全国为数不多的体操专修科和体育学堂之一。

这期间，奉天省还创办有格致测算专修科、军警学堂、电报学堂等各种实业学校、专门学校。职业技术教育的发展初步满足了东北地区社会政治经济发展的需要，为新政在东北的推行提供了人才保障。

在新式教育发展中，继续教育开始得到注重。《奏定学堂章程》第一次在学制中确立了成人教育的地位。例如光绪三十二年（1906）十二月，提学使张鹤龄呈请在学务公所设立教育官练习所，选聘外国教师讲演教育学、教授管理法及教育行政视学诸项制度，督率公所职员及各学堂教员逐日听讲，两年毕业学员20余人，成绩颇著。宣统元年（1909），调集候补人员入所练习，以三个月为期。以期学务公所职员和各学堂教员普遍学习教育学的专业知识，更好地为奉天省教育发展服务。为了提高小学教师的业务水平，在省城还开办了小学教员补习科。此外，在兴学的感染下，奉天省的一些部门积极开展继续教育，“为教练分局员弁，使知应尽之职务，兼补未习之学科。”[⑤]奉天乡镇巡警局开设了乡镇警察补习科。另外，光绪三十四年（1908）冬，在省城开办方言肄习所，目的在于为政府职员及其候补者补习外语。以英、日、俄语为必修课，凡是在省

① 赵尔巽档案，全宗，第177卷。
②《奉天通志》第151卷，教育三，清下，第16页。
③《奉天通志》第172卷，军备五，近代，第12-13页。
④《奉天通志》第151卷，教育三，清下，第15页。
⑤《乡镇警察补习科之办法》，《盛京时报》光绪三十三年三月二十八日。

任职以及候补官员均准许入所学习。分甲乙两班，白天夜间轮流上课。白班两年毕业，夜班三年毕业。[①]这些成人教育的开办，扩大了受教育者的范围，进一步提高了教育的社会功用。

日俄战争之后，又有奉天高等实业学堂、东三省讲武堂、奉天省第一女子高中、奉天陆军小学等一大批大、中、小学校相继成立。

光绪三十四年（1908），奉天计有专门学堂3所，学生602人；实业学堂8所，学生584人；师范学堂31所，学生1634人；普通学堂2071所，学生82745人。到宣统二年（1911），奉天共有9所中学，各类学校总数已达到2700多所，学生总数达106 000多人。奉天地方当局顺应时代发展的需要，对教育领域进行了改革，使奉天全省的整体教育模式和教育内容以及教育管理方式得到了一次全方位的改造，由此拉开了区域教育近代化的序幕，带动了清末东北地区经济和社会的全面协调发展，并为民初东北地区教育的更大进步奠定了坚实基础。但是，此种近代转型是在保留封建内核前提下对外壳的近代化改造，封建的教育宗旨已经限定了近代化外壳发展的深度和广度。

### 四、小河沿及奉天公园

小河沿自清道光年间以来就是休闲避暑的胜地和民俗荟萃之所，至清末建为公园，是奉天第一座对外开放的公园。

据《沈阳县志》载，万泉河“其源出自东关观音阁东之涌泉，地下水自多处源源涌出，汇成河流，俗称万泉河”，沈阳人习称为小河沿。河水由东而西，流经水栅栏，始形成较宽水域，与湖水相连西流，于魁星楼前边折而南流入万柳塘，经五里河流入浑河。这一区域建筑物最著名的是两处：一处是观音阁，位于万泉河北岸，建自清乾隆年以前。另一处是魁星楼，在万泉河以北，建于清代中期。楼制两层，进深面阔均只一间，上层西向，四面开窗，门上匾额“天下文明”为道光时沈阳举人缪公恩所书。下层南向，为文昌阁。此楼位于沈阳城东南，为本区域中最高的建筑。

小河沿“万泉园”，是远近闻名的公园。沈阳八景之一的“万泉垂钓”、“万泉莲舟”、“星阁晴霞”等景观，皆是对小河沿景观的描绘。很多文人写下了吟咏这里的诗作。清末被誉为“辽东三才子”之一的刘春烺的诗句：“万泉河畔引清流，白舫蓝舆作冶游。六月莲花三月柳，醉人风月似杭州。”也有缪润绂的

---

① 《奉天通志》第151卷，教育三，清下，第10-11页。

《万泉垂钓》诗："泉流不择地，掘地皆清泉。偶为河上游，泉脉来涓涓。银鳞四五寸，跃跃波纹圆。伊谁弄钓丝，看此清且涟。大哉渭宾叟，思之常穆然。"钱公来《万泉垂钓》云"小河沿上柳如茵，画舫笙歌历历春。借问柳垂钓客，青衣行洒又何人。"等等。

清代末年，一些商人看好小河沿这块地方的发展前景，遂于此购置土地，大兴土木，添建一些亭、楼、小桥等固定设施。外国传教士于光绪十一年（1885）创办的盛京施医院，就设立在万泉河岸边。担任过该医院院长的苏格兰传教医生杜格尔德·克里斯蒂，曾这样描述小河沿："在奉天城东南，距离闹市区不远，有一条缓慢而平静的小河，几乎就是一个湖泊。每到夏季，小河沿成为追求享乐者和度假者乐而忘返之处。美丽宽大的叶子衬托着粉红色的荷花，在水面上轻轻摇曳；空气清新，沁人心脾，远非城内所能比拟；在岸上众多的茶棚中选择一处坐下，呼吸着新鲜空气，享受着良辰美景，闲谈品茗，别有一番情趣。非常幸运，在俯瞰小河的一块台地上，我们买到两块用于建房的地皮。在我们看来，就建立医院而言，在奉天，没有比这里更为理想的地点了。"①

光绪三十二年（1906），一位姓沈的绅士出资经营，疏河铺道，种花植树，并修建水亭、茶榭、酒肆、集市等，使这里粗具公园规模，建起了一座对游人开放的私家公园——也园，后改称万泉园。翌年，此处转让给天水氏，又增建了津桥、鸥波馆、游船等。天水氏很快转给赵氏，而赵氏则于1913年又转给东三省官银号。

万泉园被东三省官银号接管后，设专员负责经营，开始大规模整修。先是将河两岸商家经营的棚、亭、书场，以及卖艺的、叫卖的集中到虹桥西南角，虹桥以东则有计划地栽种树木，修建假山和碎石小路以及设置供旅人休息的长椅，在河的东阶开辟一处植物园，负责向公园供应花草树木，还辟建小花园培育奇花异草，饲养观赏鱼类。官银号还曾设游艇20多只。每船可乘三四人，一小时租金一元。河中搭凉棚舞台，北部有藕香榭书馆，可容150人听书。鼓书演员霍树棠（奉派大鼓）、宋明元（京韵大鼓）、曾振庭（八角鼓快书）、王枫泳（河间大鼓），演艺高超，场场爆满。南部是凝香榭戏法杂技棚，可容800人观赏；福兆春戏棚，可容500人观赏；畅观楼杂耍棚可容200人观赏。每年农历三月初五日搭起，七月十五日拆除，属季节性舞台。这些棚子舞台均修建在土墩之上，距河岸约8米，在1.5米水深的河面上搭简易木桥，供观众进出。戏法大

① 杜格尔德·克里斯蒂著，伊泽·英格利斯编，张士尊、信丹娜译：《奉天三十年（1883—1913）——杜格尔德·克里斯蒂的经历回忆》，湖北人民出版社2007年版，第10页。

王、魔术大师韩敬文的亚细亚戏法，绰号“小饭桶”张体庆的滑稽杂耍杂技，王祝三的魔术杂技队，张向辰、赛亚士夫妇的魔术杂技，上海张宝庆的飞人杂技团等于此演出。福照春戏棚，由皮影艺人苗佑芝、张绳武、孙占科联合上演唐山皮影戏。湖心小岛有说书、唱小戏的，打把式卖艺的，抽签算卦、看相的，卖膏药、大力丸和变戏法的，小商小贩撂地摊的，呈现世俗百态。

万泉公园是沈阳历史上第一个真正意义上的公共园林。在此之前，所有园林基本上都是私家园林，是供主人自己赏玩和消遣的。万泉公园的出现，改变了沈阳人的习惯性观念，全城人都可以进去游览，迅速获得全城人的青睐。

奉天公园。随着“新政”的推行，光绪三十三年（1907），经当时的东三省总督徐世昌提议，在紧靠旧城西侧的位置修建了一座“奉天公园”。这是当时接受西方影响所兴办的城市公共休息场所之一。清末民初，金梁在《奉天古迹考》中记述了“奉天八景”，其中的第七景就是“西园晚眺”。每当夏秋季节，黄昏时分，游客群集登亭纳凉远眺，微风徐来，万千景象尽收眼底。

奉天公园的原址坐落在现在沈阳市人民政府办公大楼及原沈阳宾馆一带，占地39411平方米。公园所处位置正处于交通便利、连接新老城区的优越地段。既可供城内居民闲暇游赏，又便于外来客人领略沈阳时尚景观。

公园设有东、西、南、北四门，按各门的方向在园内皆建一座宫殿式凉亭。东门里有“雪亭”，周围杂花遍地，芳草如茵。亭西为鹿圈，喂养牝牡鹿各一只。南门里有“澄心亭”，凉亭建筑在水池之上，池中养鱼数百尾，登亭远望，市井繁荣景象一目了然。西门里有“众欢亭”，与实胜寺相傍。北门里，也有八角凉亭一座。亭上有长联一副：“地处欧亚之冲，问当代名流几人经过；亭外山川如绘，考沿江形胜注我怀来。”[①]长联为徐世昌书写，白地绿字，美观大方，十分醒目，表达了当年徐世昌主政东北时的气度。

奉天公园内，遍植花草树木，有马尾松、龙须柳、德国槐、白杨、玫瑰红、大红桑等木本植物两千一百余株。有蒲菱、芙蓉、洋菊、薄荷等草本植物二十四畦。园内人工湖、拱桥、亭榭、楼阁等建筑，新颖别致，巧夺天工。花草树木鲜艳繁盛，幽径荫浓。春夏之交，金秋时节，游人络绎不绝，是沈阳人当年览胜观光的好去处。

园内还建有假山、荷花池、荷花亭，并设有公共阅报室、图书馆，还有讲演厅等文化活动设施。在公园的西北，设有一排高大的秋千架，供游人打秋千

---

① 《东三省古迹遗闻》，第149页。

玩耍。再往前，是动物厩舍，当年在厩舍里有黑熊一只、灰狼两只、狐狸四只、猿猴六只、仙鹤一只，供游人观赏。

在公园的西北角，有私人开的小绿天茶社和大鼓书场。茶社迎门两侧有副趣联："求名苦，求利苦，吃杯茶去；为公忙，为私忙，拿瓶酒来。"茶社垂杨为荫，列座其间，清风徐来，爽宜襟怀。大鼓书场紧挨茶社，丝弦声声，清音悦耳，人来人往，门庭若市，辛亥革命后，平津鼓界大王张小轩来沈献艺，最初就现身在奉天公园，同来的还有唱山东犁铧大鼓的黑姑娘和谢大玉两位年轻的女艺人。

这时，已是民国初年，男人皆已剪掉发辫，而张小轩仍留一条辫子于脑后。张小轩演出时，奏曲实大声洪，唱做豪迈，有时拳脚并用，时人称之为"武大鼓"。他最擅长演唱《三国演义》名段：《草船借箭》《糜氏托孤》《战长沙》《截江夺阿斗》，以及他自编的反映晚清国耻的小段，皆深受观众的欢迎。黑姑娘长得娇小玲珑，明眸皓齿，装饰朴素，多着淡妆。她的歌喉清脆，有如柳荫清画，春莺百啭。她演唱的《十样锦》曲调，沁人心脾，回味无穷。谢大玉则窈窕风流，嗓音甜美，她善于演唱《黛玉悲秋》和《昭君出塞》等曲目，声声哀怨，句句凄婉，使人如临其境，如闻其声，不禁潸然泪下。

这些花木与亭池等景观相结合，将这座面积不大的公园点缀得颇为别致，自然景观与人文景观相互辉映，更增添了奉天公园的独特魅力，加之其所在距火车站、商埠地、四平街、皇寺几个重要区域都不远，故初建之时"春夏之交游人颇盛，趁集踏青者无虚日"，成为清末增添的沈阳城新名胜之一。

奉天公园是沈阳第一家官办公园，起初独立经营，后因经费问题先后归并到劝业道署、植物公所、女子蚕业学校等处。

# 第六章
# 辛亥革命时期的奉天（沈阳）

- 同盟会辽东支部建立
- 辛亥革命时期的奉天城
- 张作霖崭露头角

辛亥革命爆发前，沈阳地区连续三年遭受水灾袭击。据《沈阳大事记》记载：1909年（宣统元年）6月，辽河、柳河暴涨，浑河决堤，两岸庄稼、房屋均被淹。1910年（宣统二年）8月，连下大雨，诸河并涨，铁路一时中断。全城粮价飞涨。人心惶惶。新民、辽中水灾严重。1911年（宣统三年）8月，暴雨成灾，浑河铁桥被冲毁，南满、安奉、京奉三线交通中断。辽河泛滥、新民上千人丧生，淹没房屋数千间，灾民遍野。1910年8月和9月的《盛京时报》时报上也对当年的柳河水灾给予刊载："房屋被水冲坏……街面水深六尺，槽船进街……（如）增涨不止，京奉路线亦因之阻绝矣"[①]，"各处房屋冲倒者十分之六七……被水灾民困坐于房顶，哀鸿遍野，无食无衣"[②]，"二十七日下午忽然雷雨倾盆……柳河之水又复大涨，由（新民府）西大街穿过车站马路，越审判厅，至城墙下……至于田庐物产，此次又损失若干。人口有无淹没？刻下，道路污塞，俟擢明，再行续报。"[③]。

辛亥革命爆发前，沈阳地区还曾遭受流行鼠疫的威胁。据《沈阳大事记》记载：1911年（宣统三年）1月，在奉天车站首次发现鼠疫。在东三省总督锡良上宣统皇帝的奏折中详细记载了此次东北鼠疫的情况："查此次百斯笃[④]之疫实始于满洲里左近，哈尔滨、长春蔓延于黑龙江、吉林、奉天。迨京奉、东清、南满火车停开，遮断交通，而疫势已如江河一泻千里，不可遏绝。外人谓百斯笃为国际病，持人道主义者本无分畛域，均有防卫之责。办理稍一不善，即予人以口实。兼以东省创见斯疫，晓以严防之法，总觉怀疑造作，种种谣言几致酿成事端。隔离消毒，既于民情不便，焚尸烧屋尤类残刻所为，然非实力执行则疫无遏止之期，不特三省千数百万人民生命财产不能自保，交通久断则商务失败，人心扰乱则交涉横生，贻祸何堪设想！"[⑤]，在热河都统诚勋上宣统皇帝的折片中亦对这次蔓延全东北的鼠疫进行了记述："据报朝阳、阜新、建昌等府

① 《柳河大水坝堤崩坏洪水进街灾民纷逃》，《盛京时报》，宣统二年七月二十日（1910.8.24）。

② 《新民府张太守来电及水灾详情续记》，《盛京时报》，宣统二年七月二十四日（1910.8.28）。

③ 《柳河又涨大水之警告》，《盛京时报》，宣统二年七月三十日（1910.9.3）。

④ 百斯笃，即鼠疫（Pestis）的英文音译读音。

⑤ 中国第一历史档案馆：《东三省总督锡良等为东三省疫气扑灭请奖出力者事奏折》，宣统三年三月二十八日（1911.4.26），《清末东北地区爆发鼠疫史料》（下），《历史档案》，2005年第2期，第24页。

县民间疫毙者共二百五十九人，随即分饬印委按法消毒”[①]。这次起自俄境蔓延东北全境的鼠疫夺去数万人生命，给辽沈地区带来了极大的创伤。

然而，清政府并没有因为连年的灾荒而放松了对民众的搜刮。为了偿付巨额的对外“赔款”，扩充镇压人民的军事力量，维护封建统治，清政府不断加捐加赋。除加重征收原有的地丁、漕粮、盐课、茶税、厘金等各项赋税外，又巧立名目，无休止地增加新捐税。据1908年《民报》揭露，清廷在东北增加的苛捐杂税有几十种，真是“涓滴不漏，聚敛称能”。除了上述名目繁多的苛捐杂税外，奉天省更有“独辟生面之税章”，如“过路税”即是一种。“过路税”规定：“凡牲畜过境须纳过路税五百文……若再经他处亦照上项纳税，至买卖处则另纳买卖税。”按此规定，牲畜起身至买卖之地，有时其值反不抵纳税之款。

1911年9月19日（宣统三年七月二十七日），《盛京时报》刊登了一幅时画，题目是“中国新制服”[②]。这幅画非常形象而真实地反映了当时捐税的惊人繁重。画面是一老人，头上戴着“洋烟赔款”的帽子；左袖是房捐、人口捐、地捐和六畜捐；右袖是死捐，活捐和生产捐；双手都是动手捐；上身是车捐、吃饭捐、喝水捐和炕捐；下半身是穿衣捐、印花捐和行立捐；两只脚均是鞋捐。总之，零星什物莫不有捐，且多捐上加捐。这幅画形象地勾画出当时苛捐杂税的繁重情况，揭露了清政府对人民的盘剥达到了敲骨吸髓的程度。这些名目繁多的苛捐杂税，把广大劳苦群众推进了苦难的深渊，这就使得他们与封建统治阶级的矛盾达到白热化的程度。

清政府在沈阳的搜刮，遭到普通民众的强烈反抗。1908年（光绪三十四年）7月，在奉天省城（今沈阳）油房中做工的满汉工人700余人，为反对厂主减低工资举行罢工，“一律停止工作，以资抵制”。在八旗工厂习艺的“八旗工徒”也参加了斗争。8月初，奉天省巡警总局，大肆征收房捐，商民奋起反抗。总商务会总理赵国玺出面召集各商会代表开会。会上，赵国玺竟然厚颜无耻地说服各商民认捐。代表们反复说明“当此商务困难之际，商力实难支持”，要求免捐。赵却蛮不讲理地说：“若恐出捐，何不售房歇业”。商民见身为商务总理的赵国玺，不但不庇护众商民，反而依附官府，甚至出言不逊，愤慨万分。小南关某木铺，大西关某铺等营业人员，当场将赵痛打一顿。嗣后，商民又联名两千余人，“具禀呈请督署，取消房捐，以舒商困”，并举代表三十四人赴京恳

① 中国第一历史档案馆：《热河都统诚勋为报鼠疫防范情形并疫氛渐靖事片》，宣统三年三月初二日（1911.3.31），《清末东北地区爆发鼠疫史料（下）》，《历史档案》，2005年第2期，第23页。

②《时画“中国新制服”》，《盛京时报》，宣统三年七月二十七日（1911.9.19）。

请免捐。商民得到赴京代表发来阻止纳捐的信函后，即四处传送。奉天省巡警总局惊慌失措，随即逮捕了投递北京来函的商民。审判厅又传讯并拘押各有关商会董事。为要求释放被捕者，取消房捐，奉天省城的商民于10月10日开始罢市。翌日，挣扎在死亡线上的城市贫民和无业游民，由于“告籴无门”，也掀起抢粮斗争，有力地支持了商民的抗捐斗争。督署官员见事态日益严重，被迫向商民让步，释放被捕者，酌予减轻房捐，即分二等抽捐，零星房屋概行宽免。商界代表见要求有所满足，又深怕群众斗争继续下去会损害他们的利益，停止了罢市。又据《沈阳大事记》记载，1909年（宣统元年）12月，沈阳人民强烈反对日本把安奉铁路改筑宽轨与朝鲜铁路衔接，掀起抵制日货运动，波及整个东北。但是腐败的清政府却张贴告示禁止民众抵制日货，严查号召宣传的革命志士，“尔等须知，保邦善邻，古之明训；造谣生事，法有常经，买卖虽属个人之自由，抵制必为友邦所籍口。自示之后，倘再有开会演说，布散传单，宣言抵制日货者，一经查觉，即以抗违论罪，决不稍宽。为此，出示晓谕，仰尔诸色人等一体知悉，其各禀遵，毋违。”①然而，清政府的残酷镇压并没有消灭群众反抗的意志，反而激起了更加强烈的斗争。1911年（宣统三年），奉天省城关外八旗工厂又“大起风潮”，“八旗工徒”“全体大哗”，参加反对“该厂总办延寿昌将节前花红扣不发放”的斗争。

## 第一节 同盟会辽东支部建立

### 一、民主革命书刊的传播

官报出现在中国，最早可以追溯到隋唐时期。清朝入关以后，官报改成京报，又名邸报或驿报。当时的官报在性质上与近现代报纸有所不同，它登载的内容以宫门抄、上谕和奏折为主。中国近代新闻报纸出现于嘉庆年间的广东地区，那时有梁亚新和马礼逊编印的《察世俗报》。《中外纪闻》《强学报》也于1895年出现在京沪两地，此后，其他省份开始出现报馆。

① 辽宁省档案馆：《奉天民政使为禁止抵制日货事的告示》，《奉天省公署档》，宣统元年八月十四日（1909.9.27）；另见辽宁省档案会：《辛亥革命在辽宁档案史料》，辽出临图字［1981］第76号，第4页。

奉天地区最早的报纸由外国人出资创办。1904年（光绪三十年），俄国人在奉天创办了第一份中文报纸《盛京报》。日俄战争俄国战败后，军队撤出奉天，不久，此报纸宣告停刊。1906年（光绪三十二年十月三日），日本人中岛真雄在东亚同文会的支持下以“联络中日邦交，开通民智”的名义，在大东门内龙王庙后身创办一份中文报纸《盛京时报》，主笔为菊池真二，报刊名称沿用沙俄创办的《盛京报》。后来报社将社址迁至大西门外。1919年，报社遭遇火灾，被焚毁，不久后重建。1925年报社改组为公司后，受到满铁的控制。1944年9月10日，日本即将投降时停刊，历时38年。德国商人俾尔福与中国商人孙欣于光绪三十三年（1907）合股创办了《通报》，自称办报的宗旨“全在监督某国在东北之横暴举动以警告我国民”。俄国当局对此十分不满，一再向东北当局施压。当年7月25日，此报纸被当局勒令停刊。除了上述由外国人创办的中文报纸外，1907年以后，还有《奉天每日新闻》、《奉天日日新闻》等日本报纸陆续创刊。

中国人自己在奉天经营报业的时间要稍晚于上述外国人。根据材料记载，辽宁地区第一份由中国人创办的报纸，是1905年（光绪三十一年）谢荫昌所办的《大同报》，报社社址设立在奉天鼓楼南。这份报纸只存在很短一段时间便停刊，日本人创办的《盛京时报》曾经对这份报纸的情况做过报道。光绪三十二年（1906）以后，中国人经营的报纸陆续增多，其中有官办报纸，有革命党人为宣传共和思想而创办的报纸，还有私人集资创办的报纸等。

《奉天通志》的记载，1907年（光绪三十三年）由赵国亭主办、汪洋任主笔的《东三省日报》创办，报社社址设立在鼓楼南，隶属奉天商务会。发刊后每日一张半，有正副张的分别，正章刊载上谕、宫门抄、辕门抄、国内外要闻和本地新闻，副张则刊载诗文一类文章。继赵国亭之后，由福建人张元诗经营，发行范围面向东三省，日销售量在三千份左右。1911年（宣统三年），该报纸因为登载主张共和、提倡独立一类的进步文章，经常遭到当局的捣毁而被迫停刊。《东三省日报》创办以后，奉天省议会计划创办《奉天公报》，并拟出公报例目十二则，后来由于筹款问题而暂时停止。1911年（宣统三年）该报创刊，附设于奉天财政厅内，取名《奉天官报》，办报宗旨为“宣布民众公议，维持东三省治安”。主要登载政府法令、各署文书等。1912年，更名为《奉天公报》，再改为《东三省公报》后，彻底变为官商合办。1912年秋，王光烈出任报社总经理后不久，报纸成为他个人所办。

在当时传媒业并不发达，消息相对闭塞的情况下，报纸不失为宣传新思想、新主张的有力方法和重要阵地，因此革命党人在奉天省从事革命活动工作时，首要行动是先在奉天省城大力创办革命报纸，推销各种救国革命书报，以传播革命思想。诸如：革命党人赵中鹄一度主办《东三省民报》，宣传革命主义；赵中鹄、杨大实、赵元寿、房象寰等在奉天主办《国民报》，作为奉天革命党人的机关报，宣传革命思想；房谷为奉天《商务日报》主笔。他们都借用报纸进行革命宣传。1910年（宣统二年七月十一日），袁昆乔创办、沈可式任主笔的《大中公报》开始发行，报社社址设立在大北门外。这份报纸以报道时事新闻、政治活动为主，很受读者欢迎。其第四版上的“三千毛瑟”专栏中，经常登载抨击当局卖国、殖民者侵略等行径的文章，因此触怒了一些当权者，也不容于国外殖民机构，最终于1913年被迫停刊。1909年（宣统元年）二月二十一日张兆林创办、王锡禄任主笔的《醒时白话报》开始发行，这份报纸由家庭成员共同经营，宗旨是“改良社会，开通民智，提倡教育，振兴实业”。该报有工作人员二十余名，社址在小南门附近。创办之初就以刊登抵制日货方面的信息引起日本驻奉天总领事向地方当局提出抗议。此报每日出版两大张，日销售量达七千余份，东三省很多地方都设有分社。1912年以后，此报更名为《醒时报》，继续发行。

这些革命报纸的创办，为宣传革命思想提供了平台。刊载革命思想的书刊、报纸深受群众欢迎，尤其是在青年学生和新军中影响很大。很多青年学生和新军中的下级官兵都是通过革命党人所散发的书刊、报纸了解和认识到资产阶级民主革命思想的。他们深受鼓舞，大都暗中参加同盟会组织，投身革命。

革命党人利用书刊报纸积极在奉天传播革命思想的宣传工作，吓坏了以清政府官员为首的封建统治阶级。他们马上利用手中的权力以“扰乱治安、煽惑人心”的名义严令禁止出版发行各类宣传革命思想的书刊、报纸。宣传抵制日货的《醒时白话报》被清廷当局封馆停刊。“本地发行之《醒时白话报》，日前将向我国商人购买货物之华商等商号刊登报上，决非无意，实不外逞其狡谋，恐吓贵国商人，欲阻害正当之卖买也。……本司查前因谣传抵制日货，曾奉督抚宪谕出示晓谕在案。兹复有煽惑之人，仍然散布传单，并《醒时白话报》刊登报上等情，亟应严行禁止，以保邦交。自禁之后，如尚有谣传之人并报馆登刊者，查获即照例惩办。”[①]沈可式为主笔的奉天《大中公报》也同样受到了查禁，“查《大中公报》近日关于武昌乱事遍布号外，言多失实。现已由警局禁止

① 辽宁省档案馆：《奉天民政使为严禁散布抵制日货传单事的札文》，《兴京县公署档》，宣统元年十一月十三日（1909.12.25），《辛亥革命在辽宁档案史料》，辽出临图字［1981］第76号，第5页。

发行，并将该馆执事人等移送审判庭，按照报律办理。其他各报馆亦已传集发行编辑等人，谕令嗣后登载。”[①]就连由日本人主办的《盛京时报》也被通知严禁刊载武昌起义的相关消息，“兹阅《盛京时报》本月二十四、二十五等日号外所载川、鄂乱事各节，实多捕风捉影之谈。……该报虽系日商组织，禀经日总领事批准有案，然报馆设在我国境内亦应遵守我国报律，共保安宁，相应检该报馆号外咨请。”[②]

除此之外，以吴景濂、孙百斛为首的立宪派和以袁金铠为首的士绅派也联合起来创办《奉天公报》，以图抵制革命思想的传播，扰乱革命派的宣传工作。《奉天公报募股简章》中写明其办报的宗旨：“立宪政体所恃者，舆论而。时以，造成舆论、采取舆论、宣布舆论之具者，则在乎报。近日，报品日杂，其能否代表舆论，诚未敢径下断语。要之各报有各报之宗旨意见，不能强同。是以，同人创设此报，纯乎代表舆情，而不杂以他项性质，而又谨守报律，义正词严，为斯民增长智识范围、法律。是以，暂定名为《奉天公报》。”[③]

由此可见，以清政府旧官僚为首的封建统治阶级早在与革命派进行论战的时候就已经与士绅派组成了一个反对革命、仇视革命的反革命联合。他们互相勾结，拉拢立宪派人士，运用手中的权力，联合起来与革命党人争夺舆论阵地。他们表面上大谈“各报有各报之宗旨意见，不能强同”给人以言论自由，背地里却对“复有煽惑之人，仍然散布传单，并《醒时白话报》刊登报上等情，亟应严行禁止”。这种两面派的手段迷惑了许多普通民众，甚至影响了很多革命党人，使得他们对反革命派认识不足，甚至幻想能够得到以清政府的旧官僚、旧军人为代表的旧势力、士绅派和立宪派的同情，以换取他们对革命的支持。这种不切合实际的想法暴露了中国民族资产阶级革命的软弱性和妥协性。

## 二、立宪请愿活动

20世纪初期，在世界资本主义发展的大环境下，清政府的统治岌岌可危，

① 辽宁省档案馆：《张元奇为查禁各报登载武昌起义消息给交涉司咨》，宣统三年八月二十六日（1911.10.17），《奉系军阀档案史料汇编》，江苏古籍出版社，香港地平线出版社，1990年第1版，第1册，第581页。

② 辽宁省档案馆：《张元奇为查禁各报登载武昌起义消息给交涉司咨》，宣统三年八月二十六日（1911.10.17），《奉系军阀档案史料汇编》，江苏古籍出版社，香港地平线出版社，1990第1版，第1册，第581页。

③ 辽宁省档案馆：《奉天公报募股简章》，宣统二年七月二十七日（1910.8.31），《奉系军阀档案史料汇编》，江苏古籍出版社、香港地平线出版社1990年版，第1册，第505页。

一批渴望变革以求生存的保皇派希望通过立宪解决矛盾，统治者依据当时的形势，也不得不表示出准备立宪的姿态，并诏令各省设立谘议局，做出即将召开国会的样子。

1907年10月19日（光绪三十三年），光绪皇帝下旨在北京设立资政院，为日后开设议院奠定基础。这道谕旨要求各省督抚迅速在省会城市创设谘议局，选取“公正明达”的官绅主抓筹设工作，并由全省官民公选贤能人士充任议员。同年，奉天督抚遵旨设立谘议局，任命民政司张元奇为谘议局局长。

1908年（光绪三十四年），又奉光绪皇帝旨意将奉天省谘议局改为奉天省谘议局筹办处，是为谘议局的筹备机构，选定议员及谘议局开局之后即行撤销。

当时的东北地区面临严峻形势，沙俄侵吞东北领土的野心由来已久，第二次鸦片战争后不断蚕食国土。日本也对中国东北怀揣野心，中日甲午战争后虽因“三国干涉还辽”而没有达到割占辽东半岛的目的，但其并未放弃野心。日俄战争以后，日本从沙俄手中分得辽宁境内的利权，并通过各种手段不断扩大其殖民势力。处于外部殖民势力重压之下的东北民众积极盼望早开国会，改变现状，并积极投身于国会大请愿活动之中。

1909年（宣统元年），在当时奉天督抚的策划和监督之下，进行了议员选举活动，全省选出50名议员，但是参加选举的人数仅占全省人口总数的0.43%。9月1日，奉天省谘议局举行成立大会。10月1日，召开了第一次常年会，会期50天。10月14日，奉天省谘议局成立，改奉天省谘议局筹办处为地方自治筹办处。奉天省谘议局成立当天，奉天督抚大臣率领司、道以下官员到会参加开局典礼，并宣布开局训词，各司、道官员也纷纷演说。奉天省谘议局以“指陈通省利弊，筹计地方治安”为宗旨。谘议局的50名议员采用复选举法选举产生，复选当选即为议员，再由议员推选议长一名、副议长二名，常驻会议员为议员总数的十分之二，每三年改选一次。议案由督抚事先起草，在开会时交给议员审议，谘议局也可以自行草拟议案，收受省自治会或者普通民众的建议。凡是获得通过的议案，将该议案和议定办法以呈文形式呈送督抚部院公布施行；凡是没有获得通过的议案，将该议案和议定的改正办法以呈文形式呈请批示。凡是讨论决定的议案，除了议长、副议长认为应属保密的议案之外都要予以公布。[①]到了宣统二年（1910），奉天各地共成立自治研究所43处，地方自治事务所46处，城镇乡自治会44处。奉天谘议局成立后，所有自治局、调查处、研究

① 王树楠、吴廷燮、金毓黻等纂，东北文史丛书编辑委员会点校：《奉天通志·民治志》卷一四二，沈阳古旧书店1983年1月版，第3册，第3257页。

所等机构全部归并到咨议局内。

宣统元年（1909）秋，奉天最有声望的人士孙百斛，在北京清廷御史房弹劾徐世昌、唐绍仪在东三省的各种罪行。清廷为了缓和人民的斗争，调徐世昌、唐绍仪等入关，由锡良（蒙古镶蓝旗人）接任东三省总督并兼任奉天巡抚。当时，全国各地方人士情愿，要求清廷宣布立宪。江苏谘议局联合奉天、吉林十四个省的谘议局，请求清政府速开国会，同时派人北上联络奉天、吉林、黑龙江等省谘议局，商议共同发起“联合情愿速开国会运动”。12月17日，奉天、直隶等16省的51名代表陆续抵达上海，他们于跑马厅预备立宪公会事务所内开会，会上做出了如汇集各省请愿团会签名、推选各省进京代表等进京请愿的具体决定。当时奉天确定的进京代表是刘兴甲、白永贞。当时奉天省地方上分为三派，首先是秘密的革命派，以张榕、徐镜心等同志为首，约有青年知识分子百余人，大部分在教育界和军政界。其次是立宪派，以吴景濂为首。吴景濂是师范学校监督，此派人数仅次于革命派，在教育界有些影响。再次是士绅派，主要代表是袁金铠等。当时，同盟会分子都潜伏在奉天各机关和地方上进行工作，主要是揭露清廷腐朽无能，要推翻清廷，建立民主共和国。奉天省教育界以吴景濂为首，集合全省学生约千余人，在总督府门前跪请锡良在向清廷要求立宪的电报上盖总督印。锡良拒绝要求，于是群众高声大喊。锡良用大队军警把请愿人群包围起来，强令解散，群众情绪更加激愤，跪地不起，哭声骂声更高。锡良终于被迫下令，军警立时撤走，并在群众的请愿电报上盖了印。这一次学生请愿，同盟会成员并没有参加，但后来通过革命宣传，三十余名学生相继参加了革命。

第一次请愿活动没有成功，但在当时引起极大轰动。1910年（宣统二年二月），京城各界人士召开会议，欢迎各省谘议局联合会代表。谘议局的代表们于会上表示要再次筹措商议请愿的办法。不久，新办法出炉，主要内容有成立“国会请愿同志会”，扩大请愿队伍，等等。此次参加请愿的东北代表为乔占九。4月5日，由奉天省谘议局主笔，奉天、吉林、黑龙江三省谘议局联名以“为时局危迫，盼请速开国会，救三省以保大局”为名，呈请督抚代为上奏清廷，要求清政府迅速召开国会以图维护其腐朽统治。六月，第二次请愿活动正式开始，但很快就被清政府以“九年筹备完全，方可议开国会”为托辞拒绝。

第二次请愿活动失败后，请愿代表们再次开会，为第三次请愿做准备。代表们一方面积极与各方面进行联系，另一方面在立宪派主办的报刊上发表文章，为请愿制造舆论。1910年（宣统二年九月），国会请愿代表于资政院即将召开特别会议时商议第三次请愿的具体实施办法。请愿代表出发前，有奉天在京学生牛广生、赵振清等十七人持书闯入请愿队伍，在“力陈国家瓜分在即，东三省土地将先沦亡，非速开国会不能挽救，此次请愿不能如前之和平”以后，以血涂书，“表示此次将以血购国会，决不似以前之以文字购国会之不足动我政府也”。但此举仍未能打动清政府。

东北民众于第三次全国性请愿活动失败后，开始了第四次请愿活动。1910年（宣统二年十二月六日），由奉天谘议局议长吴景濂发起万人请愿国会活动。6日上午9时，“奉天八团四十六州县，各执本团旗帜，共集谘议局，约同诣总督公署，请其代表奏于明年即开国会。”来自全国各地的代表们推选出64人到总督公署呈递请愿书。呈递请愿书代表准备出发时，“商会议员兼奉天日报编辑张进治断指洒血书旗”，并准备亲赴总督公署自杀明志，后被众人劝阻。当日11时，呈递请愿书的队伍以血旗为引，推举吴景濂作为全省代表“捧请愿书前行，各团体次之，各州县又次之”。队伍行进途中“沿途不期而入者近万人，首位长续二里有余”，当队伍到达总督公署时，“由民政、提学、劝业各司道（从吴景濂手中）接去代表名单”。不多时，代表被请入总督公署，东三省总督锡良于院内迎接，并同意代奏。十二月中旬时，各界推选出代表三十余人共同赴京请愿。代表进京后，分别向都察院、资政院呈递请愿书，其中刘焕文、董之威等人几经周折见到当时的庆亲王奕劻。庆亲王询问请愿宗旨和召开国会的意义，代表们陈述东三省的危急情况，但得到的却是敷衍。同时前往摄政王载沣处的代表被挡驾，前往徐世昌处的代表被警察请进警察厅。各路代表于警察厅被训斥一番后，再被强行押上火车，请愿活动就此被镇压。

1912年4月15日，按照袁世凯的命令，奉天省督抚以原奉天省谘议局为基础成立了奉天省临时议会，原谘议局议员改为临时省议会议员，共105名。同年，奉天省议会正式成立，共有议员64名。省议会成立典礼当天，省临时议会议长宣布开会，奉天省督抚、各司道、各军长、各国领事都到会祝贺。会上投票选举出正副议长。省议会设有审议、审查两会，审查会下又分设财政、法律、政事、请愿、惩罚各股，由议员选举产生审议长、审查长、理事、审查员若干名，分股审查议案。除此之外，奉天省议会还设有常驻委员，即把总议员分为三班，每班轮值三个月。议案可分为可决、否决、撤销、缓议几种，交由审查会分股审查。凡是省内应当兴办和应当废除的大事、每年的收入与支出、财政预算与决算、税法、公债、额外增加的义务、单行章程的增删和改动、权利的存废等各种事务都必须由省议会讨论决定。①

## 三、洪东毅喋血小西门

洪东毅，字绶卿，奉天抚顺人。少年时学习儒学，长于戎马。日俄战争时，张榕组织东三省保卫公所，洪东毅在兴京一带首先倡办，募集了2000余人保卫兴京，成绩显著。张榕因保卫公所一事入狱，后越狱逃亡。洪东毅即跟随张榕流亡日本，谋划策动东三省独立。

武昌起义爆发后，洪东毅协助张榕回到奉天联络同志，以图策动奉天省独立。时任东三省总督的赵尔巽探听到他们的计划，假意相约张榕、洪东毅共同维持大局。洪东毅首先看出了赵尔巽的真实用意，予以拒绝。张榕、洪东毅联合同志组织“奉天联合急进会”，洪东毅被推举为交通部长兼任左路第一军司令，召集旧部4000人，约定日期，准备举事。恰逢南北停战，按照张榕的电令没有举行起义。

1912年1月23日夜，张榕被赵尔巽派人暗杀于沈阳城大西关平康里胡同。噩耗传来，洪东毅义愤填膺，率先起义与清军激战。1911年2月，赵尔巽宣布赞成共和，袁世凯下令解散民军。有的人讽刺洪东毅说：“民国告成，目的已达，宜洁身而去者。”洪东毅感慨地说：“昔张榕殉国前夕，召我曰‘我奉隐尤倍蓰内地，外有敌国凭陵之患，阴有宗社窥伺之谋，举措稍疏，分崩立召，凡吾党志士须稳健进行，以伐奸谋而维大局。’今张榕已矣，吾岂可自趋便利，负此初心。”②于是尽数遣散民军，回到故乡。回乡之后，洪东毅变卖资产，暂居南满火车站日本人开的旅店中，暗中调查宗社党人活动，并把调查出来的确实证据先后两次密报给陆军参谋部，以作预防。陆军部以此责问赵尔巽，赵尔巽在即将卸任东三省总督前夕，密谋杀害洪东毅。

赵尔巽首先派遣孙阁臣、王殿臣两人假意与洪东毅接近。1912年11月9日晚6时，孙阁臣、王殿臣来到洪东毅所住的寓所，邀请他前往奉天省城访友。当走到小西门十间房，孙阁臣、王殿臣突然抽出尖刀刺向洪东毅。洪东毅就势趴在地上装死，挨到孙、王二人离去，坚持着回到家中，随即不省人事，被送到南满医院救治。经医生详细检查，洪东毅脑后受刀伤一处，左眼眉上受刀伤一

① 王树楠、吴廷燮、金毓黻等纂，东北文史丛书编辑委员会点校：《奉天通志·民治志》卷一四二，沈阳古旧书店1983年1月版，第3册，第3259页。

② 辽宁省档案馆：《关于洪东毅被刺杀的有关文件·洪东毅之妻洪王崇义给张锡銮的呈文》，《奉天省公署档》，1912年11月；另见辽宁省档案馆：《辛亥革命在辽宁档案史料》，辽出临图字［1981］第76号，第303、304页。

处，左耳被割去，处处都是致命刀伤。由于受伤过重，医治无效，年仅三十六岁。

洪东毅被刺杀的事件暴露出反革命派仇视革命的心理。他们从心底反对共和，憎恨革命党人，因此，不会真心实意同革命党人合作管理国家，反而会时时刻刻想着怎样破坏革命，残杀革命党人，以维护自己的统治利益。

## 四、同盟会辽东支部及活动

1905年8月，孙中山领导的中国同盟会在日本东京成立，提出“驱除鞑虏，恢复中华，建立民国，平均地权”的革命纲领。同盟会成立后，革命党人在沈阳立即积极活动起来。东三省的有识之士，认为中国的贫穷和软弱，不在于列强之强，而在于清政府之弱。他们为了挽救中国危亡，立志推翻清政府。同盟会成立后，革命党人分赴东三省，建立同盟会机关，组织民众，进行反清斗争。正如《盛京时报》所说：“革命之势丞丞（应为蒸蒸）日上，而其规划渐大，虽外未见波澜，终未保其何时起一大活动。”又说：“但闻革命诸人意见，以上年吴樾之举，为无谋之拙策，拟改变手段，雌伏待机，大举崛起。”革命党人对以往所进行恐怖的个人暗杀手段进行了批判，转而积极联络群众，扩大革命组织，作为革命“大举崛起”的准备。

1907年4月，同盟会领导人宋教仁来奉天筹建同盟会辽东支部，并大力发展武装力量。辽东支部的主要负责人有奉天省实业学校教员，日本留学生徐镜心和新军人吴禄贞、蓝天尉、张绍曾等，以及先任奉天营务处提调、后升任总督府军事参赞的张榕。同盟会辽东支部发展的革命力量主要是教育界、联庄会和军界的重要人士。1908年4月，同盟会机关报《民报》，发表《辽东义勇军檄文》，列出清政府统治东北三省的十三条罪状，提出“创立民国”的口号，号召东北人民参加革命斗争。

张绍曾（1880–1928），字敬舆。直隶大城（今河北省大城县）人，家居天津。天津武备学堂学生，受清廷选派，保送日本陆军士官学校第一期炮科，毕业后名列第一，与当时的同学吴禄贞、蓝天蔚“深相结纳”，被称为“士官三杰”。后任北洋第三镇炮兵标统。1905年，入直隶督练公所教练处任总监督。1910年，随贝勒载涛出洋考察欧美陆军，嗣后任陆军贵胄学堂监督。少年权贵载涛、载洵都是他的学生。1911年，调任第二十镇统制，驻沈阳、新民一线。武昌革命军兴起，奉命入关，师次滦州，张绍曾向清廷上书12条，主张立宪，还政于民。是年9月，清廷赏予侍郎衔，免去统制职，任命为宣抚大臣。张绍曾奏请开去差缺，回津就医，迅即准其所请。

徐镜心（1874–1914），字子鉴。山东黄县（今龙口市）黄山馆镇后徐家村人。同盟会山东主盟人，国民党山东支部理事长。青少年时他便萌发政治改革、反对封建专制的思想。1901年，入烟台毓才学校读书。次年肄业于济南高等学堂。1903年考入日本福田大学法律系，攻读法律。1905年中国同盟会在日本东京成立，他加入同盟会，并被孙中山委任为山东主盟人。1906年回国，与谢翊臣（谢鸿焘）等人创办了烟台东牟公学，招收爱国青年发展同盟会员，进行革命活动，成为同盟会在胶东的联络中心。他还授意分布全省的同盟会员，利用清廷提倡私人办学的机会，创办学堂，以开展革命活动。两三年内，仅黄县就办起学堂10余处。

1907年，应友人之邀赴奉天任《盛京时报》主笔。不久，奔赴吉林，在省城高等小学任教员。同年，与宋教仁一起创办木植公司，后任督办处垦务委员，并以此为掩护，招纳同盟会员，结交有正义感的江湖英豪，为推翻清廷做准备。其行踪被官府侦悉，得人庇护幸免于难。

吴禄贞（1880—1911），字绶卿，汉族，湖北云梦县人。1896年投军，与孙武、傅慈祥等成为挚友。1898年，被荐入日本士官学校学习陆军，与张绍曾、蓝天蔚号称“士官三杰”，发起组织励志会，又加入兴中会。与蔡锷齐名，时称北吴南蔡。1902年毕业归国，在武昌、湖南、新疆、甘肃等地任职。1907年随徐世昌赴奉任军事承议，延吉军务督办。清陆军协统与张绍曾、蓝天蔚等人准备新军革命推翻清东三省总督。不料，1910年被调回北京，1911年11月，在石家庄被清廷杀害，奉省革命亦因此受累。

同盟会辽东支部的革命活动，主要表现在以下几个方面：

（1）扩大革命组织，加强革命力量。1907年，革命党人吴禄祯，由东三省总督调充奉天督练处总办。吴禄祯率领北洋第一混成协至东三省，革命党人在东三省的势力骤增。当时督练处内，蓝天尉、辜天保、陈镛、张华飞等皆热心革命。1909年，当时的东三省总督徐世昌，派蓝天尉第二混成协驻防奉天北大营。吴禄祯和蓝天尉都是同盟会辽东支部的主要负责人，这样同盟会在东北不但掌握了兵权，而且又分别驻防军事要地。由此，同盟会在新军中产生了很大的影响。清军第二十镇中的革命志士为扩大革命势力，在驻奉天省新民府的士兵中，组织新民武学研究会，作为进行革命活动的机关，在新军中大力发展革命力量。武学会的主要人物有冯玉祥、王金铭、施从云等，其他革命分子还陆续成立了同学会、同志会等各种外围组织。冯玉祥在《我的生活》中写道：“那时我们并没有明确的政治纲领。我们所知道的，只是清廷的昏庸，政治的腐败与日本侵略的可恨。我们知道欲抵御日本及其他列强，必须先推翻清廷的统治。我们欲利用现成的武力，以为推翻的工具，希望新的汉族的政府早日出现。我们每天聚到一处，以读书为名，暗中即讨论些扩大人数、运动军队等等的具体问题；或是互相报告各人所得的时事新闻；何处新起革命运动，何时又有朝廷贵胄卖官盗爵的黑幕等。……大家所有的，只是一种直感的内心冲动和要求，觉得不可过息”。①

上述回忆，几乎可以代表当时全国范围内革命士兵的思想及活动。他们有热情，有干劲，“至于理论方面的探讨，以及组织技术等等的研究，严格地说来，是很不够的。”而这些弱点又恰好体现出了领导革命运动的民族资产阶级与生俱来的软弱性。

新民武学研究会取得了一定的成绩。该会成立时只有六人，很快便扩大到各营、各连，参加者百余人。高级军官中如蓝天尉、刘一清等都对新民武学研究会表示了积极赞助的意思，并取得密切联络。

1906年，宁武同志经徐镜心、左雨农介绍加入了同盟会。在同盟会的组织领导下，宁武同志积极参加了广泛的宣传鼓动工作，特别在青年学生和新军中传播民主主义革命思想。积极组织青年学生参加抵制日货运动，反对当时任东三省总督的徐世昌的卖国行为，声势一时很盛。随着革命思想的广泛传播，参加革命活动的青年越来越多。同盟会在教育、商业、军队等各界都开展了许多工作。他们还常常利用社会关系，将自己的同志送到官方的机构中，秘密地为革命培植力量。谢宝轩等十几名青年人，就是宁武同志通过关系，安排到奉天警察教练所学习警政的，他们后来大都成为革命的骨干分子。宁武还曾利用各方面的关系和所学的医学专业，在凤城县开设医院作为掩护，往来于沈阳和凤城之间，联系当地驻防军队中的中下层军官，揭露清廷腐败无能，宣传国家要强盛的革命道理，发展革命力量。

1907年4月，东三省总督徐世昌，奉天巡抚唐绍仪相继到任。在日俄战争时期，日本借用安奉铁路运输军用物资，战后竟要求中日合办，改为标准轨。抚顺、本溪、鞍山等地的各种矿产以及辽东一带的森林开采，日本也要求中日合股经营。徐世昌对于日本人的这些要求，都公开或秘密地在卖国条约上签了字。总督府军事参赞张榕，得知这些消息，即集合同盟会同志，分头深入发动各界人士，反对徐世昌的卖国罪行，并开展抵制日货的运动，学生罢课、商人罢市。革命党人还组织随营学堂，由革命党人亲自任教，在军队中宣传革命，

① 冯玉祥：《我的生活》，黑龙江人民出版社1984年3月版。

发动下层士兵。他们还在奉天讲武堂等军事学校任教，宣传革命思想，新军中的许多军官受革命熏陶加入了革命党。革命党人在军队中进行了长期的艰苦工作，发展了革命组织，增加了革命力量。

（2）联络“马贼”和辽沈联庄会。“马贼”是东三省人民反清最大的力量之一，强悍善战，而且武器精良，是革命党可依靠的一支群众力量。“辽沈联庄会”是东三省“义民”自发组织的反清团体，实际上各地人民的抗捐斗争多是以联庄会的组织进行斗争的。1905年以后，革命志士赵中鹄、宁武、杨大实等人都曾与联庄会进行联系。革命党联络“马贼”和联庄会，是同下层群众取得联系，利用群众反封建力量的表现，这正是资产阶级领导的民主革命在某种程度上与群众相结合的特点。奉天革命党人在革命初期就开始联络“马贼”和“联庄会”，这是他们后来能够领导群众进行武装起义的关键。

1910年春，经奉天同盟会联合起来的力量有辽东半岛的联庄会，有俄式步枪四千余支；辽西绿林，有枪马七百之多；辽北绿林，有近百人马；新军中约有三万多人，武器装备都比较充足。参加者对革命都很乐观，并规定有联络暗号，即在初接触时，首先问“阁下近来办的什么事业？”回答“中国人办中国事；”又问“事情很得意吧？”回答“毫无头绪。”听到这两句话立即互相握手，把大拇指平放在握拳上，以表示平权，以此便知道是同志。同志之间，亲如手足。对外省来的同志，照顾十分周到，将细粮让给他们吃，自己吃粗粮。革命所需经费都靠同志间互相资助，自己想法解决。当时的生活比较艰苦，但都把希望寄托在革命成功之上。

革命党在沈阳展开积极活动以后，并未高举革命旗帜，发动大规模武装起义，但清政府已对革命党的活动到处防备，时刻警戒，并开始对革命党人进行残酷镇压。与此同时，立宪派也积极进行活动。他们不同意清政府的镇压政策，认为对待革命党人的办法，只有“迅速实行立宪”。而清政府是不愿“急行立宪”的，对待革命党仍然采取镇压和戒备的政策，并往各地派员“秘密侦探，防拿匪党”。尽管如此，革命党在沈阳的势力仍在不断地发展壮大。

# 第二节　辛亥革命时期的奉天城

## 一、辛亥革命对革命派和反革命派的影响

辛亥革命前活跃于奉天政坛上的政治力量，大致可以分为三支。

一支是以当时的东三省总督赵尔巽、谘议局副局长袁金铠为首的保皇派。

赵尔巽（1844–1927），1911年（宣统三年）任东三省最后一任总督。辛亥革命爆发，赵尔巽组织“东三省保安会”，用“会长”的名义代替总督名义，对抗资产阶级民主革命。民国成立，任奉天都督，旋辞职。

袁金铠（1870–1946）字洁珊，又字佣庐，辽阳人，19岁中秀才义和国运动期间因无法在沈阳萃华书院继续学习而返乡（辽阳山岳）联合各乡办国练。1911年（宣统三年）进入东三省总睿府作参政。1912年当上奉天省议会议长。

一支是时任谘议局议长的吴景濂、总督署军事参议官蒋方震、兵备处总办段启勋、参谋处总办岳开先等为首的立宪派。立宪派当中除了吴景濂外，其余几人均毕业于留日陆军士官学校，主张用“不流血”的方式改革政治体制。

吴景濂，（1873–1944）字莲伯，号述唐，别号晦庐，晚年自署抱冰老人，辽宁宁远（今兴城）人。光绪辛酉年中顺天乡试副榜，从京师大学堂毕业后授予后补内阁中书，被聘为奉天师范学堂监督，曾留学日本，入同盟会，回国后历任奉天谘议局议员，议长。辛亥革命后，成立奉天保安会，任副会长。

蒋方震，1882年生，字百里，号澹宁，浙江海宁人，笔名飞生。晚清浙江杭州府海宁州硖石镇人。中国近代军事理论家，陆军上将。

蒋方震启蒙于乡间私塾，接受传统教育。12岁丧父，时值中国在甲午战争中败于日本，蒋虽年幼，但“所受刺激很深，这是他后来弃文习武和建立国防思想的动机”。1898年，16岁时通过科举乡试成为秀才，曾做塾师，1899年入浙江求是书院，学“实学”。1901年，因获地方官员赏识，受其援助东渡日本，进成城学校，再入陆军士官学校第三期步兵科。1903年，主编《浙江潮》杂志，宣传革命。1905年，以步兵科第一名毕业。在士官学校，蒋百里和同班蔡锷、张孝淮因成绩出众，并称“中国三杰”。

1906年毕业回国，被东三省总督赵尔巽聘为东三省督练公所总参议，参与筹建新军。赵尔巽对他十分赏识，曾“专折奏保蒋为特异人才，可以大用”。与

此同时，旧军将领张作霖等，因担心自己被淘汰而“迁怒”于蒋方震。于是，蒋百里请赴德国学习军事，并获准。在德国，他在后来当了德国总统的兴登堡将军麾下任连长，曾因受到后者表扬而“名声大噪，成了社交界的名人”。

1910年，蒋方震回国。先留京任禁卫军管带，在返沈阳复前职，“以二品顶戴任用”。至武昌起义爆发，参与谋划奉天独立不成，险些被张作霖抓获。乃潜回南方，出任浙江都督府参谋长。

还有一支是以张榕、蓝天蔚等人为首的革命派。其时，张榕抵达奉天后，代表革命党与谘议局接洽。当时，以吴景濂为首的立宪派看到清朝大势已去，便公开与张榕联系，极力拉拢革命派，举行了由全体议员参加的欢迎仪式。张榕在此仪式上阐明了响应武昌起义，要求当局拥护共和的主张，得到了大多数议员的认同。以吴景濂为代表的立宪派认为自身力量单薄，很难形成影响，希望借助革命派的力量，通过“不流血”的方式谋求东北三省的独立。然而当时的革命派对此认识不清，甚至对东三省总督赵尔巽也存在一定幻想，希望他能出面支持共和。十月末，奉天省革命党人和立宪派达成协定，推举蓝天蔚为革命军讨虏大都督，张榕为奉天省都督兼总司令，吴景濂为奉天省民政长。

1. 对革命派的鼓舞

1911年10月10日，武昌起义一声炮响，全国各地纷纷响应，不到一个月的时间，全国就有十九个省先后宣布独立，脱离清廷的统治，相隔数千里的沈阳也于革命爆发后立即震荡起来。革命消息传到沈阳，人们拒绝使用清朝的纸币，大清银行、交通银行、户部银行以及东三省官银号等所发行的钞票、官帖，顷刻间完全失去了广大人民的信任，价格跌落，乃至根本不能通行。各商铺都极力“收回银货”，群众纷纷持纸币向银行挤兑现洋，“纷繁拥挤，络绎不绝”。新民等地“银粮行情忽涨忽落，人心未能安稳”。市面呈现一派紊乱现象。在1911年10月31日奉天省民政司的札文中就有“人民尤多轻听谣传，自相警恐，复有奸商从中播弄，以致粮豆各价异常跌落，各种交易不肯行用钞票，各项期票亦均跌价，种种情形”[①]等相关的记载。时任东三省总督的赵尔巽一见此种情况，立即命令他所属的各地官员严查扰乱市场的不法商民，禁止趁乱哄抬物价，稳定市面，并发布公告以图稳定民心，“查湖北革党倡乱仅在武昌、汉阳二处，其河南、安徽省城失守之说均属谣传。各报所登乱耗大半失实，以致本城厢人心惶惑，争换银元，四乡粮价因而跌落，似此吠声吠影未免影响治

① 沈阳市档案馆：《民政司的札文》，宣统三年九月初十日（1911.10.31），《辛亥革命在沈阳》，沈阳出版社1991年9月版，第81页。

安。……且湖北距奉数千里，乱祸不至蔓延。纵有若辈党类潜来煽惑，吾奉民情夙称忠实，断不为所动摇，兼有兵警随时搜查，尤难容其匿迹，何必妄相惊诧。……望各安本业，勿信讹言”[①]。

武昌起义的消息，使沈阳同盟会的同志们受到莫大鼓舞。当时在沈阳的同盟会骨干分子张榕、徐镜心、左雨农、陈干、商震等，为了响应武昌起义的号召，在奉天北大营蓝天尉的协统部集会，商讨在奉天省各地迅速举义事宜。会上推举蓝天尉为关外讨虏大都督，张榕为奉天省都督兼总司令。同时，派得力的同志分赴省内各地（顾人宜为南路、祁耿寰为西路、邵兆中为东路、朱霁青为北路，宁武为中路），组织地方民军酝酿起义，以便与沈阳的行动相配合。他们还在西关外南满铁路车站附属地以“同学社”的招牌为掩护，设置秘密革命机关；另在奉天军队中成立军人联络会，时常秘密集会，以推动军队反正。

陈干（1881—1927），字明侯，山东省昌邑市白塔村人，受父辈影响，自幼好学。16岁渡海赴东北学习纺丝谋生，目睹中日甲午战争遗迹，遂树立复仇报国之大志。后返乡务农，同时读了许多历代经典著作。21岁时，陈干前往北京参军，立志报国，但因发表抨击现实的文章，被逐出军营。孙中山领导的资产阶级革命兴起后，陈干与同赴东北的商震、蒋慕谭等人以辽阳为基地，宣传革命，培养人才，聚集力量。1906年春，陈干和商震到日本考察军事，在同盟会东京本部加入了同盟会。不久奉被派返辽东，在东北各省积极为革命奔走。1907年8月，陈干回故乡昌邑，向乡亲们宣传革命，发展吕子人等加入同盟会。为培养更多的革命人才，1908年初，陈干同商震、景定成等人赴青岛，创办了新式学堂震旦公学。革命党人丁惟汾、刘冠三、陶成章等关心震旦公学，为办学献策出力。震旦公学注重革命思想教育和对学生军事技能的培养，并注意把革命思想传播到校外群众中。学校不断购置武器，发展革命组织，为武装起义做准备。震旦公学实际上成了同盟会在山东的一个重要机关。震旦公学师生们的革命活动，引起青岛德国殖民当局的恐慌。他们派密探监视学校师生的举动，并以学校师生参加山东保矿斗争有碍治安为由封禁了学校。此后，陈干为革命事业奔波于日本和中国东北地区。他在长春组织山东同乡会，为革命积蓄力量。武昌起义爆发后，各地革命党人纷纷响应。陈干认为山东革命应集中力量由津浦铁路北伐策取济南，便至南京，获得支持，被陆军总长黄兴任命为山东军统领，一路攻打清军，光复了徐州。随后担任第三十九旅旅长。袁胜凯

① 沈阳市档案馆：《关于维持各城市面秩序，奉天府城厢董事会给奉天府的呈文》，宣统三年九月初五日（1911.10.26），《辛亥革命在沈阳》，沈阳出版社1991年9月版，第79、80页。

当政后，陈干辞职。

商震，字启予（亦作起予），河北保定人，生于1888年。商震出身寒微，自幼失怙，禀赋聪明，学习勤奋。少年时得其舅父所助就读学塾。1905年，17岁的商震考入保定陆军速成学堂，先在普通科补习英文及文、理课程，后分发到步科学习。在陆军速成学堂，商震加入同盟会，结识了一些邀进的民主主义者。一年以后，因被校方以“煽动革命”罪开除学籍。1906年夏，商震辗转到沈阳，先协助同志蒋慕谭创办商业专门学校，后到辽阳与陈干办起了八旗小学堂。其间，他一边从事教学，一边鼓吹革命。不幸又被扣上“诋斥官府”的罪名逮捕。获救后，东渡日本留学，时已是1908年，商震整整20岁。在日本只待了一年，即奉同盟会的指示回到长春，继续以教职为掩护，从事革命的发动（主要是争取绿林“马贼”革命）。身份暴露后，逃至辽宁锦州。1911年初，商震以优异的成绩毕业于驻锦州之新军某部随营学堂。随即被保送进沈阳东三省陆军讲武堂，编入革命党人彭家珍任队官的学兵营前队。通过彭家珍，商震认识了新军第二十镇统制、东北同盟会领袖之一的张绍曾，参加了冯玉祥、施从云等创办的武学研究会。武昌起义后，商震回到旧游之地辽阳发动起义，因事不机密，走漏风声，无功而返。

当时，日本帝国主义在辽宁南部驻扎有军队3万多人，正伺机扩大侵略，革命党人担心日本干涉革命事宜，约定和平革命，计划在11月中旬，由蓝天蔚指挥的新军第二混成旅以维持治安的名义，把守军械库及主要衙门，驱逐赵尔巽，以宣布奉天独立。不过这一“和平”夺权的计划被蓝天蔚营长李鹤祥得知，当晚密报给了赵尔巽。

不过此时，倾向革命的军人在听到武昌起义的消息后，“人人兴奋得坐立不安”。新民武学研究会的冯玉祥、王石清、戴锡久等人立即聚晤，商谈怎样响应武昌起义。“大家都想着在这方面军事没有动作之前，要尽自己力量，做一番工作”。于是在军队里暗中鼓动，有时分头到各营里去串门，乘机向士兵们宣传革命道理；有时写印传单，向各处散发。一时工作紧张，情形非常活跃。冯玉祥回忆说：“这时，我家里弄来一架油印机，从早到晚印刷传单，每天将《大汉报》等刊物上所刊载的民军胜利的消息，各省响应的文电，还有许多鼓吹革命的小文章，都摘录起来，用油印印好，每次三四百份，到晚上派人偷偷地到各营去散发，或是由邮局寄到本地各机关去，常常忙得通夜不睡。”

2. 对反革命派的震动

当武昌起义的消息传到东三省时，沈阳立刻“下戒严命令，以防不虞”。时任东三省总督的赵尔巽急忙从外地返回沈阳，马上召集各司、道官员，在公署召开会议，“磋商维持治安一切事宜”。另一方面，又调北路巡防营管带张作霖和南路巡防营管带王永江各率所部进入沈阳，“以旧军监新军”。赵尔巽又召集各司、道“剀切训谕”，并说“此次革乱关系重大，殊深轸念，若办事稍涉疏虞，恐贻误大局”，“督励各属，断勿稍事懈怠”。又传见协统蓝天尉、伍祥祯，标统聂汝清等，“面加勉励”。1911年10月17日，又将驻省各协、标、营军官传至公署，由赵尔巽亲自演说，晓以“军人宜知忠君爱国之大义，切勿轻听浮言，擅行无理之暴动”。演说后，当晚在公署举行宴会，痛饮而散。赵尔巽企图笼络、收买这批上层军人、政客，以对付革命党人的起义。10月18日，赵而巽下令封锁消息，严令在奉各报馆“暂缓”刊登武昌起义的消息，“鄂省近有匪徒倡乱，现已派兵剿办。诚恐无知愚民散布谣言，希图煽惑，应即严加防范，以镇人心。希即传知各报馆，关于此次匪徒倡乱情事暂缓登载……至日商所设各报馆，既在本省发行，亦于本省有密切关系，并由交涉司照会日本总领事，转饬在奉各日本报馆一体缓登”[①]，企图蒙蔽广大人民，使人们不知道武昌起义的革命行动，不了解起义的真相。武昌起义之后，奉天《大中公报》发行了号外新闻，赵尔巽“以其摇惑人心，扰乱治安”为名，将该报馆封闭。此外，奉天省又命令，所有商民密电，一律停收，甚至拆阅往来信件。

为了掌握局势的变化和打听革命内部的情形，赵尔巽还派遣了“驻沪坐探、驻宁坐探、驻京坐探”，分赴上海、南京、北京等地，“随时确切机报”，以通声息。赵尔巽觉得自己“连骨头都是皇上的”，理当“鞠躬尽瘁，以死相报”，但为了顾全个人利益，又觉得不妨“见机而行”。他对高级军官们训示说：“我们东三省最好不动声色，什么态度也不表示。湖北果然成功，咱们再响应，那时少不得有咱们的一份；如果失败了，那时咱们并没有表示，自然也没有我们的事”。在局势还不明朗的时候，他便把保境安民，即维护封建统治秩序，防止革命变革，保全自己的统治地位，作为首要任务。

1911年10月初，清廷削去了张绍曾的兵权，吴禄祯也被人暗杀于石家庄，只有蓝天尉的兵权尚在手中。蓝天尉和张榕积极活动，不断在北大营召开会议，策划起义。他们商定于11月12日，在谘议局举行各界代表会议，迫使赵尔巽出走，以蓝天尉为都督，吴景濂为民政长，成立保安会，宣布东三省独立。由于张榕等人对赵尔巽还抱有幻想，认为可以拉拢赵尔巽进行革命，所以提出

① 辽宁省档案馆：《赵尔巽为奉省各报“暂缓”登载武昌起义消息事给交涉司的札文》，《奉天交涉司档》，宣统三年八月二十七日（1911.10.18），《辛亥革命在辽宁档案史料》，辽出临图字［1981］第76号，第41页。

了“不流血革命”的主张。

赵尔巽得到密报，心里十分惊惧。恰逢谘议局副议长袁金铠晋谒，赵尔巽说明自己想出走入关的想法。袁金铠相劝说：“大帅应以东三省人民为念，革命党虚张声势，谅不致有大问题。”并说：“新军是不可靠的，最好把巡防营的旧军调来”。这个建议为赵尔巽接纳。地方巡防营的将领都是忠于他的守旧军人，同革命党人没有任何联系，正是他可以利用的镇压革命党人的军事力量。于是马上密调后路巡防营统领吴俊升率部自通辽迅速赶来奉天，以防备革命党人起事。这个重要消息却被张作霖率先探知。张作霖认为自己的机会来了，于是他率所部兵马星夜兼程，赶在吴俊升之前来到省城保护赵尔巽。张作霖一进奉天省城，赵尔巽立即召见了张作霖，并委以保护奉天省城的重任。

1911年11月11日晚，赵尔巽和张作霖一起议定，解除蓝天尉的兵权，并于当夜给北京发电报，请内阁总理大臣袁世凯批准。接着他们又起草了“保安会章程”，拟定了负责人名单，并决定次日宣布保安会正式成立。对此，蓝天尉、张榕等毫无觉察，他们也决定12日在沈阳成立保安会，准备随时宣布独立。

## 二、旧官僚旧军人联合成立“保安会”

赵尔巽迫使新军将领通过了他提出的“保境安民”的主张。这个主张实质是反对革命，继续保皇。继而又在奉天国民保安公会上贯彻赵尔巽的保皇主张，成立了由前东三省总督赵尔巽为会长的奉天国民保安公会，这是换汤不换药，继续代表清廷行使皇权。在这个过程中，张作霖都扮演了一个流氓打手的角色。

武昌起义爆发不久，奉天省的革命党人云集省城，研究运用何种方式响应武昌首义。经过反复争论，最后得出采取和平手段进行东北革命，即“谋运用政治手腕，实现东三省革命”。革命党人的首领蓝天蔚、吴景濂等事先密议，用会议表决的和平方式兵不血刃地夺取东北政权。拟由吴景濂以奉天省谘议局议长的名义，召集省城各界领导人开会，在会上解决这个问题。他们研究了一个方案，以维持治安为名，成立奉天全省保安会，逼走东三省总督赵尔巽，然后推举蓝天蔚为关外都督，吴景濂为奉天省民政长，脱离清廷，宣布独立，完成东三省革命。如果“东北大局既定，继进兵关内，会师燕郊，直捣虎穴”。幼稚的革命党人以为采取会议表决的和平方式，就可以取得革命的胜利。

1911年11月12日下午，赵尔巽到谘议局出席有工、农、学、军和自治团体参加的各界大会。张作霖带了一批打手随行，除了随来的武弁外，又把在陆军学堂学习的张景惠、孙占鳌（即孙烈臣）、张作相、汤玉麟、叶景全等调来，一共约20余人，分布在会场各处。会场外还有反动军官率部警戒，并架起小炮，以示震慑。开会时，张作霖站在赵尔巽的背后。首先由议长吴景濂宣布开会，并说明开会的意义，“我们为了响应武汉革命，应立即成立奉天国民保安公会，推请总督为会长，发表宣言，脱离清廷独立”。接着由赵尔巽讲话：“前后两次来关外，没有做对不起人民的事。东三省处在两强之间，如果有个风吹草动，前途不堪设想。他希望大家各安生业，静观时局变化。”话没说完，参加会议的教育界代表赵中鹄即提出“粮食缺乏，苛捐杂税，民不聊生”等问题，要求立即宣布独立，“以苏民困”。赵尔巽对此极为不满，表示坚决反对。他说：“你们要搞自治还可以商量，独立？怕有不便吧？”他的话还没讲完，就被革命党人的发言驳回，革命党人强烈要求赵尔巽宣布独立。张作霖这时走近讲台，掏出手枪，说：“赵大帅是朝廷命官，我张某身为军人，惟知服从，如有不轨举动，决以手枪对待”。在场的大半是教育界人士，有很多是青年学生，看见这种情形纷纷退出会场。会场门口已有人把守，许出不许进。会场乱了一阵又安静下来。这时，吴景濂已经溜走。由袁金铠以副议长身份宣布继续开会。会议决定不发表独立宣言，仅把代表大清帝国的黄龙旗降下，改升黄色旗，去掉预定在旗上写的“光复”二字，仅留“奉天革命保安公会”字样，通过了保安会简章，选出了会长、副会长，宣布保安会正式成立，随即通电吉、黑两省如法炮制。

最初在《赵尔巽为成立奉天国民保安公会及通饬办理保安分会事的札文》中记载的《奉天国民保安公会章程》①内容条款如下：

第一条 本会为保卫地方公安起见，无论满汉回蒙，凡在本省土著，及现住之各省各国人，其生命财产均在本会保安范围之内，定名为奉天国民保安公会。

第二条 本会得各界各政党之同意而成，以尊重人道为主义。

第三条 本会会所，择相宜地址设立之。

第四条 本会以保安为职务，有辅助行政之权，应组织对内执行总机关及对内各分机关，以助行政务。

第五条 本会对内执行机关，由各部组织而成。一、外交部，二、军政部，三、财政部，四、内政部，五、执法部，六、教育部，七、劝业部，八、交通部。

第六条 会长一人，副会长二人，均公推之；各部正副部长各一人，由会

① 辽宁省档案馆：《辛亥革命在辽宁》，宣统三年九月二十三日（1911.11.13），1981年10月版，第49–50页。

长商同副会长委任之。

第七条　会长总理一切事宜，副会长协理一切事宜；部长、副部长承会长、副会长之命，处理本部事务；部员承本部正、副部长办理本部事务。

第八条　设参议部，为本会监督机关。一、设参议总长一人，二、设参议副长二人，三、设参议员无定额。参议部人员均由公推。

第九条　本会以全省为范围，依旧有行政区域。各府、厅、州、县，得设保安分会，即以该处现任地方官为分会会长。其有不能胜任者，请由本会会长，以行政权撤换之。

第十条　本会应刊奉天国民保安公会之关防，凡关于保安公会之事适用之。

第十一条　本会办事规则，另行规定。

第十二条　本章程自本会成立之日起实行，其有未尽事宜随时更订。

当月22日，又在《赵尔巽为各属不必遍设保安分会及饬发分会章程事给奉天府的札文》中发布了《奉天国民保安分会章程》①，内容条款如下：

第一条　本会为保卫地方公安起见，无论满汉回蒙，凡在本省土著，及现住之各省、各国人，其生命财产均在本会保安范围之内。

第二条　本会以尊重人道为主义。

第三条　本分会会所，即在地方官衙署设立。若有相宜地址，亦可另设。

第四条　本会以保安为职务，有辅助行政之权责。

第五条　设分会长一人，由府、厅、州、县官兼任之；副会长二人，由各界公推之。

第六条　分会长总理本地方保安一切事宜；副会长协理一切事宜。

第七条　本分会应分设文牍、庶务两课，由会长商同副会长委任之。

第八条　设参议员（部）为本分会监督机关。设参议总长一人、副长二人，参议员无定额。参议部人员，均用旧有城乡执事绅民公推。

第九条　本分会以仍用地方官印信，不另刊关防。

第十条　本分会办事细则，由各属规定后呈请总会查核。有不合者，仍候总会改定遵守。

第十一条　本章程自本分会成立之日起实行，其有未尽事宜，随时更订。

会前，蓝天尉也下令他的部队从北大营入城，但等了好久部队也没有到。蓝天尉感觉有变，就偕同少数军官，跑到日本车站某东洋旅馆，听候消息。不

① 辽宁省档案馆：《辛亥革命在辽宁》，宣统三年十月初二日（1911..11.22），1981年10月版，第55-56页。

久，第二混成协的炮兵即进入沈阳，并驻扎在省谘议局附近，炮口面向省谘议局。这时，蓝天尉的参谋才报告说，北京已经来电，撤销蓝天尉的协统职务，并以部下聂汝清标统暂为代理。蓝天尉到此才知道第二混成协已经不听他调动了。蓝天尉进城举事，没有成功，过了几天，便逃往上海。不久，吴景濂也去了上海。事后，在袁金铠的策动和赵尔巽的同意下，张作霖将所部马兵从洮南开来，三天三夜开到沈阳。队部设在南门万福栈，马一营驻在大南关包家胡同，马二营驻在大西关会元栈，马三营驻在南关娘娘庙，担任警戒事宜。这时，第二混成协的革命军人纷纷离去，仅第四标标统刘恩洪被劫留下来。11月14日，赵尔巽正式宣布解除蓝天尉的协统职务，由聂汝清兼代，以控制新军。接着，将张作霖巡防营的步兵也调来，准备彻底镇压革命。于是，革命党人策划成立保安会，其领导权被赵尔巽篡夺。保安会至此成了反动势力集结之所和镇压革命党人的工具。

保安会全称为“奉天国民保安公会”，总会长为赵尔巽，副会长为吴景濂、伍祥祯。另设监督机关参议部及外交部等八个执行机关（即外交部、军政部、财政部、内政部、执法部、教育部、劝业部、交通部），参议总长为袁金铠，副长为蒋方震、张榕。八部中的外交部长为许鼎霖（东三省交涉司），劝业部长为肖应椿（东三省提法司），张作霖任军政部副部长，而蓝天蔚则被撤了职，后流落上海。“保安会”的首脑绝大部分是清朝官员，或者是立宪派人物，革命党人张榕只是保安会中所谓监督机关的副参议长。保安会简章规定：“本会为保卫地方公安起见，无论满汉回蒙，凡在本省土著，及现住之各省、各国人，其生命财产均在本会保安范围之内，本会‘尊重人道主义’。”又规定，“各府、厅、州、县得设保安分会，即以该处现任地方官为分会会长，其有不能胜任者，请由本会撤换之”。同时，奉天陆军对于保安会的成立发表七条意见[①]，其中最重要的一点是，“军队即有保安之专责，无论何时，及对于何人，一遇暴动及惨杀之事，当以敌人视之”。而且声明，“我军人必能舍身以尽任务”。问题十分清楚，一旦革命党人进行武装起义，保安会则予武力镇压，这也是保安会成立的根本作用。七条意见中又指出，“无论何事，有不妥善之处，务望从长计议，军队无不认可”。换言之，只要革命党人不起义，只要遇事与赵尔巽等人商量，也即是继续保持赵尔巽等在东三省的统治，至少是暂时给予他们观望革命趋势的发展，以便采取最后决策的机会，反革命派是不希望与革命派发生武装冲突

① 《奉天陆军对于国民保安公会之意见》，《盛京时报》，宣统三年九月二十四日（1911.11.14）。

的。这正是武昌起义后，清王朝面临灭亡的时刻，赵尔巽所采取的解救其“倒悬之危”的反动措施。同时，反革命派（包括立宪派）还以帝国主义侵略者的干涉来威胁革命党人。他们恫吓说，如果起义引起外国的干涉，“则恐不堪设想矣”。这一点，恰是资产阶级革命党人的弱点所在。保安会的成立，标志着在东三省出现了势力较大的所谓“尊重人道主义，保护人民生命财产，反对武装起义”的反动组织，实际上其宗旨是准备镇压革命、残杀革命党人。

保安会是一个反动的团体。关于这一点，在《盛京时报》1912年3月5日“读者俱乐部”栏目中，一个以“国民一份子”为名的人曾指出，“某（指赵尔巽）立‘保安会’，乃其奸计耳。名虽保安，实借此反对共和，以暗杀革命为目的”[①]。在赵尔巽给袁祚廙的电报中更是直接说出了以赵尔巽为首的反革命派成立奉天国民保安公会实为镇压革命的险恶用心，“此番保安会赖军队同心，得有完全主权，一切仍由总督及各行政官执行。原订草章，已定明为辅助机关，各处应候改章照办”[②]。然而，革命党中也有人参加了保安会，如张榕即是“保安会”参议部的副部长。这只能说明，个别革命党人曾一度陷入反动派的圈套。据1912年7月28日，东三省联合急进会会长张根仁，在北京假湖广会馆追悼关东诸烈士大会上，在张榕烈士的悼词中说：“吴景濂隐助民军，召号各属绅议，意谋独立，张榕负清廷逸犯，主持激烈，被吴约入谘议局，通其意，成立保安会”。这说明革命党人参加“保安会”是被动的；同时也说明，保安会的成立同立宪派的积极活动是分不开的。赵尔巽和立宪派邀请张榕参加保安会，是为了利用张榕使革命党人进行“文明革命”，不发动武装起义。

奉天国民保安公会成立后，赵尔巽等人借保安会之名，开始与革命党人为敌，并对驻扎在奉天的陆军发布保卫治安的命令，公开镇压革命。命令指出：“倘发见暴动之事，即以敌人对待。而造谣生事者，对商民则捕送警务局；对于军人，则照军队法令，准该带队指挥官处置”。终日派马、步士兵巡视，防止革命党人起义。继奉天保安会成立之后，省内各地相继成立了“保安分会”，其大权完全操纵在官绅手中，章程与“奉天国民保安公会”大体相同，欲在全省打击和镇压革命党人。赵尔巽曾电询黎元洪，“有无民军东来之意”。黎元洪复电称：“不愿涂炭生灵，请早反正”。赵尔巽得知民军无“东来之意”后，乃一心

① 国民一份子：《读者俱乐部》，《盛京时报》，1912年3月5日。

② 辽宁省档案馆：《赵尔巽为成立奉天国民保安公会及通饬办理保安分会事的札文·附赵尔巽致袁祚廙电 九月二十六日（11.16）》，《营口县公署档》，宣统三年九月二十三日（1911.11.13），《辛亥革命在辽宁档案史料》，辽出临图字［1981］第76号，第50页。

一意专事对付东三省的革命党人，妄图借保安会之名，继续维持封建统治。

## 三、革命党人成立“奉天联合急进会”

奉天国民保安公会的成立，使某些革命党人试图通过“和平改革”的手段实现独立的幻梦破灭了。张榕识破了赵尔巽的用心，面诘赵尔巽，揭露其镇压革命党人，欲入关“勤王”的阴谋。赵尔巽自恃权柄在握，更加肆无忌惮地进行反革命活动。于是，张榕退出已成为保皇会的保安会，转而走上“政治革命积极进行”的道路。

鉴于吴禄祯被刺，蓝天蔚被迫离奉，“各党竞立机关，多于毛羽”，“其势涣散、多不得力”，为了推动革命继续进行，把东北的革命力量联成一气，和保安会进行斗争，张榕积极联络同盟会会员柳大年、张根仁等，于1911年11月17日，在沈阳另行创立了“奉天联合急进会”[①]。会上，推举张榕为会长，张根仁、柳大年、李德瑚为副会长，吴景濂、钱拯、左拯之为参议。下设七个部：总务部，部长杨大实；军事部，部长辜天保；交通部，部长洪东毅；执法部，部长赵中鹄；经理部（即财政部），部长缺；秘书部，部长汪赚；侦察部，部长赵元寿。该会成立后，各界人士踊跃参加。张榕在宣布联合急进会的政治主张时说：“联合急进会尊重人道主义，且以建设满汉联合共和政体为目的，故若清帝退位，尤为吾党之所赞成”。并且提出“响应南方，牵制北军势力，使清帝不敢东归，赵督不敢中立”及“近谒赵尔巽辅清之谋，远规北京，以促进共和之成”的口号。由于张榕是出身东北地区“族隶旗籍”的革命者，了解当时东北满、汉各族杂居的实际情况，因而他在接受同盟会革命思想之后，在“联合急进会”的政治主张中，能更加切合实际地提出“以建设满汉联合共和政体为目的”，有力地消除了当时“反满”口号的消极影响。这对革命在沈阳乃至东北地区的继续发展，特别是团结东北地区的满族革命力量，共同参加推翻清朝的革命斗争，起到了良好的作用。不少满族、汉族革命人士一起团结在张榕的周围，参加联合急进会的革命活动。

奉天联合急进会是一个积极进行政治革命的资产阶级党派，它的特点是采取积极手段，用武力推翻清朝统治，实现共和。在联合急进会的领导集团中，大部分是知识分子，很多是留学日本的学生。他们多是久经革命活动的革命志士，成为联合急进会的核心力量。在联合急进会中，也有立宪派分子，他们所

---

① 《党人组织急进会》，《盛京时报》，宣统三年九月二十八日（1911.11.18）。

以参加该会，一部分是与清政府有矛盾，乘机反清，从中夺取政权，后来他们也赞成共和，这一派以吴景濂为代表。另一部分则是钻进革命队伍，破坏革命，直接作反革命的帮凶，这一派以袁金铠为代表。

奉天联合急进会成立后，立即开始积极的革命活动，主要表现是：（1）积极扩大组织。联合急进会成立后，各界"争先入附"，只几天工夫，入会者已超过三万人，其中最多者为新旧两军。（2）在奉天省城同赵尔巽斗争。在奉天省城，急进会虽拥有相当大的力量，但张榕并没有乘奉天城内反动势力空虚之时发动武装起义，而是首先与赵尔巽进行谈判。张榕要求赵尔巽"速悬白旗，以静民心"，赵"始而含糊，终竟拒绝"。谈判决裂后，奉天城中革命与反革命的斗争已成剑拔弩张之势。到了这个时候，赵尔巽公然封闭报馆，大肆逮捕革命党人，血腥镇压革命，"通饬各该文武，务须确定主见，乱为起，预防之；乱初生，力制之；乱既起，痛剿之，勿再优柔误事。无论何处不准别立会名；无论何人凡扰乱治安，即为人民公敌。我不杀人，而待人之杀我人民，无是理也"①。在反革命派的血腥屠刀之下，革命派很难继续在省城进行活动。（3）在各地组织武装起义。张榕等人决定先在各地举行起义，引诱省城军队出动"讨伐"，再乘虚占领省城。因此，只留下张榕等少数人"居省调护"，掌握中枢工作，其余人员分赴庄河、宁远（今兴城）、辽阳、安东（今丹东）、凤城等地，运动军警，组织民军，策划武装起义。至此，革命党人在奉天省和沈阳地区燃起了真正的革命战火。

## 第三节　张作霖崭露头角

### 一、受命带兵进入省城

张作霖，字雨亭，汉族，奉天省海城县小洼村人。1875年3月19日（清光绪元年二月十二日）生。其父张有财早年薄有家资，不过是个游手好闲之徒。先是开了一个小杂货铺，收入甚微。后来小杂货铺倒闭，他又不愿干活，就整

① 辽宁省档案馆：《赵尔巽为凡"别立会名""扰乱治安"者即应"痛剿"事给交涉司的札文》，《奉天交涉司档》，宣统三年十月十二日（1911.12.2），《辛亥革命在辽宁档案史料》，辽出临图字［1981］第76号，第66页。

天赌博胡混。因欠人家赌债，被仇家债主害死，张作霖时年13岁。

张作霖少年时无钱念书，但私塾教师杨景镇认为他想读书识字是好事，免费让他上学，还赠予纸笔，张作霖就此读了一段私塾打下了初步的文化基础。其父死后，家庭生活更加困难，其母王氏带着兄妹四人投奔到镇安县（黑山县）小黑山附近二道沟娘家。因生活极端困苦，张作霖最终只有到社会上混饭吃。此时中国一片混乱，东北地区尤甚，内忧外患层出不穷。中日甲午战争爆发后，生活困顿的张作霖抱着一线求生的希望从军。

甲午战后的辽西是个三不管地区。散兵游勇成群，乞丐难民遍野。官府腐败，土匪横行，百姓的生命安全受到严重威胁。在此情况下，各地相应地成立了一些自保的武装组织，名为大团。1900年，张作霖因岳父赵占元的帮助，在赵家庙成立了一个大团，有二十多人，负责附近几个村子的治安。他负责的地区称为保险区。张作霖在保险区内很守规矩，不仅遵章守纪，而且维护治安，这个地区胡匪的骚扰得到遏制。张作霖也得到村人的称赞，由此声名鹊起。他管辖的范围逐渐扩大，达到二十多个村子。后至八角台落脚，这里也成了他的发家地。

张作霖的政治野心很大，他深知经营民团不是长久之计。他早就想“改邪归正”，被政府收编。恰在此时，盛京将军增祺采纳了“化私团为公团”的建议，作出了“化盗为良”的决定。适逢其时，增韫知府的报告得到了盛京将军增祺的批准。

张作霖乘机开展组编活动，吸收了辽西一些小股匪帮，如义县的张作相、黑山县的薄振声等。张作霖率队到新民府接受点编，成立了新民府巡警前路游击马队，受命为帮办，队伍仍驻八角台。1903年7月，张作霖所部和新民街巡捕队合并为巡防马步游击队，计500人。其中，骑兵2哨，步兵3哨。张作霖为管带，张景惠为帮办，中哨哨官由张作霖兼任，前哨哨官为张作相，左哨哨官为汤玉麟，右哨哨官为王立有，后哨哨官为赵五把什。队伍亦移驻新民府，负责地方治安，并兼剿胡匪。至此，张作霖由一个民团武装的头目成为政府官军的军官。这是他人生的一个重大转折。

1904年2月，日俄战争中。张作霖审时度势，摇摆于日俄之间。1905年日俄战后，他的部队不但没受损失，反而扩编为3个营。因政声颇佳，1906年张作霖再次升官。新任盛京将军赵尔巽和新任新民府知府沈金鉴下令，将张作霖的部队由3个营扩编为5个营，张作霖当上了统管5个营的统带。

1907年，张作霖率队除掉辽西匪首杜立三，一举端掉他在辽中县青麻坎的老巢，辽西匪患遂绝，人心称快。时任东三省总督徐世昌得知后喜出望外，上报清廷，为张作霖请奖。清廷除赏银五千两外，将张作霖升为奉天巡防营前路统领（旅长），管辖马步5营。其他还有中路、左路、右路、后路等4路统领。张作霖成为东北旧军五个举足轻重的武装力量之一，势力更加壮大。

1908年，徐世昌把剿匪得力的张作霖调到辽宁西北部的通辽、洮南一带，去剿除被沙俄收买的蒙古叛匪。1909年，徐世昌看到张作霖兵力不足，便给他扩编，增强他的实力。把5个营扩编为7个营，又将驻扎在洮南的孙烈臣部划归张作霖部。这样张作霖的部队增至3 500人，成为东北的一支劲旅。

张作霖经过年余苦战，终于将叛匪首领白音大赉击毙，生擒牙仟，并打败了陶克陶胡。后来追击陶克陶胡800里，一直将陶克陶胡赶到蒙古国。危害东北边疆多年的蒙患解除。

张作霖于1911年带兵进驻奉天省城大大提升了他的政治地位，为日后独霸东北奠定了基础。1911年10月10日，武昌起义爆发，史称辛亥革命。武昌起义爆发后，各省纷纷响应，脱离清政府，宣布独立。革命党人张榕、宁武、商震在奉天积极活动，在新军中也有吴禄贞、蓝天蔚等人积极参与革命，暗中策划新军起事。武昌起义的消息传到奉天，东北革命党人群情振奋，准备积极响应。当时新军第二混成协驻扎在奉天的北大营，蓝天蔚为该协协统，这是奉天省城唯一一支驻军。身为革命党人的蓝天蔚如果能够抓住机会及时起事，可以立即占领奉天省城，逼迫赵尔巽宣布奉天省独立，以期响应南方。事实上，他确实也在和革命党人张榕紧密磋商，秘密酝酿起义。他联络吴禄祯和张绍曾密谋东三省独立，革命党人拟推举蓝天蔚为关外讨虏大都督，张榕为奉天省都督，并要立即驱逐赵尔巽。

不料起义的秘密泄露，加之革命党人希望通过和平手段逼迫赵尔巽独立的幼稚思想，使得他们没有抓住先机，反而被守旧当局抓住了时机，占据了主动。张作霖以领取军饷为名，亲率五百轻骑，从洮南出发，马不停蹄，日夜兼程，以最快的速度直奔奉天，所辖步骑7个营的全部人马随后也以最快的速度向奉天省城进发。

途中，张作霖一行路径吴俊升防地通辽时，吴俊升因尚未接到密令，热情地为张作霖准备好早餐，张作霖却传言说“不吃了”，约他奉天相会。待吴俊升接到调令后，张作霖早已率部安全抵达奉天。

吴俊升（1863—1928）原名兆恩，字秀峰，后改名俊升，字兴权，又子琴，绰号吴大舌头，原籍山东历城。因年景不好，迫于生计，全家便迁到东北谋生，后在昌图兴隆沟（今辽宁省昌图县老城乡长青村兴隆沟）落户。吴俊升家贫，17岁入辽源捕盗营，先后做过伙夫、马夫，20岁编入骑兵。他在军中，作战勇敢，以功提升五次，迄光绪三十四年（1908），官至奉天后路巡防队统领，候补总兵，与张作霖、冯德麟、马龙潭被称为奉天的四大军事重要人物。辛亥革命爆发，吴俊升受东三省总督赵尔巽命与张作霖等联名致电内阁总理大臣袁世凯，要求勤王，尽忠清廷。

1908年，吴俊升参加了剿灭叛国蒙匪及打击前清肃亲王善耆和蒙古喀喇沁王的满蒙独立活动，及平息科尔沁右翼前旗札萨克图王乌泰叛乱的战事。因功累次升迁，先后任旅长、守备司令官、师长、陆军中将、洮辽镇守使（今洮南市），陆军上将衔、黑龙江督军兼行暂署黑龙江省省长、黑龙江省省长。获不同等级的文虎章、嘉禾章、大绶嘉禾章、宝光禾章，叙勋至二位。

1911年10月19日夜，张作霖率部进入奉天省城，为了争取主动，马上晋见赵尔巽，诚惶诚恐地说："因局势紧张，惟恐总督陷于危境，迫不及待，率兵勤王。如总督认为未奉命令，擅自行动，甘愿接受惩处。"赵尔巽正在急于用兵之时，张作霖来得恰逢其时。老谋深算的赵尔巽按住心头喜悦唉声叹气地对张作霖说："你来得正好，我明天准备去死！"张作霖急忙问："为什么要去死呢？要死，大家一起去死！"赵尔巽接着说道："明天，奉天的文武官员们要独立，但我绝对不干。如果他们得逞，那我就去死！"张作霖赶紧对赵尔巽说："恩帅，您给我下命令吧，把我的军队全部调来。您赶快把城门关上，再把我那在讲武堂学习的三十多名学员召来，给他们发些枪，我来保护省城。"赵尔巽随即说道："很好！我不但这样，我还要把我的卫队和警察也都交给你，统统归你指挥，你把他们放在城门那，叛军来了，打就是了！"张作霖又信誓旦旦地说："请恩师听我部署，只要我张作霖还喘着一口气，我是愿以生命保护恩帅，至死不渝。"张作霖这一番表态，深得赵尔巽的欢心。

1911年10月20日下午4时，赵尔巽在奉天召开新旧两军将领会议，讨论应对时局的方针和东三省应持的态度。"武汉叛乱，朝廷正派大军剿办，不久即可平定。东三省为皇上老家，我们必须拥戴朝廷。"赵尔巽宣布开会后，首先起立发言道："现在朝廷还没有谕旨下来，我们的要务是保境安民。我们今天应当郑重地表决一下，谁赞成我的意见，就请举手！"赵尔巽话音刚落，张作霖首先举手，其他四路旧军统领也随着举手赞同，唯独新军这边各镇统、协统和参谋长端坐如佛，没一丝反应，会场一片寂静。尴尬之际，忽见张作霖起立吼道："总督劝告各位保境安民，苦口婆心，可谓仁至义尽。大家如不接受总督的好意，举手赞成，那我们今天这屋子里的人，只有同归于尽了，谁也别想活着出去！"只见张作霖双手紧握两个类似炸药包的毛巾包，对各位与会者怒目而视。"各位听我的准保没有错，也许我上了年纪，话没说清楚，大家没听明白，现在我再说一遍。”赵尔巽又重新叙述了一遍。这次，新军中的卢协统首先举手，其他人也相继举手，赵尔巽欣喜地说：“全体通过了，大家总算给了我一个老面子。”会议一散，蓝天蔚便抓住卢协统的袖子说：“你这个家伙，在外头我们是怎么说的？说话不算数，到里面又举手！”卢协统反驳说：“老兄，有命才能革命，张某那两颗炸弹，你难道没有看见？若是放响了，我们还能有命吗？好汉不吃眼前亏，我这是救了大家啊。再说，我的手仅举到耳根，只能算一半赞成，一半反对，你们看不清楚，稀里糊涂就随着把手全举了起来，这怎么能怪我呢！”其实，张作霖手里的圆包并非炸弹，只是从赵尔巽随从手里拿来的小茶壶，用毛巾包起来，作为“诈弹”。

张作霖的机智表现，大大帮助了赵尔巽，因此得到嘉奖。除补发调防令外，赵尔巽还任命张作霖兼任中路巡防营统领，用以加强张作霖的军力。这样，张作霖就从统帅7个营的前路巡防营统领一跃成为统率15个营的两路巡防营统领了。至此，奉天省现有部队中，张作霖实质上已经成为最大军事力量的首领了。

## 二、杀害革命党人

革命派策划的一系列起义失败以后，赵尔巽和张作霖等人对在沈阳城内的革命党人进行了残酷屠杀。在奉天省城，因为陆军多半奉调入关，赵尔巽乃将前路巡防营统领张作霖调入省城，以资防守。张作霖被举为保安会军政副部长后，赵尔巽又提升张作霖为巡防营务处总办兼统中路巡防营，极力加强反动统治力量。

经过一段危机以后，奉天省城的封建统治秩序又有了某种程度的稳定。到11月底，赵尔巽向当时的袁世凯内阁报告说，“各省相继宣布独立，率多出于新军之变。……东三省保无意外之变。”袁世凯对赵尔巽非常满意。

对待奉天省的革命起义军，赵尔巽“剿”、“抚”并施，更偏重于“抚”。但在奉天省城，赵尔巽对革命党人起义则是严密防范的。防范之法有“编制密号”、“添调防营”、“彻夜搜寻”、“夜间增队”等[①]。

1911年11月27日，国民军失守汉阳以后，赵尔巽对革命党态度“迥与前日不同”，不但“过激”党人拿获即处以死刑，即“温和”党人亦不免“严缉”。并通饬禁止集会结社，甚至奉天“国事共济会”，也在赵尔巽命令下宣告解散。

---

①《革命声中之奉天巡防》，《盛京时报》，宣统三年十月十五日（1911.12.5）。

对于奉天联合急进会会长张榕，赵尔巽首先借口，自“奉天联合急进会”成立以来，入会者虽然很多，但反对者也不少，恐“激起冲突，致生事端”，乃命令警务局派巡警在张榕住宅昼夜加添岗位，“妥为保护”，实际上是进行监视，用武力将张榕软禁起来。

12月18日，南方革命军代表与清廷代表在上海开始谈判议和，又有召开国会的消息。赵尔巽与张榕相约，东三省的事情，静俟国会解决，在此期间彼此不得开战。张榕遵守南北谈判的停战条约，并允诺在停战期内，不搞军事举动。当时，奉天联合急进会交通部长洪东毅组织四千余人，准备在抚顺一带起义，因奉张榕电令而停止。赵尔巽却撕毁协约，乘停战期间镇压各地准备武装起义的奉天联合急进会，又面谕张作霖“随时访查首要人等，捕拿送案，以遏乱萌”。

当庄河起义“和平了结”以后，蓝天蔚组织民军北伐已抵烟台之际，东三省革命党人积极准备迎接北伐军。然而，在革命风暴即将重来的前夕，在奉天省城却出现了反动派对革命党人的大屠杀案。1912年1月22日，赵尔巽秉承袁世凯的旨意，派张作霖与袁金铠合谋在奉天省城枪杀了奉天联合急进会的领袖张榕、宝琨，田亚赟。

袁世凯是在清朝统治万分危急中出任内阁总理大臣的。他最初打算，保存清室而剥夺其实权，以“君主立宪”的招牌统一北方反动势力，并诱取南方革命派向他妥协。当南北双方代表在上海举行和平谈判的时候，袁世凯一方面让唐绍仪提出以“君主立宪”为基础的议和条件；一方面派人分赴直隶、河南、山东、奉天、吉林、黑龙江各省，游说“君主立宪”。被派到沈阳的特派员曾和赵尔巽“协力”奉天谘议局展开“君主立宪”，并议定办法五条。其中第三条是严搜民党，第四条是遵袁世凯命令驱逐奉天联合急进会会长张榕。有了袁世凯的支持，赵尔巽改变了以往对革命党人“设法招抚”的策略。

张榕，原名焕榕，字荫华，号辽鹤，祖籍济南，后迁居奉天抚顺，1884年生于沈阳。张榕的父亲张钦善定居沈阳后，聘请学识渊博、极富正义感的张振声为家庭私塾老师。张榕与张振声之间不但建立起良好的师生关系，而且成为革命战友。张榕少年时就胸怀大志，读书优异，擅长骑射。读书时亲眼目睹东三省名存实亡的现状，立志拯救。1903年春，张榕考入京师大学堂的译学馆，专攻俄文。1904年日俄战争爆发后，他与朱锡麟、丁开璋放弃学业离开北京，回到东北。张榕在奉天变卖一部分家产作为经费，“破金数千万”，至兴京（今辽宁新宾）、海龙一带联络地方进步人士王阁臣等创办东三省保卫公所，秘密名字为关东独立自卫军。兴京府曾为忠义军发源地，此部队经常出没于通化、海龙、兴京一带，从侧翼给俄国侵略军以沉重打击。张榕当时想利用这批力量召集绿林人士和地方豪杰，改编地方团练，发动武装起义。当时由张榕组织的武装云集东边道，声势浩大，洋人为之恐慌，清廷驻守永陵的官吏也有些畏惧。为了使斗争合法化，张榕等人向清政府请求备案，但被担心其聚众谋反的清政府严令解散。后来因盛京将军增祺追缉，避难至北京，居住于保安寺，创办秘密刊物，宣传革命思想。此间结识了志同道合的安徽桐城的革命党人吴樾。1905年（光绪三十一年九月二十四日），清政府派载泽、戴鸿慈、端方、绍英、徐世昌五大臣出洋考察宪政。张榕协同吴樾于前门车站秘炸五大臣。五大臣由前门车站登车时，他们于一节车厢门上点燃炸弹，爆炸后吴樾当场被抓。吴樾遇难后，本已出逃的张榕因军警在吴樾寓所搜出他的照片，于10月3日涉案被抓，解送到天津模范监狱关押。当时的直隶总督袁世凯曾亲自审讯，但苦于没有证据，最终只能以曾组织“关东独立保卫军”一事将之定为“叛逆罪”，并秉承慈禧太后批示，将其“永远监禁”。张榕于监狱之中结识了典狱长王璋，此人原来是义和团的小头目，为人正义。义和团运动失败后转到小站当初级军官，后来调到天津模范监狱任典狱长。他敬佩张榕，与之成为莫逆之交。1909年夏，王璋协助张榕化装越狱，经塘沽登船流亡日本。张榕在日本见到了孙中山，并经由黄兴介绍加入同盟会，与东北同盟会取得联系，后进入日本士官学校学习。1910年秋，张榕由士官学校毕业后返回东北，带着同盟会总会的指示，在大连与辽东支部取得联系，成为同盟会辽东支部的负责人之一。1911年秋，张榕秘密回到奉天，经由当时的奉天谘议局议长吴景濂推荐，由赵尔巽任命为奉天营务处提调，后升任总督府军事参赞。武昌起义爆发后，张榕联合谘议局议长吴景濂力图迫使东三省总督赵尔巽脱离清政府独立。

作为当时东三省封建势力的代表，赵尔巽、袁金铠等人是仇视革命的。袁金铠在获得了张榕对他的信任后，掌握了革命党人的活动情况和斗争策略，进而与赵尔巽研究相应对策。但此时的张榕仍然坚守与赵尔巽所订立的双方在国会召开前不使用武力的承诺。并幻想能够召开国会，使国体问题得到有利于革命的解决，即实现和平的共和，并最终使形势走入革命党人所设立的轨迹，夺取东三省。

1912年1月23日晚，谘议局副议长袁金铠，邀请张榕赴大西关平康里“德义楼”宴饮。宴席未终，袁金铠先“兴辞而出”。张榕和张作霖随后同出“德义楼”，边走边谈。这时，埋伏在平康里胡同内的张作霖手下的侦探长于文甲等突然跃出，截住张榕，开枪射击。张榕身中数弹，并大声叱骂赵尔巽等人，“至死，怒眦尽裂，露尸一昼夜，目未瞑也”。时年二十九岁。同时，张作霖又派军警搜查了张榕的住宅，刺毙其兄，逮捕其眷属，掠走财物。然后实行全城戒严，进行大搜捕。军警又分别赶到当时的奉天府城厢董事会名誉董事宝琨和《国民报》主编田亚赟的家去抓捕二人。张榕的老师张振声等联合急进会的领导人也遭捕杀。

宝琨，喜塔腊氏，字宜山，奉天满洲人，1880年生。家世显赫，父亲恒泰在四川由知县升至成都知府，后又升任东边道按察使，曾做过钦差大臣。宝琨少年时就胸怀大志，文武兼修。目睹清政府政治经济的腐败，早已断了入仕之念。他与张榕本就是好友，皆不满清廷所为，1905年孙中山在日本成立中国同盟会时，本欲与张榕去日本寻求革命真理，却因父亲去世而未能成行。1906年，他被推举为奉天府城厢董事会名誉董事，1909年，当选为奉天谘议局议员，一直积极参与奉天省人民要求“速开国会”的运动，并曾经以代表的身份面见总督锡良，陈述改革意见。1910年张榕回国后，向他介绍来自日本的革命消息，其后一同加入同盟会，并积极筹备成立奉天同盟会组织。宝琨与张榕本欲联络新军中有进步倾向的人士，并结交旧式人马，在1910年趁清军大操时入关。不过由于辛亥革命的爆发，变更计划，做进攻奉天的准备。1911年，他与张榕、田亚赟倡议建立联合急进会，创办国民报馆，通过传媒向民众宣传革命思想和理论。同时分赴辽阳、海城等地发动武装起义。1901年，急进会长张榕组织民军遏制赵尔巽北上，宝琨曾经鼎力相助，颇受革命党人好评。邹大纶、杨再兴等人，奉张榕命令赴安东军队中策划军队哗变，不料邹大论、杨再兴二人被捕，宝琨义正词严，当面严厉质问赵尔巽，赵尔巽假意答应，暗中电令军队将二人杀害于押送沈阳的途中。宝琨见事情紧急，就计划以保境安民的名义，率领1 000人辅佐张榕起事。事发当天，赵尔巽秘密派遣金寿山带领军警将宝琨家团团围住，宝琨仓促应战，从楼上向军警开枪还击，打伤军警一名。宝琨在由二楼的窗户跳下突围途中，被军警击中，身中数弹，当场毙命，死时情形，甚是惨烈。

田亚赟，本名田又横，字亚赟，奉天通化人，少年时聪明绝顶，读书时能够一目十行，十六岁时所作文章就已自成一家。与张榕秘密相约考入奉天陆军学堂，学习军事，暗中联络同志，准备起义。后来和同志们创立国民报馆，任《国民报》主编，欲以民主共和思想教育东三省人民。事发当夜，田亚赟听闻张榕在平康里胡同遇刺的消息，急忙前往增援，路上正好遇上奉命捉拿他的奉天陆军第二营。田亚赟以寡敌众，力战身亡。

杀害张榕、宝琨、田亚赟的同时，赵尔巽马上下令沈阳全城实行戒严，对全城的革命党人进行大搜捕。张榕的塾师张振声、张国翰等奉天联合急进会的核心人物亦遭捕杀。张振声在被捉拿后，怒骂不屈，被杀害于沈阳城的万泉河畔，暴尸三昼夜，无人过问，后被革命党人郑叔文秘密收殓。

此后又有一百多人被捕杀，其中有许多是学生。行刑地点在大南门里的城墙根、小河沿的南广场、草仓路的北大坑以及风雨坛、八王寺等地。各处悬挂人头，白色恐怖笼罩着奉天省城。

张榕被杀以后，集会结社，一概严禁。《东三省日报》报社被捣毁，主笔被痛打。张作霖派遣大批特务，严密查拿“形迹可疑”的人，凡无发辫者，皆令人尾随，相机逮捕。数以百计的人被拿，数以百计的人被害，人心大为恐慌，“谣诼纷起，无不自危”。城内居民相率出城避匿，城外乡民相戒不敢进城，以致“粮车稀少，粮市飞涨，商民交困。”奉天各属的大屠杀也赓继展开，赵尔巽随即下令“前因军事倥偬，陆防各军纷纷征调，各处防队稍形单薄，遇有股匪悔罪投诚，经各地方官、营队呈请收抚，偶经照准，原系一时权宜之计。现在时局大定，兵力已足，各处匪风迄未少息，甚有游手流民勾结党羽希冀收抚者……嗣后，各处股匪自应责成各军队及警防营一律痛剿，无论人数多少，必以剿尽而已，不准再有收抚情事。”①

在血腥屠杀革命党人之后，赵尔巽张贴告示说，张榕、宝琨、田亚賨有意为乱，“聚会起事，拟以大炮轰城，”同谋者张尧臣、阎珍、田子镜、田玉山等一并诛戮，是为保护全城性命，以后“所拿嫌疑之人，遂讯遂放，并未多杀一人。”反革命派的屠杀和谎言只能激起革命党人更大规模的反抗斗争。

《奉天民团》致书各省都督陈述当时惨状，“溯自武昌倡议，所至之处，如摧枯拉朽；方冀一鼓作气，扫灭虏氛，从此不蜷伏满奴势力范围之内，乃不获我心，双方停战，复延长期限。孰知我东三省人民于此停战期中，受灭门杀身淫污掳掠之祸首，不知几千百数。昔巨盗今统领之张作霖，率带党羽三百余贼，每夜分投烧抢惨杀，凡剪发易服之人，无一幸免，陈尸累累，惨不忍观。住户被其持枪勒捐者，指不胜屈，皆凿凿有据。以故人民犬不敢令吠，儿不敢夜啼，寝不安枕，一夜数惊。”接着又悲愤地呼吁道：“查我奉天人士，为共和谋进步，于义师表同情，呼号奔走，纷纷若狂，以此戕其生籍其家者，不知凡几。谅诸公早有所闻，曷不我肯顾也。我东三省人民，亦皆黄帝之子孙，忍令倒悬以死耶！惟有吁恳倡议诸公，早出奇兵，克复辽沈，诛此穷凶，解我倒悬。”

---

① 辽宁省档案馆：《赵尔巽为对“股匪”不准再收抚并予“痛剿”事给奉天府的札文》，《沈阳县公署档》，1912年3月13日，《辛亥革命在辽宁档案史料》，辽出临图字［1981］第76号，第169、170页。

并表示“有多数健儿，忍辱埋头，愿从诸公之后者。义师所至，必有响应。”

## 三、镇压北大营兵变

奉天的北大营建成以后，清政府新军第二混成旅就驻扎在此。它的最高指挥官称为统领（也称为协统）。清朝新军组织系统为：镇、协、标、营、哨（大约相当于现今的师、旅、团、营、连）。当时第二混成协的统领是蓝天蔚。

蓝天蔚，字秀豪，光绪四年（1878）生，湖北黄陂人。早年进入湖北武备学堂学习，1902年被选送到日本留学，进入陆军士官学校学习。1903年春，由于沙俄拒不撤走侵占我国东北的军队，并向清政府提出新的无理要求，激起了中国人民的反抗，发起拒俄运动。4月29日，在日本东京的中国留学生召开拒俄大会。到会者五百余人，决定由蓝天蔚与钮永建、秦毓鎏等发起组织“拒俄义勇队”，开赴东北前线与沙俄侵略军作战，有二百余人当场报名。5月2日，拒俄义勇队的学生举行会议，将义勇队改名为学生军，并通过了《学生军规则》。5月3日，学生军正式编队成军，公推蓝天蔚为队长。蓝天蔚当场发表演说：“今者，同志诸君子仗大义，发公愤，怵于亡国之祸，欲以至贵至重之躯，捐之沙场，以拒强虏，以争国权，诚中国有史以来未有之光彩，亦诚中国有史以来未有之惨剧也!”清政府得人告密，称学生军“名为拒俄，实为革命”强令其解散，并禁止留学生练习兵操，留日学生极为愤慨。5月11日，学生军改组为军国民教育会，决定派遣“运动员”回国，采取“鼓吹、起义、暗杀”三种方式，发动反清革命运动。这一运动成为近代中国知识界由爱国转向革命的转折点。1903年，蓝天蔚毕业后回到武昌担任统带兼湖北将弁高等师范学堂教员。不久转赴云南，再度赴日本考察军事，考入日本陆军大学学习。1910年回国，当时的东三省总督徐世昌派蓝天蔚担任奉天陆军第二混成协统领驻防奉天北大营。蓝天蔚与吴禄贞等人本就相识，同为日本士官学校同学，又都是同盟会辽东支部的主要负责人。这样，同盟会在东北不仅掌握了兵权，而且分别驻防于军事要地，因此在新军中开始播下了革命的种子，并且组织了新民武学研究会，作为进行革命活动的机关。

武昌起义后，蓝天蔚积极准备在奉天发动起义。最后起义未成，蓝天蔚的协统职务亦被撤销，由其部下聂汝清代理。11月14日，蓝天蔚被赵尔巽驱逐出奉天。其后转至大连、上海，继续开展革命活动。

反革命派对革命党人的血腥屠杀并没有把革命党人吓倒，反而激起了革命党人更大规模的反抗斗争。其中最具代表性的就是同盟会暗中策反驻扎在奉天的新军，发动了震惊沈阳城的“北大营兵变”。革命党人孙祥夫（洮南人）等有识之士对赵尔巽驱逐蓝天蔚，任命聂汝清为代协统并监视和管束他们的做法深感忧虑和不满，对上司克扣士兵本已少得可怜的薪饷更是深恶痛绝和愤怒。于是，他联络一部分官兵，于1912年6月19日（农历五月五日）晚九时，利用端午节管理松懈之机，鼓动士兵于晚间持枪出营哗变。其时，北大营陆军突然起火，接着枪声大作，势如爆豆，陆军第二混成协下层官兵发动兵变。哗变士兵冲出北大营，直扑沈阳城北大门，抵达城下。

兵变事发突然，时任东三省总督的赵尔巽接到报告后大惊失色，一面马上下令巡防中、前两路统领补用总兵张作霖，先锋营统领补用总兵吴庆桐立即关闭城门，率领本部人马进行镇压；一面急调巡防左路统领补用总兵冯德麟、巡防右路统领补用总兵马龙潭、巡防后路统领记名总兵吴俊升星夜驰援，同时，命令驻扎在城外的各巡防营进行截击；并于西关一带，集结大量兵力，保护外侨及各领事馆。此时，日本人也想乘虚而入，日本奉天领事以“保护侨民”为由，向赵尔巽提出派兵进驻奉天城内。

统领吴庆桐、参谋李际春等人尚想哄骗哗变士兵就地解散投降，所犯罪责，不予追究，但是哗变士兵并没有被这些人的谎言所欺骗，在谈判破裂后，开枪攻城。然而，增援敌人不断从背后的夹攻，虽然哗变士兵们奋勇作战但仍然渐渐败落下来。在这次攻打北大门的战斗中，一名士兵牺牲，六人受伤被俘。陷入困境的哗变士兵逐步退却至东、北两关，凭借阴雨昏暗的夜色和众多的民房继续坚持抵抗。到第二天拂晓，天空放晴，哗变士兵分路突围，皆被打散，三名士兵被俘①。随后，赵尔巽命令张作霖率部进驻陆军第二混成协驻地，炫耀武力，严防其他士兵哗变；第二混成协统领聂汝清捉拿这次兵变的带头人；同时，又命令马龙潭前往收缴第二混成协的军械。时至20日中午，张作霖部追剿逃兵至城东北蔺家坟、赵家屯等地，擒杀哗变士兵200余人，缴获大量军械、军衣、子弹；聂汝清将为首的30余名哗变士兵抓获，经审讯，就地正法27人。对有嫌疑参与的士兵和下级军官2 000余人，全部拍照备案，尽数遣散回籍②。至此，这场“北大营兵变”最终以失败告终。

这场由陆军第二混成协发动的下层官兵哗变首先发起于第三标第三营，第

---

① 辽宁省档案馆：《关于北大营“兵变”及处理善后的有关文件·吴庆桐给赵尔巽的呈文》，《奉天省公署档》，1912年7月4日，《辛亥革命在辽宁档案史料》，辽出临图字［1981］第76号，第201页。

② 辽宁省档案馆：《关于北大营“兵变”及处理善后的有关文件·赵尔巽给袁世凯的呈文稿》，《奉天省公署档》，1912年8月3日，《辛亥革命在辽宁档案史料》，辽出临图字［1981］第76号，第204页。

三标第一、二两营也紧接着起事，接着，第四标第三营起事援助，第四标第一、二两营也有很多人加入哗变的队伍，这样几乎全协发生哗变。究其原因是由于该协统领屡次拖欠各营官兵薪饷，日间又传出要解散该混成协的消息，这些因素成为这次兵变的导火索[①]。另外，陆军第二混成协本是蓝天尉所管带的队伍，革命党人在该协的中下层官兵中做了大量的宣传鼓动工作，革命的群众基础很好，很多官兵都有革命倾向，所以，一旦举事革命，第二混成协立刻就能达到“全协哗变”的状态。

## 四、被清廷封赏为“记名总兵”

张作霖镇压革命有功，深得赵尔巽赏识，经其大力保奏，清政府任命张作霖为关外练兵大臣，赏戴花翎，记名总兵，并将他所部改编为陆军第24镇，正式成为一个师的建制，同时，授予张作霖为统制（师长），并兼奉天巡防营总办。从此，张作霖掌握了奉天省的军事大权。

张作霖是个十足的实用主义者，一切以对自己升官发财是否有利为出发点。他个人没有什么主张和理论。凡是有利于他升官发财的，他就干；反之，他就不干。同时，他也深知，要想爬上更高一级的台阶，必须看准形势，站对立场。最初，他认为袁世凯没有取代宣统皇帝溥仪的野心，便联合冯德麟等33名将领，联名致电袁世凯，表示“决议勤王”。电文称：“东三省与内地各省不同，军队部署既定，且勤王之心亦厚。劲旅数万，一旦有命，即可取道山东南下，以区区微忠，尽瘁朝廷。”他向袁世凯表示，要“尽瘁朝廷”，誓死保皇。

张作霖是在表示忠心，以便取得袁世凯的信任，为将来的提升打好基础。虽然张作霖的保皇论调同袁世凯的假共和主张有矛盾，但是，袁世凯还是从张作霖的表忠电里，看出张作霖是个可以利用的对象。袁世凯便采取了与张作霖暗中联络的策略，密派信使，发出密信，在信中说明宣统皇帝退位，实为大势所趋，并以高官厚禄引诱张作霖，允诺他在清帝退位后，必“任卿为东三省防务督办”。张作霖随即放弃了保皇论，成为了共和制的积极拥护者，他“两次致电袁世凯表示赞成共和”。

袁世凯当上临时大总统后，张作霖就致电拥戴袁世凯当正式大总统。电文云：“国体既定，临时共和政府已成立，窃维推选袁世凯为大总统，实属至

---

① 辽宁省档案馆：《关于北大营“兵变”及处理善后的有关文件·朱得胜给山海关道台的呈文》，《营口县公署档》，1912年6月21日，《辛亥革命在辽宁档案史料》，辽出临图字［1981］第76号，第199页。

当。”在这方面，张作霖很怕落后于人，抢先表态。在以后的许多重大问题上，如袁世凯不想离开北京到南京就任临时大总统等事件上，张作霖都亦步亦趋，紧跟袁世凯，表明忠心。

这些做法，也确实博得了袁世凯的欢心，张作霖也理所当然地得到了应有的回报。在东三省的军队中，袁世凯看中了张作霖。1912年9月11日，袁世凯下令对东三省的军队进行重点改编。将张作霖任统领的原中路、前路巡防营改编为国家陆军第二十七师，驻扎在军政要地奉天。任命张作霖为师长，陆军中将衔，特授勋5位。

这在张作霖一生的经历中十分重要。原来的巡防营是地方治安部队，由东三省筹资维护，主要任务是辅助陆军攻守和协同巡警捕盗。而陆军师团，则是负责国防要务，兼司地方剿匪，是国家的正规军队，由中央拨款装备，归国家调遣。陆军第二十七师的编制使张作霖的部队质量有了很大的提升，由原来马步单一兵种的落后部队升级为多兵种混合的先进部队。具体包括5个兵种，即步兵2个旅，骑兵1个团，炮兵1个团，工兵1个营，辎重兵1个营。此时，张作霖的军队装备精良，面貌焕然一新。

随着张作霖本人升官，他的老班底也跟着升迁。张作霖任命汤玉麟为第53旅旅长，孙烈臣为第54旅旅长，张景惠为骑兵第27团团长，张作相为炮兵第27团团长。其余的团长、营长、连长也都是张作霖的亲信。因此，陆军第27师名义上虽为国家的军队，但实质上却是张作霖的私家军。官官之间、官兵之间、兵兵之间，是用亲戚、乡党、盟友、帮派关系联系在一起的。他们以帮派利益和兄弟义气为纽带，结成了牢固的宗族式群体，只听命于张作霖一个人指挥。

# 第七章

# 列强在奉天（沈阳）的新角逐

- 日本独霸侵略“特权”
- 英美等国急欲扩张势力
- 外国驻奉领事馆迁入新址

日俄战争是日本和俄国为争夺中国东北而进行的侵略战争，是殖民者利益格局重新调整的战争，战争带给中国人民的灾难空前深重。战后，日本独霸侵夺奉天的“特权”，俄国并不甘心退出，美、英、法等列强急欲“利益均沾”。日俄战后直至五四运动之前，奉天先后经历了清末新政、辛亥革命清朝统治终结和军阀崛起，与之相伴列强在奉天的新角逐日益激烈。

“满铁附属地”之外，日本策划“满蒙独立”运动企图肢解中国东北，直接建立傀儡政权，非法成立“奉天日本人居留民会”,支持非法移民及日本浪人进入奉天办厂、经商、垦殖、传教。日本独霸侵略特权是以“满铁附属地”蛇形王国为基础，依靠非法设警、驻军，而直接目标则是以灭亡中国的“二十一条”。

俄国在失去对奉天铁路的控制大权之后，在城市撤出了驻扎的军警，但是不甘心放弃其政治影响和商业利益，反而有扩大的趋势。

美国的“哈里曼大铁路计划”有了实际步骤。美资银行、洋行等陆续开业。美国领事馆设立的“司戴德”花园也有一定的殖民文化心理影响。

英国在忙着设银行、开洋行之外，还有了英美烟这样规模较大的工业实体，其他诸如教会办学、开办医院等也有相当影响。

法国、德国等列强也以教会、洋行、学校、银行等多种方式参与了对奉天殖民利益的争夺，奉天的殖民地色彩有所增强。

## 第一节　日本独霸侵略“特权”

### 一、“奉天日本人居留民会”

奉天日本人居留民会，其字面含义是在奉天居留的日本人的组织，虽然以“会”的名义出现，但却是常设组织。奉天与日本山水相隔，日本人怎么就到奉天来了？而且还要在这座城市居留，居留期间干些什么？都是应该回答的问题。奉天有日本人出现可上溯至清末甚至更早。那时来奉天的日本人大多是旅游者、僧人。甲午战争和日俄战争期间到奉天的日本人多了起来，多是乔装为僧人的军人，他们组成“特别任务班”，是为战争服务的谍报人员，既要收集情报，也要对清军和“有用的中国人”进行策反，组织“满洲义军”。张作霖在日俄战争期间曾与当时的日军“特别班”有过接触，并与时任中佐的江户川（亦即井户川少佐）见面，表示愿意为日本军队服务。[①]日本陆军满洲司令部翻译黑译兼次郎在新民进行间谍活动时曾住在张家，日军翻译中町香桔、土井少佐及至日本满洲军参谋次长儿玉和参谋福岛安正、田中义一（后曾任日本首相）都知道了张作霖。甲午战争以后，公开以日本人身份进入奉天的“普通”日本人多了起来，从业经商，谋求长期居留。

自第二次鸦片战争之后，营口开埠，以此为中转进入奉天的日本人不断增加。1890年（光绪十六年），日本人山下永幸就在奉天小西边门开办了永信号[②]，是经营照相器材的商号。当时照相业还不为中国百姓所熟悉，永信号也兼营黑白照相业务，并成为全城影响力较大的行业巨头。1895年（光绪二十一年），日本人经营的商行冈田商行也在小西关开业。冈田商行经营的商品种类很多，日用百货、布匹甚至煤油灯头、灯罩、洋蜡，也有长短枪支、子弹。前后不过几年的光景，日本人在没有获得中国奉天地方政府批准的情况下已经强行进入这座城市，并在小西关一带落了脚。这些商号、洋行受到日本政府的鼓励和支持。还有一些日本浪人也经常出没于奉天城内外，喜欢与各方面的头面人物交朋友，也经常混迹于武行、摔跤馆，混迹于市井、乡间。

日俄战争前进入奉天的日本人中，有一些头面人物，如鹤冈永太郎、庵谷忱、野中右一、横川省三、望月实太郎、永清文次郎、安部道明[③]等。这些人有的是退役的日本军人，有的是日本浪人，有的是日本失业者，汇集奉天只有一个目的，为扩张日本势力打头阵。当时在奉天已有日本业者30余人，真正从事“正当”职业或以公开职业为掩护的只有七八人，他们在小西关一带经营着日本料理店、西药店、诊所、洋行和杂货店。另外一些人则公开开设烟馆、妓院等。娼妓业是此间日本人在奉天公开经营的最大产业。日本妓女对靠卖身换来的金钱似乎并不重视，更在意的是怎么样在中国或俄国的狎客中间获得有价值的军事、政治、经济等情报。由于日本妓女获得了沙俄军队在奉天布防的相关情报，在日俄奉天会战中成为日军的重要参考。战后妓女的“妈妈”（如同中国妓院的老鸨）受到日本军部的嘉奖，河原操子即是其中的代表。

---

①《东亚先觉志士传记》下册，第五节，第40-44页。

② 沈阳文史研究馆：《沈阳历史大事本末》，辽宁人民出版社2002年版，第367页。

③（日）满洲铁道总局：《奉天抄志》，1937年版，第9页。

在奉天的日本人为了使非法居留合法化，不断到中国奉天地方当局“交涉”滋事，成立日本人会等组织，企图以团体的力量对中方施压，或造成社会影响。1903年11月2日，鹤冈永太郎以日本人会会长的身份，在西关租赁的中国人住家率领一些日本人举行了所谓日本国旗的“揭扬”（升旗）式。此后又派人在西郊公太堡村日本人强租的水田作业区等地举行日本国旗的升旗仪式。在中国的土地上，肆意恣行，根本无视中国主权和外交礼仪。

1905年3月10日，日俄奉天会战结束，日本军队占领奉天，成立“军政署”对城市实行军事管制。虽然在转年的7月21日“军政署”宣布撤销，但军管期间，日本强行流通日本军用票扰乱城市金融，以虚币换实物进行经济掠夺，强迫中国商家“献纳”白银10万两，致使商界萧条。同时，“军政署”在1905年11月1日，提出开放奉天城日本人的居留权，于是散在各地的日本人都把东北最大的城市奉天作为发财致富闯天下的目的地。随着日本人的增加，久保洋行、寺内洋行、茂林洋行、九鬼洋行、三井洋行等所谓日本商社迅速增多。其中有些是老牌日本商家在奉天开设的分店，有些则是有背景的“民间”商家，但无论新老商家，无论名堂如何，大烟土、武器弹药都是各日本商家的“看家货”，也有人力洋车、小五金工具、文化用品的售卖，不仅规模小，多数也只是幌子。

料理店、汤池、妓院仍然是日本人经营的主要产业。料理店的紫菜饭团、清酒、酱汤等也逐渐为中国人熟悉。每次收费30钱的日本浴池，特别是对盆和男女同浴的传闻引起一部分人的新奇感。至于日本妓院，已经从日俄战争前只有十数名的“天草女”迅速发展成十数家。仅在1905年末，在奉天的日本妓女即有40多人①，每夜花销200元的高额消费并未能阻止一些中国官绅和日本军政要员。

1906年7月4日，日本驻奉天总领事馆以第五号令的形式指示成立日本奉天居留民行政委员会，指定其负责日本人在奉居留的一切事务，简称居留民会。简言之，在中国奉天地方当局并不认可的情况下，日本驻奉总领事馆擅自决定日本人在奉居留、经商“合法化”。当月15日，行政委员会成立，其16名委员均须由总领馆审定，其中7人系由官选，9人由日本居留民选举产生。正金银行的井上一男，三井物产会社的远藤藤次郎、三谷米次郎三人作为居留民的代表位列其中。

---

①（日）菊池秋四郎、中岛一郎：《奉天二十年史》，满洲新闻社1927年版，第708页。

日本奉天居留民会的办公地址初起设在小西关奉天红十字医院道北，原日本领事馆的地方作为事务所。这里原称左公祠，是甲午战争中战死平壤的清军将领左宝贵的宅邸，抗日英雄的家宅被强占为日本人的领馆及后来的居留民会所，不能不说是一种恶意。1922年6月，居留民会所迁至小西边门外，并于当月10日举行盛大的新建筑落成及会所迁新址的典礼。时任日本驻奉总领馆的总领事赤塚、满铁奉天地方事务所所长岛崎等200余人出席。居留民会已取得居留民法和日本外务省第三号令居留民法施行规则的"保护"，成为日本法律承认的社会团体法人。

日本奉天居留民地自定的辖区是奉天城内、商埠地及铁西等满铁附属地之外的所有日本人。其直接的法理冲突是，这些地区都是中国奉天地方当局的行政区域，即使按国际惯例，其城内应由中国行使行政权，所有中外居民应服从中国的法律，强横的日本在并未取得居留合法地位的时候，竟然以所谓居留民会管理中国行政区内的日本人，造成二元行政，强行剥夺中国行政权的事实，其后矛盾多多，怨连祸结。

奉天日本居留民会的性质被界定为"公益"的目的[①]，是具有公法人资格的居留民团组织，但这种"公益"只为日本人进入奉天居住或商经提供服务，不断地侵扰中国百姓的城市生活、破坏着城市社会经济秩序。其实这种服务还有直接的经济目的，即向经商的日本人"课金"，其滞纳者还要受到如同缴纳"国税"般的强制征收。仅就这一点而言，居留民会并不是日本居留民的民间自治组织，而是日本人在中国奉天擅自行使行政商经管理权和征税权。居留民会事务所及相关的日本机构，对中国奉天地方当局的商政管理是一种攫夺。

居留民会的建立，支持和鼓动日本人大举进入奉天。1906年，其管下的日本人已有835人（其中男399人，女436人）；1907年，部分转至"附属地"，但仍有109户、359人；1908年达459户、1 457人；1910年达512户、4 852人；直至1918年，已达2 627户、9 601人[②]。

大批日本人进入奉天，原窃居的西关地区已不被满足，居留民会强行规划占据古城与"满铁附属地"道路连线上的节点——十间房。在仓促起建十数栋木板条外抹白灰的简易房作为"菜果屋"和鱼类市场的同时，在其路南（即后来的遂川街）建起大小日本料理店十数家。特别是日本妓院也从西关转移过来，并大肆扩张。仅在1910年，这里的日本妓院已有135家，艺妓和娼妓的数

---

①（日）菊池秋四郎、中岛一郎：《奉天二十年史》，满洲新闻社1927年版，第113页。

②（日）菊池秋四郎、中岛一郎：《奉天二十年史》，满洲新闻社1927年版，第18页。

量已有636名。金城馆、日奉馆、来来馆、金龙馆、奉天俱乐部等都是著名的日本妓院，其中每一家的规模都比西关的“红叶馆”大了许多、豪华了许多。其他如“思君来”、“常盘”、“鸟福”、“金元”、“富士”、“若叶”等妓院也陆续开业。在十间房之外，柳町（西塔街）尚有日本妓院30家，新市街（今沈阳站前）有4家。另外还有一些白俄妓院和朝鲜窑子……十间房可谓秽声远扬，被当时的日本媒体称之为“新欢乐境”。奉天日本居留民会就是“新欢乐境”的推手之一。

## 二、大安烟草公司及“东拓”

日本资本进入奉天（沈阳）起于《马关条约》签订之后。一些日本人从营口、新民等地转来，也有些是从朝鲜和日本国内新至，所有日本人被称为“邦人”或“内地”人。当时日本人经营的最“繁荣”的产业是妓院业，而最大、最早的工业企业都是烟草行业。日俄战后，日本资本的商工企业有所增加，其中“东拓”、“满洲制粉”、“满洲铁道工厂”和所谓“三大支柱企业”等都很著名。日本企业在奉天地域的工业经济占比中逐渐有后来居上的态势，“东拓”则更具殖民地式企业的特点。

大安烟草公司的主要产品是卷烟，中国人称之洋烟卷，较之中国人习惯的旱烟烟袋方便了许多，而且吸食之时也改变了一口烟五口痰的毛病，有了一定的卫生感。东北人吸烟非常普遍，“大姑娘叼着一个大烟袋”即是东北三宝三怪的传说之一。正是硕大的市场空间吸引了大安烟草公司在此开业。大安的产品是卷烟，每包有20支、10支的不同纸包装，还有30支、50支的铁盒包装。每支烟粗细均匀，包纸洁白，烟丝饱满，松紧适度，有一种和吸食旱烟袋全然不同的感觉，一经上市便受到中青年市民的欢迎。一些有地位的人以在交际场合向别人礼让烟卷为时尚，同时也是身份的象征，一些年轻人也以吸食烟卷为时髦。及至日俄战前，大安已成为在奉四家日商烟厂当中的佼佼者，在与俄商在奉烟草公司的竞争中逐渐壮大。大安和三林及后来的兴城、新兴、协和等日商烟草公司均位于十间房周围，规模有大小，产量有高低，有多种品牌和广告宣传，其中“老刀”牌、“太阳”等较为畅销。

大安烟草公司生产过程较为复杂，但切丝、切断、包装等工序是手工操作，所以大安仍是一家手工作坊式的工厂。老板、管理人员、技术人员是日本人，生产工人则是中国人。为了降低工资，大安的工人多数是女工和童工，只有锅炉房和搬运工等是男工。每天工作时间均在10个小时以上，但微薄的工资只能维持棒子面糊糊加咸菜的生活。每天下班出厂前都要被搜身检查，女工等还要无奈地忍受日本工头等的歧视和侮辱。

大安的原料并非来自世界市场，为降低成本采取就近就便，甚至欺骗中国烟农的做法。日商先是经过调查，在盛产“关东烟”的产地辉南、海龙、通化、新宾、怀仁（桓仁）、宽甸、凤凰城等地大肆宣传大安有强大的烟叶收购能力和价格优惠，诱使中国烟农扩大烟叶种植面积，鼓励一部分中国粮农、菜农改做烟农，致使“关东烟”烟叶和凤城黄烟年产量总和超过60万斤。但当中国烟农把经过晾晒的上好烟叶车载、驴驮、人力车推、肩挑跋涉数百里送到奉天大安烟草公司的时候，日本收购人员又压等压价，或故意拖延收期，或随意挑“毛病”予以拒收。辛苦一年的烟农受不了一路运送成本的高昂，不能坚持索要合理收购价，忍痛交出了一年的辛苦……

大安的生产用料只有香料、香精采自日本国内，部分设备和卷烟纸来自日本，而基本用料及烟盒包装等辅料均采自当地。

1906年，大安烟草公司等被日资启东烟草公司收购[①]，不久即在商埠地择地2357平方米起建新厂房、购置新设备，有卷烟机15台，年生产能力6万箱，成为奉天著名的烟草企业。随即又加以扩建，这是1910年的事情。大安烟草公司收购和扩建期间中国工人大批失业，只有部分人员以家庭手摇卷烟机的形式领料加工，收取低廉的加工费。这无异于烟草加工的工厂化生产向家庭手工作坊的一种退化。

大安烟草公司不过是后来6家日资烟草公司中的一家，其建立着眼于对东北当地烟草原料的掠夺、市场的占领和低廉中国劳动力的利用。其被收购也是殖民地资本主义经济发展由个体走向组合集体，再走向托拉斯垄断的普遍现象。

“东拓”是东洋拓殖株式会社的简称，设在沈阳的是其奉天支店。这家公司的总部设在日本东京，成立于1918年10月1日，同一天，奉天支店就在奉天浪速通（今中山路）中央广场（也称大广场，今中山广场）边上开业了[②]。1922年建起“东拓”大厦，其镶有白色釉面砖的三层楼房（今沈阳市总工会主楼）的正面，富丽高雅，成为广场周边建筑群中重要的组成部分。坐东向西，北邻浪速通，南靠北四条道（北四马馆），号称“东拓”大厦。其占地6 790平方米，建筑面积3 837平方米，造型庄重，8根半圆装饰墙柱，具有欧洲风格。“东拓”是日本投资者要在东亚进行“拓殖”，是以“满洲”（东北）为其事业之地域。但要“拓殖”什么？怎么“拓殖”？日本人从不明说。“东拓”不搞农业垦荒和

---

① 沈阳市文史研究馆：《沈阳历史大事年表》沈阳出版社2008年版，第318页。

② （日）《东洋拓殖株式会社二十年志》，1939年版，第74页。

种植，只专注于金融信贷和收购土地及东北的农产品和特产品。“东拓”不直接经营实业，但又发出巨额贷款支持“满毛”（满蒙毛织株式会社）、“满麻”、“满洲制粉”等公司进行工业品生产，“东拓”还通过其子会社——“满洲特产株式会社”和“东省实业株式会社”等完成对东北大豆、高粱等原粮收购、加工和贩卖，完成对猪鬃、毛皮、鸡鸭鹅禽类、蛋类的收购和贩卖。由此可认定，“东拓”是一家日本政府支持下的在中国东北进行金融、贸易和土特产收购加工贩卖的综合类公司，是“满铁”之外又一新立的对中国东北施行经济侵略的机构。“东拓”奉天支店在后来的“九一八”事变中曾作为日本关东军的司令部。

有资料显示，“东拓”的预备金初起只有49万日本金票，可是发出的贷款额度却高达9 513[①]万元日本金票，几乎是本金的20倍，为什么风险全无？因为其地位是“政策会社”，是有日本政府以“官督商办”名义做后盾的。其子公司东省实业也发出贷款支持再下一层的日资企业和收购商，其额度也达到2784万元日本金票。充足的贷款保证，使专事收购东北农产品和特产的日本商人蜂拥而至。

“东拓”在收购土特产的同时发现了丰富的羊毛产地，与其将原料运回日本，不如就地加工制成毛制品，于是有了在奉天设厂的动议。1918年12月，日本以中日合办的名义，由“东拓”筹集1 000万元资金，拟分四次分别注入创立“满蒙毛织株式会社”。所谓中日合办只不过是一种宣传和欺骗，中方只有默认日本势力西出“满铁附属地”占据时属沈阳县大皇姑屯（亦称黄桂屯）[②]的土地和提供大量的劳动力，再无其他。日本殖民者立街名“芳野町”（今霁虹街）圈占厂区，敷设连通“奉天驿”（今沈阳站）铁路货场的专用铁路，起建厂房，组成号称“日资南满三大企业”之一的“满毛”。

经过一年的建设，生产设备安装就位，大批中国工人到厂。不同的是，“满毛”的织工中多数是男工而不是女工，这或许是因为劳动强度大，或许是因为男工“麻烦”较少，但这一做法在后来的日资纺织类工厂中也被普遍使用。1920年6月，“满毛”的一部分产品进入市场，提花毛毯受到好评。1921年，“满毛”的年产额已超过100万[③]，“东拓”跟进的资金投入又有250万、300万、

---

①（日）奉天商工会议所：《奉天产业之经济现势》，1937年版，第398页。

② 政协沈阳市铁西区委员会文史委员会：《沈阳市铁西区老照片》（上），沈阳出版社2008年版，第8页。

③（日）菊池秋四郎、中岛一郎：《奉天二十年史》，满洲新闻社1927年版，第68页。

135.5万元的数次追加，还不惜以“社债”的名义增资200万元，竟至实际投入达950.5万元，使“满毛”一跃成为日本在中国东北投资处于第三位的大工厂。“满毛”有了充足的资金、廉价的劳力和丰富的原料之后，其产品逐渐回到了办厂的初衷。第一次世界大战期间欧洲毛制品供货紧张，引起日本军界的紧张。日军的军毯供应来源枯竭，军服用呢料数量累增，日本国内又缺乏原料，供应有限，于是中国东北和内蒙古丰富的羊毛生产供应，成为日本军部和资本家觊觎的对象。正是在这一背景下，生产技术遇到困难，日本军部请来美、德等技术人员攻关解决，遇到资金不足“东拓”再给追加，只有中国工人忍受着高强度、高噪声、无劳保和纤维肺的患病可能，牛马般地劳作着。从东北各地收购来的羊毛经过清梳、统捻、初纺、精纺、色织、漂染等多种工序，上等原料被织成日本军用将校呢，被织成军毯、军用毛衣裤等，一般原料被织成民用拉毛毯或绒毯，还有一部分以毛线出厂。

“满毛”的军毯，年产量最高时可达40万条，一般年份也在30万条上下。而民用产品则通过建在浪速通的“满毛大厦”（曾为沈阳市第一百货商店）作为销售窗口。还有相当数量的产品被运回国内供应日本市场。

“满毛”的生产平复了日本毛织工业界的恐慌，满足了日本军队的毛织用品的急需。此外，“满洲特产工业株式会社”、“东省实业株式会社”、“奉天制麻株式会社”等都在“东拓”贷款的资助下，将东北大豆、高粱制成军用品或初加工，将猪鬃、禽蛋等加工成毛刷和军需食品，将东北产麻类纺织成麻袋，成为大豆的包装用袋，进行着掠夺资源的勾当。

### 三、肆虐的日本军警

大批日军出现在沈阳地域缘于日俄战争中的奉天会战。1905年3月，日军第一、第四、第二，三个方面军及满洲军、秋山支队等共动员步兵213个大队（相当于营）、骑兵57个中队（相当于连），各种炮592门，战斗人员249 823人①与固守奉天的36万俄军展开厮杀。奉天周围东起抚顺的马郡丹，经旧站、荒山子、陈相屯，西转经关家屯、孤家子、白塔铺、林盛堡、黑沟台、长滩、妈妈街，然后北转茨榆坨、四方台、潘建台、沙岭，东向北转于洪屯、李官堡、丁香屯，再经转弯桥东向塔湾、造化屯、三台子、陵堡子、金家洼子、柳条湖，再经二台子、榆林堡、英达屯，直至旧站环成200余里，涉及今抚顺、东陵、浑

① (日)《陆海军军事年鉴》，1938年版，第566页。

南、苏家屯、辽中、于洪、铁西、皇姑、大东、沈北等地，即奉天周边村庄都被会战洗劫。3月10日，会战进至城垣，东西南北四塔四寺、十里码头、大南边门都成为战争的绞杀点，大西门、大北门、小东门成为冲击入城的突破点，攻城期间，万寿寺、大法寺、长安寺被焚掠一空，城内故宫是俄军的司令部，城外皇寺被日军司令部占据。截至10日午后日军从大南门入城，及至日军在二台子受俄军之投降，会战结束。经统计，日俄两军会战总人数达60万，已近当时城市人口的四倍。战争给城市带来的直接财产损失合钱达400 430吊[①]，若加上房屋被毁，商铺被抢、银库被掠、官署、寺庙受冲击，加上近10万难民涌入奉天城，其损失难以计数。

奉天大会战刚刚结束的当月，日军即设立“奉天军政署”直接隶属“满洲军总司令部”，成为日本侵略军进入中国东北后所设的20个[②]军政署之一。这一制度是日本大本营制定的，目的在于“安抚满洲地方民心和筹措军需、劳力及其他征收任务”[③]。实际上日军进入奉天使中国百姓的心理更加恐慌，面对种种暴行何谈安抚，只是被勒逼“献纳”白银，被抢夺财物，农民的粮食被充为日本军需，大批青壮劳力、百姓家用、生产工具、车辆、牲畜等亦被征用。

1906年9月，奉天“日本军政署”撤销，但日本政府却命令有关日本人居住、营业及保护管理事务由领事接办，并以铁道守备队的形式继续保留日本军队在中国东北的驻扎。当月，在日军主力撤回国内之后，日本将部分参加战争的编余军人、预备役军人、铁道兵、辽东守备军等编成铁道守备队，有些还从日本国内调现役军人入编，共组成六个大队，总称“护路守备队”，非法行使“驻军护路权”，并伺机镇压中国人民的反抗。

1907年2月25日，日军步兵少佐川端成康接到命令为奉天独立守备队独立步兵大队长，即日本驻满洲护路守备队第三大队队长，驻地奉天。同月20日，日军第三师团的308名官兵已接到命令开始成队。27日，第九师团辖下的350名官兵也接到命令入编。两部在日本名古屋市小川町集合，由川端成康负责集结，宣布第三大队编成。3月9日完成“渡满”准备，旋即乘船“京都丸”出发，17日午后3点在大连登岸，随即于18日乘火车出发，19日到达奉天[④]。第三大队员额远在常规数额之上，称独立大队，即相当于加强营的特别编制。第三

① 辽宁省档案馆：《奉天税务署档》，第511号。
② 东北沦陷十四年史辽宁编写组译：《满洲开发四十年史》（下），第398页。
③ 东北沦陷十四年史辽宁编写组译：《满洲开发四十年史》（下），第398页。
④（日）菊池秋四郎、中岛一郎：《奉天二十年史》，满洲新闻社1927年版，第210页。

大队入驻原俄罗斯兵营，设大队部，其下设四个中队（相当于加强连），第一中队驻抚顺，第二中队驻奉天本部及苏家屯，第三中队驻烟台（今灯塔）矿坑、第四中队驻辽阳。抚顺、烟台的煤是日本急欲掌握的资源，奉天及苏家屯又是铁路枢纽及重要站场，所以这些地方成为第三大队驻地。

1919年，日本在中国东北的侵略机构改制，新设专门的军事机构——“关东军司令部”。于1909年由“护路守备队”和“铁道守备队”改称的“日本独立守备队”成为“关东军”的一部分。此间，“守备队”也有调整和扩充，又有新的分驻机构建立，例如具有坚固堡垒和城堡式结构的柳条湖分遣队，驻虎石台中队等都有新的增加。“守备队”与日本战败相始终，策划“满蒙独立”，介入讨伐郭松龄反奉战争、皇姑屯三洞桥设伏炸死张作霖，参与发动“九一八”事变等。

“守备队”入驻奉天前，即有日军奉天宪兵队分队在1908年10月迁移到十间房附近日本“陆军”用地新建的队部。该分队以宪兵大尉梅津丰为队长，曾以小西关高台庙占领的中国住家为队部，后又迁移至大西关广泉通胡同占领的中国民房为队舍。宪兵分队下士以上只有25名，初起也只有6匹马。但这个分队不是按照惯例成为管理日本军风纪的警察，而是都成为耀武于市井的“军霸”，广大中国百姓见到横行霸道的日本宪兵唯恐避之不及。

另一军事单位，即日本关东军驻奉天特务机关。日军特务活动在奉天起于甲午战争期间，公开设立机关是在1920年4月，其时日军少佐铃木美通利用加茂町（南京街）的民宅（外称“铃木公馆”）开展各种阴谋活动。1922年由贵志弥次郎少将在隅田町（桂林街）建设新址。后来，陆军少将菊池武夫、大佐土肥原贤二等都担任过机关长。奉天特务机关即是策划“九一八”事变的巢穴。战后大将土肥原贤二被列为日本战犯，判处绞刑。

“守备队”成立之后，又有日军驻塔师团第二十九联队（相当于一个团）常驻奉天，奉天日本军队的其他机关也逐渐多了起来。

奉天有日本人警察机关的设置，起于日俄奉天会战之后。日军占领奉天全城之后，其军政署刚刚撤销一个月，即1906年10月22日①，设立了“奉天警察署”和“日本驻奉天总领事馆警署”。两个警署一个管辖“附属地”的警务，一个管辖“附属地”之外由其总领馆管辖的日本人警务。两个警署都是日本恶意行使警政，以领事馆专辖警署在中国行政地域内行使警政非理非法，亦为其他

---

①（日）菊池秋四郎、中岛一郎：《奉天二十年史》，满洲新闻社1927年版，第190页。

国家驻奉领事馆所未见。

“奉天警察署”初设西塔西侧的俄罗斯人住宅，初任署长为村上庸吉，其管辖地区包括安奉（丹东—沈阳）铁路沿线全部、抚顺新市区及苏抚（苏家屯—抚顺）铁路沿线、“南满铁路”本线新台子车站到沙河车站区间，以及奉天、新民府新民区的全境，在安东（丹东）、草河口、鸡冠山、本溪湖、抚顺及新民府（今新民市）设置派出所负责警务和警备。后又在新民屯、虎石台、姚千户、浑河（站）、榆树台、苏家屯、新城子、文官屯等地设置派出所，铁路沿线重要站点无一遗漏，“警务”辖域远远超出了“附属地”的范围。

奉天“满铁附属地”是铁路沿线中面积最大的，从1906年7月到1918年10月，再到1924年10月，先后设置了十间房派出所、大南门派出所、小西关边派出所、大北门派出所、大西门派出所，其中除十间房地处交涉中的日租界区外，都是奉天城内外的中国地界。显然日本并不考虑中国的警政权力，更无视中国的法律和中国人的感受。同时，在奉天的西郊及东郊还设立了西公太堡子派出所、吴家荒派出所和兴京派出所，名为保护日本人在那里投资办水稻种植农场，实际上是为攫夺中国农民的土地提供武力恫吓。

此间，奉天驿（沈阳站）前派出所、宫岛町（胜利大街）派出所、千代田通（中华路）派出所、西三条派出所、青叶町（和平大街之一段）派出所、中央广场（中山广场）派出所、加茂町（南京街）派出所、隅田町（桂林街）派出所等纷纷设置于“满铁附属地”内。

日本军警进入奉天以来，每年都要举行春操、秋操、打野外和强渡浑河、攻城、巷战等军演，还有军、警的联合演练等。每次行动并不知会市民，而是横冲直撞，置中国人的生计与生活于不顾，也不理会中国地方政府的劝诫，更加无视中国军警的存在。

强渡浑河，征用中国渔船、渡船，并不给资，搭浮桥用中国百姓的木材、车辆只有一纸征用的白条。出发地和登岸地河两岸的庄稼被毁，村落受骚扰之事每每发生。

春操、秋操、打野外都是以野外实战演习为主，以奉天城市周边的地形、地物为目标，其时枪炮齐鸣，日军所经之处一片荡然。演习后日军往往高唱“满洲是故乡”，高呼“日中亲善”、“皇道为天”等口号。攻城演练以强占奉天城垣为内容，在小西关城墙上居然架起山炮做出攻击中国军队状。攻击中国军营的演习竟至割断军用电话线，刺伤中国哨兵，冲进营内狂呼乱叫围攻中国军官。在平时戒严演习中以中国百姓为靶子肆意抢杀，制造了浑河站铁路桥、柳条湖铁路道口等地无故枪杀中国农民和正在作业的中国工人的惨事。

在日军组织的攻夺演习中，以保灵寺为目标，先是扫荡了附近的中国居民，接着又冲进保灵寺，把暂厝于此的中国人棺木劈开，挑刺中国人尸体，毁掉灵骨寄存地和保灵寺。这种不尊重中国人文化心理和丧葬习俗的做法受到中国市民的谴责。北市、东关、南湖等地的保灵寺庙都发生过这种惨剧。

## 四、“满铁附属地”蛇形王国

19世纪20世纪初，俄国为了侵略和掠夺中国，以哈尔滨为中心，西至满洲里，东至绥芬河，南至大连，修建了中东铁路。划定铁路两侧1万余亩土地为“铁路用地”。日俄战争，俄国战败后，将其从中国攫取的中东铁路连同“铁路用地”转让给日本。1906年，日本接管后，将其改为“南满铁路附属地”。随着日本帝国主义势力的不断深入，附属地的范围不断增大。

东清铁路即南满铁路，其在沈阳地区的主要站点有虎石台、奉天、沙河（今林盛堡）。1906年（光绪三十二年六月十二日），日本政府命令满铁又着手进行南满铁路复线的修建，其中苏家屯到奉天的路段于1920年11月完成，其中在当今沈阳境内的主要有浑河站、浑河北站、奉天站、文官屯站、新城子站。涉及的主要地区包括今天的和平区、铁西区、浑南新区、苏家屯、虎石台等地。

和平区的“铁路附属地”是围绕沈阳站划定的。1905年日本接管，站名为“奉天驿”，即今天的沈阳站。周围一带出现饭店、商铺、运输等行业。1915年，“附属地”拓建以火车站为中心的放射形的街路，大批日本人进入“附属地”。此后，日本等外国资本疯狂进入掠夺，在此地建立起商厦、公司、学校、医院等大批近代建筑，初具都市功能。

今天的铁西区，也是重要的满铁附属地。俄国人强迫清政府修建中东铁路时，沈阳县揽军屯以东（今铁西区兴工街以东）便被划入“铁路用地。”根据《铁西区志》记载：1906年南满洲铁道株式会社成立，将“铁路用地”改为“铁道附属地”，确定铁道东侧为市街区，西侧为工业地带。

1903年，沙俄修筑的哈尔滨至大连铁路全线通车，并分别于苏家屯、沙河站设立火车站。1905年，日本侵略者从沙俄手里获取南满铁路，修筑苏家屯火车站，1907年，日本奉天独立守备队第三大队二中队进驻苏家屯，攫取苏家屯火车站西侧1.67平方公里的土地，建立“铁道附属地”。1916年，日本“满铁”在火车站南隅强占农田400亩，兴建工厂。1904年，日本修筑安奉铁路，在苏家屯的姚千户屯镇建有火车站。沙俄在修中东铁路时，在沙河设火车站，日本取代沙俄，在林盛堡车站东侧强占农田32.9万平方米，辟为日本“满铁附属地”。

1901年和1905年，虎石台和新城子火车站相继建成，随之出现一些商号店铺和手工作坊，村屯随之扩大。

“满铁附属地”在今天的沈阳境内蜿蜒，北部势力到达虎石台、新城子地区，向南一路经过今天的和平、铁西，进而到达浑河、苏家屯北部。“铁路附属地”面积不断扩张，到1923年奉天附属地面积达到1 824 127坪，浑河99 424坪，文官屯102 566坪，虎石台111 519坪，新城子99 143坪，榆树台28 771坪，吴家屯57 885坪，陈相屯50 695坪，姚千户屯32 003坪。①在这蜿蜒的蛇形王国中，满铁建立了许多大型企业。仅以铁西区为例，从1913年起，日资陆续开设了制陶、窑业、木材等企业。

其中“制糖”、“满毛”、“满纤”三家工厂因为建厂时间早、规模大，被日本帝国主义誉为“三大工厂”。1916年，日本人以1 000万元在奉天建“南满制糖株式会社”（简称“制糖”），这是日本人在铁西建立的第一个工厂，该地址为今天的铁西区建设东路附近。南满制糖株式会社占地面积为181 500平方米。奉天满蒙毛织株式会社1918年12月筹办，1920年5月竣工，第一期工程计划投资1 000万日元，有厂房22栋，仓库5栋，其他附属设施19栋，建筑面积15 277平方米。原址建于沈阳市铁西区北一东路，满蒙毛织株式会社名为中日合办，实则日资占百分之九十，社长、场长等重要职位均为日本人占据。1919年建立起来的“满纤”，其全名“满蒙纤维株式会社”，原址坐落在铁西区建设东路，占地面积5 000余平方米，后改为麻袋厂。此外在其他地区也建立起日资工厂。“南满铁道株式会社”于1916年在苏家屯村南强占农田400余亩修建苏家屯枕木防腐工厂，专门进行铁路枕木的防腐处理。

1909年7月1日，“满铁”奉天出张所成立，1917年改称地方事务所。该机构不仅管理铁路事务，还涉及行政、司法、教育、军事等各项事务，俨然“附属地”的政府。除了日资企业，日本帝国主义还在“满铁附属地”中建立学校、医院、商店，日本人在这里居住、经商、开厂，驻军队、设警察，建设新市街，行使“政府”职能，进行殖民统治。在附属地的企业中，大量使用女工、童工，进行最大程度的压榨。1919年苏家屯铁道枕木防腐工厂工人徐某，不堪忍受日本工头的嘲弄和毒打，纵火焚毁一批枕木后逃离。附属地企业产品主要为日本侵华战争服务。如“制糖”创建的背景就是，当时南洋产糖国家都被欧洲列强控制，日本急于解决军需用糖和民需用糖，而且“制糖”还计划开

① （日）菊池秋四郎、中岛一郎：《奉天二十年史》，满洲新闻社1927年版，第143页。（1坪=3.3平方米）

发酒精等副产品，满足侵华战争所需，这些工厂就是日本进行殖民掠夺的有力证据。

在“满铁附属地”中，中国人是完全受到排斥的。在附属地内，日本人居住在日式两层小楼房，中国铁路员工多居住在西北隅的棚厦式的简陋房舍，形成以日本铁路员工居住为主的社区，当时人们称其为“日本街”。用电用水也仅仅供应日本人。在日本人兴建的大部分学校中，只有日本人和“满铁”员工子弟才能入学。在学校的课程设置上，中国人只能学到基础专业，完全接触不到核心专业。

## 五、日本推出灭亡中国的“二十一条”

日俄战争后，日本对华政策就是要逐步实现独霸“满洲”。1905年的《有关满洲事宜和中国缔结条约的文件》中，有“满洲的一部分已纳入帝国的势力范围，帝国要维持和确立这种势力。”[①]1908年的《对外方针政策决定》中有“帝国在任何情况下，都必须经常有对中国占据优势地位的觉悟。”[②]1911年再一次确立对华政策，“必须努力确立这一地位（是指在华的优势地位）”。[③]在实际行动上，日本也步步紧逼。自武昌爆发革命以来，日本政府便以“保护侨民”为名，不断调派军队进入中国。1912年，在日本政府和财界的支持下，日本浪人川岛浪速等勾结前清肃亲王善耆和蒙古喀喇沁王策划“满蒙独立”。日本借一切机会向中国索取侵略权益。

1914年8月，一战刚爆发不久，日本趁德国在欧洲战场，无力东顾之际，向德国提出要求，要求其立即撤出青岛的租借地及周边地区，但是遭到了德国的拒绝。于是日本在没有通知中国的情况下，避开德国的炮台，从后面的龙口登陆，向青岛推进。当时中国已宣布对欧战保持中立，日本的行为严重侵犯中国主权，但是中国积贫积弱，实力上难以与日本抗衡，没有更好的办法，最后只能参照日俄战争时的做法，在战区划出“中立区”。德国抵抗两天后投降，日本占领了整个德国租借地。随之，1915年1月18日，日本驻中国公使日置益会晤袁世凯，正式提出“二十一条”。所谓“二十一条”即日本向中国提出的“二十一条要求”，其内容如下：

---

① 日本外务省：《日本外交年表及主要文书》上册，原书房1972年版，文书部分，第251–252页。

② 日本外务省：《日本外交年表及主要文书》上册，原书房1972年版，文书部分，第306页。

③ 日本外务省：《日本外交年表及主要文书》上册，原书房1972年版，文书部分，第356357页。

第一号

日本国政府及中国政府，互愿维持东亚全局之和平，并期将现存两国友好善邻之关系益加巩固，兹以定条款如下：

第一款　中国政府允诺，日后日本国政府拟向德国政府协定之所有德国关于山东省依据条约，或其他关系，对中国政府享有一切权利、利益让与等项处分，概行承认。

第二款　中国政府允诺，凡山东省内并其沿海一带土地及各岛屿，无论何项名目，概不让与或租与别国。

第三款　中国政府允准，日本国建造由烟台或龙口接连胶济路线之铁路。

第四款　中国政府允诺，为外国人居住贸易起见，从速自开山东省内各主要城市作为商埠；其应开地方另行协定。

第二号

日本国政府及中国政府，因中国承认日本国在南满洲及东部内蒙古享有优越地位，兹议定条款如下：

第一款　两订约国互相约定，将旅顺、大连租借期限并南满洲及安奉两铁路期限，均展至九十九年为期。

第二款　日本国臣民在南满洲及东部内蒙古，为盖造商工业应用之房厂，或为耕作，可得其需要土地之租借权或所有权。

第三款　日本国臣民得在南满洲及东部内蒙古，任便居住往来，并经营商工业等各项生意。

第四款　中国政府允将在南满洲及东部内蒙古各矿开采权，许与日本国臣民。至于拟开各矿，另行商订。

第五款　中国政府应允，关于左开各项，先经日本国政府同意而后办理：

一、在南满洲及东部内蒙古允准他国人建造铁路，或为建造铁路向他国借用款项之时。

二、将南满洲及东部内蒙古各项税课作抵，由他国借款之时。

第六款　中国政府允诺，如中国政府在南满洲及东部内蒙古聘用政治、财政、军事各顾问教习，必须先向日本国政府商议。

第七款　中国政府允将吉长铁路管理经营事宜，委任日本国政府，其年限自本约画押之日起，以九十九年为期。

第三号

日本国政府及中国政府，顾于日本国资本家与汉冶萍公司现有密切关系，且愿增进两国共通利益，兹议定条款如左：

第一款 两缔约国互相约定，俟将来相当机会，将汉冶萍公司作为两国合办事业；并允如未经日本国政府之同意，所有属于该公司一切权利产业，中国政府不得自行处分，亦不得使该公司任意处分。

第二款 中国政府允准，所有属于汉冶萍公司各矿之附近矿山，如未经该公司同意，一概不准该公司以外之人开采；并允此外凡欲措办无论直接间接对该公司恐有影响之举，必须先经该公司同意。

第四号

日本政府及中国政府为切实保全中国领土之目的，兹订立专条如下：

中国政府允准所有中国沿岸港湾及岛屿，一概不让与或租与他国。

第五号

第一款 在中国中央政府，须聘用日本人，充为政治财政军事等各顾问。

第二款 所有中国内地所设日本病院、寺院、学校等，概允其土地所有权。

第三款 向来日中两国，屡起警察案件，以致酿成轇轕之事不少，因此须将必要地方之警察，作为日中合办，或在此等地方之警察署，须聘用多数日本人，以资一面筹划改良中国警察机关。

第四款 中国向日本采办一定数量之军械（譬如在中国政府所需军械之半数以上），或在中国设立中日合办之军械厂聘用日本技师，并采买日本材料。

第五款 中国允将接连武昌与九江、南昌路线之铁路，及南昌、杭州，南昌、潮州各路线铁路之建造权许与日本国。

第六款 在福建省内筹办铁路，矿山及整顿海口，（船厂在内）如需外国资本之时，先向日本国协议。

第七款 中国允认日本国人在中国有布教之权。

“二十一条”企图把中国的领土、政治、军事及财政等都置于日本的控制之下。第一号是要求中国承认日本继承德国在山东的一切权益，山东省不得让与或租借他国。第二号是主要针对南满和内蒙古的问题。要求清政府承认日本人在南满和内蒙古东部居住、往来、经营工商业及开矿等项特权。第三号涉及汉冶萍公司问题。第四号要求所有中国沿海港湾、岛屿概不租借或让给他国。第五号的危害最重，要求中国政府聘用日本人为政治、军事、财政等顾问。此外还涉及中日合办警政和兵工厂、修筑铁路，以及在福建省有开矿、建筑海港和船厂及筑路的优先权等。

“二十一条”提出后，袁世凯任命当时外交经验较为丰富的陆徵祥为外交总长进行谈判。从1915年2月2日开始，外交总长陆徵祥、次长曹汝霖等与日本公使馆参赞小幡酉吉等人开始秘密谈判。在谈判的过程中，陆徵祥想尽办法拖延时间，以争取时间争取国际支持。日本方面提出每天进行谈判，每周谈五次，陆徵祥以公务繁忙和身体不适为由进行拖延，最后变成每周谈三次。中国还有意地逐渐将谈判内容泄露出去。4月26日，日本代表提出“最后修正案”，做了些小让步。5月1日，中国方面提出修正案，仍然坚持自己的立场。日本政府删削了第五号要求，于5月7日向中国政府发出最后通牒，限9日午后六时前答复。袁世凯政府最后妥协，接受日本提出的条件，25日与日本正式签订了《民四条约》。虽然北洋政府在后来的谈判中通过据理力争、拖延谈判时间、故意泄露条约内容等办法与日本方面抗争，但是弱国无外交，最终北洋政府还是接受了除第五部分的几乎全部二十一条的内容。

中日谈判期间，北洋政府征询东三省意见，当时的张作霖表示“中日交涉丝毫不可让步，如交涉破裂，愿率全师进行决战，驱逐日寇，否则一死殉国。”[①]1916年4月，张作霖出任奉天督军兼省长后，十分抵制日本的“二十一条”在东北的推行。如在关于南满洲区域问题、土地商租权问题、设立领事馆问题，张作霖也做出了许多努力。[②]

《民四条约》一经签订，引发国际国内轩然大波。早在“二十一条”的内容被世人所知之时，美、英等国均做出了强烈的反应。美国最早提出对华的“门户开放”政策，这与“二十一条”旨在独霸中国的政策是完全向左的。在1915年5月11日，美国国务卿布赖恩给驻日大使的训令中提到：“美国对于中日两国政府间已经缔结或行将缔结的任何协定或约定，凡有损美国及其在华公民的条约权利或中华民国之政治或领土完整或通称为门户开放政策的国际对华政策者，一概不能承认。”[③]英国政府则是要维持自己的在华利益，相对态度还是较为平淡。在国内，“二十一条”的要求一经提出，立即遭到全国范围内的一致抵制。《民四条约》签订后，全国上下掀起声势浩大的反“二十一条”和抵制日货运动。在奉天，奉天省留日学生代表三人回到奉天后，倡议成立国民外交协会，为政府之后盾。抵制日货运动也沉重打击了日本在中国东北的商品输出，一些日资商店关门，资本家也离开了。

---

① 都筑七郎：《阴谋与梦想》，吉林文史出版社1988年版，第215页。

② 王海晨：《张作霖与“二十一条”交涉》，《历史研究》，2002年第2期。

③ 黄纪莲：《中日“二十一条”交涉史料全编》，安徽大学出版社2001年版。

# 第二节　英美等国急欲扩张势力

1898年，沙俄攫取了在中国东北修筑中东铁路的权利。从此，帝国主义列强对中国东北的侵略进入到了一个以争夺控制铁路为主的新阶段。对于列强来说，只要掌握控制住了铁路，就可以利用铁路这条大动脉，扩大对铁路沿线所在区域的农业、林业、矿产等各种资源的掠夺，增加本国商品和资本的输入，在政治上亦可以左右该地区。日俄战争后，日本获得了南满铁路的所有权。美国也不甘落后，欲先从日本控制的南满铁路下手，进而掌握东北包括俄国控制在内的所有铁路，这就与日本产生了尖锐的矛盾。日本为了巩固对南满铁路的所有权，保住自己在东北的侵略权益，与美国展开了激烈的角逐。

## 一、美国“哈里曼大铁路计划”

《朴茨茅斯和约》签订后，战败的俄国将中东铁路长春至旅顺段的铁路及其附属的一切权力、特权财产，无条件地让给日本。美国对俄国在中国东北实行独占政策十分不满，战争期间支持日本，企图借助日本的力量打败俄国，在东北实行“门户开放”政策。所以早在1905年3月日俄奉天会战结束后不久，日胜俄败的形势初步明朗化时，美国就开始策划通过掌握在东北的铁路路权，将其雄厚的资本势力伸入到东北的各个领域，在东北确立起美国的主导地位。

1905年3月31日，美国驻中国公使康格尔提出中东铁路国际化的建议，主张采取列强共同出资赎买的方式，将俄国控制下的满洲铁路交还中国，各贷款国对铁路拥有监督权即实际上的控制权，其实质是想将东北铁路置于以美国资本为首的列强资本掌控之中。随即，美国联合太平洋铁路公司董事长哈里曼，于1905年8月31日在日俄媾和谈判尚在进行之际来到日本，与日本上层各界人士进行广泛接触，洽谈收买即将由俄国转让给日本的南满铁路的问题。

哈里曼是美国著名的铁路大王，拥有一个为美国商品行销全世界而构筑环球交通网的长远规划。他计划先从日本人那里收购南满铁路，然后获得俄国的中东铁路以及西伯利亚直达波罗的海的铁路运营权，“把大连到莫斯科的全部大陆横断铁道统辖到一个经营体系之中”，[①]再通过横渡太平洋与大西洋的轮船航线，与美国本土相连接，由此建立起美国控制下的全球交通运输网络。哈里曼早想将美国资本的势力大规模地进入远东，“维护美国将要在太平洋失去的利益，是极为重要的，而打开那条路的最好办法在于修建一条在美国控制下的环球运输线，经过日本、满洲、西伯利亚、欧俄和太平洋”。[②]收购南满铁路是哈里曼设想中的首要一环，“如果哈里曼先生能够使他的谋划付诸实现，美国在满洲和朝鲜的贸易将飞跃增长”。[③]

哈里曼到达东京后，提出与日本合作经营南满铁路，由日本政府方面出铁路，美方提供资金的建议。为了使他的计划付诸实施，哈里曼大肆宣讲，“指出日美共同经营南满洲铁路对日本有利”，[④]能够减轻日本政府的财政负担等。这时的日本因在日俄战争中消耗20亿日元，财政上极度困难，无力单独经营南满铁路；并且俄国对于战争的失败极为不愿，日本还有可能面对俄国采取复仇战争的危险。以井上馨、伊藤博文等人为首的日本元老重臣，均主张与他国共同经营南满铁路，这样既可以获得经营铁路所必不可少的外资，同时还可使俄国失去发动报复性战争的理由，起到抵御俄国的作用，日本在南满便更有把握站稳脚跟。特别是井上认为：“日本若失此良机，实为至愚”。[⑤]哈里曼的建议正中他们的下怀。日本首相桂太郎被这些元老重臣的意见所左右，于10月12日同哈里曼订立了《关于南满洲铁路的预备协定备忘录》，初步约定日本政府同意哈里曼根据日本法律的有关规定组成美日联合财团，出资购买日本政府所获得之南满铁路以及其他附属权益，日本政府和哈里曼共同拥有该铁路的运营权。哈里曼以为大功告成，在13日便由长崎坐船启程回国了。

但是哈里曼却忽视了日本朝野内部还有不同的声音。以军部势力为主的强硬派，坚决不让美国资本染指日本人的侵略成果，强调吸纳外来力量不利于日本在南满的发展。10月16日，日本强硬派的代表、外相小村寿太郎在对俄和约签订后，由美返日。小村在得悉与哈里曼之间签署《备忘录》以后十分不悦，以《朴茨茅斯条约》第六款规定：“俄国政府允许将长春至旅顺口之铁路及一切支路……均移让于日本政府，两缔约国互约前条所定者，须商请中国政府承

① 吉林省社会科学院：《满铁史资料》（第2卷第1分册），中华书局1979年版，第32页。
② 吉林省社会科学院：《满铁史资料》（第2卷第1分册），中华书局1979年版，第10页。
③（美）威维尔：《美国与中国：财政和外交研究1906−1913》，社会科学文献出版社1990年版，第16页。
④（日）铃木隆史：《日本帝国主义对中国东北的侵略》，吉林教育出版社1996年版，第108页。
⑤ 王芸生：《六十年来中国与日本》，三联书店1980年版，第13页。

诺”[1]为由加以反对，特别强调指出日本已然放弃了要求俄国的战争赔款，“就是满铁本身，已远远不足报偿牺牲了十万生命、二十亿日圆经过二年苦战所付的代价，如连这点点贫乏的成果南满铁路都出卖给美国人，使满洲成为列强商业自由竞争的战场，究非为日本国民所能容忍者”，[2]认为这“意味着放弃日本独自经营满洲的立场”。[3]他力主推翻《桂太郎—哈里曼备忘录》，主张依靠扩张日本在满洲的侵略权益，增强日本自身的力量来抵御俄国，并且再三保证能够通过盟国英国来募集到经营南满铁路所必需的资金。在小村言之凿凿的理由和保证下，考虑到强硬派强烈的反对态度，“桂首相和元老井上等人最后顺从了小村的意见”。[4]10月27日，当哈里曼在旧金山上岸时，就接到日本驻旧金山领事转来的日本政府公函一件，声明对于此前的《备忘录》有再加考虑之必要，希望把前约看作为未定之事。1906年1月15日，日本西园寺公望内阁上台后不久，即正式通知哈里曼，以日俄《朴茨茅斯和约》中规定经营南满铁路的股东必须是日本和中国籍人为由，“迫不得已，请阁下将该草合同作为无效”，[5]措词虚伪态度坚决地回绝了哈里曼。

美国“哈里曼大铁路计划”的失败，表明了日本并没有像此前保证的那样要在东北实行“门户开放”，为美国资本进入东北敞开大门，反而采取敌视外国资本，排斥其他列强商品和资本进入的政策，扶持本国资本在东北的发展，暴露出了日本企图独霸中国东北地区南部的野心。日本也由此前美国的盟友，一举转变成为美国资本势力进入东北的最大对手，“桂太郎—哈里曼草合同的废弃能使人预见到日美两国在中国满洲会出现对立的激化”。[6]日本采取“募集社债”的方式，吸收英资来独立经营南满铁路。1906年11月26日，日本的国策殖民地会社“南满洲铁道株式会社”成立，并于1907年4月1日开始正式营业，“在赢利之外，它必须经常注意国运之发展和国权之扩张”，[7]成为日本在东北全面扩张侵略势力的大本营。与之相反，美国在中国东北的贸易状况却每况愈下。1905年至1909年，美国对东北的出口就由此前占东北外贸总额的60%下降

---

① 褚德新、梁德：《中外约章汇要》，黑龙江人民出版社1991年版，第371页。
② （日）东亚同文会：《对华回忆录》，商务印书馆1959年版，第312页。
③ （日）铃木隆史：《日本帝国主义对中国东北的侵略》，吉林教育出版社1996年版，第108页。
④ （日）铃木隆史：《日本帝国主义对中国东北的侵略》，吉林教育出版社1996年版，第109页。
⑤ 王芸生：《六十年来中国与日本》，三联书店1980年版，第16页。
⑥ （日）大畑笃四郎：《日本外交史》，成文堂1986年版，第89页。
⑦ 袁文彰：《东北铁路问题》，中华书局1932年版，第29页。

到35%。[①]

## 二、日美关于东北铁路权的较量

面对日本在中国东北咄咄逼人地攫取侵略权益，同样急欲在东北扩张霸权的美国当然不肯轻易相让，一直在寻找机会对日本实行反击。1907年4月，徐世昌、唐绍仪分别就任为东三省总督、奉天巡抚。此时的东北铁路除了由英国人控股的京奉铁路以外，皆被日俄所掠取。日俄两国以经营铁路及其附属权益为名，到处扩张侵略势力，对中国东北地方的主权造成了严重的威胁。有鉴于此，清朝中央政府和东北地方当局，均有意谋求他国特别是英美资本，在南满和中东铁路以外再造铁路，以分日俄之势。徐世昌、唐绍仪二人即是此政策的主张者和实行者，上任伊始便“对东三省锐意整顿开发，而以吸收欧美各国资本，另建铁路，以抵制日俄入手”。[②]

1906年10月，美国新任驻奉天总领事司戴德到任。司戴德对日本人在日俄战争后取代俄国独占南满非常反感，认为对美国的“门户开放”政策的最大威胁来自日本在东北的侵略。他希望通过替美国在东北赢得一个优越的地位，以及加强清政府对东北的控制，来抗衡日本的威胁，是哈里曼铁路计划的积极支持者。徐世昌、唐绍仪上任后不久，司戴德就即刻予以拜会，表达了美国有从京奉铁路上的新民府首先修建铁路至法库门，然后再修建从法库门经齐齐哈尔到瑷珲的铁路大干线之意。在联合抵制日俄特别是日本的思想基础上，双方很快便走到了一起。1907年8月7日，司戴德与唐绍仪初步拟定了一个备忘录，约定由美国贷款2000万美元给清政府，成立东三省银行，首先用于修建新民至法库门的铁路，发展实业，改革币制等。当晚，司戴德即将备忘录的内容以信函的方式，告知了一直在觊觎东北铁路的哈里曼。

日本政府在得知新法铁路计划后，立刻站出来表示强烈反对。1907年8月12日，日本驻中国代理公使阿部守太郎向清政府发出抗议，以中日1905年11月至12月北京谈判会议记录有关节录中有“清国政府持保护南满洲铁路利益之目的，于该路未收回以前，不能于该路附近另设并行之干线及侵害该路利益之支线”的记载为借口，声称新法铁路为南满铁路之平行线，修建该路会损害南满铁路的经营利益，表示如果中国“敷设与南满洲铁路并行之干路或侵害该路利

---

① 杨生茂：《美国外交政策史》，人民出版社1991年版，第251页。

② 宓如成：《中国近代铁路史资料1863-1911》第2册，中华书局1984年版，第642页。

益之支路，帝国政府断难承认”。[①]9月10日，清政府外务部以徐世昌、唐绍仪的意见回复日方：“东三省拟借外债，将来是否作为造路之用，系为中国内政所关；至铁路如何敷设，现在尚未定议……毋庸过虑”。[②]日本政府对清政府的答复并不满意，于10月12日再度发来照会，又一次表示反对该路的建设。10月17日，清政府外务部再次回复日方，向日本方面解释说：“如将来在关外铁路敷设新线之时，其附近南满洲干路之距离，总不减于欧美各国现有铁路两线间距离之数之通行惯例，以期彼此无碍”。[③]对于清政府的解释，日本并不买账。11月19日，日方又一次发来照会，称清政府“邮传部所称各节，未免模糊，似欠明了……总之，若以关外铁路接展至法库门以北，显与南满洲铁路并行，有害该路利益，日本政府断不承认”。[④]清政府外务部于12月15日第三次回复日方道：“是按照公例办理，何得谓为模糊失当”。[⑤]1908年1月22日，日本公使照会清朝外务部作第四次抗议，公然威胁清政府：“万一贵国政府置成约于不理，有侵害于南满洲铁路利益之举动，则日本政府必当应机随时执行自认适当之手段，以谋拥护该路之利益也”。而在美国方面，因发生了严重的经济危机，铁路经营也损失惨重，哈里曼心有余而力不足，无法拿出投资此项计划所需的大笔资金，只好暂时谢绝了这一计划。

第二年，美国渡过了金融危机，恢复过来的美国人开始重新考虑在中国东北拥有铁路的问题。恰逢此时俄国政府因担心日本在南满的疯狂扩张会损害俄国在北满的利益，有联美制日之意。1908年6月，俄国驻美商务代表维连金向美国金融巨头、坤洛公司总经理希夫提出俄国有准备出售中东铁路的打算，但必须以日本同时出售南满铁路作为先决条件，希望希夫筹集资金，购买这两条铁路。对于维连金的提议，希夫当然求之不得，利用日本又一次面临缺乏经营资金的困境，于12月24日致函日本正金银行总裁高桥是清，提出收购南满铁路的建议，并向日方说明俄国也将同时出售中东铁路。日俄战争之后的日本急需巨额资金，用来维持南满铁路的经营与开发。希夫看准了这一点，想要以此来诱使日本上钩，“日、美两国政府最近既已互换了重申关于清国门户开放的共同意愿的备忘录，那么，美国资本能够投入于南、北满交通运输干线之同时，日本作为南满铁路股东所拥有的重要资产，能够变为现金，想必是贵国所希望

① 王芸生：《六十年来中国与日本》，三联书店1980年版，第75页。
② 王芸生：《六十年来中国与日本》，三联书店1980年版，第76页。
③ 王芸生：《六十年来中国与日本》，三联书店1980年版，第79页。
④ 王芸生：《六十年来中国与日本》，三联书店1980年版，第84-85页。
⑤ 王芸生：《六十年来中国与日本》，三联书店1980年版，第86页。

的”，[①]希望日本政府允许中国以美国发起组织的国际辛迪加的贷款赎回南满铁路。计划一旦成功，东北的南满铁路和中东铁路系统就将一举落入美国人的掌握之中。但是南满铁路对于日本在东北的大肆侵略扩张起到不可替代的重要作用，日本不可能就这么放弃。日本又一次从英国募集到了200万英镑的足够资金后，1909年1月18日，高桥是清根据日本政府的旨意致电希夫，对希夫的建议予以断然拒绝：“日本政府关于满洲铁路的政策已定，已无变更余地，任何企图均将无效”，[②]美国想要夺取东北铁路权的图谋又一次无功而返，而日本却又一次成功地保住了其在南满铁路的地位。

## 三、美国“诺克斯计划”

1909年3月，美国第二十七任总统塔夫脱和国务卿诺克斯上台。塔夫脱主张依靠美国强大的经济实力作后盾，实现美国在全球以经济侵略为主的扩张企图，不遗余力地推行“金元外交”政策，“现政府的外交，一贯谋求适应商业关系的现代观点。这个政策的特征是，以金元代替枪弹”。[③]中国东北是美国资本急欲打入的地区，美国不能容忍南满的侵略权益长期被日本所垄断，“两国在满洲的帝国主义矛盾直接地升到第一位”，[④]夺取铁路路权是美国在东北扩张势力的第一步。1909年6月，在塔夫脱政府的积极支持与推动下，以哈里曼为首，华尔街上的四大银行摩根公司、坤洛公司、第一国家银行和花旗银行组成了美国银行团，专门从事对华投资事宜。司戴德此时虽已不再担任美国驻奉天总领事，但仍然热衷于扩大美国对华特别是东北的资本输出，担任了银行团的驻华代理人。

1909年，锡良继徐世昌之后就任东三省总督，东北的主权危机比前任时期更加严重。锡良继承了前任督抚幻想借他国之款修路以抵御日俄的政策，非“别筑一路，不足以救危亡”，“非藉外人之力，不足以抵制日俄”。[⑤]1909年10月2日，东三省总督锡良、奉天巡抚程德全与代表美国银行团和英国保龄公司的司戴德订立了《锦瑷铁路借款草合同》共19款，拟定由美国银行团提供资金，英国保龄公司负责承筑工程，修建一条从锦州经洮南、齐齐哈尔直抵瑷珲的铁路。此前两次的争夺，因每次日本最终都得到盟友英国的资金援助而使美国未

① 宓如成：《中国近代铁路史资料1863—1911》（第2册），中华书局1984年版，第641页。
② 吉林省社会科学院：《满铁史资料》（第2卷第1分册），中华书局1979年版，第7页。
③（美）《美国对外关系文件》，华盛顿政府出版局1912年版，第7页。
④（苏）茹科夫：《远东国际关系史1840-1949》，世界知识出版社1959年版，第205页。
⑤ 中国科学院历史研究所第三所：《锡良遗稿》，中华书局1959年版，第960页。

能得逞，这次遂联合英国的公司来共同修建此路，“适美人以日人垄断满洲，彼之商务遭其损失，积愤不平，欲以投资均其利益。臣等恰于此时，议设锦瑷铁路，该国商人允许以巨款贷我。又因英与日盟，必须联英入股，以杜英人之牵制，遂合为英美公司共贷此款”。[①]

早在锦瑷铁路计划还在酝酿的时候，其内容即已外泄。8月底，日本驻华公使伊集院彦吉就此向清政府外务部发出照会，强烈表示反对锦瑷铁路的建造，“不特新法一路与南满有碍，不能允认，即锦洮一路亦仍在南满平行线之列，如中国实在有意兴修，日本亦必阻止”。[②]

虽然美国政府支持银行团投资修筑锦瑷铁路，但它的目的远不止如此。在银行团拟议锦瑷铁路借款之时，美国政府已经筹划将整个东北铁路收归“国际共有”。美国国务卿诺克斯与塔夫脱持有相同的看法，“赞成通过美国金融界和铁路界的合作以增进美国在满洲的利益”。[③]他在接到《锦瑷铁路借款草合同》以后，认为美国资本全面进入东北的时机已经成熟，随即抛出了一个一揽子解决东北铁路问题的方案“满洲铁路中立化计划”。因该计划是由诺克斯提出，故又称作“诺克斯计划”。

该计划拥有相互关联的两套方案。第一个方案是提议由包括日俄在内的对东北铁路有兴趣的列强共同贷款给清政府，使中国赎回东北所有由外人控制的铁路，“使满洲的一切铁路按适当的协定复归中国所有”，“其所需资金，以适当之办法，由希望参加之各国筹措”；在清政府偿还列强贷款之前，由各投资国实际拥有对铁路的经营管理权，实行“国际共管”，“在借款偿还之前，有关者有监督铁路敷设运用之权利”，[④]其实质是想将日俄控制下的东北铁路转移到以美国为主的列强资本手中。考虑到第一个方案实行起来的难度，诺克斯又准备了第二套方案：“万一上述方案不能实行时，邀请对南满商业中立化没有异议的各国，参加投资建设锦瑷铁路及其他铁路，并贷款给中国，以便将来赎回满洲现有铁路，纳入本计划系统之中”。[⑤]即首先修建锦瑷铁路，以削弱南满铁路和中东铁路的作用，再由各国贷款，使清政府赎回两铁路，从而逐步实现以美国资本为主的“国际共管”。美国政府认为第二种方案如能成功实施，“即使所希望

---

① 宓如成：《中国近代铁路史资料1863-1911》第2册，中华书局1984年版，第634页。
② 王芸生：《六十年来中国与日本》，三联书店1980年版，第251页。
③ 陈复光：《有清一代之中俄关系》，崇文印书馆1947年版，第395页。
④ （日）外务省：《日本外交年表及主要文书》（上），原书房1965年版，第328页。
⑤ （日）外务省：《日本外交年表及主要文书》（上），原书房1965年版，第328页。

的目的不能达到，至少也相去不远了”。[①]有了前一年俄国政府打算出卖中东铁路的事情，诺克斯认为美国掌握东北铁路的最大障碍主要在于日本，而只要在其中牵涉进英国的利益，英国政府就会赞同这项计划，处于孤立境地的日本的反对就不会成功。

1909年11月6日，美国将“诺克斯计划”最早向英国提出；随后又于11月17日至21日，分别向俄国、日本、中国、德国和法国提出。“诺克斯计划”几乎将当时世界上所有的帝国主义强国都牵涉进内，引起各国的高度重视，各列强均需要权衡利弊，决定各自的对策。东北铁路问题一时间成为全世界关注的焦点，列强为此展开了一场错综复杂的外交博弈。

英国的主要力量用于欧洲与德国争夺世界霸主的地位，在远东太平洋地区投入的实力有限，需要利用日本的军事力量，与日本结成英日同盟，维护它在该地区的殖民利益。如果两国同盟破裂，英国在远东将无法得到日本舰队的协助，“澳大利亚和新西兰不得不担起在中国海面上取得海上优势的重担。它们不想而且也不能做到这一点”，因此不能开罪于日本，只能舍小利而顾全局。除了战略全局的考虑之外，从1907年至1911年，日本南满铁路公司先后4次向伦敦筹借巨额贷款，总数已多达1200万英镑，这也是英国反对“诺克斯计划”的一个因素。11月25日，英国外交大臣格雷正式答复美国，原则上并不反对将满洲现有铁路管理国际化，但在中国的另一笔贷款湖广铁路借款谈判完成之前，应“展期考虑，较为明智”并主张“允许最有利害关系的日本加入锦瑷路”，[②]要求美国让日本也参加到锦瑷铁路的建设之中。次日，外交大臣格雷即将英国政府的上述意图告知日本驻英大使加藤。不久，格雷由于日本的反对，进一步向日方表示，他不支持“诺克斯计划”，并期待俄国与日本采取一致步骤。法国与俄国结盟，从东西两面夹击德国，又于1907年6月与日本签署了《日法协议》，以听任日本在南满的大肆扩张为条件，确保它在印度支那的殖民地不被日本所侵扰，自然也站在俄日一边。因此法国外交部长在接见日本驻法大使时，指责美国“脱离门罗主义而转而狂热的帝国主义，且以清国之保护者自居，以企图实现美国之扩张”。[③]随后照会美国，对该计划表示应首先取决于日俄两国的态度，“第一提议，倘关系最深之日俄两国不互相一致放弃在满洲之既得权利并赞同美国提议，则实难表示同意”；对于第二提案“须在关系最密切之日俄两国确

① 《中美关系资料汇编》第1辑，世界知识出版社1957年版，第462页。
② 宓如成：《中国近代铁路史资料1863-1911》第2册，中华书局1984年版，第647-648页。
③ （美）《美国对外关系文件》，华盛顿政府出版局1910年版，第249-250页。

认并同意锦瑷铁路修建问题”的前提下，法国“始表示赞同”。[①]列强当中，只有德国想要把英、法、俄的力量更多地引入到在中国东北的纷争中去，以削弱它们在欧洲与自己争霸的实力，对“诺克斯计划”表示支持，“满洲铁路如必为各国公民治理，自较现在为满意”。[②]清政府虽也赞成此项计划，“此事果底于成，不特中国行政权不致再有障碍，且各国利益既平，则日俄固无从争雄，英美亦不致垄断”。[③]不过作为一个地位低下的弱国，中国的态度不起任何实质上的作用，计划实行与否取决于列强博弈的结果。

日本作为“诺克斯计划”的主要涉及对象，对此更是表示了强烈的反对。日本将“诺克斯计划”比作1895年的俄、法、德“三国干涉还辽”，认为“其失色为尤甚”，[④]是日本的奇耻大辱。日本的内阁元老大隈重信于11月6日“诺克斯计划”提出的当天，就对此表达了强烈的愤怒，“盖美国敢为如斯之提议之，诚为旁若无人之举动也”。[⑤]日本驻美公使青木子爵把美国计划说成是“寓客以旅馆主人自居。”[⑥]在政府高官表示强烈反对的同时，日本的民间团体也配合政府，掀起舆论攻势的浪潮，各大报纸纷纷就此事发表评论，假意替中国的权益着想，劝诱清政府拒绝此项计划。日本报纸提出的理由大致有以下几种：其一为中国国民遭侮辱说。大阪《朝日新闻》发表《论日俄之天职》的评论，提出“满洲铁路中立案提出，身受其辱者盖有三民焉，尤以中民为最”，继而说明“该提案本非有何等理由而为正当之干涉侮辱中国主权，毫无顾忌，莫甚于此”，而“中国不但不怒又且有至奇异之谣传，谓中国大官某某等在提议未出以前与美通谋云云”。[⑦]其二为中国统治权被篡夺说。《东京日日新闻》的评论道：“清国之舆论或以为以满洲铁路委列国共同监督可以利用其互相防制，此实不明己国之地位者也。列强之铁路共同监督，即清国财政之共同监督，而财政之共同监督势不得不延及内政，是清国自求放弃其国家统治权，而因之欲无促瓜分灭裂之机而不可得也”。[⑧]其三为危害远东和平说。东京《时事新闻》评论道：“中国某大员此次关于美国提议昨语人曰，该提案实系不外将满洲为巴尔干半岛

---

① 吉林省社会科学院：《满铁史资料》（第2卷第1分册），中华书局1979年版，第198页。

②（日）《东方杂志》，1910年第2期，第5页。

③ 王芸生：《六十年来中国与日本》，三联书店1980年版，第263页。

④（日）《东方杂志》，1910年第2期，第7页。

⑤《盛京时报》，1910年1月11日。

⑥（日）《东方杂志》，1910年第2期，第7页。

⑦《盛京时报》，1910年2月5日。

⑧（日）《东方杂志》，1910年第2期，第15页。

而令中国蹈土耳其之覆辙也。中国政府宜亟向美国反对该提议，并望日俄两国极力峻据该议，以免满洲问题之益加烦累云”。[①]

美国原以为“诺克斯计划”不会遭到来自俄国方面的多大阻力，诺克斯指示美国驻俄大使柔克义放手开展争取俄国的活动。柔克义于11月12日往晤沙俄外交大臣伊兹沃尔斯基，强调日本对俄国的威胁，提议双方就满洲铁路“商业中立化”达成协议，并将协议范围扩大到军事方面。然而出乎美国预料的是，俄国方面对于美国的建议并不感兴趣，伊兹沃尔斯基表示：“在美国的善意参与下在南满获得目前的优势地位的日本，当然只有在最强大的压力之下才能让出这种地位”；并进一步指出即使日本在外部压力下让出了这种地位，俄国也“未必能得到它所花费的全部金额，而主要是中国东北铁路网的中立未必能加强俄国远东边疆的安全。令人可虑的是日本在压力之下失掉中国东北后将会靠牺牲俄国来寻求补偿，而在这种情况下，俄国未必能指望得到北美合众国或其他强国的积极援助”。[②]日本密切注意美国拉拢俄国的活动，美国如与俄国结盟，将对日本十分不利。因此，与俄国建立协商关系，防止美俄结盟，就成为日本外交的急迫任务。11月12日，日本驻俄大使本野拜会伊兹沃尔斯基，提议成立正式的同盟；那时“在这个同盟面前，不仅中国，而且各大国都将俯首听命！”[③]12月11日，俄国政府召开远东问题特别会议。经过充分讨论以后，联日的主张占了上风，认为俄国的实力主要用于欧俄对付德国，在远东的军事力量薄弱，不足以与日本一战；而如果支持了美国的计划今后就要冒与日本开战的危险，“美国不会因此向我们宣战，也不会把舰队开到哈尔滨来，而日本在这方面却危险得多”，[④]因此不如与日本联合来维持在中国东北的现有侵略权益。

有了英、法等国的支持，与俄国协商一致以后，日本于1910年1月21日正式照会美国政府，声称“满洲铁路中立化计划中当然包括南满铁路，如果那样，根据《朴茨茅斯条约》和《北京条约》，该案侵害我国权益。另外，根据满洲现状推断，不认为有必要采用异于支那其他部分的行政制度。如果针对门户开放政策，满铁必须使用于商业目的，其他的就不要再重新考虑。另外，各国共同管理满洲，其重要性与其说倾向于经济，不如说其倾向于政治。如果不使责任归一，就会造成公众的不便和事业的废弛，更甚的是在南满洲它会使我们

① 《盛京时报》，1910年1月23日。

② （苏）茹科夫：《远东国际关系史1840-1949》，世界知识出版社1959年版，第210页。

③ （苏）罗曼诺夫：《俄国在满洲1892-1906》，列宁格勒1928年版，第567页。

④ （苏）加利佩林：《日本吞并朝鲜前夕国际关系中的朝鲜问题（1905-1910）》，《历史问题》1951年第2期，第25页。

的发达工商业遭到服从于铁路行政国际化的危险。一旦实现满洲铁路国际化，就放弃了作为唯一机关的满铁，考虑到日本国民的生命财产就不能同意”，[①]拒绝了美国的提议。至于锦瑷铁路问题，日本表示可以在保持自己的独立性的前提下与其他列强一道参加，“帝国政府对于美国有关锦瑷路计划的通知，表示尊重，并在原则上准备与其他关系列强一同参加。但此问题与贵使来照的主意显然有所区别，基于这点，在明悉详细办法时，可作个别独立的考虑。”[②]1月22日，俄国外交部也照会美国，对于“诺克斯计划”的第一方案明确表示反对；第二项计划则需要经过进一步全面考虑后，再“表示最后的态度”。[③]由于列强大多持反对态度，“诺克斯计划”的第一方案就此失败，此后争夺的重点转向了第二方案锦瑷铁路建设的问题上来。

美国在向各国提出整个“诺克斯计划”的方案时，对于第一方案的不易实行就有所认识，因此从一开始就把重点放在了第二方案修筑锦瑷铁路上，于12月21日、12月31日两次发出照会，要求清朝中央政府尽快批准《锦瑷铁路借款草合同》，“现美国政府以此事于中国主权商务均大有益，是以甚愿襄助此事成就”。[④]1910年1月20日，清政府外务、度支、邮传三部议准，正式批准了锦瑷铁路修建计划，允准锡良与美方代表司戴德进一步接洽商谈，准备与美国方面签订正式合同。

日本见状，当然不能坐视不理。1910年1月31日，日本驻华公使伊集院彦吉对清政府外务部发出强硬照会，无理要求清政府对于建设锦瑷铁路一事必须先与日本商量之后才能定议，“惟此路问题，如前次本大臣所面陈，与敝国实有紧切利害关系，贵国政府于决定办法之先，务必商允敝国政府。如或漠视敝国之地位，不与商酌，遽行定议，则两国关系上惹起何等事故殊难预料”，公然以战争恫吓相威胁。随后，伊集院彦吉又于2月14日再次照会清政府，表示日本可以同意锦瑷铁路的建设，但附带了两个极其苛刻的条件：1. 日本也要参加该路的修建，“日本国对于建造锦瑷铁路应需款项之贷借，又工程师及铁路材料之供给，以及包揽工程各事，均参同承办。唯其参同程度及如何办法，应与关系各国协商定议”。2. 要求将锦瑷铁路与南满铁路相连接，“中国为使锦瑷南满两铁路联络，由锦瑷路之一站起，向东南建造一路，至南满铁路之一站。其路线

---

① （日）市古宙三：《近代日本的大陆政策》，萤雪书院1941年版，第264—265页。
② 王芸生：《六十年来中国与日本》，三联书店1980年版，第269页。
③ 吉林省社会科学院：《满铁史资料》（第2卷第1分册），中华书局1979年版，第189页。
④ 王芸生：《六十年来中国与日本》，三联书店1980年版，第259页。

敷设办法及该路与南满铁路在何处接连等各节，应与帝国政府协商办理。”。[①]如果依照日本的这两项建议来实行，日本就不仅保住了在南满铁路的利益，并且还可以借机将其势力范围进一步扩展到南满铁路系统以外的辽西和北满地区，让锦瑷铁路成为了南满铁路的支线，使得锦瑷铁路彻底失去了对抗日本在东北势力的作用。日本知道这些条件是清政府和美国方面都根本无法接受的，因此这是一个阴险毒辣的破坏锦瑷铁路的图谋。俄国政府则于2月26日直接提出将锦瑷铁路“暂行罢议”，主张列强不在东北修路，而是修建由张家口经库伦至恰克图的铁路，意欲扩大对中国外蒙古的侵略。英、法两国也对修筑锦瑷铁路一事，表示必须应首先取得日、俄的同意。

面对日、俄的强烈反对以及英法的干预，清政府不敢得罪这四国而独示好于美国，迫于压力，只得于3月12日指示锡良推迟正式签字的日期，并于3月14日发表公开声明：“外务部因受外交上之压迫，现将锦瑷铁路之交涉暂行搁议”。[②]诺克斯和司戴德等人虽还在进行最后的努力，但也毫无效果，锦瑷铁路建设问题就此搁置下去，美国“诺克斯计划”的第二方案最终也无法实施，日本最终巩固了在南满铁路的侵略权益。

日、美之间这场争夺东北铁路权的斗争，对此后中国东北以至整个远东太平洋地区的局势均产生了深远的影响。排挤出了美国这个强硬对手之后，日本更加肆无忌惮地通过“满铁”包括攫取新铁路在内的各项经营来扩张在中国东北的侵略权益，直到1931年以保护铁路为名，发动“九一八”事变占领全东北。而美国不仅无法实现利用铁路掌控东北的战略目标，在东北已有的贸易份额却仍然在逐渐地减少。美国并不甘心于自己的失败，意识到要想与日本争霸亚太地区，光有雄厚的经济实力还不够，还需要有包括强大的军事力量在内的综合实力。美国开始大规模地加强在太平洋上的军备建设，日本也在继续不遗余力地发展自己的军事实力，与美国抗衡，美、日争夺远东太平洋地区的矛盾愈演愈烈，“要防止美、日之间日益尖锐的冲突是不可能的”，[③]最终日本于1941年偷袭珍珠港，以一场大规模的战争来解决双方多年以来的利益冲突。

## 四、英美烟公司及慎昌洋行

在日本自恃战胜沙俄企图独霸对奉天的侵略特权的时候，英、美等外国列

① 王芸生：《六十年来中国与日本》，三联书店1980年版，第273–274页。
② 《盛京时报》，1910年3月20日。
③ 《列宁全集》（第27卷），人民出版社1959年版，第343页。

强也急欲进入奉天扩张势力。与日本一样，在对奉天进行经济侵略的时候，英、美等列强也选择了攫取路权，设洋行和投资办厂等方式。其中烟草业又成为举办产业的首选。

1907年6月6日，英国商人在（原）北站管内鸡鸭市地区开设了英美烟草公司，当时是沈阳市（奉天）唯一较大的烟草业[①]。烟草卷烟在当时是新式消费品，在旧有习惯吸烟（自卷或旱烟袋）的基础上，叼着洋烟卷很是时尚。东北有丰富的黄烟叶产量，有低廉的劳动力，有《中美通商续约》泛化为列强利益均沾的“解释”，有正在开发的商埠地，于是投资办厂成为可能。

英美烟草公司的全名应该是“南洋兄弟烟草公司奉天工场”，其总部在香港，在天津、上海、营口等地均有工场，是实力雄厚，历史较久的世界知名烟草厂家。其中一部分股本属于美国人，在奉天故称英美烟草公司。沈阳人往往对其简称为“英美烟”。厂（场）区由高大的青砖墙围绕，正门南向，开在今市府大路四段18号址。占地面积不小，数栋起脊铁瓦平房（英国风格建筑）作为管理者办公用房之外，尚有高大的青砖铁皮瓦楞顶原料库、成品库、生产车间等建筑，后来起建锅炉房、大烟囱、水塔等更是鹤立鸡群，对周围民房有俯视之感，故又称“烟卷楼”。

英美烟工场的设备全部来自英、美等国，管理人员中却有多种国别，甚至有俄国人和日本人。工人则全部是当地的中国人，其中80%以上是女工，另外则有许多是童工。每天劳动时间在10个小时以上。上下班均以汽笛鸣叫为标志，但有时下班汽笛响了，流水线却并未停止，只要有一个工序在继续，所有工序的工人都不能走。天不亮就上班，天不黑不下班，下班时所有工人都要排队依次接受检查，任凭监工搜身，甚至饭盒或小手巾都要被打开，看看有没有夹带烟丝、烟卷、烟纸等原料和产品。有时监工嗅到某人身上有较重的烟草味道，或是不小心女工的头发上沾了些烟丝，要么是解开衣服查看，要么是打散头发检查，花样很多，都是对中国工人的非礼和侮辱。

车间里专有工头监视工人的生产，动作慢了，产品干废了，相互说话等都是不允许的，1 000多名中国工人工资低廉，童工待遇则更低。繁重的劳动，大的烟料包重达200多斤，童工们搬运时非常吃力，弄不好经常有被压伤的危险。

英美烟草公司与日商大安烟草公司的不同，在于原料和产品方面的特色。采自印度和东南亚的烟叶，更多的时候是烟丝多数要与东北的烟叶切丝相混合

① 张伟：《和平的历程》第二卷，吉林文史出版社2007年版，第239页。

再加工制成卷烟。一部分上好的烟叶被加工成雪茄或专供烟斗吸食者所用的烟丝。至于卷烟则有“万代牌”和“金桂牌”迎合着中国市场的需求。

英美烟的产品无论是雪茄、盒装烟丝，还是铁盒、纸盒香烟都占有市场很大份额，还有一部分出口。

英美烟草公司是日俄战后沈阳出现的第一家具有近代工厂化生产的外资企业，在攫取重大商业利润的同时也对中国工人造成戕害，曾多次暴发工人反压迫、反剥夺、反搜身等斗争。

1929年世界性经济危机发生于欧美，奉天英美烟公司也经营不景气，1930年被日商收购更名为启东烟草公司。

慎昌洋行是一家美资商行，1906年在奉天开业，沈阳开业较早，与老晋隆洋行、美孚洋行等组成影响力较大的美国商行。慎昌洋行初起只经销美国细布、五金制品，后来也经营机械设备、电气产品甚至发放商贷。慎昌洋行曾为银元局、电灯厂代购美国设备，沈阳人逐渐知道了美国洋面、美国细布、美国灯泡等。

慎昌洋行初起设于大西关，后迁入商埠地一纬路，与美国美以美教会联系紧密，也参与基督教青年会的活动，在官绅和青年各界有较大的社会影响。因美国在奉天没有驻军，也无势力范围，以美国商品出现的慎昌洋行较受中国人欢迎。美国商品的现代、时尚成为上流社会追逐的目标。

老晋隆洋行位于英美烟草公司的东邻[①]，也是经营美国纺织品、机械设备和销售美国产汽车、自行车等商品的店家。老晋隆地处一纬路（市府大路），路南即为商埠地南正界，一些中国达官贵人的宅邸聚集在此，外国人住宅亦相连成片。当时的这些高消费人群对老晋隆的商品有持续性的需求，多数人对老晋隆的商品还只能是望而兴叹。晋隆洋行也向电灯厂等提供发电机和蒸汽锅炉等设备，因在东三省兵工厂及后来奉系创办的辽宁迫击炮厂转民生汽车厂的建设中承担中介服务和代购业务而名声大噪。

美孚洋行初起亦在西关，后迁至商埠地三纬路。美孚洋行是美国美孚石油公司在当时奉天的销售公司，其主导产品就是煤油。与传统的豆油灯相比，油烟少了一些，支出也少了一些，于是形成以煤油灯取代豆油灯的灯具、灯油。煤油被称为洋油，比之豆油灯又大又亮，不少沈阳百姓都开始熟悉那方形铁皮油桶上的“美孚”两个汉字。煤油天天要用、市场天天在扩大。美孚洋行下面

---

① 张志强：《沈阳城市史》，东北财经大学出版社1993年版，第143页。

有众多的中国代理商、卖油摊贩、挑夫，形成遍及城乡的销售网络，美孚洋行也经营汽油和润滑油等，“毛必鲁”就是时人对美孚干油的一种称谓。

另外，1917年，英资汇丰银行在西关大西路南开业[①]，是实力雄厚总部设在香港汇丰银行的奉天支店。初起仅是平房，1932年又起建新厦（今交通银行），开业于十一纬路新址。汇丰银行经营中外客户的存、汇兑、贷等业务，其中有些中国客户因为这样那样的原因在银行的存款成为“死账”，正好被汇丰用来发展业务。

英、美之外，1917年法国在商埠地一纬路设立汇理银行[②]奉天支行，主营对华投资工矿企业和操纵奉天金融贸易、信贷等。占地6700平方米，建筑面积达1 135平方米，三层法式风格建筑至今保持完好。

其他，德国的凯宁饭店、意大利人开设的六国饭店等外国人经营的宾馆，土耳其人、印度人、丹麦人、比利时人、俄罗斯人等也都在经营着洋行、商店、服装店（时称“洋服店”）、电影院、食品店、五金行、汽车销售店等。这些外资企业与日资企业不同，没有公开的大烟馆（吸食鸦片的场所）、白面馆（扎、吸毒品的场所）、妓院，但咖啡厅、歌舞夜总会的“陪侍”还是有的，有些外国洋行也从事毒品和枪械的贩卖。

随着商埠地的开发和成长，老旧的外围公司也多从大西关、小西关和北关陆续迁来，新设的外国洋行、银行累年增加。五四运动之前的沈阳，除“满铁附属地”由日本强权独霸外，商埠地几乎成为了外国势力竞相角逐的“公共租界”。

## 五、司戴德花园

司戴德是首任美国驻奉天（沈阳）总领事的名字，他以个人的名义出资建起一座园林，故称花园，也称私人花园。这座花园对中国人不开放，有专门的人员值守，但对于当时驻奉天的各国领事、商人及家庭是开放的，所以又被称为公园。由于周边有多个外国驻奉总领事馆或领馆，故又被称为领事馆公园。

1906年8月[③]，时任美国驻奉总领事司戴德提议并出资在商埠地，以低廉价格圈得6万平方米的土地辟建花园。其址北邻二纬路，南界三纬路，东傍三经街，西界今和平北大街，周边有几家领事馆正在起建。东邻隔路相望的即是日

① 张伟：《和平的历程》第二卷，吉林文史出版社2006年版，第143页。
② 张伟：《和平的历程》第二卷，吉林文史出版社2006年版，第143页。
③ 沈阳市和平区人民政府地方志编纂办公室：《和平区志》，沈阳出版社1989年版，第83页。

本驻奉天总领事馆（今沈阳迎宾馆）。再东则是俄国总领馆，后来又有德国领事馆，园西则有英国驻奉总领馆，园北后有意大利领馆，园南则是法国驻奉总领事馆，再南偏东（今辽报西邻）则是美国驻奉总领事馆。群馆环抱这一片绿色园林，多样风格的馆舍建筑确也有些欧美风情。

司戴德花园建成12年的时间里，这里还是“华人不得入内”的园林。抗战胜利后，沈阳百姓才有机会进入这自家土地上陌生的园林。

## 第三节 外国驻奉领事馆迁入新址

### 一、日本驻奉天总领事馆

领事馆依国际惯例是低于大使馆的专办侨民事务和与驻在地政府间外交事务的机构，应遵循相应的外交文书和领事专约。领事馆是驻在国大使馆或公使馆的派出机构，设在与驻在国约定的首都之外的城市，其数量应该是双方对等的原则，即相互国别之间设置基本相同数量的领事馆。根据事务的多寡，领事馆又可分为总领事馆，领事馆和领事分馆，其总领事、领事、副领事、主事和派出国的馆务工作人员数量均以对等原则视为外交人员，享有外交豁免权。

外国驻奉天的领事馆有些特别，基本上是不请自到。日本设馆是因为战争新胜的“军威”，其他国家设馆则因“利益均沾”和要求中国“门户开放”，并没有什么平等的外交协商，也没有相互设置的便利和对等。还有些国家以友好的姿态，以防止被其他列强欺侮的“名义”来奉天设馆。由于奉天是东北中心城市，所以外国设馆多为总领事馆。其中日本驻奉天领事馆设立较早，升格为总领事馆最快，其馆务最多、涉及面最广，影响也最大。

清光绪三十二年五月[①]，即公历1906年6月1日[②]，在日本军队尚在奉天以“军政署”的形式实施军管的时候，日本驻奉天领事馆即设立并开馆，这是为所谓军政向民政的过渡。因为领事馆不是一级政府，日本也没有在中国行政的权力，所以有人说这是开辟了“领事馆”时代。领事馆与“关东都督府”“满

① 东北文化社年鉴编印处：《东北年鉴》，东北文化社1931年版，第324页。

②（日）近代日中关系史年表编辑委员会：《近代日中关系史年表》，岩波书店2006年版，第328页。

铁”“日本占领军”相互配合，共同推进着日本对中国东北的侵略政策和战争政策。

初起的日本驻奉天领事馆设在小西边门里的公益公司附近的中国民家，旋即搬到小西关奉天红十字医院的道北。这里是甲午战争中捐躯在平壤的清军名将左宝贵的宅邸。1900年，沙俄军队借镇压义和团的名义占领盛京时曾在此设立俄国驻奉领事馆[①]。院内宽敞，亦设有俄军兵营。日俄战争奉天大会战以后，日军总司令部也从皇寺迁到这里。“军政”结束，“民政”开始，原左宝贵宅邸的一部分成为日本驻奉天总领馆的驻地，其他所谓奉天日本商业会议所、奉天日本人居留民会等机构亦混迹其间，成为日本人在奉天活动的指挥中心。

截至搬新址之前，五年间先后有荻原守一、加藤本四郎、冈部三郎、小池张造四人担任总领事，其中小池的任职时间最长，有三年的任职期。冈部的任职时间最短，只有三个月，而且只是总领事代理的职务。外国人居留地中日本人数最多，洋行商行林立，已凸显出日本符号的印迹。

1911年，地处商埠地二纬路和三经街交角东南浩然里的日本领事馆新馆舍开始建设，1912年8月竣工。新馆占地3万多平方米，建筑面积1万平方米左右[②]。其主楼为两层，砖室结构，红砖水泥白浆抹缝，正门设带厅雨搭，门厅两边廊柱头仿多立克氏，楼之西北角设园型塔楼，高耸的尖顶富有哥特式风格。主楼外墙花岗岩块石为基础，所辟窗户较窄且长，窗楣饰有白色水泥钩缝和花饰。主楼平面呈一字形，呈东北西南斜向，楼顶覆黑色铁皮瓦。主楼建筑的凝重中透着几分神秘，咖啡色红墙黑瓦与塔楼组合成一种英国古典主义的建筑风格。楼内上下共设大小房间十余个，主要是总领事办公用房和会议室等。与外部不同，楼内走廊尚称西洋风格，但房间布局、内部设施，有拉门、榻榻米、别列达等用具，又凸显出日本人的办公、生活习惯。

主楼西侧建有四幢独立的铁皮瓦顶的别墅式洋房，背倚高墙，面对草坪和喷泉、鱼池，环境宜人。东侧亦建有数幢可相互联通的工作用房和少量住宅。

搬至商埠地新址后直至1917年，先后有落合谦太郎、矢田七太郎、赤塚正助三位为总领事，其中矢田为总领事代理。落合任职时间近五年，赤塚任职长达六年多，矢田代理任职也有近两年。可以说这一时期总领事人选比较稳定。这一时期，“满铁附属地”扩张、“十间房商租地扩张”、中日间交涉悬案增加，日本人大量进入奉天。

---

① （日）菊池秋四郎、中岛一郎：《奉天二十年史》，满洲新闻社1927年版，第76页。

② 沈阳市政协学习宣传文史委员会：《历史文化名城沈阳》，沈阳出版社2006年版，第1197页。

新馆址面积空前（是各国驻奉领事馆占地最大者），内设机构也有增加，共设总领事一人，领事二人，副领事一人。机构有商事系、司法系、朝鲜人系、“支那系”、庶务系、会计系、电报系、朝鲜总督府内务局系代表、朝鲜总督府警务局派遣等。日本驻奉天总领事馆内设中国人事务、朝鲜人事务，甚至日本驻朝鲜总督等机构，已经远远超出领事馆事权的国际惯例，俨然成为日本势力的总代表，成为中国东北地方政权之外的“第二政府”。

随着总领馆在新址“运转”，向奉天各界派出的日本顾问迅速增加，而且都是以东北军、政、教各界“招聘”的名义。

堀米代次郎、井深彦三郎、边见勇彦、贵志弥次郎等出任军事顾问，进入奉省军界、政界“服务”，贵志后来出任日本关东军奉天特务机关长。

横山庄次郎、井上福之助、角田启司、荻原昌研、永井直次郎、藤田喜代作、泽奇秀造、答笔千代吉等出任奉省农业试验场的技师和技术员。

进入教育界的专家也不少，有农业学堂的教授木村卯三郎、高等师范学堂的教授南铜孝、法政学堂的教授木松阶一郎和柏田铁男、农林学堂的教授三户章三和富兵马吉郎等。这些日本顾问所在学校创办较早，是当时清政府东北新政废科举兴学堂的成果，是设立奉天省之后的新式学堂的代表。除了这些经总领馆安排、以日本政府名义派出的教授之外，还有一些学校自聘一些日本教授、教师。这些人传播了一些相关的专业知识，但更多的则是宣传中国办教育离不开日本的思想，学校里表现出“宗主国”式的霸气，瞧不起中国同事，粗暴地对待中国学生，更有甚者竟无故缺课，或不开试验课等。

还有一些日本专家经总领馆的安排在奉省医防专业部门任职，有时这种任职是日本向奉省提供贷款的条件。志雄真次和三本浩造都曾担任奉天卫生医院院长，赤本郁朗担任屠宰场的检疫医生，志田太文出任京奉铁道的技师[①]，等等。日本经常宣扬这些顾问、专家开创了奉省多个领域的技术先河，是相关专业在奉省的首创，实在是与历史的真实相距甚远。

1906年9月，日本总领馆刚设立不久即给东北地方当局以压力，施加所谓“文化亲善”的影响，支持中岛真雄以个人名义出资租赁大东门里城隍庙创办《盛京时报》，该报后迁入小西关里原税务局址，扩大规模，又迁在隅田町（桂林街）最终落户，历时38年，直至1944年9月才停刊，成为东北境内日本办的最大的中文报纸。

---

①（日）菊池秋四郎、中岛一郎：《奉天二十年史》，满洲新闻社1927年版，第75页。

1907年8月，总领事馆代表日本政府干预中国自修新法（新民到法库）铁路，坚持认为有碍于“满铁生命线”的运营等，被清政府坚决回绝。同年10月，总领馆出面干预京奉（北京到奉天）铁路延伸到奉天城下的计划，其理由还是“满铁”不可穿越。这样“满铁”长春到大连间的铁路横亘于预延伸的京奉铁路长达数年。皇姑屯火车站仍是京奉铁路的终点，虽改称“沈阳城”站，但实际上皇姑屯当时还是沈阳县辖下的一部分，只是奉天城的郊区。同年12月，日本驻北京公使第四次提出对中国修筑新法铁路的抗议，威胁将采取适当手段[①]。新法铁路修筑计划无奈搁置。

1908年6月，日本人在西塔附近设立临时发电所，并设电灯营业所，但总领事馆宣布，仅为日本用户供电。同年7月，日本横滨正金银行奉天支行在小西关设立，并发行纸币。这种实实在在侵扰奉省金融的行为受到总领事馆的庇护和支持，并向奉省地方当局申辩，日本人有在奉天办银行的“权力”，同时宣称日本银行是为“发展”奉省经济而设立的，其所发纸币要在奉省各地流通。同年10月，总领馆宣布在东北强行实施领事裁判权。日本人要不受中国法律的约束，中日之间的司法问题要听由日本总领馆的裁决。同月，日本诱迫清廷与之签订《中日电约》，在奉天等六处设立日本电报局，还要附于中国电报局内。中国办的电报业务被日本攫夺，中国政商军等各界均无秘密可言，这种现象延续了许多年。

1909年1月，奉天民众反对日本将私筑安奉（安东即丹东到奉天）铁路纳入“满铁”后又改为标准轨，并与朝鲜铁路接轨，掀起抵制日货运动，波及东三省。日本总领事数次到奉省当局交涉，要挟要包赔日商经济损失，并要求安奉铁路改筑，要求要为改筑、改线提供占用土地的方便等无理要求。同年5月，总领馆积极为“满铁”在奉天城内设立所谓“奉天公所”寻占土地，要挟诱骗奉省当局等。“满铁奉天公所”一直是以搜集中国情报为主的机构，至今仍有当年的建筑遗存。同年8月，为日本改筑安奉铁路强行占买土地激起民众愤怒，再次掀起抵制日货运动，请愿要求清廷收回安奉铁路。日本总领事馆多次要挟奉省当局予以镇压。9月，又挟清政府与日本签订东三省交涉五案条款，日本取得相当权益，总领事馆竟举行酒会庆祝。同年11月，总领馆又代表日本政府与奉省当局订立《奉天十间房租地之规定》，拟将今北七路至市府大路之间的市区作为“永租地”租给日本。实际上这片土地是商埠地的规划用地，其西与“满铁

① 沈阳市文史研究馆：《沈阳历史大事年表》，沈阳出版社2008年版，第323页。

附属地”相近，日本正是通过这样的手段将对各国和中国商经各界公租的商埠地，变为日本专门“永租”，实际上实现了“十二标桩”“合法化”，实现了“附属地”的东扩。

1910年，日方谋求“满铁”与中方铁路（京奉铁路等）联运，在强筑联络线时扩占中国百姓房基地和地产，中方与日本领事馆交涉均告无效。同年，日商谋求在奉天省城开设电灯厂，日本领事馆多次游说未果，奉省坚持自办。

1911年3月，日本警察无故拘捕中国百姓，华警、华商与日警冲突，日领出面袒护日警，指责中方伤其警察，却对华警受伤不闻不问。同年10月，时任东三省总督的赵尔巽会见日本总领事小池张造，达成日警与华警合并防范“革命党人”共识，小池答应予以协助，这是日本领事少有的合作态度。

进入民国时期，日本驻奉天总领事馆依然坚持对奉省当局指手画脚，依然坚持对中国实际侵略扩张的日本国策。只是有时变换了一些手法，更具欺骗性。

1913年4月，日本领事出面，组织“满铁”工程师、三井洋行经理等成立所谓中日国民同盟会奉天支部，加紧对东北的侵略。同年11月，日本非法修筑溪碱（本溪到碱厂堡）铁路，奉省交涉局派员与之交涉，日本总领事落合却百般狡辩，不接受中方正式抗议。同年12月，奉省公署就日本三林烟公司拒缴出产税的问题与日本领事交涉但其拒绝不受，日商仍不“照章纳税”。

1914年3月，奉天都督与日本总领事举行“恳亲会”，并拟定每月召开一次，定名为“十七日会”，但中日“悬案”却有增无减。

1915年1月，日本提出旨在灭亡中国的“二十一条”，其中第二号七条，要求承认日本在“南满”和东蒙的优越地位。日本领事馆就此多次要挟奉省当局，引发群众抗议和抵制日货运动。同年3月，日军300人入侵奉天省城，肆意骚扰。另有1500名日军沿铁路沿线示威，要求只有中国承认“二十一条”才能撤兵。又有日军100多人以保灵寺为攻击目标实行“演习”，骚扰中国百姓，向华警寻衅。同月，日本浪人木神原等强占沈阳县居民王永斌土地1000余亩兴办农场，迭经交涉均受日领袒护，以致酿成冲突，并成为“九一八”前中日悬案和事变导火线之一。

1916年5月，日本支持“宗社党”搞“满蒙独立运动”企图肢解东北，有日本军人三村丰少尉等两次向新任奉天巡按使张作霖投掷炸弹，炸死警兵数人，伤10余人，张只受轻伤。事后日领看望张作霖表示是“误炸”，又表示要严惩凶手，但事后却未有动静。同年8月，日军非法进驻郑家屯，掩护蒙匪，制造事端，挑起中日军事冲突，是为“郑家屯事件”。日本领事竟代表公使向奉省提出要严惩"肇事"的中国官兵，要中方聘用日军顾问和教官等8条要求，张作霖一一答应。同年11月，日商参与挤兑奉票风潮扰乱奉省金融，日本领事馆明知不举，坐视不管，奉省当局极为被动。同年12月，"满铁"改双轨非法占用沿线民田，奉省与日本领事馆交涉，数次被拒。

1917年7月，日商再次煽动奉小洋挤兑风潮，奉小洋票兑现困难。奉省当局要求日本领事馆限制日商的不轨行为，但收效甚微，只好发行奉大洋兑汇票，小洋票12角兑换大洋票1元，省库赔累甚重。

直至五四运动之前，日本驻奉天总领事馆开馆十余年间中日关系已经成为此间奉省对外关系的主体，其内容繁杂、数量巨大，但基本特征只有一条即步步紧逼，逼迫中国将东北分离出来，逼迫东蒙古从东北肢解出去，为此当然要受到中国人民的强烈反对。于是，日本在奉天非法筑铁路，圈占土地、非法移居、非法行政、设警、办银行、设学校、神社、教学、办工厂、设洋行，等等，举凡政治、经济、文化、军事各种利益无不掠夺，大量中日间的"悬案"、冲突，日本领事馆并无意也无力解决。日本驻奉总领事馆经常性、大多数的"工作"均在正常的领事馆范围之外。

日本驻奉总领事馆下辖新民、通化两分馆，其领事区域分别为新民、黑山、彰武及阜新、通辽、桓仁、新宾。

## 二、俄国驻奉天总领事馆

俄国是最早进入奉天（沈阳）的外国列强。从光绪七年（1881）到光绪二十年（1894）间以"旅行""经商"为幌子到中国东北进行情报活动的俄国人，几乎从未间断过。其中，普提雅达上校曾率"远征"队，到过奉天等近十个城镇，搜集各方面的情报，"他的调查书，简直就可以称为满洲志"①。正是他们通过刺探情报为沙俄向中国东北扩张提供"俄国谋略"，沙俄开始不断关注奉天。进入奉天的俄国人突然增多是随着铁路的修筑开始的，而铁路的工程及"铁路用地"的管理都独立于沙俄强设的"关东省"之外，所以1900年之前并未有俄国驻奉领事馆的设立。

光绪二十四年（1898）二月，沙俄攫夺了修筑从哈尔滨经宽城子（今长春的一个铁路车站）、奉天到大连、旅顺铁路的特权，名为中俄合办，实为沙俄独占。这条铁路，时称"中东铁路"的"南满支线"也称"中东铁路"南线。施

① 俄国财政部编，中野二郎等译：《满洲通志》1907年东京版，第37页。

工中，南线被划分为老少沟、宽城子、铁岭、辽阳、旅顺口等六个工区，各段同时施工。奉天属于辽阳工区，数万中国农民（多为在齐鲁地区骗招的农民）分布在苏家屯、浑河、虎石台、新台子等各个新点上终日劳作，1900年路基、铺轨及盛京车站等工程基本告竣。

盛京火车站设在盛京古城西关墙外的西塔附近，这里成为俄国人圈占的“铁路用地”，俄国铁路工程技术人员和管理者住在这里，大批中国民工也住在这里，沙俄的护路军也住在这里。于是，比较简陋的火车站房周围有了青砖铁皮瓦顶的俄式住宅，有了连片的中国工棚，有了数栋俄国兵营，有了站前商业街的雏形，但还是没有俄国驻奉领事馆。

同期，一些俄国商行也进入奉天，选择了当时的城市商业中心大北关作为营业地。华俄道胜银行奉天支行、诺贝尔兄弟石油公司、秋林公司等都设在大北关，东省铁路（中东路初用名称）公司奉天办事处，甚至东正教教堂也设在大北关，一些面包房、洋服店等还是设在大北关。大北关成为西塔之外又一处俄国人较多的居住区。

光绪二十六年八月（1900年9月），沙俄军队以保护铁路和俄国侨民的名义分六路同时进入中国东北镇压义和团运动。18日，苏鲍季奇将军率部占据白塔铺，其部米申科上校率团由奉天南门进城[①]，追击弃城逃跑的清军，剿杀散在的义和团民。10月27日，逼签《奉天交地暂且章程》，其中要求设俄国总管一员，管理俄国与盛京将军的交涉，管理城市的诸项事务，开始了军事占领下的俄国殖民管理城市的时代。为此，与沙俄签约的周冕等人被清廷查处，擅自与俄国人接触签约的盛京将军亦被革职。正是在这样的背景下，俄国设立了驻奉天领事馆，地点即在西关原清军名将左宝贵的邸宅。

1905年3月，日俄奉天会战，俄国败北，领事馆亦停止活动。俄国人大量离奉，至1913年，奉天城只有俄国人7户，其中男7人，女3人。有些俄国人供职于工厂或学校，也有人在经商。

后来，俄国领事馆在二纬路新建，但由于十月革命等原因，又进入关闭状态。

### 三、美、英、法、德驻奉天总领事馆

光绪三十二年八月（1906年9月30日），美国在奉天省城设立总领事馆，首

---

①（俄）科罗斯托维茨：《俄国在远东》，商务印书馆1975年版，第151页。

任总领事为司戴德[①]。馆址设在皇寺附近的一座古庙里。从现存的照片上看刚刚经过日俄战争洗劫的这座古庙被整理了一番，院门前交叉着撑着两面旗帜，其中一面是美国星条旗。门楣上挂着一块美国的鹰徽。院门洞开可见院内殿宇之局部，透过高耸的青砖院墙之上可见数座殿宇的琉璃。当时皇寺两侧分布着关帝庙、太平寺、积善寺、善行寺、僧王祠和三贤祠等建筑院落，是富有特色的满族家庙、锡伯族家庙、蒙古族家庙、汉族家庙、皇寺喇嘛庙和若干祠堂汇聚一地宗教及祭祀活动的繁盛之所。美国在这里设馆，一是其社会影响较大，二是这里也是中美通商谈判奉天自行开埠之地。同年10月4日，司戴德（施特雷顿）与副领事费启德前来赴任。

1907年3月，美国派何泉礼为美国驻奉天副总领事。8月15日，美国又派马而芬为驻奉天知事官，干涉中国地方行政的一种职务。

1910年1月，美国国务卿诺克斯提出照会，提出所谓《满洲铁路中立化计划》，即要求中国政府出资先行赎回已被日、俄、英控制的所有铁路，然后再交由几个主要列强国家实施“国际共管”，并由美国作为“共管”的代表。这项妄图染指甚至独霸东北铁路的计划，在奉天就是由美总领馆“知会”奉省地方政府的。同年10月，东三省向美国财团借款1 000万两，年息5厘，25年还清，以东三省海关收入作为抵押。借这笔钱不是为了什么铁路等建设规划，而是为了解决奉省地方财政的窘迫，为了支付官员和新军的俸饷和薪水。这笔借款也是通过美总领事馆中介实现的。

1911年12月，麦迩思接任美国驻奉副总领事兼知事官。

1912年，传教士美国人穆德在大南门里福音堂租用一处房舍，成立“奉天基督教青年会”，以开设英文夜校和提倡体育运动（打网球等）为号召，招收学生、职员和广大青年参加。后来张学良也曾参加该会活动。这一组织的成立和活动的开展都是在美总领馆的支持下实现的。

此后不久，美国总领馆选择新址，在商埠地南正界，今中山路与三经街交汇处西南角起建洋楼，水刷石罩面，门窗皆有楣饰，上下两层坚固异常。自此直到新中国成立，这里一直是美国驻奉天总领事馆。

有资料记载，1913年时在奉天的美国人只有14户，有男性25人，女性9人[②]，是外国人在奉居留人口中的第二大户，仅次于英国。

---

① 沈阳市文史研究馆：《沈阳历史大事年表》，沈阳出版社2008年版，第317页。

②（日）菊池秋四郎、中岛一郎：《奉天二十年史》，满洲新闻社1927年版，第93页。

英国驻奉天总领事馆设立于光绪三十二年十月（1906年11月）[①]，馆址初设皇寺附近，后迁商埠地南正界二纬路。馆内设总领事、领事，其领事区域包括后来奉天省全境（营口及海城以南各县除外），以及吉林全省各埠（长春及东省特别区（哈尔滨）所属各县除外）。

英国总领事馆设立后，一部分英商经营口北上奉天。光绪三十四年（1908年6月29日），京奉铁路全线通车，一些英国铁路技术工程人员和管理人员以英资派出人的身份进入终点站皇姑屯车站，陆续建起英国工程司的办公用房及住宅。

宣统元年二月（1909年3月），英国驻奉天总领事傅尔佛德赴任。

1912年3月，中英合办的奉天医科大学开学，学制5年。校址在小河沿，盛京施医院院长，基督教的“满洲领袖”司督阁兼任校长。1917年，经北京政府建议该校改名为奉天医科专门学校，仍然是奉天高等医学院校的第一家。

1916年3月，英国基督教会在新民县城创办文会中学。

至1913年10月，英国在奉人口达24户，是外国人居留奉天人数最多的国家，其中男46人、女32人。来奉的英国人无论是供职于京奉铁路、东关的长老会、大西门外的文会中学、神学院、小河沿的施医院，还是经商、办厂等都是在英国总领事馆的授意或支持下进行的。

法国驻奉天领事馆始于1911年目前。宣统三年八月初一（1911年9月22日），法国驻奉天副领事馆改为正领事馆[②]。此前法国人在奉天主要是设立南关天主教堂、办神学院、修女院和拉丁学校。至今教堂、银行遗址都在，教堂还在从事宗教活动。1915年，英国在奉天开办中法实业银行。民国初期，在奉的法国人只有5户，其中男8人、女5人，少数经商。

1917年，法国重新设立驻奉天领事馆，首任领事葛礼邦。其馆址设在商埠地司戴德公园南门外（今沈阳市文化局址），两层洋楼别具一格，其领事区域为奉省名埠。

德国驻奉天总领事馆设立于光绪三十二年九月（1906年11月），与英国领事馆同月开馆，初设皇寺附近。后迁入商埠地新址，与俄国总领事馆不远。民国期间德国总领事馆降格为领馆。1913年10月，在奉的德国人只有6户，其中男7人、女4人，主要从事旅馆业、行医、经商等。后来的德国领事悌格斯成为奉系集团的常客。

---

① 东北文化社年鉴编印处：《东北年鉴》外交，东北文化社1931年版，第326页。

② 沈阳市文史研究馆：《沈阳历史大事年表》，沈阳出版社2008年版，第339页。

以上，自日俄战争结束到五四运动之前，美、英、法、德四国都设立了驻奉总领事馆或领事馆，有的开馆时间还有中断，但都是外国列强势力的代表。或注重“利益均等”、“门户开放”，或以控制京奉铁路为基础，或以教学宗教文化为先锋，或直接影响奉省军政界，在留下各自外交经历的同时也成为沈阳城市历史的见证者。

# 第八章
# 民国初期的省城奉天

- 省公署直接管理的城市
- 城市金融及工商业
- 城市公用、社会事业及灾异
- 城市文化教育事业
- 铁路及城市交通

本章从奉天省公署直接管理城市、城市金融及工商业、城市公用和社会事业及灾异、城市文化及教育事业、铁路及城市交通等五个方面，详细叙述了民国初期（1912—1918）省城奉天的历史变迁。在省公署直接对奉天城市的管理方面，翔实记述了省警察厅直接对城市行政的管理，包括：奉天行政体制的设立（如设立省行政公署，实行省、道、县三级制，改组省、道、县官制等），政府的行政设置，市政设施的维护管理，城市环境卫生的管理等；关于承德县改奉天县、复承德县又改沈阳县的情况；《东三省公报》的创刊；奉天省设立官地清丈局的详情；奉天省公署令各县续修县志的历史。在城市金融及工商业方面，记述了官督商办的多家银行先后在奉天成立的情况，包括奉天农业银行、中国银行奉天分号、奉天商业银行、浙江兴业银行奉天分行、辽宁商业银行、殖边银行奉天分行、奉天东北银行等；奉天储蓄会成立的情况；奉天军械厂等一批近代工业企业相继开工的经过，包括张作霖创办的奉天军械厂、东三省兵工厂、奉天陆军被服厂、奉天省被服厂、奉天纯益缫丝公司、华北机器厂等；奉天出品陈列所开幕的情况；“天合利”丝房、吉顺丝房等创办开业历史。在城市公用、社会事业及灾异方面，详述了奉天水利局开挖太平世河（今北运河）的前因和后续；引浑河水开发水田的情况；公和铁桥的建设历史和竣工情况；沈阳古城内、“附属地”和商埠地的排水设施建设历史；奉天大广场（今中山广场）的建成和发展；辽河、浑河的水患及地震情况；“奉天驿”用自来水、“千代田”水源的发展历史。在奉天的城市文化和教育事业方面，记述了奉天律师公会的成立；《国民常识报》《奉天晶画报》《沈水画刊》《大亚画报》《新民画报》等文化报刊的创刊；奉天第一次学生运动会的召开和第一次学生夏令营活动的举办；奉天模范说书馆的创办；奉天国立高等师范学校、省立中等商业学校、省立甲种农业学校、法政学校、公立工业专门学校、专门警察学校等各种实业专科学校的相继兴办；奉天医科大学、东北神学院、文会中学校、坤光女子学校、清真小学堂、文华中学校、文华小学、三育完全小学等教会学校的创立；阎宝航创办的奉天贫儿学校；中国道教总会关东总分会成立、中华佛教总会奉天分会成立的情况；奉天基督教青年会创立的历史。在铁路及城市交通方面，记述了京奉铁路沈阳站迁沿至城墙根的经过；马拉铁路公司的创办和消失历史；人力车、畜力车运输在奉天的发展史；奉天省颁布的新交通规则的情况，等等。

# 第一节　省公署直接管理的城市

## 一、省警察厅直接管理的城市行政

清朝盛京城长期由驻军查巡街道，缉贼捕盗。承德县乡镇设有捕盗营。光绪二十八年（1901），因俄军入侵，清军不抵抗，盗匪蜂起，地方治安混乱，盛京城办保甲，控制百姓。保甲局设于东华门。光绪二十九年（1902），改保甲局为奉天警察总局，隶属盛京将军兼奉天总督衙门，以蒙古协领荣德为总办，专管省城保安、卫生事宜。这是沈阳建立近代警察机构的开始。

奉天警察总局内设文牍、承审、收支三个处，下辖五个分局。光绪三十一年（1905年3月），奉天警察总局改组为奉天巡警总局，改设执行、司法、卫生、教练、工程五个科。

光绪三十三年（1907），徐世昌任东三省总督，设巡警道管辖警察机构，参照外国制度，制定巡警统一章程。奉天巡警总局内设总务、行政、司法、卫生、捐务5课，增设探访、警卫、消防、清道4队。先后任巡警总局总巡的有：张锡銮、姜思治、王治馨、申宝亨。宣统元年（1909）裁撤巡警道，由民政司掌管警务。奉天乡镇巡警总局改为承德县镇乡警务局，归承德县管理。

1914年，奉天省巡警总局改为奉天省警察厅。当时，对省城的警区进行了调整，设立了六个警察署及六个与之对应的警区。各区警察署署长分别兼任区长。各署设二至三个分署，分署设分驻所五至八个不等。姜思治、廖彭，宋文郁先后任警察厅长。1915年，省城警察厅改称省会警察厅，仍由宋文郁任厅长。1916年，张作霖任奉天督军兼省长，设奉天省警务处，与省会警察厅合署办公，王永江任处长兼厅长。王永江仿照日本警察制度改订警察章程，在省城各地设立派出所。1920年王永江任财政厅长后，由王家勋、张务本先后任处长兼厅长。

奉天行政体制的设立。1913年1月8日，北京政府公布《现行都督府组织令》《划一现行各省地方行政官厅组织令》《划一现行各道地方行政官厅组织令》《划一现行各县地方行政官厅组织令》。地方行政建置实行省、道、县三级制。规定实行军民分治，各省都督专理军务，在都督府（军政署）之外，另设省行政公署（民政署），以民政长为行政长官，由中央任命，管理全省民政。据此，奉天省由都督张锡銮兼任民政长。设立省行政公署，下设总务处及内务、财政、教育、实业四司。各省原设巡道改称观察使。奉天省设中、东、西、南、北五路道观察使。中路道观察使设于奉天（今沈阳），管辖奉天等11个县；东路道观察使设于安东（今丹东），管辖安东等11个县；南路道观察使设于营口，管辖营口等九个县；西路道观察使设于锦县，管辖锦县等11个县；北路道观察使设于洮南，管辖洮南等11个县。各路观察使均受奉天省行政长官的监督，依法办理行政及省行政长官委任的事务。各观察使均于驻地设立观察使公署，设内务、财政、教育、实业四科，各科设主任1人，科员若干人。各路观察使于28日上任。原清末各府、厅、州一律改为县，县行政长官称县知事，其行政机关一律称县知事公署。6月23日，奉天中西两路观察使裁撤。

**1913年奉天省五路道观察使及辖区一览表**

| 道名 | 观察使 | 驻在地 | 辖区 | 合计 |
|---|---|---|---|---|
| 中路道 | 张翼廷 | 沈阳 | 沈阳、铁岭、抚顺、本溪、开原、海龙、东平、西安、西丰、柳河、辉南 | 11个县 |
| 东路道 | 朱淑薪 | 安东 | 安东、凤凰、宽甸、兴京、通化、怀仁、临江、辑安、长白、安图、抚松 | 11个县 |
| 南路道 | 铁镆 | 营口 | 营口、辽阳、辽中、海城、盖平、复县、庄河、岫岩、金县 | 9个县 |
| 西路道 | 王树翰 | 锦县 | 锦县、新民、法库、彰武、镇安、盘山、广宁、锦西、绥中、宁远、义县 | 11个县 |
| 北路道 | 王铖 | 洮南 | 洮南、辽源、昌图、奉化、怀德、康平、开通、靖安、安广、醴泉、镇东 | 11个县 |
| 合计 | | | | 53个县 |

注：东平（今东丰），怀仁（今桓仁），镇安（今黑山），广宁（今北镇），宁远（今兴城），奉化（今梨树），靖安（今洮安）。

改组省、道、县官制。1914年5月23日，北京政府发布《省官制》，规定各省行政长官民政长改称巡按使。张锡銮任奉天巡按使，原奉天行政公署改称奉天巡按使公署。各省原设内务、教育、实业各司均行裁撤，组建政务厅代行其职。各省国税厅筹备处、财政司裁撤，其职由财政厅办。发布《道官制》《县官制》，奉天省原五路道改设为辽沈道、东边道、洮昌道三道。原西南路道改为辽沈道，驻营口，辖沈阳等22县；东路道改为东边道，驻安东，辖安东等20县；北路道改为洮昌道，驻辽源，辖辽源等17县。观察使公署改称道尹公署，道行政长官观察使改称道尹，各道公署分置道尹1人，隶属巡按使，并由巡按使经由国务总理呈请大总统简任。道尹公署内设秘书主任及实业科、总务科、内务科、教育科、财政科、交涉科、河工科，各置科长、科员等。公署下属机构包括商埠警察厅、税捐征收局、炉银监理处等。县行政长官仍称知事，隶属道尹。6月2日，大总统令发各省所属道区域表。

**奉天省各道辖区表**

| 道名 | 驻在地 | 辖区 | 合计 |
| --- | --- | --- | --- |
| 辽沈道 | 营口 | 沈阳、辽阳、铁岭、锦县、新民、营口、海城、辽中、盖平、北镇、盘山、黑山、彰武、锦西、兴城、绥中、义县、开原、西丰、西安、东丰、台安 | 22个县 |
| 东边道 | 安东 | 安东、抚顺、本溪、复县、凤城、宽甸、辑安、临江、兴京、海龙、柳河、庄河、岫岩、辉南、通化、桓仁、长白、安图、抚松、金县 | 20个县 |
| 洮昌道 | 辽源 | 辽源、洮南、昌图、怀德、开通、梨树、安广、康平、镇东、洮安、法库、双山、清原、金川、突泉（设治）、瞻榆（设治）、通辽（设治） | 17个县 |
| 合计 | | | 59个县 |

政府的机构设置。民国初年，各省署都督为地方最高军政长官。奉天都督统辖省内各军，协助处理省内治安。都督府设军务、军需、军运、军法四课，主要人员有参谋长、参谋、副官长、副官、书记官、书记等。

1913年，实行军民分治，省都督专理军务，另设行政公署专理政务。行政公署的长官称民政长，是中央任命的省地方最高民政长官。

1914年，官制改革，各省都督改称将军。将军属中央的高级军官，具有临时派在各省督理军务的性质。各省民政长改称巡按使，巡按使公署办理全省巡防队和警备队行政事务。

1916年7月，北洋政府令各省将军改称督军。奉天督军由“威武将军”张作霖首任，并兼任省长。

清朝覆灭，张作霖成为袁世凯的拥护者，被任命为民国陆军中将、第二十七师师长。1915年，因赞同袁世凯称帝，被封为一等子爵。1916年4月，张作霖赶走奉天督军段芝贵，被袁世凯任命为盛威将军，督理奉天军务兼巡按使。同年，又被北洋政府任命为奉天督军兼省长，控制了奉天的军政大权。

1918年，奉军入关支持段祺瑞“武力统一”政策，成功后张作霖向段祺瑞内阁提出增设东三省巡阅使等要求。9月7日，北京政府任命张作霖为东三省巡阅使。巡阅使不是民国时期的固定职官，亦不常置，属最高级地方军政长官。东三省巡阅使辖奉、吉、黑三省。巡阅使署设总参谋长一人，作为使署的幕僚长。参谋长下分设秘书处、参谋处、副官处、政务处、军务处、军需处、军医处、军法处。另有顾问、咨议若干人和卫队及宪兵队等。巡阅使形式上属中央陆军部管辖，但东三省巡阅使仍兼奉天省长。[①]

市政设施的维护管理。清末以前，沈阳城区并没有专业的市政设施维护管理机构。古城区主要街道有42条，与房屋建筑之间形成的小街路有600多条，都是由地方官吏临时抽派徭役和募集捐款进行兴建和维修养护。街区排水设施的维护，则大多由商民大户自修自管。皇宫内的道路和排水设施，由内务部营造司负责修建维护。

随着城区的不断扩大，以及市政设施的不断增加，到20世纪初，市政设施维护管理机构逐步形成。1902年（光绪二十八年）奉天省城设巡警总局后，道路等市政设施维护开始由警察局管理。

1916年，张作霖出任奉天督军以后，市政设施的养护管理、收缴养路费等事宜，始由奉天省警察厅负责。当时警察厅设有马路工程处，市政工程建设维修等事宜均由其负责，每月经费达3 606元。而大东工业区的道路、排水等设施统由东三省兵工厂市政管理处负责养护。1923年8月，奉天市政公所成立，其中工厂课负责市政设施规划建设管理。1924年，奉天省警察厅马路工程处移交给奉天市政公所，养护管理工作改由市政公所执掌。

城市环境卫生管理。街路清扫管理。清末以前，沈阳的城市街路环境卫生工作是由居民和店铺自行清扫。从20世纪初开始正式纳入政府管理。1907年，奉天巡警总局成立“奉天省城清道队”，有清道夫209名，大都是临时招募的流离失所的难民或其他闲散人员。清道队主要负责城内井字街和官宦门前少数街路的清扫和垃圾清运，而市区内大部分街巷仍主要由各商铺和居民自行清扫保洁。这就是沈阳市第一个环境卫生专业队伍。

1915年，奉天警察署颁布实施沈阳第一个街路清扫管理法规《奉天通行管理卫生章程》。一般街路开始由警察署集资招募地方清洁夫清扫。当时，清扫、清运的工具主要为扫帚、铁锹、手推车和马车，垃圾送到郊外填坑。直至1923年8月，奉天市政公所成立，奉天警察厅下属的清道队移交给市政公所。随着城区的扩大和工业区的兴建，清道队由原来的两个分队逐步扩大为五个清扫队。专业队伍清扫的街路范围和面积都有所扩大。清道夫在作业时身穿后背印有“清道夫”标志的作业服装，各区还成立了“地方清洁会”，招募清洁夫清扫胡同。

街路洒水管理。1915年，奉天城开始施行夏季主要街路洒水，由沿街居

① 参见沈阳市人民政府地方志编纂办公室：《沈阳市志》第14卷《旧政府沿革》，沈阳出版社1999年版，第83页。

民、商号自备储水器皿，定时向街面洒水降尘。

垃圾清运消纳管理。清末以前，沈阳城内垃圾一直是由居民和各店铺自行清扫、消纳处理。1907年（光绪三十三年），奉天省城清道队成立后，在城内官府、官家和井字街很小的范围内，居民垃圾由专业清扫队进行有组织的清运，以人力木板车拉运出城。

1915年，《奉天通行管理卫生章程》制定后，确定在城内设置“秽物堆放所”。居民垃圾由此开始集中堆放、清运。

公共厕所管理。20世纪初，沈阳城区开始建造公共厕所。1915年，《奉天通行管理卫生章程》中，首次明文要求设置“公共便溺所”。1923年，奉天市政公所发布《公厕须知》，公共厕所开始专项建设和管理。

粪便清运管理。清末以前，沈阳城市粪便作为重要的农肥，多由农民进城掏运或居民雇人掏运出城。1907年（光绪三十三年），奉天省城清道队成立后，开始有专业组织清掏。

城市市容管理。民国初期，沈阳虽无专门的城市市容管理机构和专职人员，但也颁布了一些有关市容管理的法规。1915年8月，奉天警察署颁布了《奉天通行管理卫生章程》。

城市园林建设。沈阳运用科学方法规划建设城市园林景区和培育园林花卉植物始于清末民初。1906年（光绪三十二年），士绅沈氏出资在大东关（今大东区）小河沿一带疏通河道、种植花木，建成沈阳第一座对游人开放的私办公园——也园，后改称万泉公园、动物园。同年，清盛京将军赵尔巽首创农业试验场，下设苗圃和园艺场，开始培育植树用苗木。

1907年（光绪三十三年），东北三省总督在小西边门外（今沈阳市政府和沈阳宾馆所在地）建成沈阳第一座官办公园——奉天公园。按照规划，建设有东、西、南、北、中五个功能区。园内除植树、栽花、种草、设置园亭外，还养殖有金鱼和小动物。1908年（光绪三十四年），先后建成奉天森林学堂、奉天种树公所森林场及奉天关外抚远植物研究所等，对园林植物、园艺开始了初步的研究，沈阳有了植树管理机构和试验研究基地，培养了一批专业技术人才，对沈阳早期的城市绿化建设起到了积极的推动作用。

此后，沈阳的城市园林建设发展较快。1910年（宣统二年），在“附属地”铁路大街（今胜利大街）开始栽植杨树，这是沈阳最早的有计划地栽植街道树。之后，又相继在南二条（今南二马路）、北三条（今北三马路）、平安通（民主路）、中央大街（今南京街）等街路植树。

城市公共交通管理。沈阳的城市公共交通始于20世纪初。当时仅有畜力车和人力车的客运运营。1907年（清光绪三十三年），奉天巡警总局行政科下设交通股，掌管道路桥梁危险的预防、车马通行的督察、铁路车站及交通建筑的检查等。同年10月，经日本在奉财团代表提议，清政府批准，中日商办的“奉天马车铁道股份有限公司”成立，开始从事市内马车铁道载客运输。马车铁道从“满铁”旧站（老道口）起，经十间房至小西边门，敷设铁轨，用双马拉车在铁轨上行驶。该公司从1908年1月开始运营，至1922年10月14日按约结束，共经营15年。此后，马车铁道客运业务以“附属地”马路湾为界，由中日两方分别经营。

1913年，沈阳开始有汽车出现，多为官吏商贾自用。1919年3月，日商在沈开办“满洲自动车运输株式会社”，开始公共汽车运营，购置客车25辆，运行于奉天火车站至“附属地”马路湾以西之间。

沈阳的公共汽车交通线路，在开始运营之初，只辟有市区线路，运行于奉天火车站至马路湾以西的“附属地”之间。

城市土木建筑管理。沈阳土木建筑业最早的政府管理机构是盛京工部。1644（顺治元年），清政府迁都北京后，于1657（顺治十四年）设立了盛京工部，主管盛京城内及其所辖东北地区的土木兴建及故宫、永陵、福陵、昭陵、城垣、庙宇、衙署、宫房、仓库的修缮事宜。1905年（光绪三十一年）盛京工部撤销，其所管事务由盛京将军兼管。

1906年（光绪三十二年），沈阳土木建筑业由奉天巡警总局负责管理。1907年（光绪三十三年），奉天行省成立，设民政司营缮科，管理土木营造事宜。同年6月，东北三省总督徐世昌在奉天府设立奉天省工程局，管理衙署、军营、学校、厂矿、道路等工程，负责对已修工程进行验收，对新建工程进行勘估等。

城市水利管理。沈阳境内1910年（宣统二年）以前并没有专管水利的机构。当时河道疏浚由省农工商局农业科主管；水旱灾害则由村屯会长或警察当局申报，县省当局或派员履勘、或嘱令详查具报；维修堤防由政府临时派员办理，事完即撤。

1910年，为推进蒲河沿岸水田发展，新民府成立了新民蒲河水利局专司其事。1914年，奉天水利局成立，专司全省水田及与水源有关的河流修治管理。同时改新民蒲河水利局为新民第一水利分局。沈阳县境内水田事宜，由奉天水利局直接管理。

城市消防管理。清光绪年间，奉天公议会（即商会）在全城16道大街设分会，主要活动是消防，又称“水会”。1902年（光绪二十八年），“水会”成为奉天商务会下的独立机构。1905年（光绪三十一年），奉天巡警总局下设消防科。

1907年6月，改为直属消防队（沈河区沈阳路120号，现沈河消防中队地址）。这是第一个官办的消防组织。同年7月，商埠地警察局设立消防队，（和平区七纬路16号，现南市消防中队地址）。1917年，辽宁陆军被服厂始设专职消防队。1918年12月30日，日本人在“满铁附属地”建立了常备消防队（和平区北二马路71号，现和平消防中队地址）。

清朝末年，沈阳城内的消防水源还很贫乏，装备也很落后，救火十分艰难。当时，商会消防队（水会）仅有人拉“水龙”消防车11台，每台“水龙”配10名“团丁”，身穿“勇”字坎肩从事消防活动。每逢失火，人们都是靠徒步或骑马进行火灾报警。接火警后，人拉“水龙”消防车赶到火灾现场，百姓用盆端水或用桶拎水往“水龙”里灌，方能救火。

1918年，随着机动消防车的使用，水源短缺问题尤为突显出来。警务当局要求各大小商户门前普遍摆设盛水桶，以备救火急需。并摊派民工在天光电影院南口和东华门、大南门里两侧等地打井，开辟消防水源。当时，“满铁”消防队配有带管式机动车1台，器具汽车1台，器具水管马车1台，以及手压吸水管和轻便机械梯子等。

## 二、承德县改奉天县、复承德县又改沈阳县

早在西汉时期，沈阳已具城市轮廓，称为“侯城”。

唐代设置沈州，“沈州”之名由此始。

元代重建土城，改沈州为“沈阳路”。从此“沈阳”之名正式出现在史料上。

明朝废沈阳路，改设沈阳中卫。

清太祖迁都于沈阳，1634年，皇太极改称沈阳为天眷盛京。后迁都北京，沈阳称为陪都。

1657年（顺治十四年），设立奉天府，主要管理汉民族和其他旗民之外的一级行政机构。

1664年（康熙三年），始设承德县于盛京城内。承德，意为承受德泽之意。虽然是地方行政建制，但在实行旗民二重制期间，其职权仅限于管辖盛京城外的民户事务；实行省、府、县制后，承德县署与奉天省署、府署同处一地，城乡行政事务由县署、府署、省署分担，最后合并于府署，这种体制一直延续到民国成立之后。

1736年（乾隆元年），设盛京将军，为盛京地区最高军政长官，统辖八旗军政。奉天府隶属盛京将军衙门，辖3县，其中承德县是奉天府首县，治所设于盛

京城怀远门（大西门）内大街南胡同，管理盛京城外的四郊民户，辖境东至抚顺80里，南至十里河60里，西至辽河100里，北至懿路70里。承德县与奉天府同治一城，这种行政关系沿袭了几百年。

1907年（光绪三十三年）4月，清政府下诏改制，裁撤盛京将军及其所属的八旗副都统衙门，废除旗民分治制度，改行省制，盛京改为奉天，盛京将军改为东三省总督。同年5月，改革东三省官制，正式设行省。从此，奉天府隶属奉天行省。

1911年（宣统三年）4月，裁并同城州县，承德县被裁撤，其辖境划归奉天府，一切事务归并奉天府署办理。

民国建立之初，奉天境内的行政区划，仍沿袭清制，分为道、府、厅、州、县。1913年1月，奉天省行政公署根据北洋军阀政府《划一现行各县地方行政官厅组织令》，决定撤销府级建制，将府辖地、直隶厅、厅、州，一律改称为县。其具体变动包括：撤销奉天府，将府辖地改为奉天县。同年4月，行政公署以奉天行省与奉天县同名，遂恢复承德县旧名。5月，又因其与热河承德县同名[①]，奉天省行政公署通告承德县正式更名为沈阳县，以县治在沈水（浑河）之北而得名，隶属奉天行省。

1914年6月，东北实行省、道、县三级管理体制，沈阳县隶属奉天省辽沈道。

## 三、《东三省公报》创刊

1912年2月18日，奉天省议会创办的《东三省公报》[②]正式出版。该报对开一大张，不久改为两大张。主要消息均用特字号标题，小标题用一、三号字，文内普通用五号字，地方新闻用三、四号字标题。[③]报社下设有工厂，大十六页

---

① 1733年（雍正十一年），雍正皇帝效仿其父康熙命名奉天为承德的做法，将当时的热河命名为承德，改热河厅为承德州。此举同样昭示承受德泽之意。

② 1905年（光绪三十一年）12月21日，奉天省学务处曾创办过一份名为《东三省公报》的报纸。创办人谢荫昌，清末江苏人，1905年，奉盛京将军赵尔巽委派，来到奉天办《东三省公报》。当时的《东三省公报》共八版，使用繁体字竖排版，无标点，而且是颠倒对开印刷，即报纸的上半部分和下半部分的字体完全颠倒，采取“脚对脚”的形式，看的时候必须沿中间对折，从右往左读中间的一面，再翻过来读另一面。这种编排方式是清末所特有的。整张报纸内容丰富，包括特别新闻、京津新闻、大连新闻、本省新闻、吉黑新闻、各国新闻，另外还有小说、广告等栏目，广告内容可谓五花八门。该报社址在奉天鼓楼南关东印书馆内。为隔日出版，报价为每年纹银三两。到了1907年（光绪三十三年）2月28日，改为日报，遂更名为《东三省日报》。由于该报距今已有百年历史，且发行时间较短（只有一年零两个月），故存世甚罕，目前只发现十余份，极具历史价值和社会价值。

③《沈阳报刊史话》，第135页。

印刷机四台，日发行8 000多份，最多达到30 000份。[①]该报社址在奉天小北城门外。东北三省各地均有支社。《东三省公报》开始是官办，由省议会议长孙百斛及袁金铠、曾有严等人发起。曾有严为总经理，荣孟枚为总编辑，王希哲（王光烈）为主笔。编辑有关海清、陶寿松、寿世公等。王希哲、关海清与荣孟枚当时被称为关东三才子。王希哲为专心办报，辞去了当时兼任的某学校讲师职务，聘英纯生为总编辑，王斐章为发行人。不久，该报改为官商合办，王希哲为商股之一。在翟文选任奉天省省长的时候，王希哲请求收回官股，此后，《东三省公报》遂为王希哲等人个人经营。该报在创刊时，奉天省议会认为奉天地位特殊，国体变更需要有一个言论机关，用以沟通东北之情感，所以办了此报。王希哲办报主张稳健。在内容报道方面注重开通民智，针砭时弊，鞭挞邪恶，维持治安。专刊“暮鼓晨钟”（后改为“警铎”）办得很活，被民众称为“醒世格言”。1919年12月，该报出刊附张《小公报》（东三省公报副刊），每周1期，内容为游艺小品，雅俗共赏。1926年9月《小公报》停刊。因该报以赢利为目的，所以广告很多。后期对政治言论持审慎态度，从不登载反帝、反侵略的内容。“九一八”事变后，该报继续出版。1933年4月，该报停刊，改为《大亚公报》，仍由王希哲任社长。

### 四、奉天省设立官地清丈局

沈阳是清朝开国的都城，土地制度有农庄计丁授田、编庄、分屯别居等模式。清政权把土地中的一部分授给女真族下层民户和汉族民户耕种，征调赋税、兵役、徭役；另一部分分封给大小封建主建立庄园。因此，皇室王公贵族在沈阳圈占有大量土地。

宣统三年（1911）爆发的辛亥革命，推翻了清王朝统治，摧毁了王公贵族庄园存在的基础，使其成为了无源之水，无本之木。八旗王公贵族权力的丧失和壮丁、佃户抗租夺地斗争的强大压力，使王公既难收到租银，又难保住庄地，封建庄园无法继续维持下去。同时，广大壮丁、佃农进行了激烈的斗争，自共和成立，各庄佃对于王公地产，抗租不交者有之，私自税契者有之。这样，王公庄地陆续变卖和丈放，在短短的几年内，便结束了中国历史上的王公贵族庄园。鉴于各庄地亩多被私相典卖，屡起讼争，奉天省开始设立官地清丈局，订立章程，主持清丈，通过土地清丈，改变皇室王公在沈阳的土地占有权。

① 辽宁省地方志编纂委员会办公室：《辽宁省志报业志》，辽宁民族出版社2001年版，第242页。

清代地权分类。在清王朝封建统治下，奉天的土地权利变化复杂，土地种类繁多，土地所有权的形式可分为五类。

官地，即国家所有的土地。其来源和官地的构成又可分为充公地和职田地。充公地是清朝初期没收旗人、民人所有的土地。职田地的构成分为：随缺地，按职务给予的土地，只许收益不得典卖；伍田地，供八旗兵丁驻地开垦耕种的马厂地，只许收益不得典卖；营盘地，专供八旗兵丁驻扎的用地；津贴地，在清朝初期，给旗人一种免除地租的土地；赡养地，给对国家有功者的土地，以土地收益作为供养之用；驿站地，传递官府文书的地方，所使用的土地；围场，专供八旗练兵和进贡兽肉、生鹿等的禁地。

公地，即集体所有土地。包括：地方自治团体所有土地；寺庙的庙田香火地，其收入作为寺庙的香火、供物以及日常生活开支用土地；学田，收入作为办学用土地；善堂地，收入作为慈善事业用土地；祭田，部落民或宗族共同利用收益购置祭祀用品土地；牧养地，部落民或宗族共同放牧牲畜所用土地；泥场，供积肥或修建取土的地方；柴山，供部落民打柴的柴场；秧棵地，专供牲畜饲料用地。

私地，即私人所有的土地，包括汉人所有的民地和旗人所有的旗地。

皇产，指专门为宫廷和陵寝提供费用的土地。包括：内务府官庄，即生产供应内廷所需的谷类、棉花、盐等的庄田；盛京官庄和官地，包括盛京户部官庄、礼部官庄、工部官地和三陵官地，是生产供应永陵、福陵、昭陵，沈阳故宫和寺庙的祭祀果类、谷类、蔬菜和对陵寝、宫殿营缮所需费用的庄田。封禁地，多为集贡品和养牛、养鹿、养马的土地。奉天永陵龙岗官山地、养鹿官山地都是坛、庙祭典饲养贡鹿的土地。

蒙地，蒙古王公所领有的土地。

清朝政府的土地行政管理，采取分权管理办法，即旗人所有土地由八旗衙门管理；民人（汉人）所有土地由州县衙门管理；皇产、官地由内务府、户部、礼部以及工部衙门管理；蒙地由蒙旗衙门管理。随着清王朝的衰落和施政上的变革，“旗民不交产”禁令废止，蒙地开放。民国初年，奉天省对皇产、王产和国有土地进行丈放，废除了封建地种，八旗土地所有制随之结束。[①]

官地清丈。所谓土地清丈，是指民国政府把国有土地（包括荒山、荒地）进行丈放，农民备价承领，国家承认土地权利并发给执照。

---

① 参见沈阳市人民政府地方志编纂办公室：《沈阳市志》第2卷《房地产与供暖土地管理》，沈阳出版社1999年版，第560页。

1912年，奉天省财政拮据，土地赋税和地价收入是省财政的主要财源之一。12月，为扩大税源，增加省库收入，并促进农业发展，奉天省决定清丈土地，对官庄、旗地进行丈放，对官荒、蒙地全面放垦。民国政府在原清三陵衙门设立清理皇产处，颁布了《清查庄地试办章程》，规定“丈放浮多，拨留正额”的清查原则，并分西、南、北三路对皇庄土地进行清丈。

1913年1月16日，奉天省设立丈放官地总局。同年5月，制定《丈放随缺、伍田章程》，对坐落城市内外旗界中随缺、伍田两项土地进行勘丈放领。8月，张锡銮呈北京政府内务部、财务部批准，将奉天旗民土地原有各种名目一律取消，统一划分为民地、国有地、公地三种，重新制定田赋额，一律由各县征收。9月27日，省署发布训令，奉天省田赋自本年开征起，各项租赋一律改归县知事征收。

1914年，奉省实行“田赋划一”，即将原来官赋较轻的旗地，与田赋较重的民地征税率划一，加重旗地田赋，每年税额可以增加170余万元。

1915年1月10日，奉天省设立全省官地清丈局，继续对全省随缺地、伍田地、官庄地、官荒地、牧场、围场、苇塘地以及三陵所属官地进行清查丈放。并制定了《查丈王公庄地办法八条》，规定：（1）凡是坐落奉天省各县属各项王公庄地，均应依照本章程交局丈放；（2）各项庄地经勘丈后，比较清丈地册原亩数归府得价。如丈有浮多之地，尽数拨归国有；（3）各王公府庄地经勘丈后，查明承种之户，庄种归庄承领，佃种归佃承领。典当地仅能由典入者承领；（4）各项庄地，上则每亩收地价大洋8元，中则每亩收地价大洋6元，下则每亩收地价大洋4元，减则每亩收地价大洋2元。（5）所收庄地基地价款，以2成拨归国有，以8成收归各王公名下，浮多地价尽数拨归国有。据此章程，开始清丈原清朝王公庄田，确定产权，发放地照，划一田赋。全省丈放官庄面积，原额地50万亩，浮多地17万余亩，计67万多亩。这一行动彻底废除了清代官庄土地制。同年7月，奉天全省官地清丈局颁布《奉天省丈放内务府庄地章程》，分总纲、地数、领地、地价、清丈、指段、发照、升科、派员和附则共十条。经当时民国大总统袁世凯批准，对盛京内务府庄地册载50余万亩，连同浮多、间荒、私垦等土地开始全面丈放。丈放的庄田，分别由庄头、壮丁、典主、佃户交价承领，成为本人的私有土地。地价分上、中、下三等，上等每亩交大银元7元，中等5元，下等3元。正额地价归皇室，浮多地的地价收归国有。收取的地价银钱，一部分作为行政费用，一部分交给庄田原主，“各府地价”“二成归国，八成归府”。土地均以240行弓为一亩（折合614.4平方米），由清丈局刊发丈单，注明长、宽，附绘地图，填写四至，号数贴于地照之上为据。所有丈放的庄地一律当年起征收地税。此后，奉天的官庄、王庄大部分丈放收价，少数庄田仍归原佃承租。官庄、王庄丈放之后，宗室王公的收入日益减少，昔日的高额俸饷又全部裁停，一部分人坐食家产，过着苟延残喘的生活；一部分人则动用家产开当铺、饭店、浴室，也有的投资工矿企业。同年9月，制定了《丈放荒地章程》。10月，《奉天全省官地清丈局章程》颁行，同时公布了办事规则。11月2日，颁布施行了《奉天全省官地清丈局详准增订清理王公府带地投充地亩章程》。不久，又颁布了《丈放王公庄地章程》，代办丈放王公庄地。按王公庄地册中正额面积，从收受地价中提出二成收归国有，其余八成拨归王府。正额以外浮多地亩的地价收归国有。对未申请清丈的王公庄地，按底册进行清查，由清丈局另行丈放，正额归王府，浮多土地收归国有。

1918年，奉天省公署制定了《改订丈放各种官荒章程》。

奉天全省官地清丈局于1913年以后颁发的丈放各种土地的章程中，有关沈阳地区的还有《丈放昭陵窑柴官地章程》《丈放三陵工司黄瓦等厂官地章程》《丈放东西十六边门边壕地基章程》等。

蒙荒的丈放由蒙古王公自行进行。1912年，达尔罕王旗下卓哩克图亲王因负债过多无力偿还，被迫开放巴林他拉牧场。1913年，驻京哲里木盟科尔沁旗固山贝子达赉，也因债台高筑而开放所属蒙荒。1916年，张作霖又强迫达尔罕亲王开放辽河南北蒙荒18万余垧。1929年7月28日辽宁省政府公布了《辽宁省丈放蒙荒大纲》，主要规定领荒户每户至多不得超过五方（每方为45垧），防止大段占荒。从1915年至1930年，科尔沁左翼三个旗共放荒地1 000万亩，其中昌图丈放出369.9万亩，康平丈放183.6万亩，法库丈放63.5万亩。

随着对官庄、旗地和官荒、蒙地的放垦，关内大批农民进入奉天省，促进了奉天省农业的发展，大量田庄租赋也增加了省库收入。同时，丈放土地也给军阀、官僚聚敛土地提供了机会。例如，张作霖于1920年，以“三畲堂”和奉军第二十七师的名义，在通辽县西辽河的河南、河北两岸占地40 005垧；1922年，又占取通辽以西沃土12.6万垧；另在北镇占有1 100多垧土地，在一面坡占有1.8万垧土地。其他军政首要如杨宇霆，在法库、大连黑石礁、一面坡等地占有大量土地；张作相在乾安、北镇等地也占有大量土地。这些新兴军阀凭借权力和地位领垦荒地、坐收田租，或出卖田地，或另营他业；商人、地主依靠雄厚财力大量包领官荒，广置地产，由此形成新兴的官僚地主阶级。如当时东三省官银号总办彭贤，仅在辽阳、辽中即占有价值95万元（奉大洋）的土地近2万垧；奉天纺纱厂经理孙祝昌在黑龙江省占有土地1.35万垧，等等。丈放期间，奉省创办农牧垦殖公司71家，缴纳资本金686万余元奉大洋。这些农牧垦殖公司多数是官办或军阀、官僚、地主创办的。

1913至1926年，东北三省官地清丈局、奉天全省官地清丈局以14年时间，先后制定和颁发14项关于丈放随缺地、伍田地、内务府官庄、王公庄地和山荒、官地的章程，彻底结束了清朝遗留下来的保护旗地的制度。

由于土地清丈在一定程度上保护了皇室、王公贵族们的庄田，部分地区的农民开展了与当时反苛捐杂税的斗争相结合的反清丈斗争。北洋军阀政府慑于反清丈斗争日趋扩大，被迫暂停“清丈地亩”，并撤销了部分清丈局。1930年3月24日，辽宁省训令清丈工作移至财政厅进行善后处理。同年4月29日，辽宁省官地清丈局奉令撤销。

### 五、省公署令各县续修县志

1916年12月7日，奉天省长公署令各县续修县志。1917年9月18日，奉天省长公署转发关于广征文献续修县志的咨文，要求除已开修的各县仍应积极进行外，其余各县应先从征集文献入手，凡关于乡邑见闻、公私撰著，足供续修县志取材者，均应广为搜集，先事编存，以资筹备。1917年2月，《沈阳县志》15卷本刊行，县知事赵恭寅监修，曾有翼纂，张作霖作序。

## 第二节　城市金融及工商业

### 一、奉天农业银行等多家银行成立

清末民初，沈阳近代产业有了发展，商品交换与商业经营范围扩大，对资金的需求不断增加，为新式银行业的产生创造了条件。当时适逢清政府财政出现困难，统治者想通过创建银行来增加财政收入。官办银行应运而生。1905年(光绪二十一年)，奉天第一家官办银行——奉天官银号创立。此后，大清户部银行、黑龙江省官银号、交通银行等相继在奉天设立分行。到了民国时期，又有奉天农业银行、公济平市钱号、边业银行、辽宁四行号联合发行准备库4家官办银行成立。

奉天农业银行，后改组为奉天兴业银行。奉天农业银行成立于民国元年1912年4月22日。当时，因前一年惨遭百年不遇特大洪水，奉天省新民、辽中、开原、盘山、锦县、台安等地房屋倒塌，颗粒无收，灾区民众饥寒交迫，苦不堪言。为了恢复生产，赈济灾民，奉天都督张锡銮拨款30万两沈平银，委派劝业道台陈兰薰成立了奉天农业银行。总行设在奉天城内钟楼南，谭国桓任总办，孙百斛任会办。同时，在新民、辽中等6县设分行，分别办理短期贷款。该行成立后，奉天省当局即赋予发行特权，发行了以小银元为本位的农业小洋票50万元，面额有5角、1元、5元、10元四种，但仅流通半年即停发回收了。

1913年7月，奉天农业银行因省财政空虚，无力长期办下去。开业后，一面融通资金救济灾民，一面筹组兴业银行。几个月时间，筹集商民股本53万元，又向省财政厅借款20万元，加上原有资本30万两沈平银，共有资金103万元，经省政府批准，将官办的奉天农业银行改组为官商合办的奉天兴业银行。经过改组，该行官股实际增至70万元，商股增至60万元，共有资本130万元。

奉天兴业银行以办理存款、放款、汇兑业务为主，兼有纸币发行权。改组当年，发行了以小银元为本位的兴业小银元票，有1元、5元和10元三种面额。在准备金不足的情况下，发行额高达698万元。由于滥发，价格一再跌落。

尤为严重的是，该行副经理刘鸣岐等人与日本人勾结，将库存奉票贷给日本商人，然后由日商出面以奉票挤兑银元，引起挤兑风潮，他们从中渔利。1916年10月30日，奉天兴业银行因经营混乱被勒令停业。停业后，官方经过清理整顿，全部偿还了商股，把官商合办的兴业银行又改为官办。同时，奉天当局将刘鸣岐等5人被处决。

奉天兴业银行重新开业后，用官银号纸币将兴业银行小银元票收回，兴业小银元票至此退出流通市场。

1917年，兴业银行又发行一种不兑现的“一二汇兑券”200万元。面额有5元、10元、50元三种，同现大洋等价，与当时的汇票相仿，实际是一种不记名的银行支票，主要用以代替汇票。同年11月，因兴业小洋票在挤兑风潮中无力兑现，遂改为兴业银行周年四厘债券，为奉天兴业银行发行的具有流通性质的年息债券。面额有1元、5元、10元三种。债券1元合现大洋票1元或奉小洋票12角，与东三省官银号发行的一二大洋票等价流通。兴业银行四厘债券第一次在上海印制，1918年和1920年，在美国印制，各版均分黑色、绿色二种。各色债券在还本收回的票面上加盖“干支”印记，以作分期发行纪年。四厘债券在1917年至1920年间，发行总额4300万元。

中国银行奉天分号成立。中国银行是民国政府于1912年2月5日在接收清理大清银行的基础上组建的。同年5月，中国银行奉天分号（简称“奉号”，后改称为分行）成立，地址设在奉天大西门里，经理杨建益，6月2日正式对外营业。

"奉号"具有中央银行性质，成立后即对大清银行进行清理，回收大清银行发行的各种钞票，重新发行1元、5元、10元三种兑换券，并声明1元可兑换小银元10角。规定该兑换券在中国银行分号或汇兑所所在地可兑换现洋，征收缴付粮租、税款、公捐通用。1914年5月，"奉号"又陆续接管了由官署、官银号管理的关税、盐税及其他国家财政金库业务。

1915年4月，中国银行对设在东北地区的机构进行改组，自本月10日起，将长春分行升格为东三省分行（简称"东行"），管辖东三省的各分号。奉天分号隶属东三省分行管辖。1919年7月，中国银行迫于压力，将"奉号"升格为中国银行奉天分行，直属总行，管辖奉天省的中行机构，下辖营口、大连、安东、铁岭、锦县、辽源、新民、洮南各分号。

奉天商业银行成立。1914年5月，奉天商业银行经奉天商务总会倡议、各商号集资、奉天巡按使和财政厅批准成立并开始营业。这是奉天开设的第一家商业银行。总行设在奉天大西门里，在哈尔滨、锦州设有支行。该行是以扶助商业发展为宗旨的股份制金融组织，董事长为丁广文，注册资本100万元，实有20万元。

奉天商业银行建行初期主要办理地方商业存款、放款、汇兑业务。因第一次世界大战爆发，银价上涨，日本人掀起挤兑风潮，用纸币兑换现银，市面上银辅币缺乏，不敷应用，影响商业交易。该行未经省财政厅批准，即发行了5角、2角、1角、5分四种小额票面纸币（称小洋票）和大洋汇兑券，流向市面，占领部分金融市场。当时奉票被挤兑日益严重，经济秩序混乱，1918年3月，张作霖命令奉天商务总会着手整顿奉天商业银行，勒令该行停止发行纸币，并回收已发行的角券和汇兑券。截至1918年6月8日，该行共发行小洋票2913330元，除收回销毁及条封不计外，尚流通的有2 266 666元。由于发行货币，该行增加了资金来源，扩大了放款业务，该行1921年存款为50万元，放款高达350万元，获利颇丰。

其他银行成立。沈阳的商办银行，除上述银行较有影响外，还有一些开办时间较短、影响较小的银行。其中有的纯属商办，有的属于官商合办，有的则是由官僚集资合办。开办较早的有以下几家。

浙江兴业银行奉天分行。1907年成立，资本大银元250万元。

辽宁商业银行。1914年成立，资本87.5万元。

殖边银行奉天分行。1914年11月27日，殖边银行在北京设立。1915年3月29日，殖边银行在奉天省城设立奉天分行。1918年6月5日，殖边银行奉天分行因滥发纸币，现款空虚，纸币亦无，被奉天省当局下令查封，行长岳春煊被拘押。6月7日停止营业。

奉天东北银行。原为1916年成立的奉天华富殖业银行，1923年5月改为东北银行。行址在城内中街（今光陆电影院址），资本奉小银元400万元，由张作霖、杨宇霆、王明宇、张作相等人出资。

## 二、奉天储蓄会成立

1917年9月，张学良与社会各界知名人士发起组织的奉天储蓄会成立。此前，为使贫民少受高利贷的盘剥，张学良曾邀志同道合的人组织储蓄会，但由于募股不多，所起作用不大。1917年，张学良得知奉天督军署监印官张志良正在组织成立奉天储蓄会，便立即与其合作，成立了奉天第一家储蓄会。储蓄会是以吸收社会零散资金进行融资活动的金融信用机构。它以低利吸收民众存款，用以购买政府公债、企业股票、债券，或将资金转存商业银行，或直接贷放。在张学良的倡议下，发起人及赞成人达20余人，皆为社会知名人士，因此，该会一成立即粗具规模。继此之后，奉天又陆续有储蓄会建立，至1923年，奉天的储蓄会已发展到10家，股本总额达奉小洋1 580万元以上。[①]

奉天储蓄会的总会设在省城军署街胡同（今沈河区正阳街沈河区政府北楼）。该会为股份制有限公司，成立当时，定股本为奉小洋18万元，作5 000股。当股本筹集额满后，仍有人要求入股，经董事会研究扩充为20万股，收足股本720万元。所收股金，从缴款之次日起，每月按4‰付给利息，每年初结付一次。如有盈余，视为红利，作十成分配，以一成五提作公积金，以二成五奖励职员，其余按股分配。

奉天储蓄会初创时，张学良任名誉会长，张志良任会长，张景惠、张作相任副会长，金恩祺任总经理。该会建立后，业务不断扩展，在东北各地建立分会及代理处达84处。

该会的经营业务为：1. 押借款项。以不动产及有价证券为抵押品，利息10‰～20‰，最多不得超过25‰，参照市面情况，随时确定。2. 投资。遇有各种实业公司基金缺乏时，由董事会议决，将基金认购股份。3. 储蓄存款。分活期、定期两种。

该会的储蓄办法为：无论何人，以一元为基数，都可将款存入生息。存取自由。借贷规则规定，凡是正在营业缺少款项者，皆可向本会申请，但不得少

① 沈阳市人民政府地方志编纂办公室：《沈阳市志·金融》，沈阳出版社1999年版，第446页。

于10元，贷款者须有诚实品质及承还保人，并为本会认可者。

### 三、奉天军械厂等相继开工

1896年，清政府在沈阳大东边门里开办奉天机器局，主要制造兵器，并附设铸币车间，铸造银元。这是沈阳近代兵器生产的开端，开创了沈阳近代工业的先河。之后，一批工业企业在沈阳相继开业。如：民办的万顺铁工厂（1897）、福顺隆染布厂（1899）、新发合染厂（1902）、至诚永织布厂（1902）、天增利织布厂（1902）等；清政府创办的奉天电灯厂（1908）；官商合营的奉天惠工有限公司（1909），其下设5个厂，有木工、织布、石印、铅印、蜡烛、香皂、牙粉等行业。

这一时期创办的工厂，已经改变了传统的手工操作，代之以蒸汽为动力，使用机器生产。但当时的生产规模都不是很大。至1909年，沈阳的近代工厂只有10多家。另外有各类手工业作坊549家。这些工厂大都资金短缺，设备简陋，只能织布、制造鞋帽和一般的铁器，无力与发达国家倾销的商品相竞争。

1914年，第一次世界大战爆发后，西方国家无暇顾及中国，使沈阳的工业得以较快发展起来。此时，奉系军阀创办的军事工业发展最快，投资最多，规模也最大。1916年至1922年，张作霖为增加奉军实力，先后在沈阳创办了五大军工厂：东三省兵工厂、东北航空工厂、奉天陆军被服厂、奉天粮秣厂、辽宁迫击炮厂。

奉天军械厂创办。清朝末年，沈阳曾有军械局，是在清代火药局的基础上发展起来的。当时，火药的产量很大，曾多次调往关内和吉林、黑龙江等地。这个军械局位于大南门外大什字街东，后移至小津桥草仓胡同，主要是维修、仿造机械，虽然也能铸炮，但都是手工生产。

1916年6月，张作霖为扩充军备，在清末军工生产的基础上，利用大东边门里奉天造币厂的部分房基和设备，创办了奉天军械厂。该厂主要从事军械保管、修理和枪弹的制造。建厂初期有工人200人，后来增至400人。有职员约100人。第一任厂长为丁超，旋即由杨宇霆任厂长。①

1918年10月，张作霖咨请财政部，准备将奉天军械厂略施扩充，自行制造子弹。11月，财政部咨复可以进行，但一切费用要由奉天省自筹，应需常年经费另请追加。

---

① 《沈阳兵工厂史料》（内部资料），第20页。

奉天陆军被服厂开办。1917年10月，继奉天军械厂之后，张作霖在奉天小东关又开办了第二个军事企业——奉天陆军被服厂，这是沈阳最早的军需工厂。毕业于日本陆军经理学校的王大中任该厂厂长。

奉天陆军被服厂承制军服、储备军实，兼承揽警察、机关、学校、工厂的服装、装具，是带有商业性质的军办工厂。该厂下设4个分厂：缝纫厂、皮革厂、织染厂、钢铁木厂。缝纫厂承制军服、军帽、肩章、领章、雨衣、帐篷等，兼承制非军用服装；皮革厂承制皮靴、皮鞋、靰鞡、镗土马、背包、图囊、鞍韂、干粮袋、行军马槽、水桶、劈刺器具等；织染厂承制织染各种布匹，改染各种旧军衣；钢铁木厂承制行军锅灶、铁桶、各厂用木胎和钢铁零件。

陆军被服厂建厂初期，有瓦房5大间，东西厢房各1栋，有员工180人。因为当时设备有限，厂里只能剪裁衣片，然后拿到厂外加工制作成衣。到1920年，工厂规模扩大，机器增加至50余台，已经可以自己完成成衣生产了。

后来，奉天陆军被服厂除做服装外，还加工粮谷，因此，厂名改为“奉天陆军粮服厂”。

奉天省被服厂建成。1916年10月，奉天省被服厂（今3505厂）在小津桥西口路北建成。该厂主要承制军警机关、学校的专业服装和工厂生产所用被服。该厂兴盛时期曾有男工1 200人，女工1 400人，另有卫兵60人，夫役30人，而全厂四科股的管理人员共有63人。①这座被服厂是沈阳最早使用机器生产的被服厂，在东北享有盛名，其规模之大、产品之精良、设备工艺之先进都是前所未有的。

奉天纯益缫丝公司创办。1918年11月，刘尚清以奉票25万元，在奉天大北关钦差府胡同创办了纯益缫丝公司，生产纯丝和花素绸，1919年正式投入生产。刘尚清（1868–1946），字海泉，1868年（同治七年）生于奉天省铁岭县镇西堡乡。1911年入度支部任职。年内升迁科长，并被送入奉天法政学堂甲班深造。1914年春，刘尚清于法政学堂毕业，被派赴东三省官银号工作，不久升任总办。

纯益缫丝公司是当时沈阳民族资本经营最大的丝织工厂。有工人160人，全部都是男性，没有女工，而且工厂的三名技师都是国内外专门学校毕业的。全厂拥有资金25万元，占地47亩，拥有缫丝机50台，织布机25台。日产能力缫丝145市斤～160市斤，织布350尺。工艺先进，质量上乘，超过进口货，且又

① 东北文化社年鉴编印处：《东北年鉴》，东北文化社1931年版，第271页。

售价低廉，因此深受消费者欢迎，纯丝销往日本，薄丝绸销往西欧。

华北机器厂创办。1915年4月，华北机器厂在奉天创办，产品中有铸铁锅炉。是沈阳最早生产锅炉的工厂。

除上述军事工业、民用工业发展起来外，中日合资、日本独资的企业也在沈阳发展起来。日本为了摆脱国内的经济危机，趁第一次世界大战之机，加紧对中国进行经济侵略，在沈阳大肆发展起机械、化工等直接为军事侵略服务的工业，逐步形成了一个军事工业体系。

## 四、奉天出品陈列所开展

1914年2月1日，巴拿马运河告峻，美国政府决定于1915年2月在巴拿马举行万国博览会。巴拿马万国博览会的全称是“1915年巴拿马—太平洋国际博览会”。中国应邀参加。北京政府专门成立了筹备巴拿马赛会事务局，各省相应成立筹备巴拿马赛会出口协会，制定章程，征集物品。奉天省被列为参加省份之一，奉天当局成立了“奉天出品协会”，负责巴拿马万国博览会预展事宜。奉天都督兼民政长张锡銮总理其事，省实业司长冯绍唐、教育司长莫贵恒为协理。

奉天出品协会借大西关奉天商品陈列所西楼为办事处，委任奉天植物研究所所长兼造砖厂厂长杨炳中担任主任干事，主持协会日常事务，并令各县设立分会，由各县长负责。奉天出品协会颁布了暂行章程12条。

1914年7月20日，奉天出品陈列预展会在省城大西关奉天商品陈列所举行。沈阳、安东、抚顺、本溪、辽阳、铁岭、盖平、通化、辉南、兴京、怀德、柳河、锦县、复县等十几个县送来展品，除土特产品外，还有省农校、农业实验场、各地师范、中小学校送来的各类手工艺品，总计数千件。参加预展的产品尤以安东的山丝（柞蚕丝）、沈阳监狱习艺所生产的毛毯、绥中产的羊绒毡、锦县产的锦州石烟嘴为展中佳品。

预展期原定20天，后在各界要求下，又延展了10天。入场券特印制两种：一种是优待券，赠送各机关单位、集体前往；另一种为普通入场券，每张售铜元二枚。参观分单双日，男为单日，女为双日。

8月20日展览会结束，耗资大洋16 165元。在预展品中选出大豆、高粱等农产品，山参、鹿茸、皮毛、山丝等土特产，煤、铁、金、矿石等矿产品，煤精雕刻、玉石雕刻、羽毛、毛毯等各种手工艺品、轻工产品，共约130余种，为参加万国博览会的精品。9月，这些展品被专用火车运至上海，再经海上运至巴拿马参加展出。

1915年2月20日上午8时，巴拿马万国博览会开幕。共有31个国家参展，展品20多万件，参观者达1900余万人，历时近10个月，其规模为以前各国博览会所未有。中国在博览会上的展馆面积、商品陈列及获奖数目均为各国之冠，中国特产种类的丰富、品质的优良、工艺的精湛、价格的低廉，都引起轰动，获得较高声誉。在独具民族风格的中国宫殿式展览馆里，首次展出的奉天农工产品，也引起世界各国的注意。最后，中国展品获得各种大奖74项，金牌、银牌、铜牌、名誉奖章、奖状等共1200余枚，在整个31个参展国中独占鳌头。其中，奉天省开原县增溢涌烧锅（始建于光绪六年，1880年）生产的玫瑰酒，在会上获得四等金质奖。这是民国初年奉天首次向世界全面展示商品、物产及文化，标志着奉天的民族工业在当时已粗具规模，商品经济也有了进一步发展。

## 五、“天合利”丝房等创办开业

沈阳丝房的前世今生。中街（旧时称为四平街）是沈阳最繁华的商业街，从清盛京时代起即是沈阳的商业中心。街道两旁的店铺鳞次栉比，在清代多是以前店后厂的平房形式存在。

清末，盛京城里的女孩子们讲究闺德，平时很少出门，就在家里做些女红打发时间，因此需要大量丝线。当时的盛京没有丝线，于是，闯关东的山东人便把丝线从山东贩运过来卖，常常供不应求。后来，商贾们发现，光靠从山东贩运丝线卖已经满足不了需要了，便在四平街（现今中街）租下房子，前店后坊，边生产边卖，生意规模越做越大。

这些闯关东的商人以鲁商为多，鲁商中又以黄县（今山东龙口）人众。黄县商人和气儒道，巧于周旋，伙计大多都是老家带来的亲朋、乡邻、学徒，渐渐地，竟然在盛京结成了“黄县帮”。随着商业的不断发展，盛京城出现了丝房六大号，即“天”、“兴”、“吉”、“洪”、“裕”、“谦”，这些丝房几乎全为黄县人所垄断。可惜的是，如今这些丝房大多已经不存在了。

“天合利”与“老天合”丝房。1676年（清康熙十五年），山东黄县城北单家村的单氏兄弟单文利、单文兴挑着担子闯关东来到盛京四平街。他们在这条街上开设了盛京城里第一家丝坊——“天合利”手工丝作坊，也就是后来的“老天合”丝房。单氏兄弟在老家山东是做绣花丝线的手工业工人，正是从针头线脑做起的举动，使他们成了之后中街商界的鼻祖。

天合利丝作坊刚开始创业的时候规模很小，租了几间房子，每天生产绣花用的丝绒线20多斤。除了在店铺销售一些外，主要还是靠雇人挑货担子到法库、新民、辽中、铁岭等地走村串户兜售。规模虽小，但因当时地方对丝线的需求量大，利润又高，所以很快就发展起来。

当时，盛京城满族八旗大户讲究穿戴，尤其喜欢绫罗绸缎等绣花制品，也需要大量绸缎作为刺绣的衬底材料。随着营业发展，又为了配合推销自己生产的绣花丝绒线，“天合利”开始每年派人到苏杭一带去采购绸缎，配合出售，附带经营布匹，生意逐渐兴隆起来。

几年之后，两兄弟改为分店经营，单文兴在大北门里另开了一个兴顺利丝作坊。天合利则由单文利独资经营，改称“天合利丝房”。他开始只雇用徒工，以后又添雇了商人。徒工在作坊里捻丝线，商人则到外地去推销。营业兴旺时期，发展有工商伙计二十多人。

1681年（康熙二十年），天合利丝房生意兴隆，产品供不应求，单文利便在四平街买了地皮，扩大门面，修建了门市房。随着这条街商业的繁荣和天字号的成功，引来了众多的竞争者，大家纷纷开始投资丝房生意。为了在竞争中获得优势，“天合利”开始附带经营一些别的丝房没有的布匹绸缎和洋广杂货。

“天合利”由于业务发展，加上过去在东北各地推销丝绒线扩大了影响，到日俄战争前，在沈阳、吉林、法库、铁岭、辽阳、营口等地已开设了20余处分号，柜伙达248人。这些分号都归“天合利”总号管理，每届年终，各地分号负责人都来总号汇报盈亏情况，总号亦按期派人到各地分号进行视察。

日俄战争爆发，“天合利”的柜伙四处逃散，总号负责人也逃往法库分号，只留下几个人看门并外雇数人护院。日军进城前一天，城内秩序大乱，“天合利”被洗劫一空，总店门市部分被烧。日俄停战之后，“天合利”大部分人员返回，东家拿出一部分资金，在其各地分号的协力支持下，重整门面，宣告复业。复业后的“天合利”改称“老天合丝房”，即“天合”的老号之意。

新建的老天合丝房，比之前的“天合利”规模更大。丝房分三处经营，后院大楼为总店，仍叫“老天合丝房”，经营绸缎布匹和百货；东院称“老天合源记”，经营的商品繁多，从珍贵的海参、燕窝到普通的纸张、香蜡一应俱全；前院面向四平街的门面叫“老天合辅记”，也经营绸布百货等。另外，还有五个小院，正院供奉“财神”，设“财神府”，每逢朔望（初一、十五），要上香祭神，其余四个院是作坊、仓库等。

继老天合开业后，洪顺盛、吉顺昌、谦祥恒、裕泰盛、洪顺茂、吉顺洪、裕庆德等多家大型百货店铺陆续在中街开业，经营京洋货。到清朝末年，中街商业区已粗具规模。民国初年，在中街经销京洋货的大型店铺已增至80多家。

进入20世纪，老天合丝房步入鼎盛时期，在东北各大城市均有分号，并且在上海、苏州、杭州、天津、广州、香港等地以及日本大阪均派有长驻采购员，从国内各地购进呢绒、贵重绸缎、西服面料等，从日本进口花布、白布、洋线、线毯、洋袜以及日用化妆品等。甚至还曾代理过上海英美烟草公司经销的各种香烟，获利丰厚，年销售额曾高达七百多万元。

吉顺丝房。吉顺丝房是后来沈阳市第二百货商店的前身。20世纪20年代，吉顺丝房在奉天百货业中，以其规模最大、设备最新、进货门路最广、经营品种最全而驰名于世。

1914年初，山东商人林子美、林钧棨叔侄二人出资在四平街创办了天字号的“天合涌”丝房。后由于经营不善倒闭。倒闭后，其店伙“买卖精”掌柜王敬三和吉字号股东林荟生一拍即合，合伙在四平街开设了吉顺通丝房，后来改称吉顺丝房。同年7月，“吉顺通丝房”开张，经营呢绒绸缎等各种百货。 林荟生和王敬三，前者是大度识人的东家，后者是精于世道的掌柜。“吉顺通”在掌柜王敬三的打理下，风生水起，使盛京丝房市场改天换地，不仅占据了丝房市场的半壁江山，还完成了资本的原始积累，逐步由跟在“天合利”后面的小卒，成为一方商业巨头，成为当时东北地区的名店。

当时恰逢四平街马路拓宽，为了和天合利老天字号争夺四平街的市场，同时也为了扩大吉顺通的营业面积，改善经营条件，林芸生在王敬三的建议下，投资5万多奉洋，在四平街路北建起了这条商业街的第一座楼——青砖二层楼，给古老的商业街带来了近代化的气息，成为中街店铺由平房改建为楼房的发起者，很快成为同行业翘楚。吉顺通丝房开张后生意兴隆，没过多久便收回了小楼的建设成本。

实力雄厚的“老天合丝房”在吉顺通建楼后不久，在四平街路南盖了一栋比吉顺通更高一层的三层营业大楼，气势一时超过了吉顺通。吉顺通不想自己在盛京的首席地位受到威胁，又不惜斥巨资拆除了原来的二层楼房，在原址重新建造了一座相当宏伟讲究的五层西式建筑门市大楼，不但外表豪华气派，而且内部还装有暖气、电扇、电梯等先进设备，工程设计在当时也是一流的，店名由吉顺通改为吉顺丝房。

当时的中街已经是寸土寸金，吉顺通丝房在第二次大楼施工过程中还遇到了一点小麻烦。因为新楼的楼层增高，占地面积扩大，整个地基需要东扩。偏偏在东南角，有一家叫“同益成洋货店”的小杂货铺，只有一间店面，店主是河北闯关东来盛京城的桑家兄弟三人。吉顺通老板因盖楼急需，不惜花费重金想购买小杂货铺的地块儿，甚至以“寸土寸金”的价格来购买，最后还用大洋铺满地面。可是桑家三兄弟也颇具经济头脑，深谙大树底下好乘凉的生财之道，就是不为所动，不肯搬走。无奈之下，吉顺通只好改变了原来的建筑设计，把新楼东面削去一部分，致使东面只剩两个橱窗，整个大楼就缺了一个角，最终盖了个“缺角大楼”。至今，坐落在中街原沈阳市第二百货商店大楼，仍然是个缺角大楼，从大楼西侧有四个大橱窗，而东侧却只有两个即可以看出。

吉顺丝房旁边的“同益成洋货店”借邻发财，在商品的包装纸上印上“吉顺丝房东邻”的字样，结果顾客盈门，生意很是兴隆。

新开业的吉顺丝房，以零售为主，兼营批发业务。当时资金两万元，职工近百人。经营的主要商品有呢绒绸缎、布匹鞋帽、皮毛裘衣、针纺织品及干菜海味、香蜡纸张等日用百货。货源有来国内的国货，也有从日本大批购进的洋货。吉顺丝房采取一系列独特的经营策略，派业务员驻日本，大搞宣传，使许多日本人都知道中国沈阳有家大名鼎鼎的吉顺丝房。除热情接待店内顾客外，他们还采用电话订货、赠惠买主、优惠出售、送货上门等在当时比较新颖的促销方式。至此，吉顺丝房真正成为了店大货全、名声远扬的知名企业。

在沈阳的商业史上，中街曾出现过五个最：最大的百货商店——吉顺丝房；最大的钟表眼镜店——亨得利；最大的药房——天益堂；最著名的毛笔店——李湛章；最小的洋货店——同益成。吉顺丝房和同益成洋货店这对由“缺角大楼”而联系在一起的邻家店，同时获得了这五个最中一大一小的两个“最”。

## 第三节　城市公用、社会事业及灾异

### 一、开挖太平世河（今北运河）

1911年春，奉天水利局为了更好地利用蒲河，发挥古老的永利河闸的作用，以治理洼地，扩大沈阳西部、北部的水稻种植面积，决定在改造蒲河的同时，在浑河与蒲河之间再开挖一条人工河道。这条河道源于浑河，归于蒲河，流经沈阳的东北、北部及西部，预挖河道“起自县治（即沈城）东南15里上木厂村南浑河古岸”[①]，是近代沈阳最大的水利工程。

这条人工河取名永利河，后改为太平世河，现今名为新开河（北运河）。当时河宽3丈，深3尺，长21公里，设河闸控制水量，历时三年基本竣工。

永利河流经东塔、八王寺北、北塔，过当时的“南满铁路”，经昭陵（北

① 金毓黻：《奉天通志》第57卷，辽海出版社2003年版，第55页。

陵）御花园、塔湾出沈阳境，在刘家窝棚处入蒲河。

永利河的南北分布有涂鲁希、冷格里、纳尔臣清代名墓和皇太极的陵园，有东塔、北塔、八王寺、塔湾无垢净光舍利塔等著名的塔、寺，还有清阿济格亲王家庙、御花园长宁寺等著名建筑。皇庄、旗地、官庄、官田排列其间，在清王朝二百多年的统治时期，这里多为皇产禁地或陵户、旗户居屯之所。在这里挖河、修路在过去是万不能为的。

永利河工程竣工通水后，灌溉着两岸数万亩稻田，从而改变了沈阳农作物的构成，增加了农业生产力。可以说，永利河的开挖是沈阳近代农业的一个壮举。

## 二、引浑河水开发水田

1906年（光绪三十二年），沈阳境内出现稻田种植。1909年（宣统元年），新民西乡太堡等地种植水稻获得成功。新民县政府为推广水稻种植，于1910年（宣统二年）2月，在新民大民屯设立蒲河水利局，由苏咸亨任委员，专门负责蒲河一带水利事宜。

1913年，奉天农林学堂理事翟某集资16万元，在奉天城北陵附近试种水稻。农会董事恩惠卿在塔湾购地600亩，沈阳水田公司开垦官荒地2000余亩，拟种水田。为此，奉天当局拟定修筑引浑入蒲灌溉工程计划，并设水田试验场。同年5月，派蒲河水利局委员苏咸亨负责勘查，测绘。最终选定由沈阳城东木厂村附近的浑河北岸，开掘新河顺流引水，经八里堡、石桥子、八家子、小北边门外过南满铁道，经北陵前至丁香屯北莲花泡，西行入蒲河正道，其主干渠称新开河。灌溉工程于10月开挖。[①]

1914年1月，奉天水利局成立，苏咸亨任局长，改新民蒲河水利局为新民第一水利分局。之后即开始进行疏浚蒲河，增修灌溉渠道等工程。5月21日，新开河上段5 040丈竣工。1916年春，新开河下段5 400丈竣工。9月，浚修蒲河250余里。

## 三、公和铁桥竣工

公和铁桥位于市府大路西端与胜利大街北端相衔接的老道口处，又名老道口天桥，建于1912年。1926年改建。

1910年10月1日，日本人在奉天筹建的新车站建成搬迁。原来的“茅古

---

① 沈阳市人民政府地方志办公室：《沈阳市志》第8卷《水利》，沈阳出版社1999年版，第352页。

甸”车站附近成为铁路货场和仓库区，车站北面形成了一处方便人们跨越铁路的东西走向的道口，1912年，在这个道口处修建了一座立交铁桥——公和铁桥，逐渐“老道口”的名字也被沈阳人所熟知。

公和铁桥是跨越沈阳站货场调车区的钢结构吊桥。桥下有20多股铁路线通过。桥长212米，桥宽9.8米，其中，机动车道宽5米，两侧人行道各宽2.15米，两边设有护栏。下部结构为柱式钢架。桥的跨数为7孔，孔跨大小不等，最大孔32.6米，最小孔3.3米。桥梁是立交形式的“跨铁路桥”，桥梁的立交层次为2层，能抗地震烈度为6级，可以通过中小型机动车。

公和铁桥通车以后，“兴隆街儿”成为皇姑屯通往“奉天驿”（今沈阳站）的便捷通道。再附之京奉铁路道口可与铁西今光明街地区相通，“兴隆街儿”与皇姑屯地区便成为民初以来皇姑地区最为繁华的地区。

## 四、铺路和排水设施建设

鸦片战争以后，帝国主义势力逐步侵入沈阳，沈阳城区形成古城区、“附属地”和商埠地三部分。沈阳的排水设施建设按照古城区、商埠地和“附属地”的不同情况，各成体系。明清时期，排水方法基本是按地势导流或自然渗流。1909年，在奉天火车站前，修筑了木造排水明渠。1912年，在“附属地”内开始使用动力机械排水。1925年，开始使用钢筋混凝土排水管。1926年，在古城区小北关新建马路下，铺设了水泥下水管。这些排水设施质量差、性能低，到沈阳解放前，大多损毁不能应用。

沈阳古城内的排水设施建设。沈阳最早的排水设施，形成于1627至1631年间。当时，皇太极重修沈阳城，在古城里挖了许多用于汇集雨水和污水的暗坑，并将这些暗坑用暗沟联系在一起，最终通向护城河。暗沟内填满了大石块，上面铺满鹅卵石和沙砾，积水经此渗流到护城河中，再排到城外，既保持了城内的地表平坦，又避免了外敌利用出水口潜入城内的危险。

随着沈阳城内人口逐渐增多，加之外城不断修建，渗水暗沟和护城河逐渐被湮没了。于是，顺地势、沿街巷开挖的排水明沟逐渐取代了渗水暗沟的排水系统。沿街的雨水、污水直接排往城外大沟、水泡子或沼泽。

清末民初，沈阳城里修建了许多砖砌的排水暗沟，大都集中在四平街和官衙、士绅宅院周围。最早的砖砌暗沟始建于1910年（宣统二年），起始于五斗居分所门前（今沈河区法院），沿大西关大街（今大西路）南侧向西延展，终止于大西边门外。沟长约1 000米，宽0.8米，深1.3米，砖墙为起拱加盖。

1913至1922年，沈阳城内又先后新建了一系列排水大沟，包括巨合胡同到大南门里大沟，紫竹胡同至大南门里大沟，大红袍胡同到大东门里大沟，长安寺胡同至小东门里大沟，太古栈胡同至仙人洞前的泡子，习艺所东胡同至西南转角的泡子，鱼市北头到礁砟市暗沟，真武庙北胡同南口至西北城角泡子区，长发园胡同东口到马家泡子，太平桥胡同北口到药王庙后胡同泡子，大西关大街至功夫市北泡子，万福居南胡同南口到天后宫泡子等48条暗沟，总长13 261米。其中，仅1921至1922年两年间，就新建24条暗沟，共7628米。这些排水暗沟长者1 080米，短者221米，宽0.5米~0.9米，深0.6米~1.6米。少数用条石封盖，大多为木材封盖。

“附属地”的排水设施建设。由于沈阳城区内的地势较高，而城区周边的地势较低洼，尤其是东南到西南浑河沿岸地区的地势更低，因此，古城区里的雨水和污水大部分都自然流散到城边低洼地带去了。而位于古城区西南部的“附属地”，却因地势低洼而经常积水，道路泥泞。因此，曾占据“附属地”的殖民者们，在进行基础设施建设时，都非常重视排水设施的建设。

1898年，沙俄殖民者曾在当时的奉天火车站（今沈阳站东货场）附近，建设了一些排水设施，然而，大部分设施在不久之后便报废停用了。

1905年日俄战争后，日本侵略者夺取了“南满铁路”及其附属权益，并在“附属地”重新进行排水设施的规划和建设。1909年，日本人在兴建奉天驿（今沈阳站）时，以火车站为中心，分别向南、北两个方向各修建了一条排水明渠，当时称排水侧沟。北向（今胜利大街北段）的木造明渠长为1100米，底宽为1.8米；南向（今胜利大街南段）的明渠长960米，底宽1.5米。同时，为了排出站前地区的积水，在站前广场修建了一条与南北两条明渠相连的石砌暗渠，暗渠部分长218米，宽1.5米。

1911年11月，在北五条街（今北五马路）又修建了一条木造明渠，长800米；另外还将“浪速通”（今中山路）“官岛町”（今胜利大街北段）、“若松町”（今胜利大街南段）地段的下水道进行了改造。同时，开挖了公共排水沟，将“附属地”内居住的日本住户的下水道与这条公共排水沟进行了连接。至1915年，共有900户日本住户安装上了下水道。

到1917年，“附属地”内的各支线排水管道工程，以及“千代田通”（今中华路）、“平安通”（今民主路）等街道的排水管道工程基本完工。到1925年，排水管道总长度已达4 000米。

当时的排水管道工程所用的排水管材料要是铸铁和陶土管，后来逐渐开始使用钢筋混凝土管。排水设施的设计，除了利用管道的坡度将雨水、污水引向浑河自然排放外，还在主要干线的终端，修建了“唧筒站”，即在干线的终点挖一个蓄水坑，坑的直径为20米左右，排水时，用电机将雨水、污水汲入排水管（当时叫“筒”）内，排放到浑河里。排水干线和出水口多设计为明渠。到20世纪20年代中期，“附属地”内自成体系的排水网络已经基本形成。

商埠地的排水设施建设。沈阳的商埠地，在“附属地”建设排水网络的同一时期，也进行了一些排水设施的建设。1908年，在日本领事馆（今和平区三经街沈阳市迎宾馆）两侧各修建了一条排水暗沟，其长45.5米，宽0.5米，深1.5米，为条石封盖。后来被废除掉了。1909年，在大西关大什字街至法国领事馆（今和平区三经街）一段，修建了一条排水暗沟。1913年，在协和大街（今和平大街）修筑了一条引流雨水的明渠。该渠地处商埠地与“附属地”的界线上，由中、日共同修建。

商埠地的排水管道设施，是随着道路的修筑而同时修建的，大多修建于20世纪的前30年。因为当时外国人在商埠地享有特权，对沈阳的市政规划建设多有干涉，因此造成商埠地排水网络的设计和建设系统性较差，配套衔接能力也很低，给日后的排水管网改造带来许多困难。

## 五、奉天大广场建成

1913年，占地面积13 553平方米、六路交叉的奉天大广场（今中山广场）建成。日本人在广场中央建有纪念日俄沈阳大会战纪念碑。同时还修筑了广场人行道，平整了周围的地面。这是当时日本在满铁附属地内建设的第一大广场。1919年，奉天大广场改称日本名“浪速广场”，并按计划进行了植树，设置花墙。1945年日本投降后，十间房至新华广场的三线有轨电车道从广场中间通过，把广场分为了两个半圆。同年，国民政府将浪速广场改名为“中山广场”。

奉天大广场是今南京街、北四马路和中山路三条路的交叉口，日本在广场周边先后修建了大和旅馆（今辽宁宾馆）、南满奉天医学堂、东洋拓殖株式会社奉天支店、横滨正金银行奉天支店、奉天警察公署、朝鲜银行奉天支店、三井洋行大楼等特色建筑群。因为金融机构多会聚于此，有人将这里称为沈阳的“外滩”。

## 六、辽河、浑河水患及地震

沈阳市的自然灾害，多与气候有关，由于境内地势除少数低山丘陵外，多为近河平原，地势低，耐旱不耐涝，因此，洪涝发生最为频繁，致灾严重，是对人民生命财产和社会发展破坏性最大的灾害。此外，沈阳地区偶有春秋旱灾、风灾、冰雹和低温冷害等发生。

水患。辽河是全国七大江河之一。辽河、浑河两大水系支流多、输沙量大、水系发达，中下游时有灾害发生，沈阳市部分地区受其影响。辽中县、新民县和新城子区的一些地方，是洪涝威胁最大的地区，素有“九河下梢，十年九涝”之说。沈阳的暴雨多集中发生于7月下旬到8月上、中旬，常诱发洪涝灾害。民国时期（1912—1918），沈阳曾发生过多次重大洪涝灾害。

1912年6月初大雨，辽河、浑河发水，沿河田禾均被淹没，新民县有200余村房屋倒塌，田园被淹。同时，太子河、辽宁东部沿海发生海啸。柳河涨水1.3～2.7米，横溢十数里之宽。安东县大东沟街市尽成泽国，商店、住房、木排、苇垛冲倒毁坏达50%～60%。小寺、八棵树、新沟崖岗地水深1.3米。大洋河两岸，陆地20里可以行船，安东市区因江潮横溢出槽，商号物品损失无数。

8月，辽河、浑河、太子河再次发水，新民、法库、开原、辽中、台安遭灾。浑河堤坝决口，辽阳太子河、海城河西堤防也决口，土地、村屯被淹。

1914年6月至7月，辽宁全省大部分地区阴雨连绵，各河涨水，两岸耕地被淹成灾。沈阳城南、城东、城西一带耕地先后被淹，并有房屋倒塌。新民辽河、柳河涨水。抚顺山水骤发，浑河泛滥，抚顺线铁路多处被冲毁。同时，台安、抚顺、辽阳、昌图、铁岭、法库、西丰、北镇、义县、安东、庄河等地也受灾。北镇、义县大凌河两岸耕地被淹。东部安东、庄河连旬大雨，河流涨水，耕地被淹。8月15日，浑河、太子河水势猛涨，沈阳附近堤坝决口10余处，74个村庄受灾，淹没房屋数以千计，淹地66 000余亩。

1915年自春至夏，全省未降透雨，异常干旱。到6月中下旬，开始阴雨连绵。新民河水大涨，柳河决口，县街冲倒民房三分之一，府署一概倒塌。7月，各地连降大雨，河水暴涨，泛滥成灾。全省受灾面达20余县。北部辽河涨水，昌图辽河水势暴涨决堤，龙王庙西河堤冲开，冲口长10里、宽15里。[①]开原水溢，铁岭、法库等地均受水灾。中部辽河、浑河河水涨发，村屯被淹，农田38万亩受灾。新民县阴雨连绵，河水大涨，柳河在县西北五里处决口，冲毁铁道数百丈，县街衙署、民房被大水淹没，市街水深七八尺，商铺及民房多被冲毁，受灾村屯多达130余处，淹死乡民甚多。农田受灾42.54万亩。同时，辽中、台安、盘山等县有百余村受灾，盘山段堤坝冲决。东部抚顺、兴京县（新宾）山水骤发，浑河泛滥，为数十年未有的灾害。同时，辽阳太子河水涨发，冲毁堤坝，平地水深丈余，淹地8.5万亩。海城、营口决堤，冲毁庄稼，百十村

---

① 辽宁省地方志编纂委员会办公室：《辽宁省志·水利志》，辽宁民族出版社2001年版，第473页。

受灾，安东地区也阴雨连绵，河水涨发，沿江田禾被淹。7月23日大暴雨，凤城县平地水深1.3～1.6米，鸡冠山段铁路桥和石桥被冲毁。盖平、复县和岫岩沿河低洼地多受水患，秋收无望。西部绥中、锦西、锦县、义县、彰武等县大雨成灾，大、小凌河及女儿河两岸耕地被冲，六股河山洪暴发，河边耕地被水冲沙压。这是奉天省数十年来未有的自然灾害，其中新民县受灾最重。

1916年初春时，新民县河水复发，将田地冲成河身。

1917年，春夏大旱。6月到8月，全省普降大雨，发生洪水，以辽河支流柴河、汎河为重。6月，大雨造成沈阳、庄河两地河水漫淹两岸田禾。7月中旬，西部锦县大雨倾盆三昼夜，大、小凌河水出槽，大凌河上窝堡洪峰流量达6 010立方米每秒，北票县上园乡洪峰流量10 600立方米每秒，冲毁铁路数处。北票、绥中、锦西、义县均遭受水灾。安东地区，大雨连绵二昼夜，沿江农田受灾，陆地尽成泽国，凤城县南平地水深2米～2.3米。及至8月，辽河及支流柴河、汎河水暴涨出槽，柴河太平寨洪峰流量3 500立方米每秒，汎河榛子岭1 750立方米每秒，均排为历史上的第一位大洪水。柴河二道河子、山东屯、九间房等处，相继开坝，水势横漫，堤防溃决，平地水深五尺，死亡千人以上。同时铁岭、康平、昌图、开原等县沿河两岸均泛滥成灾，当时《盛京时报》报道："……铁岭东至龙首山下，西北门外，竟可行舟，东北关菜园田地均已淹没。未能逃脱之人急上屋顶，呼号求救……"此外，兴京、抚顺大雨倾盆，河水暴涨；辽阳、海城浑河陡涨2.3米～2.6米，堤坝决口，田禾受灾。全省受灾30余县。奉天省成立全省水灾筹赈事务所，以救灾民。

1918年7月下旬，沈阳、抚顺、兴京、辽中以及本溪、辽阳、海城连日大雨倾盆，沈阳附近的浑河、万泉河水势猛涨，两岸遭灾甚重。8月2日大雨如注，浑河、蒲河、细河、太子河河水猛涨，沈阳城东、南、西3路水深丈余，灾民逾万，死7人，共淹199村，毁房7 999间，涝地413 467亩。京奉、南满等铁路被水冲坏，火车停运数日。太子河水势猛涨，本溪大片农田被淹。辽阳太子河水涨，高丽门外东西大坝被水溃决，水势顺城南流，田禾淹没，房屋倒塌，人畜漂溺，无计其数。辽河及其支流河水涨发，开原、新民、辽中、台安等县田禾被淹。营口县平地水深数尺，大水汪洋，遍地行舟。9月，东部安东地区出现雷雨，宽甸玄羊砬子、安平河，凤城汤山城等地河水出槽，庄稼被冲，房屋倒塌。庄河县也因大雨，平地水深数尺。9月24日，奉天、辽阳、海城等地遭受水灾。北京政府拨款1万元赈灾。

地震。1915年7月9日，凌晨1点30分，沈阳发生地震，历时8秒~9秒钟，居民均被惊醒，但无人员伤亡。

1917年5月28日，17时39分，沈阳发生地震，震动稍强，房屋动摇。

### 七、“奉天驿”用自来水

沈阳早期的城市用水分为三个阶段：

第一阶段：早期的铁路供水，即1911年的六角井水源；

第二阶段：1920年前后的以各领事馆为代表的局部自供水，包括1915年建成的较有规模的中山水源（当时称“千代田”水源）；

第三阶段：伪满时期有限的管网把局部自供水连成片。

“奉天驿”用自来水水源、水塔。1898年（光绪二十四年），清政府与沙皇俄国签订了丧权辱国的《东省铁路公司续订合同》，此后，沙俄在奉天修建火车站，当时，沙俄为了解决给机车加水的问题，在浑河左岸建造了一口直径17尺，深16尺的大眼水井。这个水井就是沈阳最早的自来水井。

日俄战争后，日本据控制了奉天火车站，改名为奉天驿。到了1907年，沈阳已经是一座拥有30万人口的城市，每年的旅客乘降人数高达50万人，由于客流量增加，加之站舍简陋，不能满足日本侵略的野心，受日本政府扶持的“南满铁道株式会社”在市街西部拨出一块土地，投资30万元，开始在俄国车站的基础上兴建奉天驿新址，就是现在的沈阳站。日本侵略者修建了铁路，为维护火车运行，决定掘井修塔，建造一套完整的供水设施，以满足车站的日常用水。

据《南满洲铁道株式会社土木十六年史》“奉天水道”记载：“车站内水源地和水塔建于明治四十二年（1909），四十四年（1911）竣工。”其中提到的水塔是木制的，高37米，是沈阳最早的水塔，主要是给火车站内的机车供水。在距水塔486米的地方，建造了一个直径10尺，深12尺的六角形木制水源井和一处临时泵房。这是日本人在沈阳修建的最早的自来水井。这个水井里的水，经过水塔，除供给机车用水外，剩余的部分仅能供给站前的出租房、办事处和旅社等用水。

在奉天驿内修建的这眼六角形木制水井和水塔，可以说是沈阳地区最早的自来水设施，但它并非为市政服务。这处水源地对当时的中国人来说，属于禁地，是绝对不可以使用的。

“千代田”水源。“千代田”水源是奉天市政用自来水之始。

1912年，日本侵略者开始在奉天“南满铁路附属地”内修建千代田水源，即位于今天中山公园内的中山水源。他们将“奉天驿”为火车头上水的管线加以改造，然后逐渐向居住区延伸，最终形成了市区供水雏形。

为了形成水压，以便将自来水送到居民家中，日本人于当年4月修建了一座

“千代田水塔”（在今中山公园内西南角），该水塔占地面积160平方米，建筑面积380平方米，为钢混结构圆筒式建筑，外有8根承重柱，由塔基、塔身、塔顶组成，塔顶设避雷针。当时储水量为10万加仑，合450吨。水塔容积1200立方米，总高53.55米，是当时奉天市区最高的建筑。

1913年10月，又在水源地挖了一个直径和深度各30尺的聚水井。砌井用的每块砖，都是日本人从东京运来的带有1912年编号的青砖。

1915年2月，可供奉天5万人用水的市内水管设备安装结束，开始给城市供应自来水，从而使奉天成为东北三省建立供水系统最早的城市。

据1917年出版的《南满洲铁道沿线各地水道小志》记载：“奉天水道于明治四十五年（1912）四月起工，大正四年（1915）一月给水开始。”《奉天二十年史》记载：“大正二年（1913）十月，从水源地挖直径、深度各三十尺的聚水井，依靠机械力往十万加仑容积的水塔抽水。市内水管在大正四年（1915）二月结束了全市安装，建成了可供5万人用水的设备。”1918年出版的《奉天铁道附属地概况》载：“大正四年（1915）实行了会社供水规则。”

“千代田水源”，即现今的中山水源，是一套真正意义上的完善的区域性独立供水系统，并且已经有了一定的规模。从取水、机房、水塔到管网、用户，所有要素都齐备了。这套供水系统是专为沈阳城市供水而建的，其供水范围大概在现在的中华路两侧，中华路以南为主，也就是当时的南满铁路初始地。当时用户达到几万户。一部分中国人也用上了自来水，但大都属于当时的权贵阶层。

## 第四节　城市文化教育事业

### 一、奉天律师公会成立

民国初年，奉天律师公会成立，是奉天出现最早的律师组织。1912年9月，奉天法政学堂毕业生沈德英，申请在奉天设立律师公会。同年10月，奉天提法司按中华律师联合会暂行章程，准予在奉天设立律师事务所，金汝楫律师事务所、王裕祖律师事务所相继成立。

1913年1月，奉天律师公会正式成立。地址设在大南门里金银库南胡同，与王裕祖律师事务所同址。奉天律师公会是当时律师执行职务的机构，律师未加入律师公会，不得从事律师职务。律师必须在接受当事人委托或审判衙门命令后，在审判衙门所在地的律师事务所执行职务，包括办理民事刑事、诉讼事件、办理公断和解事项、代理非诉讼事件及其他法律行为、证明契约遗嘱及其他文件、代订契约及其他法律文件等。

1913年底，奉天有律师事务所125个，到1929年时，奉天律师事务所已经发展到2301个。1913年时，奉天律师公会有会员20名，到1931年，律师公会的会员已发展为44名。

## 二、《国民常识报》等报纸创刊

1912年5月30日，奉天省学务公所在省城创办了《国民常识报》（周刊），每月出版4期。

1914年，奉天书画界创办的《奉天晶画报》出刊。随后又有《沈水画刊》《大亚画报》《新民画报》等报刊先后问世。

## 三、奉天第一次学生运动会

1915年12月12日，奉天基督教青年会在省城大东关小河沿主办了奉天第一次学生运动会。这次运动场上的田径比赛，首开了沈阳近代体育运动的先河。

1917年7月，又主办了奉天第一次学生夏令营活动。

## 四、模范说书馆

1913年，奉天行政公署教育司创办了奉天模范说书馆，并附设评词研究会，评定专业评词艺人55人。至此，奉天的评书艺术得以兴盛。另外，模范说书馆还下设鼓书研究社，招考研究员，其中有90%都是唱东北大鼓的。1914年4月，奉天模范说书馆附设的评词鼓书研究社第一期研究员届满，马悦卿等55人获得毕业文凭准予演出。次年，毕业的鼓书艺人有34人。此后，奉天大鼓艺人名角辈出。东北大鼓演员车德宝 ，又称“车大宝”，即是“模范说书馆”第一期毕业的研究员，能唱短段，善说长篇，曾将京韵大鼓鼓王刘宝全的唱腔吸收过来，丰富了东北大鼓的唱腔。当时沈阳传有“要说好，车德宝”之说。他曾带头演唱新段《上学堂》《早婚害》等。还有名声较高的刘问霞，人称“奉天大鼓界大王”。朱玺珍，人称“辽宁大鼓皇后”等。

在东北大鼓最为风光的时候，奉天的各个茶楼、北市场、小河沿等地，到处一片大鼓声。下至贩夫走卒，上自高官显贵都非常爱听。

## 五、各种实业专科学校相继兴办

民国初年，废除了清末文实分科制，提倡兴办实业学校，分为甲乙两种。甲种是中学专业学校，乙种相当于高级小学水平的技工学校。1913年，教育部颁布《实业学校令》和《实业学校规程》，全国各地纷纷响应办学，特别是对当时地处边陲、地广人稀、文化不发达的东三省地区推动极大，奉天也不例外，兴办实业学校之风骤然掀起。

奉天的职业教育是多方面发展的，大致可分为农、工、商、医、警等教育类别。根据教育部《实业学校令》的规定，即"实业学校以教授农、工、商业，必需之知识技能为目的"[①]的教育方针，明确办学目的，先后办起多所甲乙两种学校。到1929年时统计，奉天的办学数量位居东北三省第一。

奉天省立中等商业学校成立。1912年9月，奉天省立中等商业学校迁入省城。该校的前身是营口私立商业学校。原为日本人三田村源次创办，规模不大。三田村源次既是校长，又是教员，教授日语和商业专科课程。他有一定的办学经验，因此学校办的较有成绩。此时，奉天省正在大力发展教育，振兴商业，计划开办一所商业专科学校，培养自己的商业人才。于是经过交涉，在1905年（光绪三十一年）5月，把这所私立学校接收了过来，在奉天大西关热闹街南头兴建了校舍，改校名为"奉天省立中等商业学校"。后改称"奉天省立商业专门学校"，又改为"奉天省立甲种商业学校"。三田村源次也随学校一起来奉天，在校内任教员，但他的月薪比校长高，校长月薪是100元，他的月薪则是150元。这是接收时的条件之一。

奉天省立中等商业学校新建校舍宽敞明亮，设备比较完善，是奉天省唯一的商科专业学校。教学楼是"U"字形，共有六个教室。教学楼前院的平房是各科、处的办公室、理化试验室、小卖部。后院平房是学生宿舍，还有大礼堂及小运动场。小运动场有网球，单、双杠，吊环，荡木，虎伏等设备。还有大操场，为足球、篮球、排球等场地。

学校成立后的组织结构为：设校长一人，总揽校务，为学校的主要负责人。第一任校长是孙祖昌，第二任校长是李瑞，第三任校长是王义如。

入学考试的内容，以国文、数学为主。作文题由经典中择选。数学题一般是四则运算。题发下来后，由监考人员简略地讲讲题的大意，即由考生作答，

---

① 《教育法规》，1917年版。

限两小时交卷。卷子是密封的，评完卷拆封。

商业学校的学生主要来自奉天省各县，也有少数外省的学生，如吉林、黑龙江、山东等省的。学习毕业后，学校代为介绍职业，因而报考者很多。

学制规定为四年，预科二年，本科二年。预科学习期满，考试及格，升入本科，不及格，降入新生班再学习；班级的编排是从入校开始，按入校的先后顺序编班级。升入本科时，按甲、乙、丙、丁、戊各字编班。本甲是即将毕业的班。毕业生离校后，本乙即升为本甲班，其余各班均依次递升，不以数字累计定班名。

课程设置及教学内容。预科二年的教学内容有：国文、英语、算术、代数、图画、手工、生理、物理、化学、体育、习字、珠算等。教材采用普通中学课本。本科二年的教学内容为：簿记学、银行簿记、会计学、审计学、经济学、银行学、商品学、财政学、法制、贸易、汇兑、外国汇兑、商业地理、商业要项、商业实践、英语、日语、国文、商业算术等。教材除簿记学为美国版本外，商业要项、商业实践是用三田村源次编的讲义，其余各科教材都是国内出版的商业专科课本。

学生的学习情况，除了白天按规定的功课表上课以外，晚饭后还要上两小时自习课。自习下课后，回到宿舍，同学们还练习书法，每天坚持写若干篇大字，若干篇小楷，真草隶篆，各取所好，临帖摹写，从不间断。商业学校毕业的学生，一般字写得都比较整齐。

学生的课外活动，体育生活较为活跃。各班都按照班里的具体情况组织球队，如足球队、篮球队、排球队等。学生平时都在操场训练，也会经常参加一些校外的比赛。每次比赛时，同班同学都会组织“拉拉队”助兴。除此之外的课余活动也很丰富多彩，有吊环、单双杠、荡秋千、登荡木、上虎伏等，供学生们锻炼身体。

每星期六、星期日下午，在学校大礼堂举行学术讲演会，全体师生参加，锻炼大家的讲话能力。演讲者由各班学生自由报名，讲题自己选材，自己编写，诗、文、故事等都可以。演讲的形式多种多样，分中文讲演会和英文讲演会，每周轮换举办，教员也参加讲演。

本科最后一年讲授商业实践课程。使用三田村源次编写的讲义，主要是课堂实习。另外，课堂设有信箱及学生模拟开设的银行。每个学生自己事先命名一个商号，如兴隆百货公司、晋阶洋行、宏大商店等，并刻有这个商号的应用图章，油印有纸币、支票以及多种应用的单据，设立各种账簿。这些都是由自己规划。还要准备一个“簿记棒”，形如擀面杖，是用比较硬的木料做的，中空灌铅，用这种工具画线格，不沾污纸张，它是划账簿的主要用具。在学习簿记课程时，就使用这个“簿记棒”练习画各种账簿格式。这些准备就绪，便开始实习做生意，进货售货，向国内外商行订货销货，办理汇兑、贴现、保险、向银行存款、借款等业务，像真的经营企业一样。实习时间为一个学期，按照课程表规定的时间进行。实习终结，计算盈亏，作各种表册，向股东报告。这次教学实习，是各专业成绩的总考试，也是学以致用，锻炼对企事业经营管理才能的好办法。

关于就业，学生毕业以后，先由学校送到东三省官银号录用，当练习生，再视工作成绩一步步提升为职员、高级职员。之后会扩大介绍范围，向东北各私立银行号、储蓄会等金融机构及其他企业、事业部门介绍录用。在商业学校的毕业生中，有许多优秀人才被提升为经理等高级职员，成为经济界的知名人士。如刘叙五担任了东三省官银号经理，王晋生由官银号经理又转任利达公司经理，在东北商业界中颇有权威。魏采章由官银号经理转任利达公司经理，又转任天津华北银行账房。傅子余由奉天边业银行转任天津边业银行股长。关善夫是官银号行庄经理，在东北经济界中很有号召力，等等。

奉天法政学校。奉天法政学堂是奉天将军赵尔巽创立的大学专科学校。

1905年10月，设立奉天仕学馆，招收省内候补官吏入学，同时还招选了满汉士绅子弟入学，以培养官吏。学制18个月，属于简易速成班性质。额定学员60人，自费旁听生不限名额。[①]由于报考的人数很多，赵尔巽又另设了满、蒙、汉八旗子弟入学的旗员仕学馆，定额学员80人，学制2年。

1906年6月，赵尔巽按学部章程正式设立法政学堂，把仕学馆合并改组，招考一个新生班，定额学员60人。官费生共定额200人，自费生不限名额。学制2年。校址设在奉天大南门二道冈子胡同。任命候补道员彭谷孙为副监督，所学科目较新，引进外国教科书，聘请外国教师和归国留学生任教。

1908年5月，第一届毕业生共有157人，在校生6个班365人。[②]在奉天大西门建校舍，钱能训任监督，招收吉林和黑龙江两省学生自费入学。

清末民初，法政学堂共毕业8个班，有毕业生600余人。1914年，奉天法政学堂停办，改为公立外语专门学校，培养外语人才。关海清任校长。

公立外语专门学校于1915年2月正式开学，设立英语、俄语、日语三科，

---

① 金毓黻：《奉天通志》第151卷，辽海出版社2003年版，第11页。

② 徐世昌：《东北三省政略》，学务篇，奉天学务。

学制3年，共招收学生4个班，200人。[①]聘用外国教师和归国留学生任教。1917年至1920年，英国人朱尔富，俄国人葛鲁聂耳，日本人三田村源次、植松伊八、富永三生、富谷兵次郎曾在外语专门学校任教。公立外语专门学校属于师范性质，毕业生大多数任外语教师。

由于奉天培养的外语师资逐年增多，毕业生分配工作出现了困难。代理省长王永江认为暂时奉天已经不缺乏外语人才，而东北新式学校中的“国学”渐衰，便提出设立“存古学堂”的主张。后王永江接受谢荫昌的建议，于1920年3月，又将外语专门学校班改为奉天国文专修学校，仍然任命关海清为校长。

奉天公立工业专门学校建立。1913年3月，奉天公立工业专门学校在沈阳热闹街东胡同建立。

1905年2月，奉天将军赵尔巽创办了奉天高等实业学堂。实业学堂先办预科班补习中学课程，并未马上招收专科学生。1909年，学部指令预科班改为中等工业学堂，格致专修科并入实业学堂，共有4个班，学生140余人。这是当时东北唯一的工业学校。

1913年3月，奉天公立工业专门学校在实业学堂设立。招收预科班204人，学制2年。学生预科班结业，升入专科班继续学习。专科学制3年。工业专门学校有教员23人，职员5人，技士6人，年经费41 996元。

1915年6月，教育部对奉天公立工业专门学校正式准予备案。但是，北洋军阀在奉天省执政的官员借口财政困难，不肯出钱办学，致使工业专门学校的教学设备非常简陋，只能由教师单纯讲解课本，没有实验课和实习课，学校成了有名无实的大学专科。1918年8月，工业专门学校第一批学生毕业后，学校便关门停办了。

国立奉天高等师范学校成立。自清末兴学以来，奉天的师范教育发展较快。当时，奉天两级师范学堂是全省最好的学校。1907年4月，京师大学堂毕业的吴景濂任奉天两级师范学堂的监督，莫贵恒任教务长。

由于奉天两级师范学堂的师生在全省影响很大，1912年11月，该校校长宋风纯建议省政府把优级选科改为高等师范，但没有获得北京政府教育部批准。1916年12月，公立工业专门学校校长孙其昌等人呈请省长张作霖设立高等师范，教育部因无钱而未予拨款，仍不批准。但是，省议会议准筹建省立高等师范。同时，全国各省区要求设立高等师范的呼声日高，教育部和财政部才同意

① 奉天省公署档，第2818号卷。

在各大学区设立国立高师一所。1917年，教育部委任孙其昌为奉天高等师范学校筹备员。

1918年5月，奉天高等师范学校正式成立，12月1日在省城大南关开学。高师设立国文部、数学物理部、英语部、史地部、理化部、博物部、国文专修科、手工图画专修科、教育专修科。接收奉天两级师范专修科学生5个班，共计229人；招收国文、史地、理化、博物等部预科生89人。1919年7月，又将农业学校的农、林两班并入。1923年2月，奉天高等师范学校并入东北大学，其本科学生列入东北大学的专科班。

除此之外，奉天的省立职业学校还有：省立第一工科职业学校，校址在奉天大西关，学科为金工科；省立第二工科职业学校，校址在奉天小河沿，学科为制革印刷；省立农科职业学校，校址在奉天西塔湾，学科为园艺科；省立女子工科职业学校，校址在奉天大西关，学科为缝纫刺绣科；省立商科学校，校址在奉天大南关，学科为商科。

奉天省立甲种农业学校。奉天省立甲种农业学校属于中等农业职业学校。其前身为清末奉天官立农林学堂。校址设在奉天省城大东边门外东塔附近。1912年，学校更名为奉天农林学校。1913年8月，又改名为奉天省立农业学校。1914年7月，又改名为奉天省立甲种农业学校。该校修业年限预科为1年，本科3年。课程设置有基础课和专业课共19门课程。1919年6月，学校停办。

奉天专门警察学校成立。1912年6月，奉天专门警察学校成立。1913年，该校改称奉天警官传习所。1915年，学校停办。

与此同时，奉天省城另设奉天警察教练所，择优收录在职警察。学期为6个月，并设特别班加习日语。

1916年，奉天警察传习所恢复。1926年，成立奉天警官学校，1929年改为辽宁警官高等学校。

## 六、教会等学校的创立

第二次鸦片战争以后，根据《天津条约》准许传教士到中国内地传教的规定，西方传教士很快深入到了中国的内地、边疆。他们在中国的许多重要城镇进行多种多样的活动，包括办报、宣讲教义、布道、办育婴堂、开办教会医院等等，其中一项重要的活动便是办教会学校。在沈阳也不例外，先后成立了一批教会学校，包括奉天医科大学、东北神学院、文会中学校、坤光女子学校、中法中学、奉天清真小学堂等。

奉天医科大学成立。1912年2月，盛京施医院创办奉天医科大学，是当时东北三省的第一所具有现代化设备的高等医学院校。

学校有医学士授予权。规定修业年限为五年，预科一年，本科四年，每年招生一次。同年2月，录取第一届学生40名。9月，成立了学校董事会，聘请中国、英国、丹麦三国的知名人士为董事。1914年，招收第二届学生40名，因宿舍不敷用，遂在小河沿东建筑一座二层宿舍楼。1917年，呈请北京教育部立案，因单科不得称为大学，8月奉教育部令，改名为奉天医科专门学校。

东北神学院。东北神学院是英国苏格兰和爱尔兰两个宣教会派罗约翰牧师于1894年（光绪二十年）在奉天创办的。

1914年，在奉天沈河区一经街建立了一座大楼作为神学院的校舍。学校的校长由英国神学博士付多玛担任。神学院的学生四年学习期满，被封立为“准诚”，获得了被聘为牧师的资格。

文会中学校。文会中学校是英国基督教长老会在沈阳创办的一所教会学校。1902年，英国传教士劳但理牧师在沈河区北一经街创办了文会中学校。当时有男学生69名，教职员工11人，设置7个年级，全年经费10 900元。其校舍是沈阳地区第一所公共教育建筑。

1916年3月，英国基督教会在新民县城创办文会中学。

奉天坤光女子学校。该校是英国苏格兰基督教长老会于1911年创办。校址在省城大东门外小河沿（现省肿瘤医院）。该校原名“奉天基督教女子师范学校”。1915年，长春基督教女子师范学校迁至沈阳，与奉天基督教女子师范学校合并，合并后新校更名为奉天坤光女子学校。校长为廉爱琳，是一位英国女传教士。

奉天坤光女子学校有女学生135名，教职员工26人，设置5个年级，学制3年，全年经费6 958元。学校不设理工科，只有文科。学校管理严格，学生一律住校。

中法中学。1917年，法籍主教苏裴理斯在奉天城里创办了措南中学。

奉天清真小学堂。1911年（宣统三年），受社会办新学的影响，由南寺阿訇铁荣久提出倡议，经南寺、北寺、东寺阿訇和乡老共同集资，在《醒时报》社长张兆麟的协助下，“奉天清真女子小学堂”在奉天城北寺附近创办。1911年春季开学，招收女学生140名，分为3个班。以后又陆续招收了男学生。1918年，奉天清真女子小学堂改校名为“奉天清真小学堂”。学校董事会由南寺、北寺、东寺“三寺”代表组成。南寺阿訇铁荣久任董事长。办学经费主要由回族牛羊业户和其他回族群众资助。

文华中学校。该校是英国传教士谭文伦牧师于1915年创建的。该学校归属英国基督教长老会，校舍当时设在大东边门外。

奉天三育完全小学。奉天三育完全小学是美国基督复临安息日会于1917年创办的。创办人为传教士白德逊牧师。校址设在沈河区正阳街。

## 七、奉天贫儿学校

1918年4月，即将从奉天两级师范学校本科毕业的阎宝航，借用奉天基督教青年会所属景佑宫英文夜校教室，招来六七个贫苦失学儿童，创办“奉天贫儿学校”。基督教青年会总干事英国人普赖德捐助现款作为开办费。阎宝航既是校长，也是教员。学校不仅免收学费，而且无偿发放课本、纸笔等学习用品。一周后，阎宝航返回师范学校，聘请一起参加改良私塾的学友魏怀谦、张璞山（张韵泠）共同致力贫儿学校的建校和教学工作。

贫儿学校的出现轰动了奉天城，遂逐渐引起社会各界人士的重视。贫儿学校初创时，附属于青年会，主要经费由青年会补助。

## 八、宗教组织总分会等成立

1912年，全国各地道众发起成立全国道教会。奉天太清宫的葛月潭、千山无量观的王理钧、慈祥观的李至宫、锦州圣清官的成宝、闾山庆云宫的吴诚达、朝阳县朝阳洞的王信朴，奉天福道立实业工厂的陈诚玉等，都是发起人。奉天省发起人占总数的39%。

1913年9月，中国道教总会关东总分会成立，地址设在太清宫，太清宫方丈葛月潭任会长，下设省、市、县三级分会。1914年，葛月潭开坛演戒。1915年，中国道教总会东北分会成立，地址也在太清宫。

葛月潭（1854–1934），字月潭，名明新，又名震庚道人，号宁静子，别号枕流道者，山东省安丘县人。幼年家境中落，1858年（咸丰八年），随父出游北京，翌年移居奉天（沈阳）。1871年（同治十年），踏入玄门。

出家后，葛月潭博览《道藏》，道法高深，兼长诗、书、画，号称三绝。尤以画花卉、怪石为长。1874年（同治十三年）拜龙门派第十九代张大师坛下领受天仙大戒，成为第二十代受戒弟子。1875年（光绪元年），赴北京白云观挂单，被举为迎宾知事。为精研书法、丹青，拜著名画家周棠为师。翌年，回奉天（沈阳）太清宫。

1880年（光绪六年），奉天城淫雨滂沱，斗姆宫前殿椽檐坍塌，他自告奋勇，修复完好。1901年（光绪二十七年），在政治维新形势影响下，他遵守“谈道义而化奸顽，讲经史而晓愚昧”的教理，解囊在太清宫办起粹通学校，受到奉天当局的赞赏和奖励。同时，为振兴经济，他又出巨资助办染织厂。1905年（光绪三十一年）因太清宫玉皇阁大火，原监院潘宗泰解职他去，葛月潭被道众公推为监院。就职后，广结道缘，筹措资金，于1908年（光绪三十四年）春动工重修玉皇阁及大殿、善功祠，以及旧有一些房屋，于当年9月竣工。太清宫遂金碧皆具，巍峨辉煌，其建筑形式和神殿层次与国内著名宫观大致相同。

1913年11月，中华佛教总会奉天分会在奉天成立。会址设在外攘关（今小西门）万寿寺内。设会长1人，副会长2人。下设总务、理财、演教、文牍、平议5科。首任会长为省缘，继任者豁峰、修缘。

奉天分会由奉天、锦州、兴城3个分部组成。锦州分部，会址在锦州市内老城区北街城隍庙内。1917年，改为中华佛教总会锦县分部。兴城分部，会址在兴城城北西胡同上帝庙内。

1919年，奉天分会停办。1921年4月，倓虚应省缘和尚之请，出任万寿寺佛学院讲席，倓虚法师用三年时间讲完《佛遗教经》《四十二章经》《八大人觉经》等共十种经论。此间，在奉天万寿寺内成立奉天佛学会，倓虚法师任会长。它是一个参学研讨佛教经典的学术团体。倓虚法师利用放假时间到哈尔滨、长春、营口等地讲经弘法，使佛教在东北普及开来。

1912年，丹麦基督教差会与奉天基督教长老会双方协定，正式创立奉天基督教青年会，首任总干事是丹麦牧师华茂山。地址设在奉天城大南门里。基督教青年会是基督教的一种社会教育机构，和专门从事传教的教会有所不同。1912年至1924年为其初创时期，1925年至1931年则是其兴盛时期。

奉天基督教青年会提倡普及教育、体育运动和爱国宣传活动，青年会教徒可以参加，非教徒也可以参加。为吸引青年人信仰基督教，基督教青年会开办了业余学校，举行中外文报刊阅览、名人演讲、文娱等活动，以扩大其影响。1915年12月12日，基督教青年会在省城大东关小河沿主办了奉天第一次学生运动会。1916年，张学良参加了奉天基督教青年会活动，开始接触西方文化和民主思想。1917年，基督教青年会聘请阎宝航等人为青年会干事。同年，由基督教信义会丹麦差会、奉天长老会美国差会、英国差会共同出资兴建青年会大厦。7月，基督教青年会又主办了奉天第一次学生夏令营活动。

# 第五节 铁路及城市交通

## 一、京奉铁路沈阳站迁至城墙根

京奉铁路（今京沈铁路）前身为“唐胥铁路”，后展筑至关内外。唐胥铁路自唐山起至胥各庄（今丰南县）止，全长9.7公里。采用1.435米的轨距和每米15公斤的钢轨，于1881年（光绪七年）建成，为中国自办的第一条铁路。这条铁路是为了开发开平煤矿，在清政府洋务派主持下，由开平矿务局负责集资修建的。1886年，成立开平铁路公司，收买唐胥铁路后开始展筑，并独立经营铁路业务。开平铁路公司是中国自办的第一个铁路公司。1887年，唐胥铁路展筑至芦台，1888年展筑至天津，1894年天津至山海关间通车，改称“津榆铁路”。1897年由天津通到北京城外马家堡。1901年延展至北京正阳门。1903年，完成沟帮子至奉天城以西的新民屯段。始称关内外铁路，它的北端终点只达到新民。后来因日俄战争爆发而停建。

1905年日俄战争期间，日军擅自在新民屯与奉天城郊外的小塔子之间续修了轻便窄轨铁路，即所谓的新奉铁路。1906年6月，日本成立了“南满洲铁路株式会社”，名义上虽是一个铁路公司，但实际上却是日本在东北进行侵略的大本营。日本对东北三省的侵略，特别着重于对铁路的掠夺。日本满铁株式会社成立以后，扩大侵略的第一步，便是和清政府交涉实现其夺取新奉（新民屯—奉天）铁路和吉长（吉林省城—长春）铁路的计划。

在战后的中日北京会议上，日本要求继续管理这条新奉轻便窄轨铁路，清政府则要求估价购回这段铁路权进行宽轨改造。谈判结果，决定以建造新奉铁路辽河以东段和吉长铁路所需之款各向日本借一半为条件，由清政府将新奉铁路赎回改建宽轨。

1907年4月15日，清政府和日本订立了《新奉吉长铁路协约》。7月，邮传部将新奉铁路改名为“京奉铁路”。1908年11月12日，中日双方又订立了《新奉吉长铁路续约》。按照以上条约，中国以166万元日金收买日本人所建的新民至奉天的军用铁路，并向南满铁道公司分别借款32万日元和215万日元，年利5厘，以辽河以东铁路产业、进款担保，以用于建造新奉铁路和吉长铁路。借款期限各为18年和25年，在限期未满前，不得偿清，因为借款期间，铁路总工程司和账房（即总会计）要聘用日本人（新奉路司账按“续约”改为可不派日本人），其他办事人员也要用日本人。这样，两铁路实际上都落在日本人控制之下。

京奉铁路赎回后，开始改建工程。京奉铁路局第四工程司设在奉天郊区皇姑屯。铁路对接后，从北京经由山海关到奉天的京奉铁路开通。当时，由于受到日本侵略者的阻碍，只能修到皇姑屯，终点站便设在了皇姑屯，叫京奉铁路终点站。从此结束了从关里（山海关以西）到奉天要在新民站下车，然后坐大马车赶往奉天城的历史。但是，皇姑屯距离奉天城还有2.5公里远，中间隔着南满铁路，交通十分不便。为此，清政府欲将京奉铁路延伸到奉天城根，将车站移到小西边门外。这本是清政府的内政，别国无权干涉。

但当清政府提出架设一座天桥横穿过南满铁路，并不影响南满铁路运输的要求时，却遭到日方的无理阻挠。此后清政府外务部两次照会日本公使，指出“造桥原系主权范围内之事”，[①]日本无权阻碍，但均遭日本政府拒绝。满铁的意图是借机迫使京奉铁路将其车站设于满铁站内，以便控制京奉铁路。1908年9月，日本内阁决议：“在现在的奉天车站与小西边门之间，敷设京奉与南满两铁路共同使用的路轨，再于小西边门附近修建共同使用的车站。”[②]清政府坚决予以拒绝。

关于此事，中日双方出现了纠纷，成为东三省六悬案之一。最后，作为一揽子解决东三省五案的交换条件，清政府与日本依据《东三省交涉五案条款》第5款，签订了有关京奉铁路由沈阳停车场展至奉天城根的协约——《京奉铁路延长协约》。该协约于1911年9月2日由清政府奉天交涉使许鼎霖、邮传部特派工程师孙多钰与日本驻奉天总领事小池张造、日本南满洲铁道株式会社工务课长掘三之助在奉天签订。共8条，附《工事方法书》1件7条。主要内容为：①两国同意京奉铁路由沈阳停车场展至奉天城根。②日本政府允令南满铁道株式会社，将南满线（今长大铁路）与京奉延长线交叉处之南满铁道线路提高建桥，使京奉延长线由桥下通过。其城根之停车场当设在小西边门北方1英里以内之地点。③中国政府允令京奉铁路总局在京奉铁路奉天城根停车场与南满铁道现在奉天停车场间敷设一直接联络之线路，以供行车便利。该联络线属于南满铁道奉天停车场界内线路，由南满铁道株式会社建设、管理。其界外之线路应

① 满铁钞存北京大使馆交通关系文书，京奉线关系往复文书，编号01／D／13，光绪三十三年十一月七日清外务部庆亲王致林公使照会。

② （日）《满洲交通史稿》第8章，第1节。

由京奉铁路总局建设、管理。④日本政府允令南满铁道株式会社为将南满铁道施工基面筑高并新筑桥梁起见，须造暂用铁道。所有上述建桥及本暂用轨道共计日金2.4万元，于以上各项工程落成之时，由京奉铁路总局交付南满铁道株式会社。⑤上述延长线、联络线及暂用轨道，限于本协约签字后3个月内完工，俾不误京奉铁路行车。⑥京奉铁路至奉天之列车有必须与南满铁道联络者（例如快车、通车），须先经过南满铁道奉天停车场，再由联络线达于京奉铁路奉天城根停车场。开行之列车有必须与南满铁路联络者，亦先由联络线经过南满铁道奉天停车场。但专车、货车及南满铁道无必须联络之列车均不在此列。⑦关于联络线列车转运及通信信号等事均照前定南满、京奉两铁道联络协约办理。如果京奉、南满两铁道关于此等事项以后有变更之时，应由两铁道互相协定。⑧本协约以中、日文各缮4份，中国邮传部、奉天交涉司、日本驻奉总领事馆、南满洲铁道株式会社各存1份为据。

总之，双方商定，由中国方面修建“三洞桥”，使京奉铁路从桥下通过，南满铁路在桥上通过，并建联络线。在连接处修筑火车站。1911年，此线路全线竣工。京奉铁路终于修到了奉天市区，车站设在皇寺北面，取名“奉天新站”，以区别南满铁路的奉天驿。至此，长达两年之久的京奉铁路延长案终于解决。这样，京奉线和南满线在皇姑屯处形成了上下交叉。

1913年，京奉铁路又修到小西边门（今市政府广场），车站移址重建，将原奉天省立第五小学校舍三栋平房改建为站舍，站名改为“奉天城站”，俗称奉天城根站，也叫“皇城根站”。1914年1月，在一条作为联络线的铁路的沟通下，京奉铁路和南满铁路开始联运。同年，皇姑屯车站正式启用。

## 二、马拉铁道公司

马车铁道，是在城市街道上铺设轻型铁轨，以马匹为动力，牵引着车厢在铁轨上行驶的一种公共交通工具。马铁的车厢是铁木结构的，很像旧式两轴四轮的有轨电车车厢。车厢两端设有驭座，避免了终点转向时的车厢调头。驭者座即是车夫的位置，有脚踏车铃和刹车装置供其使用。车厢设有四个门，左右两侧安置有长木椅坐及绳环扶手。由于摩擦力减小的缘故，这种马车的载客量大幅增多，共可容纳40人，速度也有所提高。但由于铁轨的限制，这种马车只能行驶在固定的线路上，然而，也正是这固定的线路，开始成为城市最早的公共交通线路。

其实，马拉铁道这种历史上曾经存在过的交通形式，并非中国所独有。早在1825年，在美国的纽约市举办博览会时，为了方便观众，就曾经铺设了一条马拉有轨车道。后来把电力应用于交通，出现了电车，代替了马拉有轨车。1887年，日本为了发展城市交通运输，曾把美国的这条“马拉铁道”设备购入国内，铺设于东京市的品川至上野之间，成为当时的一条重要交通干道。1903年，日本的“马拉铁道”也因被电车代替而拆除。

1906年（光绪三十二年）12月，在奉天的日本大仓组等八个财团，通过日本驻奉天总领事馆，向奉天府提交照会，要求按日本商法开办马车铁道株式会社，遭到奉天府当局及社会各界的拒绝。

1907年2月20日，奉天商部议员局长、参事官等六人，联名呈文上报盛京将军赵尔巽，推荐花翎分省使用道赵清玺招股创办的奉天马车铁道，以保利权而便商民。在日本驻奉天总领事馆的干预下，最后决定与日本财团合办奉天马车铁道。2月27日，盛京将军赵尔巽主持制定了《中日商办沈阳马车铁道股份有限公司条规》，[①]并决定由奉天府总商会出面，赵清玺为中方代表，与日本大仓组代表大仓喜八郎商定筹办沈阳马车铁道的有关事宜。

同年5月12日，中日合办奉天马车铁道的议案得到清政府邮传部的批准。6月24日，中日双方制定了《管理马车铁道章程》。9月12日，中日代表签署了《中日商办奉天马车铁道股份有限公司招股章程》。章程规定：兴修之铁道分为两区，由火车站（今老道口南侧）至小西边门为第一区；由小西边门至小西门为第二区。并且规定：公司自成立之日起，按照中历计算扣至15年为限，应由中国政府买收或令之解散。公司股本，只准招募中日两国商人。公司所招金股总计为1 900股。其中，中国创办人认股全额的十分之六，日本创办人认股全额的十分之四。[②]全部股金为19万元。值得注意的是，中方的股份是以11.4万元支付，日方的股份却是以提供在东京已弃用的马车和铁道设备来支付，合资7.6万元。

同年10月18日，中日商办沈阳马车铁道股份有限公司正式成立。公司设总经理1人，董事5人、监察3人、职员19人。其中，中方设总经理1人，董事3人、监察1人，职员14人。赵国廷任第一任总经理。

1908年1月4日，经过一年的筹建和施工，马车铁道由火车站（如今老道口南侧），经十间房、北市场至小西边门段首先建成通车。当时的《盛京时报》以四分之一版面刊载了马车铁道通车的广告：“沈阳马车铁道公司，自火车站起到

① 沈阳市公路·公共交通史编委会：《沈阳市公路·公共交通史》第1卷，沈阳出版社1992年版，第77页。

② 辽宁省档案馆藏：《奉天军督部堂档》，第17772卷。

小西边门开通，车票每张洋半角”。第一区马车铁道通车后，小西边门至小西门的第二区马车铁道也相继建成通车。其营业线路长度4.03公里。当时有马车27辆，马73匹。

1910年10月3日，“南满”铁路奉天驿（如今沈阳站）建成。马车铁道也随之向西南延长1.2公里，使当时的马车铁道营业线路全程达到了5.23公里。两年后，改两匹马拉车为四匹马拉车。当时马车增加到29辆，马匹增加到200匹。每天可往返运行160个车次，日平均运客量7 000多人次。规定的乘车费：奉天驿，旧奉天车站，十间房，小西边门一带，每区铜元三枚；小西边门与小西门间铜元四枚；车站前至小西门，计奉小洋一角三分。

沈阳的马车铁道连接着沈阳城区与“满铁附属地”，而且是南满铁路奉天驿与京奉铁路沈阳站的交通联络线，客流量很大，营业繁忙。日本财团在合办马车铁道的事业中收益颇丰，仅从1908年1月建成通车，到1916年末，九年多一点的时间里，年均运送乘客132.6万人次。

## 三、人力车、畜力车运输

沈阳地区在古道交通年代，城市的主要运输工具是人力车和畜力车（即马车，包括玻璃马车、皮栅马车和旧式轿马车等客运马车）。直到近代交通兴起后，内燃机汽车才开始占有重要地位，逐渐替代了人力车和畜力车的运输方式。但是，在汽车运输的早期阶段，汽车的数量很少，并且由于道路条件差，桥涵短缺，因此，仍然要依靠人工驾驭的马车和人力车来承担沈阳城乡、车站港口的短途客、货运输。

在“中东铁路”的修建时期，四轮俄式马车与俄国人一起涌进了沈阳。日俄战后，沙俄败北，但这种铁皮结构、带雨棚、客人与驭手相分离的大马车却留了下来，之后的几十年里，成为沈阳城市交通的主要工具之一。

后来，又逐渐兴起了日式马车，这些日式马车比俄式马车规格小一些，也不需要大洋马拉套了。

人力车是日俄战后在沈阳出现的，是从日本不引自进的。这种两轮“客车”是铁皮结构，多为一人所乘。与马车相比，人力车的规模要小得多，而且其动力来源是靠人力车夫的双脚运动和体力消耗。因为人力车来自日本东洋，因此当时也被称为“洋车”、“黄包车”。这种车在中国屡见不鲜，沈阳的人力车夫在兴盛时有几千人之多。

## 四、颁布新的交通规则

1902年（光绪二十八年）5月上旬，奉天警察局总办荣德和帮办丁立槿觉得奉天街路狭窄，车马行人往来多有不便，于是拟定了车马行路章程，呈报给盛京将军增祺。增祺对这件事情非常重视，于5月14日将此章程正式颁布实行。从此以后，奉天开始实行右侧通行的交通规则。

1915年8月，奉天巡按使公署颁发了新的交通规则，包括《通行管理道路章程》、《通行管理运货车辆章程》、《通行取缔自转车（自行车）章程》。交通规则规定：车马停驻不得妨碍道路交通；车马行人一律从道路左侧行走。

# 第九章
# 奉系军阀形成时期的奉天

- 张作霖独霸省城军事大权
- 张作霖欲掌控东北
- “奉天人治奉天”

奉系军阀是北洋军阀主要派系之一。因首领张作霖长居奉天，且以奉天为势力之中心故称奉系。奉系军阀，发迹于清末民初的乱世之秋，崛起于民国的动荡时期，统治东北长达十余年。奉系军阀的崛起以首领张作霖被任命为民国陆军第二十七师师长为标志，其崛起过程与张作霖本人的发迹是同步并行的。1911年，张作霖借辛亥革命浪潮席卷东北之机，以“勤王救驾”为名进入奉天省城。挤走蓝天蔚、诱杀张榕，效力于赵尔巽，取悦于袁世凯，终于在1912年9月11日，当上民国陆军第二十七师师长。从此，张作霖原来地方治安性质的巡防营变为陆军师团，奉系初步崛起。之后张作霖在同北京袁世凯中央政权斗法的过程中，不断蓄积力量，逐渐成长和壮大，并架空当时的奉天都督张锡銮，逐步攫取了奉天的军事大权。1915年12月，张锡銮被排挤出奉天，但张作霖却未能如愿坐上奉天将军的位置，继而代之的乃是袁世凯的心腹段芝贵。张作霖又开始了与段芝贵明争暗斗的历程。1915年12月12日，袁世凯发表申令，接受帝制。随着袁世凯的没落，张作霖见风使舵，假借出兵援湘之名，赚取袁世凯大量饷械，奉系军事实力进一步增强。又与冯德麟密谋策划，不费一兵一卒，用威逼恐吓手段吓走段芝贵，如愿以偿地当上了奉天省督军，获取了奉天的军政大权。从此进入“奉天人治奉天”阶段，奉系进入了发展最快的时期。

1916年6月6日，北洋军阀的黎元洪继任总统，段祺瑞为国务总理，掌管北京政府的实权。7月6日，大总统黎元洪发表申令，省督理军务长官改称督军，民政长官改称省长，旋即张作霖改任为奉天督军兼省长。至此，张作霖奉天最高军政长官这一位置基本稳定。而后张作霖与段祺瑞相勾结，在日本帝国主义支持下，继续发展自己的权势。首先在奉天省内排除异己，解决因军警之争起而反张的汤玉麟，并趁张勋复辟帝制之机彻底根除与其对立的冯德麟，并趁机将二十八师收归己有，统一奉系全境。秉政之初张作霖便积极搜罗人才，重用王树翰、王永江治理奉天财政，解决经济危机。为巩固自己的地位，张作霖采取许多措施来防范和打击宗社党的颠覆活动，逐步解除政治危机。1918年7月，张作霖从北京政府获得了东三省巡阅使的头衔，为他主政东北创造了条件。从此，张作霖即以东三省巡阅使的名义，在东北发号施令。1919年夏，再向吉林夺权。他一方面唆使吉林绅士控诉吉林督军孟恩远罪状，分派代表赴京、奉，恳请罢黜孟恩远，同时调动军队到吉林周边。同年7月，终于在日本制造“宽城子事件”的支持下，不战而胜孟恩远，控制吉林军政。至此，张作霖多年来想统一东三省，建立“东北王国”的夙愿得以完全实现。东三省统一后，奉系形成了巩固的军事集团。

## 第一节　张作霖独霸省城军事大权

### 一、张作霖被任命为民国陆军第二十七师师长

张作霖及奉系军阀的崛起，是在辛亥革命时期。1911年10月10日，辛亥革命爆发。革命烈火迅速蔓延到了东北，武昌起义的成功，使奉天新军和谘议局中的革命党人张榕、蓝天蔚、商震等人精神大振，他们秘密召开会议，设置革命机关，准备驱逐赵尔巽，谋取东三省独立。革命党人的活动，使得东三省总督赵尔巽惊恐万分，急于召兵自卫，镇压和防范革命党人，维持清廷的统治。然而，此时奉天的驻防陆军已无兵可调。10月29日，驻守新民、锦州的奉天陆军第二十镇统制张绍曾与驻守北大营的新军第二混成协协统蓝天蔚和驻守长春的第三镇代理统制卢永祥等联名致电清政府，提出十二项条件，实行“兵谏”，随后第三镇被调回关内。赵尔巽对奉天唯一驻军新军第二混成协不信任，决定利用和他有渊源的地方军来牵制新军及镇压谘议局，以维持奉天秩序。

这一时期的张作霖已具备较强的军事实力和政治资本，并早已觊觎省城政权。多方寻找进驻省城的机会，他在奉天建立了自己的办事处，多方奔走，结交了不少军政人士，尤其是与奉天谘议局副议长袁金铠关系甚密。在省城急需兵力的情况下，加之袁金铠的极力保荐，赵尔巽决定首先调张作霖的前路巡防队进驻奉天。11月8日，张作霖接到赵尔巽调其进驻省城的急电，在亲自把电报交洮南知府孙葆瑨审阅后，当晚便率领马队两营出发，即马三营，管带张景惠，马四营，管带孙烈臣，昼夜兼程，于11月11日到达省城。次日，在奉天保安公会成立大会上，他以武力威胁革命党，稳住了奉天局势，保住了赵尔巽的位置。事后，赵尔巽对张作霖更加信任，立即再调张作霖前路马一、步一两营进驻奉天。张作霖为防事情有变，要求两营在九日内迅速赶到省城，部队轻装出发，每兵随身仅装械子弹二百粒。前路马一营管带张作相，步一营管带依钦保，此二人均骁勇善战，是张作霖的得力助手，前路两营的调入使张作霖在奉天兵力加强，进一步稳住了脚跟。其他三营在12月12日与吴俊升部换防以后也陆续调到近省城的开原、昌图、法库一带。进驻奉天后，张作霖镇压革命党有

功，成为赵尔巽所倚仗的头等人物。1912年11月，赵尔巽又将中路巡防9营拨归给张作霖统辖，张作霖直接指挥的兵力增加到16个营。随后，命孙烈臣带领马四营回到辽南成为前路帮统，分带3个营。至此，中前两路的18个营兵力完全在张作霖的掌管之下。军事实力的不断增强使张作霖成为奉天军政两界炙手可热、举足轻重的人物。

依靠张作霖的军事实力，赵尔巽先是迫使新军将领通过了他提出的“保境安民”的主张。这个主张实质是反对革命，继续保皇。继而又在奉天国民保安公会上贯彻他的保皇主张，成立了由赵尔巽为会长的奉天国民保安公会，继续代表清廷行使皇权。在这个过程中，张作霖参与了对革命党人的血腥镇压。武昌起义爆发不久，奉天省的革命党人经过反复争论，最后决定以和平手段夺取奉天政权，进行东北革命。他们决定以维持治安为名，成立“奉天全省保安会”，逼走赵尔巽，推举蓝天蔚为关外都督，吴景濂为奉天省民政长，实现东三省独立。1911年11月12日，革命党人以奉天谘议局的名义召开保安工会成立大会，绅商各界到会的有二百多人。赵尔巽到会，他带来了张作霖，会上还有他的支持者袁金铠等人。此次会议，赵尔巽也早有准备。他派张作霖在会场内外布置人马，持枪待命，明施压力。会上革命党人强烈要求赵尔巽宣布独立。

随后，赵尔巽和张作霖挤走了蓝天蔚。11月14日，赵尔巽札令“查有第二混成协蓝统领天蔚，志趣远大，识见明敏，堪以派赴东南各省考察此次战事之实情、公众之意见，并传布奉省保安会宗旨，以谋国民之幸福。为此，札委札到该协统，即便遵照，克日前往妥办，随时报告。”张作霖又以武力相威胁，逼走蓝天蔚。蓝天蔚等离开东北后，革命党人所依赖的兵权丧失，各派有分崩离析之势。张榕与革命党人张根仁、柳大年等积极策划成立一个革命组织，以把分散的革命力量组织起来。他们就成立了奉天联合急进会。推举张榕为会长，柳大年等为副会长，密谋武装起义。他们派人到辽阳、海城、海龙、兴京各地，运动军警，组织民军，参加民军的有一万多人，形成了一股声势浩大的革命势头。赵尔巽早就派张作霖秘密监视张榕的一举一动，同时让张作霖和张榕虚与周旋，待机而动。1912年1月23日晚，张榕被张作霖派人杀害，查抄了张榕的家，接着又查抄了张榕哥哥的家。当晚，张作霖又派人杀害了张榕的助手革命党人宝琨和田又横。以后几天，继续大搜捕，有一百多人被杀，白色恐怖笼罩整个省城。对这次血腥的反动暴行，张作霖向赵尔巽专门写了一个呈文，以表其功。赵尔巽批示：“该统领不动声色，连毙三凶，实足以快人心，而彰显戮。”由于张作霖镇压革命有功，赵尔巽多次上奏清廷为张作霖邀功“张作霖骁勇善战”，请朝廷“破格升赏，以资鼓励”。经赵尔巽的保奏，清廷任命张作霖为关外练兵大臣，赏戴花翎，以总兵简放，并将其所部改为第二十四镇，成为一个师的建制，授为统制（师长），并兼奉天巡防营总办。至此，张作霖在军事上又向前迈进了一大步。[①]

1912年3月15日，袁世凯下令将“东三省总督改成东三省都督”，赵尔巽在张作霖的武力支持下，变为民国东三省都督，依旧统治着东北。此后的东北革命党人，继续转入地下，在庄河、开原、海城、复县、锦州、哈尔滨等地开展武装斗争。群众在革命党人的宣传下和策划下，抗捐抗粮斗争此起彼伏。6月19日，驻奉天北大营的陆军第二混成协“兵变”，就是军队起义中规模最大的一次。第二混协旅第三标士兵，在革命党人孙祥夫的鼓动下发生了哗变，哗变士兵有组织的直扑北大门，与张作霖的守城士兵发生激烈枪战，枪声震耳欲聋，火光冲天，经过一昼夜的鏖战，终因寡不敌众全军覆没。8月3日，赵尔巽向袁世凯呈报镇压北大营兵变的情况。8月15日袁世凯在批复中除了表扬都督赵尔巽办理甚合机宜外，还特别提到“统领张作霖等防守出力，饬陆军部核给奖叙”。当日，赵尔巽饬度支司，拨款奖励张作霖等人。赏给张统领所辖各营小洋一万五千元。张作霖在镇压北大营兵变中又立头功，不仅受到赵尔巽的嘉奖，而且还受到袁世凯的赏识。“兵变”之后，第二混成协被调入关内，张作霖所部成为奉省实力最强的武装力量。

张作霖部队实力的增强与其镇压革命有功是同步进行的。1912年4月1日，为加强对军事机关的掌控，赵尔巽将巡防营务处与筹备局合并，改名为东三省军备处，并自兼总办，大力支持张作霖扩充部队。4月11日，张作霖要求将由张锡銮任山西巡抚时带走，又由管带刘景元带回奉天的一营护卫队编入自己部下，赵尔巽即予批准。接着赵尔巽允诺“为前路帮统加添两三哨”，张作霖又将辽中县巡警和预警编为一营收归部下，并将该营编为前路马队第六营。由于沙皇俄国接连制造库伦外蒙古“独立”和黑龙江省“呼伦贝尔独立”事件，内蒙古各旗均受影响，奉天省西北一带形势紧张。借此时机张作霖于7月16日呈请赵尔巽为其扩充部队增加军备。赵尔巽批示粮饷局按张作霖拟购军需物品数目清单核发，一次拨银三万两，添购了4966套洋毯、背包、水壶、镐头、斧子、锯等军需物品。至此，张作霖所辖兵力为巡防前路马队6个营，步队十个营，巡防中路马步队共10个营，总计30个营，另外还有辎重兵、炮兵等。随着兵力的增多和军事力量的增强，张作霖认为巡防营已经满足不了自己的要求，巡防

① 王益如：《辛亥革命与张作霖》，《吉林文史资料选辑》第4辑，1983年版，第61页。

营制对其下一步发展是一种束缚。8月16日，他提出将自己所辖部队改变为陆军一镇，并要求拨款二万元，以备应用。赵尔巽表示同意。但部队由巡防营改编为陆军不是都督权限范围内可以批准的，必须经北京政府批准，并给予正式番号。赵尔巽便向袁世凯提出申请并大力保荐，而袁也想继续笼络张作霖。9月11日，袁世凯发表临时大总统令，宣布对东三省的军队进行重点改编。命由张作霖任统领的原中路、前路巡防营改编为国家陆军第二十七师，师部设在奉天省城，所属部队驻扎省城附近及辽南、辽北一带。任命张作霖为师长，陆军中将衔，特授勋五位。同时任命冯德麟为第二十八师师长，师部在北镇，所部驻于西北各地。

陆军第二十七师的编制因此有了很大的提升。由原来马步单一兵种的落后部队改编为多兵种合成的先进部队。有5个兵种，即步兵2个旅，骑兵2个团，炮兵1个团，工兵1个营，辎重兵1个营。相对而言，该部队装备精良，面目一新。其编制序列是：步兵第53旅，旅长依钦保（1913年调出，由汤玉麟接任），下属2个团，分别为步兵第105团，团长张景惠、张麟书和步兵第106团，团长邹芬，2团各下属3个营。步兵第54旅，旅长孙烈臣，下属2个团，分别为步兵第107团，团长蔡永镇和步兵第108团，团长马凯，每团也下属3个营。骑兵第27团，团长张作相；骑兵第28团，团长张景惠，两团各下属3个骑兵营。全师总计官兵7 262人。

汤玉麟、孙烈臣、张景惠、张作相等都是张作霖的亲信，包括旅团营连排各级军官，大部分是张作霖"保险队"或团练时的旧部，多出身绿林。因此，陆军第二十七师名义上虽为国家的军队，实质上却是张作霖的私家军。军官上下级之间、官兵之间、兵兵之间，是用亲戚、乡党、盟友、帮派联系在一起的。他们以帮派利益和兄弟义气为纽带，结成了牢固的封建群体。他们只听命于张作霖一个人的指挥。这些人在跟随张作霖的过程中，积累了一定的战斗经验，但不通文墨，不懂军事专业知识，整个二十七师从整体上看是文盲掌军。张作霖虽出身草莽，但却十分注重部队素质的提高。早在巡防队时期，奉天举办东三省讲武堂，由日本陆军士官学校毕业的熙洽等人任教官，张作霖就积极支持营级以上的军官接受军事教育，但由于他们文化基础太差，并未有明显收效。当了第二十七师师长后不久，张作霖为把自己的部队训练成像样的正规军，又把提高部队素质、重视军士教育提上日程。1912年10月5日，他呈请赵尔巽"敝师业经防为陆，诸务纷繁均宜筹备，而教育一端尤为急务，所有各旅团大小将佐，于战事训练指挥，内外学术，亟应设立讲堂集合研究，以期造就而重武学。惟所需堂舍仪器桌凳，一切教品添购为艰。师长愁思至再，查有东关讲武堂旧院，陆军小学现已毕业停办，一切房屋器具均已闲。业将六百团部及步队两连移驻该院，其余房舍器具仍拟拨归师部，作为随营讲堂，以备官长讲求武备之用”。赵尔巽批准了他的请求，这就是东北陆军讲武堂前身。张作霖在第二十七师还举办了军官团和军士团，分步、骑、炮、工、辎5种兵科，以讲武堂毕业的阚朝玺为两团教育长兼军官团团长，以加强对军官、军士的教育训练，提高军事素质。

当时除了张作霖的第二十七师之外，东三省还有三支部队。其一是冯德麟的陆军第二十八师，是由原巡防营左路改编的，编制2个旅。冯德麟任师长，张海鹏、汲金纯分任旅长，驻北镇。军力显然弱于张作霖的二十七师。其二是由原巡防营后路抽调一部分改编为陆军骑兵第二旅，吴俊升任旅长，兼巡防营统领和洮南镇守使，负责奉省西北的地方治安，驻洮南。其三是巡防营右路未变，由东边道镇守使马龙潭统辖，仍驻原地凤城。这三支部队，其装备、数量、兵种、驻地等，都不能和张作霖的陆军第二十七师相比。正如袁金铠对张作霖分析的那样："今我省握有军队者，除师长外，即冯德麟、吴俊升、马龙潭等人。冯虽是正规军队，但照师制尚缺三营（缺少炮、骑、步各一营），内部亦不调和。吴、马军队是巡防营编制，均无重炮，又分散各地，集中颇不易，况吴贪而无厌，马老而无能，均无大志……"[①]张作霖正是以第二十七师为资本，夺取了奉省乃至整个东三省的军政大权。

## 二、张作霖与北京"斗法"

张作霖当上中将师长后，一心想夺取奉省最高统治权。袁世凯对张作霖采取的是既利用又限制的策略。他一方面利用张作霖的武力来维护奉天的统治，壮大北洋军阀的势力；另一方面又怕张作霖脱离了自己的控制和指挥，极力想控制住张作霖。1912年8月3日，袁世凯下令改东三省都督为奉天都督，不再兼辖吉林、黑龙江两省。因此，赵尔巽便由东三省都督降为奉天一省都督，他以病体难支为由呈请辞职，于11月初回到北京，任清史馆馆长。9月9日，北京政府任命原直隶总督张锡銮为东三省西边宣抚使，统一指挥东三省剿抚乌泰的叛乱。11月16日，袁世凯任命张锡銮为奉天都督兼奉天民政长，接替了赵尔巽的职务。1914年6月30日，根据大总统令各省都督一律裁撤，张锡銮改任奉天巡按使，旋又改任奉天将军，授镇安上将军，节制奉天、吉林、黑龙江的军务。

---

① 赵夏山：《我所知道的袁金铠》，《吉林文史资料选辑》第4辑，第214–215页。

这一改派，袁世凯是经过慎重考虑的。张锡銮是袁世凯非常信任的人。而且张锡銮原在奉天任过奉天巡防营务处总办，那时张作霖任前路巡防营统领，冯德麟任后路巡防营统领，他们两人都是在张锡銮的手里招抚过来的。清朝末年，张作霖和冯德麟虽已升为前后两路巡防营统领，可是见了营务处总办张锡銮，就只能伛腰站班，特别是张作霖对张锡銮还有拜为义父的一段关系。因此，袁世凯认为由张锡銮接任奉天都督可谓人地两相宜。同时，由于东北问题复杂和混乱，袁世凯极度担心对东北的统治，打算利用张锡銮来约束张作霖。

张作霖靠近袁世凯的同时，又不断在扩大自己的势力与影响。奉省都督张锡銮由于不堪忍受张作霖的骄横霸道，多次向袁世凯提出辞职。袁世凯打算把张作霖调开，升为黑龙江将军或护军使，以调虎离山、明升暗降之策以解决两张之间的矛盾。张作霖知道，奉天居东三省之首，政治、军事地位十分重要，又是他起家的大本营，岂能轻易离开。1914年8月，袁世凯企图给张作霖一个仅次于督军地位的“护军使”头衔，将张作霖调往内蒙古。得到此消息，张作霖大怒，于8月28日立即致电陆军总长段祺瑞表示不满：“辛亥、癸丑之役（指辛亥革命和二次革命时期），大总统注意南方，皆作霖坐镇北方之力。今天下底定，以谗夫之排挤，鸟尽弓藏，思之寒心！中央欲以护军使将军等职相待，此等牢笼手段，施之他人则可，施之作霖则不可”。[①]并且鼓动奉天绅商、巨贾上书袁世凯：“张师长生长奉土，习知奉事”，“若以库伦镇守使之职，移节蒙边，则中外商民必多心不安者”[②]。张作霖对袁世凯的命令拒不执行，态度强硬。袁世凯因忙于破坏革命，不再坚持调离张作霖。

张作霖对袁世凯既奉迎又反抗。一方面极力讨好袁世凯，以便取得信任、支持和提拔。1914年10月，他又拿获所谓“图谋三次革命”的反袁人士，向袁世凯表功。经张锡銮呈报后，袁世凯赏银二千元用以鼓励。另一方面，张作霖又不甘心受袁世凯的摆布，抓紧一切可能的机会，扩充自己的武装力量，排挤袁世凯派来的心腹。

张作霖不但在军事上，设立士官学校，培养青年将校，聘请日本顾问，训练士卒，积极扩充实力，而且在财政经济方面，也积极准备。首先着眼于在省城储备军粮，经营三畲粮栈粮谷批发庄，秋收时收购所需粮谷以备万一。另外还开设三畲银号钱庄、三畲当铺，试图掌握省城的经济大权。张作霖与北京政府的关系貌似紧密，实则各有打算。袁世凯既想利用张作霖的武装来维护奉天

---

① 《1914年日美拉拢中国参战密报》，《近代史资料》，1962年第2期，第33页。

② 《盛京时报》，1914年9月12日。

的反动统治，以壮大其北洋军阀政府的势力，又想把张作霖的行动限制在他所掌控的范围内。而张作霖既想得到袁的信任和提拔，又并不甘心受其摆布。张作霖在与袁世凯“斗法”的过程中，不断蓄积力量，逐渐成长和壮大。

### 三、张锡銮被架空

张锡銮（1843—1922），字金波，又字今波、今颇。浙江钱塘县人。国子监弟子出身。1875年（光绪元年）为讨伐土匪被派遣奉天以来，历任锦州凤凰厅候补道、通化县知事、锦县知县等职。曾参加中日战争，奋战于宽甸。1908年（光绪三十三年）9月，清政府派张锡銮为奉天巡防营务处总办，担当整理军备之重任。此后不久，张锡銮改编防军，收编了张作霖、冯德麟等匪部，张作霖还拜其为义父。张作霖被任命为巡防五营统带官，并接受命令调防郑家屯。这在当时属于特殊提拔。1909年（宣统元年），张作霖又被张锡銮任命为奉天前路巡防队统领，进而调驻洮南，负责讨伐蒙古土匪。转任洮南时张作霖把原有的五营又增加了两营，从而共统率七营三千五百名部下。张作霖以洮南为中心，势力不断扩大，受到张锡銮的最大庇护。1914年6月，张锡銮任奉天将军，授镇安上将军，节制奉天、吉林、黑龙江三省的军务。作为东三省的最高军政长官，不仅拥有了与清末东三省总督相等的职位，还兼任奉天民政长和巡按使职务。张作霖借助他与张锡銮的特殊关系，不断索要军饷，添加军械，扩充军事实力。素有政治野心的张作霖非常重视对官兵军事素质的培训，为提高部队的战斗能力，想方设法不断增加军备。1913年8月至1914年8月这一年间，正值奉省财政困难达到极点，库存空竭的状态。1913年，奉省财政入不敷出的亏空程度竟达到992万余元。即便是在此种情况下，张作霖仍以“筹备战事急需”，“若不及早采购，诚恐临时措手、致误要公”等理由，采购战马1 200匹，又添购各项军用品，共计用款30万两。此款项由张锡銮与中央陆军部电商核准，最后是中央拨款一半，奉省自筹拨一半的方式解决。1915年，张作霖又提出将其二十七师驻地北大营的3 550余间房子全部拆旧翻新，预计需要款项44万余大洋，张锡銮又向中央陆军部申请，无论财政多么困难，一定要先其所需解决。后又因添设枪支弹炮，造成奉天省财政厅积欠德国高达160余万马克。1913年5月29日，张锡銮以奉天电灯厂、电话局和商埠地作担保，与“满铁”签订60万日元借款合同，以充奉天省军政开支。9月17日，张锡銮又以奉天省烟酒、牲畜等税收为担保，与“满铁”签订200万日元的借款合同。

张作霖开始拓展社会交往，扩大政治影响力，积蓄参政资本。他认为：“为政之道，首在得人，而幕僚一职，左右匡襄，所系尤为重要”。为此他不断结交社会各界人士，府上每日宾客如云，文武聚集。袁金铠，调任北京作清史馆协修和参政院参政后，回奉天常住张府，为张作霖出谋划策，帮助张作霖拓展政界交际能力。后来奉省政界交涉使于冲汉、财政司长荣厚、都督府的参谋张仁等要职官员都是张作霖府上的常客。一些社会名流也与张作霖交往密切。包括东三省官银号总办孙百斛、监理谈国桓，奉天法政学堂监督关海清，奉天教育总会副会长曾有翼等人。就连张锡銮有时也要亲自去造访，张作霖的府第逐渐变成了奉省的军政活动中心。久而久之，一些不在省城任职的官员遇事也要找张作霖商量。无论与其有无关系的事情，都与他相商或征求他的意见，事先必使他与闻。甚至连都督署内的官员任免，他也干预。如督署军务课课长张恕被调离后这一职务出现空缺，这本是张锡銮可以独立决定的事情，张锡銮本来拟定由督署参谋熙洽升任，但张作霖执意保荐陶冶平。陶冶平虽也是督署参谋，但位列熙洽之后，结果就只能按照张作霖的意图加以调任。此时的张作霖已经成为奉天最大的实力派，军事实力远在其他各部之上，并且聚集了一大批很有影响力的政治势力。

张作霖除了揽招政治势力，自己也开始积极参与政治，多次向北京政府国务院上书，以改变自己一介武夫的形象。1914年3月，他首次上书条陈关于奉省教育存在的弊端问题，上书意见得到了袁世凯的认可，并批到国务院，国务院函告教育部，后由教育总长给各省民政长发出训令："查该条陈所述奉省办学各弊，大致可约为二端：一在靡费过多，得不偿失；一在教授管理不得其人，坐是仅拥学虚名，绝少实效。惟此二弊不仅奉省为然，各地办学徒事铺张，不求实际，致糜巨款而收效少者，在所多有"。特"由教育部通令各省民政长严行整顿，加意维持"，并将此通令刊载于《政府公报》。同年6月，张作霖又向国务院呈送"时政条陈"，内容多达数千条。其中张作霖重点提出到"行清赋换照以增课税"、"整顿各属巡警以清积弊"、"买放王旗庄地以恤民艰"和"开辟洮南土地以资重镇"等几个方面的问题。国务院审阅后，国务卿徐世昌特意向奉天都督兼巡按使张锡銮发出公函："据张师长作霖条陈时政一件，当经详加核阅，择要录呈大总统鉴核。奉谕堂核采分行，等因。相应粘抄核采各条函达贵都督查酌核办，并转行该师长知照"。张作霖多次上书条陈时弊，无外乎是想显示其不仅善于带兵打仗，还对奉省的情况了如指掌，完全有能力治理好奉省。

张作霖势力的不断上升引起了日本方面的重视。善于分析形势的张作霖深知，在日本人的势力范围内，只有取得日本方面的支持，才能站稳脚跟，渐次发展。为此，他曾讨好日本人，以图取得日本方面的好感，得到日本进一步支持。早在1912年1月26日，张作霖就迫不及待地拜访过日本驻奉天总领事落合谦太郎。之后又多次向日本领事示好，由于他的职位较低，而且过于殷勤，不免引起日本当局的怀疑。日本外相指示落合总领事，只可同张作霖“保持联系，互通声气”，不可“过于深入”。张作霖势力不断上升，成为奉天举足轻重的人物后，才真正引起日本方面的重视。当时日本驻奉天的代理领事矢田七太郎向日本军部和外相报告，认为野心毕露的张作霖是他们策划“实现满蒙独立”可以利用的人物，并得到外相石井菊次郎的认可和支持。张作霖在靠近袁世凯的同时，还是不断地和日本频繁往来。1912年12月11日，日本关东都督福岛安政来奉，张作霖秘密拜访了他，希望得到他的援助。以后，张作霖又拜访了日本奉天满铁公所所长左藤，进一步表示对日本亲善之意。1913年12月4日和12月27日，张作霖又两次拜访日本关东都督福岛安政，明确表示他“打算作奉天省都督”，“希望得到日本的具体援助”。1915年10月16日至21日，段芝贵派张作霖代表他到朝鲜汉城参加农产品博览会。其间，他与日本驻朝鲜的军政人士多有接触，并乘机会见了日本驻朝鲜的总督寺内正毅，对寺内极尽拉拢之能事。后来，寺内正毅当上了日本内阁总理大臣，权倾一国，更方便张作霖与日本的往来。获取日本的支持是张作霖扩张势力的又一个基本策略。

张锡銮虽然是张作霖上司，但是，张作霖并没把他放在眼里，对张锡銮是表面逢迎，暗地排挤。头一两年张锡銮在张作霖的军事扩张上给予大力支持，张作霖感觉对张锡銮尚有需要，两人还能相安无事。但随着军事、政治和外交等方面实力的增强，张作霖羽翼日渐丰满，不再把张锡銮放在眼里，还盛气凌人，直接显露出对张锡銮的排挤之意。张锡銮名义上是奉天将军，实际上处处都受张作霖的控制。张锡銮把当年仅为新民府营长的张作霖，一再提拔重用，并推荐给东三省总督徐世昌，且明里暗里加以推崇庇护，但最终还要被张作霖压制进而取代。张锡銮不愿事事受到张作霖的掣肘和压迫，一再以“奉省事务繁多，老病之身不胜重任”为由向袁世凯提出辞呈。袁世凯则以“东三省之事唯卿可倚”相谕慰而挽留，因此奉省将军更迭之事一直悬而未变。张锡銮的辞呈更坚定了张作霖取而代之继任奉天将军的决心。1915年张作霖曾两次赴京，“秘密接纳政府要人，试图运动继任奉天将军的职务”。这在当时的《盛京时报》都有报道，已经不是什么秘密。对这种报道，张作霖并未加以制止，他想以此舆论给张锡銮造成一种压力，以便逼迫张锡銮主动离职。此时，张锡銮深感有职无权，处境越来越尴尬，加之年近八旬，在进京述职时又一次向袁世凯提出辞职。这次袁世凯决定以一举两得的办法解决张锡銮辞呈问题，将张锡銮与湖北都督段芝贵对调。

1915年8月22日，张锡銮被调任“彰武上将军”，督理湖北军务。张锡銮很满意这个对调令，他得意地写了两首诗，一首留别僚属说：“一身去就等鸿毛，回首辽天夜月高。独驾飞轮先马卒，恐教别泪染征袍。”一首留呈段上将军说，“武昌开府驰名久，百战功高上将才。愧我筹边无善策，十年悬耻待君来。”张锡銮没有想到，他虽然脱离了奉天的张作霖，湖北那边的第二师师长王占元也不表欢迎，未能赴任，滞留北京。12月22日袁世凯令，“彰武上将军督理湖北军务张锡銮着开缺，留京当差”，改授将军府“振威上将军”，兼参政院参政。张作霖排挤张锡銮的目的达到了，但是，奉天将军的位置袁世凯没有给他，而是给了心腹段芝贵，对张作霖则示意“他日有机会予以提升”，尽力表示安抚。

## 第二节　张作霖欲掌控东北

### 一、段芝贵督奉

段芝贵，字香岩，同治八年（1869）生，安徽合肥人。光绪十二年（1886）入北洋武备学堂，毕业后赴日本。光绪十八年（1892）回国。回国后曾在袁世凯新建陆军学校里任职。他曾经任武卫军总司令，被授陆军上将军衔，之后又出任了陆军第一军军长。1914年授彰武上将军，管辖湖北的军政。段芝贵和赵秉钧、段祺瑞、王士珍同为袁门四大天王之一，与袁世凯关系极为密切。“二次革命”时，第二师开进湖北，王占元自认为他是湖北都督的唯一候补者。不料袁世凯把段芝贵调到湖北来，王占元心中极为不满。王占元自然看不起这个赤手空拳的上司，而段芝贵也不满于王目无长官的态度。段芝贵因不能忍受部下的压力而多次进京辞职。袁世凯又认为段是本人的心腹，湖北的地位很重要，王占元还没有做上将军的资格。因此不止一次地劝段芝贵仍然回到湖北。段芝贵每回到湖北一次，王占元的态度就更加骄横一次。张锡銮与张作霖的关系和湖北段芝贵与王占元王的关系一样，都已经到了水火不能相容的程度。袁世凯深知奉天和湖北问题都不能再拖下去了，于是他将张锡銮和段芝贵对调。这个解决办法是基于两方面的考虑，首先，袁世凯知道段芝贵的父亲段有恒曾在张作霖被招抚时曾作过他的保人，张作霖同段芝贵的私交非同寻常，当年，张作霖为了讨好袁世凯，曾拜段芝贵为老师，段芝贵在袁世凯面前为张作霖竭尽好话。对张作霖而言，段家父子对他算是有恩的。知恩图报，段芝贵调任到奉天任都督应该得到张作霖的拥护，至少不会受张作霖的气。另一方面，张锡銮与湖北的王占元素不相识，二者未曾有任何往来，并无恩怨纠葛，张去湖北也应该是没有障碍的。1915年8月22日，袁世凯发布策令，任命张锡銮为彭武上将军，督理湖北军务；段芝贵为镇安上将军，督理奉天军务，并节制吉林、黑龙江两省军务。袁世凯远调段芝贵到东北还有个不好明言的原因，就是为其称帝做准备。东三省是清朝的发祥地，一直被认为是“宗社党”的策源地。如果不是恢复宣统帝制，自然会遭到“宗社党”的反对。有鉴于此，袁世凯乘张锡銮辞职之机任命段芝贵督奉，一方面镇压反对派，另一方面促进拥护帝制，削弱张作霖的势力。

调令发表后，段芝贵于9月6日到奉接任，张锡銮于9月8日离奉去京。9月18日，袁世凯将奉天巡按使张元奇调去任内务部次长，段芝贵兼署奉天巡按使，被封为一等公，奉省财政及司法行政事务统归段芝贵监督。段芝贵以为一切大权都已到手，便向袁上“感激下忱”之呈文：“芝贵治谱多疏，政条勉习，前拥双族而出镇，今兼五术以观风”，十分得意。段芝贵这次来，袁世凯怕他发生意外，专门给他一个团的卫队，都被他留在了京畿滦东一带，只带了十几个随身侍卫。到奉天以后，没有住在张作霖事先安排的公馆，而是先在二十七师司令部下榻，表示了对张作霖的信任和亲近。张作霖心中明白，这是袁世凯借他与段有恒的关系，派段芝贵来辖制自己，但他并没把无一兵一卒的段芝贵放在眼里。他要自己当奉天督军，就不会欢迎任何人来做他的上司。

段芝贵就任以来和张作霖表面上维持友好关系，实际上恰恰相反。两人之间形同水火，暗地里互相排挤，段芝贵到东北来就带有使命要压制乃至彻底根除张作霖的势力。从双方的势力对比上看，段芝贵只有为数不多的卫队。但段芝贵初到东北时，北京袁世凯政府势力强大，段芝贵以此为后盾权势可达三省，总揽兵马大权，一言一行都能产生强大反响。他因担心张作霖势力不断扩大更加难以驾驭，一再请求北京政府调转张作霖。也乘张作霖进京之机，散布流言说张作霖要荣转热河都督，又说要调转绥远，试图动摇张作霖在奉省的势力。但凭借张作霖的威望和多年以来培植起来的势力，绝不是段芝贵这点手段所能打垮的。张作霖原本对段芝贵的到任就不欢迎，始终欲驱逐段芝贵自为奉天督军。张作霖不露声色，表面极力讨好段芝贵，迎合段意。“二十一条”卖国条约签订后，他帮助段芝贵镇压排日活动，为段立下汗马功劳；段芝贵父亲酷嗜古玩，张作霖不时搜购珍贵玩物，馈送段父，博其欢心。另一面张作霖蓄积力量，韬光养晦，等待时机。1915年夏秋之交，奉天东边道发生匪患，其为首者黄四懒，后被军警击溃。张作霖以镇压匪患为由，向段芝贵索要武备以扩充编制。张作霖对段芝贵说："匪类虽被击溃，其党羽尚潜伏于东边山林地带，拟乘机复起，非以重兵震慑，恐起蠢动为地方害。"[①]段芝贵不知是计，便欣然答应了其请求，从二十七师中抽调一部编成混成团，并配以重机枪和野炮，以骑兵二十七团团长长张景惠节治。这样，张作霖的实力进一步增强。

袁世凯虽已身为中华民国大总统，但一直想自己做皇帝。为了实现称帝的政治野心，袁世凯对心腹股肱亲授密旨，成立筹安会，讨论变更国体的问题，极力煽动鼓吹恢复帝制。段芝贵是袁世凯的心腹，对称帝一事鼎力支持，莅任以来极力怀柔拉拢张作霖、冯德麟、吴俊升、马龙潭等奉天武将，以作为将来恢复帝制的工具。时机成熟后，东三省的文武官员就向参政院呈递长篇的变更国体的请愿书，这正是段芝贵努力的成果。继而奉省军界又选派二十八师长冯德麟为代表进京，向袁世凯呈皇帝即位劝进书。出乎袁世凯和段芝贵意料的是，张作霖在袁称帝的过程中表现得特别积极，进行了一场软硬兼施的政治表演。张作霖是诸军阀里第二个劝进的人，他的劝进电列举了三个不能不改行帝制的理由，并自告奋勇表示："关外有异议者，惟作霖一身当之。内省有反对者，作霖愿率所部以平内乱，虽刀斧加身，亦不稍怯。"[②]当然，很明显这并非张作霖的真心，只不过是一种策略而已。这也是奉天将军段芝贵督奉期间做得最重要的一件事，他成为帝制劝进的首谋者，被封为一等公爵，权倾东三省，得意于一时。

## 二、张作霖等炮制《变更国体请愿书》

1915年下半年，袁世凯加快了复辟帝制的步伐，8月，授意其亲信杨度出面，拉拢孙毓筠、严复、刘师培、李燮和、胡瑛等所谓"六君子"在北京石驸马大街发起组成筹安会。8月23日，发表筹安会成立宣言，并决定以杨度、孙毓筠任正副理事长，其余4人为理事。他们打着"学术团体"的招牌，宣称其宗旨是"筹一国之治安"，"研究君主、民主国体何者适于中国"。实则是伪造民意，为袁世凯复辟帝制制造舆论。曾通电各省军民两长及各政治团体派代表来京讨论国体问题。6天后宣布各省代表"一致主张君主立宪"，"废民主而立君主"。9月1日，组织各省旅京人士以"公民请愿团"的名义，向参政院请愿，并为各"请愿团"代拟要求变更国体的请愿书。由于筹安会鼓吹帝制，罪恶昭著，遭到全国人民的强烈谴责。

---

① 赵夏山：《我所知道的袁金铠》，《吉林文史资料选辑》第4辑，第214-215页。

② 陶菊隐：《督军国传》，上海书店出版社1998年版，第18页。

筹安会成立后除了发表宣言外，还电请各省将军、巡按使及各团体选派代表进京，共同讨论国体问题。不久，湖南、吉林、安徽、南京等处相继组织分会；只有广东分会取名为集思文益会，系梁士诒派所组，不肯依附于杨、孙允筠。筹安会成立之后，原定计划是组织各省代表前来北京，向代行立法院的参政院请愿，要求变更国体，但因为参政院要在9月1日开会，各省代表来不及全体赶到北京，因此只好改由各省旅京人士组织“公民团”分途向参政院请愿。所有请愿书均由筹安会代拟。9月1日参政院开会时，便有所谓山东、江苏、甘肃、云南、广西、湖南、新疆、绥远等省区代表，纷纷呈递请愿书。

9月6日，袁世凯派政事堂左丞参杨士琦出席参政院，代表他发表对于变更国体的宣言如下：

“本大总统受国民之付托，居中华民国大总统之地位，四年于兹矣！忧患纷乘，战兢日深，自维衰朽，时虞陨越，深望接替有人，遂我初服；但既在现居之地位，即有救国救民之责，始终贯彻，无可委卸，而维持共和国体尤为本大总统当尽之职分。近见各省国民纷纷向代行立法院请愿改革国体，于本大总统现居之地位似难相容。然本大总统现居之地位本为国民所公举，自应仍听之国民。且代行立法院为独立机关，向不受外界之牵掣，本大总统固不当向国民有所主张，亦不当向立法机关有所表示。惟改革国体于行政上有绝大之关系，本大总统为行政首领，亦何敢畏避嫌疑，缄默不言！以本大总统所见。改革国体，经纬万端，极应审慎，如急遽轻举，恐多窒碍，本大总统有保持大局之责，认为不合时宜；至国民请愿，不外乎巩固国基，振兴国势，如征求多数国民之公意，自必有妥善之上法，且民国宪法正在起草，如衡量国情，详晰讨论，亦当有适用之良规，请贵代行立法院诸君子深注意焉！”

这是一篇半推半就的妙文，袁世凯明白表示如果全国人民硬要强迎他做皇帝，他便只能服从民意而不便有所反对，因此他授意参政院另献制造民意的文策。

1915年10月，根据袁世凯制定的《国民代表大会组织法》，由他圈定的“国民代表”开始在各省区进行国体投票。段芝贵联合了东北军、政商等各界的社会名流，联名向北京参政院提出《变国体请愿书》，并组织奉天工商界代表到北京请愿，要求袁世凯登上皇位。而当奉天举行所谓国民代表大会表决国体问题时，张作霖积极支持段芝贵，他亲自带领大队人马，荷枪实弹，监视投票，在“奉天表决国体投票时，造成清一色赞成君主的民意”。[①]当段芝贵联合广东龙济光等24省将军，密呈袁世凯“速登大位”之时，张作霖也不甘人后，密电袁世凯劝进。又表态道：“如帝制不成，死不再生。”[②]当时以如此拼死的姿态助袁称帝者，在袁之亲信中，也是罕见的。张作霖深知为了维护自己的地位和扩大自己的势力，当前无论如何应首先迎合袁世凯的权势。他率先参加奉省武官的帝制劝进运动，同时又致电袁世凯尽量迎合其意。电文道：“立国之道在于长治久安，当今之际实有决定国体之必要，然而有主张宣统皇帝复辟之说者，因其涣散人心故余所不取。我大总统若非顺乎民意，身负天命，则将无以救国事于危亡。”[③]到11月20日，全国各省区的“国民代表大会”投票完成，代表票数共计1993张，一致赞成君主立宪，并推戴袁世凯为中华帝国皇帝，制造了“民意”假相。12月11日，参政院根据各省“国民代表大会”委托，一日内两次向袁世凯恭上“总推戴书”。第二天，袁就发表申令，接受帝位。

12月23日袁世凯发表了帝制成功后的论功行赏，开始大封官爵。袁封张作霖为二等子爵。根据袁世凯的规定，凡有“上将军”称号者，均封为公爵或侯爵；有“将军衔”或地位相等者，则封为子爵；各省护军使、镇守使及师长级的军官，一般只能封为男爵或轻车都尉。奉天将军段芝贵被封为一等公爵，第二十八师师长冯德麟被封为二等男爵，洮辽镇守使吴俊升被封为二等男爵，东边镇守使马龙潭被封为三等男爵。张作霖作为师长仅能得到一等轻车都尉，封子爵就算是一个“异数”了。他询问身边的人：“子爵是怎么回事?”对方告诉他：“子爵下于伯爵一等，再上为公为侯。”抱有封侯大志的张作霖一听就勃然大怒：“吾薄辽东王不为”，“何能为人作子”。[④]他觉得受到轻视。在冯德麟等表示对“锡以祟封”“诸侯之列”，“受宠而若惊”，呈请段芝贵代表向袁世凯“感激下忱”时，张作霖却“递呈请假”，以示反抗，“段上将军亲自踵门视疾”，也“挡驾不予接见”。[⑤]请假就是辞职的准备，辞职就是抗命的先声，这是袁世凯和段芝贵所能深切了解的。段芝贵建议袁世凯许张以绥远都统。张作霖对此根本不加理睬。这时，袁世凯就知道二等子爵不已经不能满足张作霖的要求，他的目的是要奉天将军，调虎离山之计对他也是行不通的。

---

① 《盛京时报》，1913年4月15日。

② 陶菊隐：《北洋军阀史话》第2册，第122页。

③ （日）园田一龟著，胡毓峥译：《怪杰张作霖》，1981年版，第51页。

④ 全毓黻：《张作霖别传》，《吉林文史资料选辑》第4辑，第78页。

⑤ 全毓黻：《张作霖别传》，《吉林文史资料选辑》第4辑，第78页。

## 三、奉军入湘

审时度势是政客必备的素质。虽然张作霖表面上说："我乃一介武夫，不明政治"，其实他很善于搞政治权术，注重观察时势。袁世凯复辟帝制遭到全国各界的强烈反对，却给张作霖攫取奉天省军政大权创造了机会。此时，张作霖借口在家休养，静观时局，轻易不出风头。

袁世凯迷于功名，鲁莽自封为洪宪皇帝，此事一向中外公布，不出所料，国内的反袁热潮也四处高涨。云南首先举起讨袁大旗，云南将军唐继尧组织护国军，与逃出北京的蔡锷和李烈钧共同发表独立宣言，要求袁世凯退位，取消帝制、惩办元凶段芝贵等十二人。继而四川、贵州、广东、广西亦相继宣布独立，讨袁呼声愈演愈烈。袁世凯已经成为众矢之的，面临四面楚歌的困境。讨袁护国军队逐渐兴师北进，走投无路的袁世凯打算以武力挽回局势。困境中的他想到了张作霖。1916年2月，袁世凯部署了三路进兵云南的军事计划，与此同时电召张作霖入京，商量出兵入湘作战问题，并许诺"事成后封侯封公不成问题"。[①]当时张作霖的心情很矛盾，若抗命不遵，势必影响以后的升官晋爵，怕因此影响了自己的大好前程；若贸然入湘作战，又恐损兵折将得不偿失。就在张作霖困惑不已，决心难下之际，善于谋略的政客袁金铠登门拜会。袁金铠为张作霖分析了当下的形势：袁世凯已成为孤家寡人，现"西南护法起义，各省纷纷响应，虽门生故吏遍天下，而手植心腹亦存观望……现虽派兵遣将，欲挽颓势，而众叛亲离在指顾间耳"。事后，张作霖果然按袁金铠的计策行事，开始与袁世凯分庭抗礼。张作霖口头上先答应，但要求给补充一批饷械，近乎绝望的袁世凯答应了张作霖的要求，下令给二十七师拨去足够的枪械弹药，还增拨了大量军饷，满心以为这次张作霖能"救驾立功"。然而当张作霖麾下的军队领到军饷枪械之后，便开始以各种理由推诿，始终处于按兵不动的状态。原来他一再表示拥戴袁世凯，表现亲袁色彩十分浓厚。作为劝进的功臣在北京滞留月余，受到袁世凯的优遇，回奉天后对此感激之情不时流露，说："为袁公虽死不辞"。如今看到袁世凯已自身难保，便马上改变腔调，起而反袁，扬言袁若不退位，奉军将宣布独立。随着袁世凯声势的衰落，奉天段芝贵和张作霖的斗争愈演愈烈。张作霖秘密阴谋策划驱逐段芝贵，自己取而代之。

---

① 陶菊隐：《督军国传》，上海书店出版社1998年版，第121页.

# 第三节 “奉天人治奉天”

## 一、驱逐“帝国祸首”段芝贵

自奉天建立行省以来，为保证中央对地方的集权统治，主要文武官员都是以外省人士调入充任，前面所提及的赵尔巽、张锡銮、段芝贵均为外派人物。民国初年，政权尚未稳定，中央辖制地方的能力减弱，东三省逐渐形成了本省人治理本省的思想。1914年，由吉林本省人齐耀珊充任吉林省巡按使。开此先例后，奉天巡按使张元奇调出却由段芝贵兼任，引起奉天人的极大不满。与此同时，窥视奉省军政大权已久的张作霖，刻意在各界首脑中散布排外思想，说东北事应当东北人干。他极力怂恿冯德麟出头，赶走段芝贵。说一旦段芝贵走了，则拥护冯为都督，显得义气过人。而冯德麟虽实力弱于张作霖，对晚辈的张作霖和自己平起平坐极为不满，但他始终认为这是内部矛盾，在对袁世凯派来的段芝贵，他们应该是站在一起的。冯德麟对段其贵内心已早有不满，一直对其伺机报复。段芝贵刚到任时对奉省进行人士变更，张作霖所保荐的军务课长陶冶平并未变动，而冯德麟所荐的副官长白运昌则被段芝贵带来的汪佛生替换掉，对此冯德麟对段一直怀恨在心。他暗地里布置部下汤玉麟和张海鹏，遇有机会给段芝贵以难堪，时常侮辱随来的文武官员，并不时放言逼段让位给奉天人。

张作霖对段芝贵表面上积极辅佐，私下里一直想办法让其离开。当时，张作霖写信给袁世凯表弟张镇芳说，段芝贵在东省行为恶劣，大失人心，不知总统为什么要用这样的人。张镇芳复信说：段的人品本来不好，如果你看着不合适，可以把他撵走。张作霖又给张镇芳写信说，段芝贵是总统近人，我不敢动他，如果撵了，总统怪罪，将奈之何。张镇芳又复信说，你尽管做，由我负责与总统说话。所以，当袁世凯复辟帝制活动遭到全国反对的时候“一度曾辅佐段芝贵，装作成袁政府中一个忠实重臣的张作霖当然只是按照机会主义办事……不但一变而不再对段芝贵表示好意，而且打算驱逐已经孤立的段芝贵，有取而代之的意图。”[①]

1916年3月，袁世凯称帝，激起全国公愤，其统治地位岌岌可危，段芝贵亦惶惶不可终日，排挤张作霖的活动也以徒劳告终。取消帝制后，他的态度极为殷勤恳切，奉省之事无论大小都与张作霖商量决定，极力讨其欢心。北京政府已经自顾不暇，一旦奉省有事，对段芝贵也无能力派兵营救。

张作霖看到了北京政府的无能，从而改变了向来暧昧的态度，认为时机已经成熟，遂联络冯德麟、吴俊升、马龙潭三中将，秘密商讨排斥段芝贵的策略，直至最后采取手段。1916年4月，张作霖、冯德麟提出“奉人治奉”，以“惩办帝制祸首”相威胁，策划驱逐段芝贵。冯德麟与张作霖商量，由二十八师唱黑脸，和段芝贵正面冲突，二十七师唱白脸，吓他畏罪逃走，打算不费一兵一卒用威逼恐吓手段就把段芝贵吓走。张作霖预先布置驱段计划，他让张作相带人夜间在城里开枪，在奉天城内制造混乱，然后亲自跑去找段，张作霖对段芝贵说：冯德麟的二十八师要进省城联合奉天各界惩办帝制祸首。段芝贵惊慌失措地问张作霖该怎么办，张作霖告诉段，他的二十七师拼的一死也要保护师傅的安全，段芝贵听后大为感动，悬着的一颗心也落下来，静观起事态的发展。没过两天，张作霖又来汇报：“这回大事不好了，冯德麟把二十八师全部开来了，并且联络了奉天各界团体和我二十七师的部分官兵，要求惩办帝制祸首，恐怕对你真的要动手了，我现在也没什么好办法，我的二十七师已经失控。”段芝贵听到要惩办帝制祸首，吓得浑身发抖，接着问张作霖怎么办。张作霖表示虽然他会派人严加保护，但最好还是三十六计走为上。段芝贵思前想后，权衡利弊，为保身家性命，决定一走了之。他先给袁世凯发电，要求回天津老家养病。4月6日，段芝贵将200万元现款通过奉天官银号悄悄汇至上海汇丰银行，又从仓库调出大量的枪械和弹药，调征了一辆火车专列，准备逃离奉天。然后借口回京述职，席卷贪污财物，携眷返京。行前张作霖向段氏父子赠送大批礼物，并坚邀段芝贵早日归来。

这一切均在张作霖和冯德麟的掌握之中。但他们佯装不知，还特派五十四旅孙旅长率一营兵护送。那边，冯德麟布置二十八师汲金纯旅的一个团准备在半路拦截段芝贵的专车。向段芝贵索要他私带的公款和军火，使他当场出丑，无法带走任何钱财和武器。当列车行至沟帮子车站时，二十八师汲金纯旅在邱恩荣团长的带领下，立即登车检查。邱团长上车，以奉天军民的名义，交电报

① 东亚同文会编，胡锡年译：《对华回忆录》，商务印书馆1959年版，第359页。

两封，内称：“卸任上将军段芝贵为帝制祸首，奉天人民正拟处以应得刑罚，竟敢手携省官款二百万之巨并军火大宗，闻风畏罪潜逃，奉天人民无不发指痛恨，电请汲旅长派兵就近截留押赴沈阳，依法处理。”而且，段芝贵看着大批士兵又拥到站台上，剑拔弩张，一触即发。段芝贵把电报拿给孙烈臣看，孙烈臣看罢，大声不满地说：“岂有此理，等我问问。”即下车到票房同邱团长谈话，对留在车厢里的段芝贵不闻不问。段芝贵感觉这时候唯一能救他命的就只有张作霖了，便央求邱团长打电话给张作霖再做决定。许久没见邱团长回来，段芝贵惊慌失措，便卸下了车上的钱款和军火。邱团长看到段芝贵卸下了所有的钱物，才重新来到车上说：“奉天各界群情激昂，一定要求截留专车押回沈阳，经张代督婉商多时，才答应不扣专车，但官款和军火务须点清留下，并电请中央查办。”段芝贵总算捡了条命，感恩戴德之余连忙点头认可，下令交由邱团长清点带回，并附上了一张清单。得到汇报的张作霖见目的已经达到，以宽大的姿态电告专车放行。段芝贵就这样被撵出奉天。[①]段芝贵到北京后，控告冯德麟的军队劫掠财物，并提请辞职，不敢再回奉天。在段芝贵离开奉天前夕，张作霖认为夺取奉天大权的时机已经成熟，便让谋士袁金铠秘密起草了《奉天保安会章程》（又称《奉天独立宣言》），并由袁金铠出面，煽动社会各界，宣传“奉人治奉”。[②]袁世凯得知此事，甚为吃惊。但此时，在孙中山的领导下，山东、湖南、四川、江苏、陕西、江西、安徽等省陆续爆发反袁起义，袁世凯安排在各地的旧部，为了自保也都见风使舵，加入到反袁的阵营里来。如果此时东三省再出意外，张作霖带兵入关，袁世凯将会面临腹背受敌的境地。为形势所迫，袁世凯不敢另派他人去治理奉天，只能在奉天本省有威望的人中挑选一人，在当时情况下候选人只有张作霖、冯德麟两人。征询段芝贵的意见，段芝贵因对冯德麟极为不满，认为要不是张作霖救了他一命，早就成了冯德麟的刀下鬼了，因此他极力保荐张作霖。同时张作霖的表弟张镇芳也向袁力保张作霖为奉天将军。4月17日，段芝贵给张作霖发移文：“本年四月十七日承准统率办事处霰电开，前敌各军备受辛劳，拟特派大员前往激励慰劳，该上将军能否一往，望来京面商。令张作霖暂代督理奉天军务兼巡按使，奉谕特寄，等因。准此，本上将军遵即电请入觐，所有奉天巡按使印信一颗，相应备文移请贵代巡按使烦为查收，接印任事。此移代理奉天巡按使张”。段芝贵以奉命慰劳前方将士为由留在北京，从此再未回奉天。张作霖获得了奉天军政大权。就这样，张

① 王克承：《张作霖驱逐段芝贵的密谋和经过》，《吉林文史资料选辑》第4辑，1983年版。
② 赵夏山：《我所知道的袁金铠》，《吉林文史资料选辑》第4辑，第214—215页。

作霖经过几年的权谋角斗，取悦袁世凯之后再在关键时刻反击，挤走张锡銮，吓跑了段芝贵，如愿以偿地当上了奉天省督军。

4月19日，张作霖接任视事。4月20日，张作霖发布安民晓谕，声明绥靖地方为唯一之宗旨。告诫文武官员要恪守职务，勤勉奉公；安抚军民各安生业，勿为流言所动；鼓励奉省上下一心，内外一致，共度时艰。4月22日，袁世凯任张作霖为盛武将军。4月23日，袁世凯又任命张作霖暂署督理奉天军务兼代理巡按使。张作霖的督理奉天军务兼巡按使由“暂代”到“暂署”仅一周时间，说明北京政府对奉天局势已无法控制，对张作霖也已无可奈何。为了安慰冯德麟，消除其疑忌，张作霖电请袁世凯任冯为奉天军务帮办。袁出于稳定奉天局势的考虑，于4月25日下发策令，特任冯德麟为奉天军务帮办。

## 二、张作霖被任命为奉天督军兼省长

张作霖就任奉天将军兼巡阅使后，立即着手实现其“奉天人治奉天”的目标。在奉省政界任职的外省出身官员陆续被排挤出去，取而代之的是奉省出身的文武官员。同时积极搜罗省内人才，为己所用。正如他所言：“吾此位得自马上，然不可马上治之，地方贤俊，如不我弃，当不辞厚币以招之。”[①]张作霖秉奉不久，就更换和任命一批重要部门的官员。由王树翰任奉天财政厅长，由宋文郁任全省警务处长，由金梁接替金鼎任官地清丈局兼开埠局局长，不久改任政务厅长，王水江担任官地清丈局局长，派奉天军械厂厂长、陆军炮兵上校杨宇霆兼代军署参谋长，军械厂厂长由丁超接替。袁金铠、王永江、王树翰、杨宇霆等奉天名流，先后聚集张作霖麾下并受到重用，形成了以张作霖为中心的奉系势力。1916年6月6日，袁世凯在全国人民的唾骂声中死去，北洋军阀的黎元洪继任总统，段祺瑞为国务总理，掌管北京政府的实权。7月6日，大总统黎元洪申令：“各省军民长官亟应划一，在管制未定之前，各省督理军务长官改称督军，民政长官改称省长，所有署内组织及一切权限，均应暂仍其旧”。[②]当日张作霖改任为奉天督军兼省长。至此，张作霖奉天最高军政长官这一位置已基本上稳定。

张作霖虽然当上了奉天督军，但是他还没有真正全部掌握奉省的军政实权。主要的障碍是来自他原来的合作者冯德麟。冯德麟，字阁忱，又名麟阁。

---

① 全毓蔽：《张作霖别传》，《吉林文史资料选辑》第4辑，第235页。

② 中国第二历史档案馆：《中华民国档案资料汇编》第3辑，军事（一）下，江苏古籍出版社1991年版，第798页。

1866年生，奉天省海城人。同张作霖一样，也是出身绿林。由于冯德麟年长于张作霖，总是以“绿林前辈”自居。驱逐段芝贵是张作霖和冯德麟共同密商行动的，冯德麟还出了大力，皆因他唱黑脸，张作霖唱白脸，结果督军一职让张作霖捞去，冯德麟只是军务帮办，自然不甘心。冯德麟先是拒不就任，后又提出苛刻条件。要求军务帮办要在奉天单独成立一个公署，其编制同将军公署相同。这就是说，要同张作霖分庭抗礼。张作霖自然不能接受这个条件。张作霖把这个难题推给了袁世凯，让其替他解决。袁世凯回电，不同意设军务帮办公署，但每月可以给15万帮办办公费，以图收买冯德麟。但冯德麟拒绝接受，带兵回到北镇驻地。袁世凯特派他们原来的老上级张锡銮来奉调解。冯提出让省财政厅给他拨款50万元购买飞机，并致电袁世凯，要求增加7个营的兵力，同时，在北镇设立奉天军务帮办公署。张作霖考虑到冯德麟还有一个师的兵马，不宜动武，还是求和为上策，一旦大动干戈，奉天必乱，东北必乱，两虎相争必有一伤，北京政府正好坐收渔翁之利。因此，张作霖为冯德麟在奉天修建二十八师办事处，又派军署秘书长杨宇霆到北镇去特请冯回奉天省城。6月6日，冯德麟回到了省城。但冯德麟提出了三个条件：一是帮办权力和将军完全平等；二是用人行政相互咨询；三是拨款20万元给二十八师购买飞机。对这些苛刻的要求，张作霖自然不能答应。袁世凯死后，冯德麟进一步要挟，二十八师全体将士向段祺瑞内阁总辞职。段祺瑞曾派赵尔巽来沈解决问题，但也是无功而返。1917年3月，冯德麟又回到北镇驻地，待机而动。在这期间，张作霖的部下五十三旅旅长汤玉麟又同冯德麟相勾结，企图倒张。张作霖在国务总理段祺瑞的支持下，罢免了汤玉麟的旅长职务，以张景惠代之。段祺瑞又声言要派两个师来帮助张作霖讨伐冯德麟，冯感到处境不妙，就回到北镇，暂时沉默下来，伺机而起。

1917年6月，张勋在北京搞起复辟。张作霖被张勋任命为奉天巡抚，同时派特使到奉天赠送黄马褂，恳嘱速兴勤王之师。张勋原以为复辟诏书一经颁发，张作霖必能与之呼应，于陪都盛京悬挂黄龙旗，拥戴清王朝。他对张勋复辟表面标榜中立，持骑墙态度，实际上在探听各省动向，静观风云变化。当他觉察到张勋复辟不得人心，赞成者极少时，张作霖立即见风使舵，令其前往“观望风色”的代表，“晋谒段总理……讨总理吩咐”，[①]把自己打扮成声讨复辟的功臣。当年报刊评论说：“张作霖以高骑墙头为其本领，俟见何方强盛，转去

① 钱公来：《辽海小记》1947年出版，第35页。

此而取彼。”[①]相反，冯德麟未加思考，以为事成之后，会当上奉天督军，就派先遣队200人急驰入京，自己则率卫队30人赴京。到京后，立即会晤张勋，表示完全支持张勋的复辟行动，并命令他的二十八师火速进京“赞襄复辟，保卫皇室”。结果事败，以“背叛共和”罪被捕，张作霖因利乘便，顺手把冯德麟所部第二十八师，全部收归自己。

张作霖统一了奉省全境，独揽奉天大权。张作霖以督军兼省长的名义发表了数条施政纲领，积极治理奉省的政治、经济和军事等，尤其是对紊乱的财政状况的整治更为关注。张作霖初任奉天督军兼省长时，摆在他面前的严峻问题是财政困窘，入不敷出，金融危机，商民凋敝。1916年，奉天省积欠约300万元，欠外债1 000余万元，财政赤字高达1 300万元之多，而当时全省岁入仅1 000余万元，全部用于抵债尚且不足，面临严重的财政危机。为了扭转这种局面，张作霖采取了一系列行之有效的措施。他懂得治世人才的重要性，甘言厚币，广揽名人贤达，尤重理财能手。当时，王树翰和王永江，并称“奉天二王”，“皆以善治财赋名”[②]张作霖选中“二王”，整顿奉省财政。1916年5月29日，张作霖任命王树翰为奉天省财政厅长，谋求解决财政危机。

王树翰面临着“奉票挤兑”金融风潮。由于“奉票”跌落，钱商抢兑银元，造成金融市场混乱，日币乘机而入。张作霖支持王树翰“扬汤止沸”的对策，力图扼制通货膨胀。其一，向日本人借外债维持财政支付。以应付兑现风潮为目的，两次向日本朝鲜银行借款。1916年6月19日，首次借朝鲜银行日金一百万元，年息六厘五，两年还本，以奉天电灯厂全部资产、奉天电话局全部资产，开埠地之土地全部及施设道路并其他之建筑物为抵押。8月1日，再次向日本朝鲜银行借款日金二百万元，年息六厘五，三年还本。其二，张作霖致电北京中央政府“中交两行照旧对付，用维大局”。并强行命令中交两行照旧兑现，迅速收回已贷出的款项，催促尚未运到的现款，以备兑现应急之用。同时强行扣留两行存款，用来接济东三省各支行所用。1917年，张作霖直接将中国银行管理的国库划归到东三省官银号名下，使东三省金融未受到全国性中交两行停兑风波的直接影响。其三，用武力压制抢兑“奉票”的不法分子。张作霖派人暗中查访，发现兴业银行副经理刘鸣歧有同日人勾结兑换现洋的行为。刘鸣歧和兴业银行稽查员阎廷瑞私动张作霖的私人钱号庆舍祥的库款，倒把兑现，致使庆舍祥破产。张作霖为杀一儆百，稳定奉天金融形势，于11月10日，

① 《盛京时报》，1917年7月5日。

② 陈裕光：《王永江整顿奉省财政之前前后后》。

将兴业银行副经理刘鸣歧等五人执行枪决。王树翰还积极整顿税收田赋。

王树翰任职年余，不但没能扭转财政困局，债务反而有增无减，仅向日本就增借外债高达300万日元。日本人乘机一再掀起“挤兑风潮”，致使奉票连连跌价，官银号因受排挤也面临倒闭，王树翰被迫辞职。1917年5月，张作霖改任王永江为奉天省财政厅长兼东三省官银号督办。王永江长于政治，尤以善于理财著称，深受张作霖器重。王永江上任后立即严令改组财政管理机构，惩治不法分子和税收中的营私舞弊现象；整顿捐税项目，制定赏罚章程。为了扩大资金，稳定金融，王永江还推行了募集公债、整顿奉系等一系列措施，奉省财政赤字明显好转。

王永江还推行了改革“奉票”计划，发行“奉大洋票”，改“奉小洋票”为“奉大洋票”本位。多年以来，奉省钱法败坏，几种货币同时在东三省流通。“奉小洋票”因发行量过多而贬值。针对此种情况，张作霖则准财政部于1917年8月，废除“奉小洋票”本位，改为“奉大洋票”本位，规定“奉大洋票”1元等于“奉小洋票”1元2角，收回“奉小洋票”。“奉大洋票”与全国通用现大洋银元货币单位统一，与日本正金钞1元相等，防止钱商从兑换差价中牟利。同时发行“汇兑券”，防止银元外流。这使奉天在货币发行方面能作为国家的有机部分发挥作用，使奉票的发行逐步趋于稳定，奉票挤兑风潮逐渐平息。

张作霖还采取各种措施，增加政府收入。在农村奉天省所属荒地很多，张作霖批准开垦荒地，奖励移民。从1915年秋，奉天省官地清丈局开始丈放省属闲荒。1916年，到局报领者已有300余起，共丈放21.59万余亩。从1915年到1916年，奉天省共放出官荒581 635亩。[①]在城镇，张作霖通过扩大工商的办法来增加财政收入。1917年3月17日，张作霖命令奉天总商会“密行各分会妥为劝导，勿滋疑虑。一面扩张商业，以应时需”。[②]据统计，1917年奉天省共有商会66个，会员5 547人，为东三省之最。

张作霖通过采取以上措施，使奉天逐渐摆脱财政金融危机，经济形势逐步稳定，巩固了张作霖在奉天的统治，也为他之后的扩张行为提供了有力的经济保障。

除了经济危机，张作霖初掌奉省政权面临的最大政治危机就是防范宗社党的复辟活动。为巩固自己的地位，张作霖采取许多措施防范和打击宗社党的颠覆活动。宗社党是辛亥革命时期清朝一些宗室亲贵为恢复封建统治、推翻共和

①《奉天全省官地清丈局兼屯垦局报告书》下卷。

②《奉系军阀密电》第2册，第4页。

制而组织起来的反动政党。主要组织者为原清朝内务府民政大臣肃亲王善耆、恭亲王溥伟和前陕甘总督升允。1915年袁世凯称帝之后，宗社党以“倒袁扶清”为号召在东北各地逐渐活动起来，成为统治东北政局的一大隐患。

1916年7月，日本根据“中日新约”又提出在郑家屯等五地设置领事的要求，中央政府对此采取妥协态度，而张作霖则明确表示反对日本侵略和维护东北政权的立场，终究没能阻止日本设领的要求。但张作霖的行为却激怒了日本，他们支持右翼组织和日本浪人，企图通过支持宗社党的复辟活动，准备扫除张作霖这个障碍，来实现其策划“满蒙独立”的阴谋。一方面，由日本退伍军人做教练，每日前往大连南山红房子的刺沟对宗社党组建的“勤王军”进行操练。另一方面，东北宗社党的活动得到日方的大力资助。但“其所需之款，并非出自政府，均由日本国民均输资助”。日商大仓喜八郎向宗社党提供活动经费100万日元。日本三泽炮厂为第一路招讨使“购办机关枪三十架，三十年式步枪二万枝，过山炮十二尊。”日本浪人植木同党匪黄四、懒王一起，由大连乘轮至江川，携款购运军火，“拟运赴安东起事”。[①]日本还采取暗杀手段企图消灭张作霖。1916年5月27日，张作霖前往奉天南满铁路车站迎接前来视察的日本关东都督中村。返回途中，遭到日本陆军预备少尉三村丰投掷炸弹的袭击，随从人员被炸死炸伤十余人，张作霖幸免于难。

1916年6月，宗社党在日本浪人川岛浪速的直接策动下，准备与其煽动的蒙匪巴布扎布形成南北夹攻之势，攻占奉天省城。宗社党看中蒙匪巴布扎布的原因是，巴布扎布向来反对辛亥革命和共和制。他曾于1913年投奔外蒙库伦集团，并在库伦集团的支持下，招募2 000多人的军队，等待时机，企图实施复辟活动。巴布扎布与宗社党一拍即合。1916年5月28日，巴布扎布响应宗社党“倒袁扶清”的号召，发布讨袁檄文，揭起了“勤王师扶国军”的旗帜，一路南下，准备攻打奉天省城，夺取张作霖权力，控制满洲，复辟清王朝。巴布扎布把所部分成两个梯团，不断招兵买马，兵力达3 000人。张作霖在自己统治地位受到威胁的情况下，先后两次派军队阻击巴布扎布。先派洮南镇守使吴俊升前往阻击。7月下旬，在巴布扎布攻突泉县时，遭到张作霖部下吴俊升的阻击，被击毙500余人，吴俊升在阻击巴匪时受伤，退回洮南转地疗养。巴布扎布乘此机会进军郑家屯，并打算在该地补充粮草弹药，然后折向长春以南的郭家店，再沿南满铁路南下向奉天进军。张作霖派二十八师五十五旅增援吴俊升。旅长张

① 孙景悦、郭建平：《奉系军阀风云纪实》，辽宁大学出版社2000年版，第68页。

海鹏奉命率领二十七、二十八两个骑兵团进抵郑家屯，大败巴布扎布。巴布扎布见奉军实力雄厚，被迫放弃郑家屯，转移至郭家店。这时，日本政府再也不能容忍张作霖与之对立的行为，一面借口南满铁路附近不能开战，阻止奉军对巴匪的追击，同时利用冯军和日商的小摩擦，故意扩大事态，企图将奉军从郑家屯一带驱逐出去，遂演化成中日军事冲突的郑家屯事件。郑家屯事件中奉军死亡4人，日军死亡10人，日署巡查河赖也被击毙。事发后，张作霖得到报告，一面与日方周旋，一面继续调动部队继续追击巴布扎布。

张作霖命令奉军二十七师张景惠团和吉林军警联合包围郭家店，双方在此地对峙长达一个月之久。8月21日，由于奉军攻势猛烈，巴布扎布支撑不住，遂离开郭家店向蒙古库伦逃窜。日本为给巴布扎布解围，一面继续阻挠奉军追剿，一面打着日本国旗保护巴匪北撤返回库伦。巴布扎布终因相持日久，弹尽粮绝。逃窜至热河林西县时，热河都统姜桂题向张作霖报告，张作霖派重兵大力围剿，巴部伤亡惨重，巴布扎布也被击毙。在大力围剿巴布扎布匪帮的同时，张作霖还采取多种措施防范宗社党的颠覆。不断饬令各地警团一体严密侦查防范，随时报告。并派出密探深入各地，监视宗社党人行踪，以便及时掌握宗社党的活动情况。在警团一致努力下，破获了宗社党多处秘密机关，逮捕众多宗社党人，截获其军火，宗社党的活动受到严重打击，势力逐渐削弱。郑家屯事件几经交涉，中日双方达成协议，但直至1917年2月，日军才从郑家屯一带撤出，占领此地长达半年之久。郑家屯事件发生后，日本政府的侵略行径引起了社会各界的强烈愤慨，整个东北地区掀起了一股反日风潮，这使日本政府感到很不安。郑家屯事件使日本政府重新认识了张作霖，他们看到张作霖在奉天立足已稳，在东北的势力不断扩大，如果张作霖能与日本合作，将比“宗社党”更有利用价值，来实现日本策划“满蒙独立”的阴谋。于1916年6月6日袁世凯死后，黎元洪出任总统，段祺瑞担任国务总理。日本对华政策发生变化，决定对北京政府给予支持。日本当局决定甩开宗社党这帮无用的老朽，于8月19日同宗社党达成协议，在两个月内解散宗社党，头目给予巨额遣散费。从此，宗社党便消失了。尤其是与张作霖旧相识的寺内正毅于10月上台组阁，日本政府抛弃“宗社党”，明确表明支持张作霖。张作霖开始得到日本政府的重视，这为其称霸东北创造了条件。

张作霖把奉天进行一番整顿之后，开始向外扩张。张作霖向外扩张第一个目标是黑龙江省。辛亥革命之后，黑龙江省的政局，在帝俄势力的策动下，一直动荡不安。造成黑龙江省政局动荡的另一个因素是长期盘踞黑龙江省的陆军第一师师长许兰洲。他自恃手握兵权，飞扬跋扈。1917年7月，许兰洲趁张勋复辟北京混乱之际，伙同省内骑兵旅旅长英顺和步兵旅旅长巴英额，阴谋逐走督军毕桂芳并取而代之。许兰洲以师长、镇守使位置分别许给英顺和巴英额。毕桂芳解职后，许兰洲竟反悔爽约，两位旅长因在夺权中因未得实惠，起而反抗，占据了海伦、呼兰一线，形成了与其对峙的局面。张作霖一方面乘黑龙江省内乱之机，立派其部下孙烈臣到黑龙江，对双方进行拉拢"调停"。双方均表示："一切唯张之命是从"。①另一方面，张作霖于7月底又致电段祺瑞，保荐"中央陆军讲武堂堂长"鲍贵卿为黑龙江省都督。鲍贵卿是海城县人，和张作霖有同乡之谊，两人还是儿女亲家。1917年7月，北京政府任命鲍贵卿为黑龙江督军，暂行兼署省长，加陆军上将衔。为了保持江省的稳定，张作霖对许兰洲软硬兼施，把许兰洲的第一师调到奉天省西丰县。接着，张作霖又派吴俊升率第二十九师一部以剿伐蒙匪为名，向黑龙江出动武力驻扎。同时指使鲍贵卿向北京政府提出呈请，加罪于两旅长英顺和巴英额，解除了他们的职务，使黑龙江省纳入奉系势力范围。就这样，张作霖终于控制了黑龙江省。

### 三、张作霖的左膀右臂及智库

佐辅之臣张作相。张作相，字辅臣，又作辅忱，1881年（光绪七年）农历二月初九生于今辽宁省锦州市义县南杂木林子村一个中农之家，祖籍直隶（今河北省）保定府深州县花盆镇太谷庄花盆村，张作霖的"拜把兄弟"。张作相幼年家贫，只读过3年私塾。16岁那年，因族兄遭仇人杀害，他怕受牵连，便流落到奉天一带。农忙时给种地人家打短工，农闲时到城里当泥瓦匠。张作相发迹后，有人说他是泥瓦匠出身，即源于此。张作相在饱尝世事艰辛之后，萌生了铤而走险出人头地的念头。于是，他溜回本村，与本村另外五人策划打死杀害他族兄的仇人，随后率几人逃出，落草为寇。张作相为了逃避官府缉拿，于1901年渡过大凌河，率23人到新民府八角台村投奔张作霖。并向张作霖发誓，为其效劳，绝不反悔。张作霖接纳了他，并以兄弟视之。从此，张作相步入匪途，成为张作霖心腹干将，左膀右臂，随张作霖东奔西突，南征北战。张作相与张作霖、张景惠、冯德麟等，成立了200多人的"保险队"，以维护地方治安的名义，活动于辽西一带。1902年，清廷收编，张作霖被任命为新民府游击马队管带，张作相为游击马队哨官。

1906年4月，张作霖被任命为奉天巡防五营统带官，张作相充任三营管

① 周大文：《张作霖统一东三省经过》，政协沈阳市文史资料会员：《沈阳文史资料》第12辑，1984年版。

带。1907年，东三省总督徐世昌命令张作霖限期剿灭辽西巨匪杜立三，张作相参与了张作霖诱杀杜立三的全过程。张作霖因功充任奉天巡营统领，张作相也随之升为管带。此后，他随张作霖调驻郑家屯、洮南府，奉命追剿陶克陶胡、白音大赉等蒙古叛匪。在此期间，按年龄为序，马龙潭、吴俊升、孙烈臣、张景惠、冯德麟、汤玉麟、张作霖、张作相8人结拜为盟兄弟。这也是奉系军阀的最初班底。在众多的把兄弟中，张作霖与张作相的关系最为密切。张作相曾两次与张作霖结拜，第二次是1927年，出于政治的需要，张作霖提议与张作相、吴俊升、汤玉麟、孙传芳、张宗昌、韩麟春、褚玉璞结拜。从此，张作相对张作霖更是忠心耿耿，惟命是从，不存任何戒心，能直言不讳地提出不同意见，即使不被采纳，也能服从大局，深得张作霖的信任。

1907年，盛京将军赵尔巽将全省旧军编成八路巡防队，张作霖任前路统领，张作相为骑兵一营管带。1909年1月5日，东三省总督徐世昌奏请将奉天省各军改编成奉天巡防队，按奉省地区划分前、后、左、右、中5路，每路9个营，张作相仍任管带。辛亥革命前夕，张作相、张景惠、汤玉麟等均被送进奉天讲武堂学习军事。毕业之际，恰逢1912年中华民国成立，张作霖部改编为奉天陆军二十七师，张作相任炮兵团长、陆军少将，并任法库、康平、彰武三县剿“匪”司令，后任奉天陆军旅长、代理师长、奉天警备总司令。其间，张作相等人对张作霖唯命是从，时刻注视着奉天政局的变化，为张作霖通风报信，为其南下奉天创造条件。

1916年4月22日，张作霖把段芝贵驱逐出奉天。袁世凯任命张作霖为盛武将军，不再节制吉黑两省军务。次日，又任命张作霖督理奉天军务，兼代理巡按使，任命张作相为二十七师步兵旅长。张作相对张作霖一直忠心耿耿，遇到与张作霖相悖的情况一定会站在张作霖一边支持张作霖。秉政奉省之初，张作霖因重用王永江，汤玉麟与之反目。汤玉麟曾联合张作相、张景惠和孙烈臣等人武装觐见张作霖，并以全体辞职相要挟，要求罢免王永江。起初张作相等都站在汤玉麟一边，然而事态发展到汤玉麟由反王永江进而到反对张作霖时，张作相等立即又站到张作霖一边，共同对付汤玉麟，直至汤玉麟被免职。1917年11月，冯德麟涉嫌张勋复辟案被贬，张作霖乘势吞并二十八师，自兼二十八师师长，孙烈臣继任二十七师师长，张作相充任五十四旅旅长。1918年9月7日，张作霖任东三省巡阅使，任命张作相为巡阅使署总参谋长，后改为巡阅使署总参议兼任二十七师师长和卫队旅旅长。翌年2月，张作霖为壮大军事力量，将原来东三省讲武堂改为东三省陆军讲武堂，张作相兼任堂长，同时还兼任巡阅使署卫队旅旅长、奉天警备司令等要职。

在张作霖多年的势力扩展过程中，都不乏张作相的支持和出谋划策。张作相跟随张作霖27年，论年龄比张作霖小6岁，论官职仅次于张作霖居第二位，却从无居功自傲，甘愿做好助手。这在官本位的旧中国是最难能可贵的。张作相为人稳健、保守，胸怀宽阔，张作霖视为高参、智囊，对他深信不疑。张作相追随张作霖的戎马生涯中，对军、政要事的决策，起到了军师的作用，对奉系军阀的崛起起到了至关重要的作用。张作相在东北统治集团中资历深、声望高、影响大。他以自己的忠厚、诚挚，赢得了高层的信任和底层的爱戴，颇有长者风度，虽身居高位，却丝毫没有野心，在东北统治集团内部是一个最稳定的因素。

右弼之臣吴俊升。吴俊升是奉系军阀的主要头目之一，是张作霖执掌奉天省军政大权后的忠实伙伴，军事才干出类拔萃。史料记载，他素有大志，长娴武略，勇敢绝伦。吴俊升，原名兆恩，字秀峰，后改名俊升，字兴权，号子琴，绰号吴大舌头。1863年11月21日，生于今辽宁省昌图县老城乡长青村兴隆沟一个贫苦农家。祖籍山东历城，世代务农。咸丰末年，山东年景不佳，吴家为生计所迫，便迁到东北谋生。吴俊升共有姐弟妹八人，他在男子中居长，下有两个弟弟。因家贫，七八岁时便给人家放马牧羊，13岁去四平街庆丰当铺做小伙计，由于性情顽劣，惹是生非，不久即被辞退。后又随其父贩过马匹。17岁入辽源捕盗营，先后做过伙夫、马夫，20岁编入骑兵。他在军中，作战勇敢，以功提升五次，1908年（光绪三十四年），官至奉天后路巡防队统领，候补总兵，与张作霖、冯德麟、马龙潭被称为奉天的四大军事重要人物。辛亥革命爆发，吴俊升受东三省总督赵尔巽命与张作霖等联名致电内阁总理大臣袁世凯，表示“反对民主共和，维护君主立宪”，要求率兵勤王，剿灭革命军，尽忠于朝廷。

吴俊升与张作霖的关系，由初期的明争暗斗，到后来的日益密切，中间有个很复杂的演变过程。吴俊升与张作霖结识与相处矛盾与摩擦颇多。1908年，蒙古人乌泰叛乱，东三省总督徐世昌命归顺不久的张作霖带领他的前路巡防营，从辽西到郑家屯，协助吴俊升的后路巡防营剿抚叛军。吴俊升自恃资历较深，在松辽一带颇有根基，因此对张作霖极力排斥。吴俊升一向以常胜将军自诩，但乌泰这股叛军却始终未能剿灭，这种情况下对徐世昌派张作霖前来助战，心怀不满，处处刁难。张作霖在那时人地两疏，本想极力投靠吴俊升。吴俊升却每每以轻慢待之。张作霖那时实力尚不充足，自知不是吴俊升的对手。后来经张作霖请求，徐世昌准予张作霖统前路巡防营离开郑家屯，移驻洮南。不久，张作霖统率骑兵与乌泰叛军决斗，大获全胜。朝廷闻报赏赐张作霖以穿黄马褂的殊荣。吴俊升对抢了头功的张作霖更加不容，两人虽然驻防两地，但是吴俊升不断制造摩擦，企图将张作霖挤出松辽地区。张作霖也多次上书请调，但是徐世昌不准。吴俊升与张作霖矛盾日深加深。

张作霖由于抢先一步进入奉天省城，协助赵尔巽镇压革命党，1912年9月11日，被任命为第二十七师师长。同年，乌泰又一次起兵叛乱，8月，吴俊升平定了此次叛乱，粉碎了沙俄分裂东蒙的图谋。9月17日，北京政府因吴俊升剿灭乌泰叛匪有功，著授陆军少将衔。后又授勋五位，获四等嘉禾章。吴俊升因防剿乌泰的卓著战功而以骁勇善战扬名塞外。1914年3月，吴俊升擢升洮辽镇守使，驻节洮南。1915年，吴俊升曾与段芝贵、张作霖等向北京参政院递交《变更国体请愿书》，劝进袁世凯做皇帝。12月，吴俊升被袁世凯授为二等男爵。1916年，袁世凯见张作霖已成为东三省的实际控制者，特在中南海召见，4月22日，袁世凯任命张作霖正式督理奉天军务，又加封盛武将军。这时的吴俊升才为张作霖的“枭雄本领”所慑服，又投靠张。同年7月，吴俊升奉张作霖之命剿灭巴布扎布蒙匪，亲率马、步、炮四五营前往，围剿数十日，击毙蒙匪700余名，俘获200名，剩余残匪四处逃散，吴在黑龙江突泉县的战斗中受伤。吴俊升因公于同年十月授勋二位，获二等嘉禾章，一等文虎章，一等宝光章。张作霖见北洋政府为吴俊升颁授勋章，急忙提升他为第二十九师师长要职，以示笼络。1917年11月，张作霖向黑龙江省扩张，遭驻军步兵第一旅旅长巴英额和骑兵第一旅旅长英顺反对。吴俊升奉命率第二十九师解除了巴英额和英顺的兵权，帮助张作霖完成了对黑龙江省的控制。张作霖趁势征服吉林，派吴俊升为北路军总司令，迫使吉林督军孟恩远、第一师师长高士傧就范。1921年3月，经张作霖保荐，北京政府任命吴俊升为黑龙江省督军兼省长加陆军上将衔。自此，统治黑龙江省长达7年时间。从此，吴俊升在东北三省成为仅次于张作霖的奉系军阀二号人物。

军事智囊杨宇霆。张作霖在军事方面吸收的代表人物是杨宇霆。

杨宇霆，原名玉亭，字麟阁（亦作凌阁），后改为邻葛，有以诸葛亮自况之意，因而在政界有“小诸葛”之称。1885年8月29日（光绪十一年七月二十日），生于辽宁省法库县蛇山沟村。原籍河北省滦县戴家岭。其祖父杨正荣于同治年间逃荒至法库县蛇山沟，遂以此为籍。杨正荣生有三子，次子永昌，即杨宇霆之父。杨宇霆兄弟三人，宇霆居长。父亲靠劳动起家，认为读书无用，因此反对宇霆上学，后经人劝说，才勉强答应他上了私塾。入学后，启蒙老师高先生发现他聪颖过人，刻苦好学，有过目成诵之才，怕误了他的前程，遂将其介绍到铁岭县张秀才那里就读，杨宇霆16岁便考中秀才。废科举后，由堂兄资助赴日本士官学校留学。回国后即步入军界，历充陆军第三镇炮兵队队官、管带，东三省讲武堂教官，陆军部一等科员，东三省军械厂兵器科长、管积弹药队长、厂长。[①]他治军严谨，军纪严明。张作霖非常赏识他的才干，1916年张作霖任奉天省督军后，调他任二十七师参谋长。之后历任奉军总司令部参谋长、东三省巡阅使署总参议、兵工厂督办、江苏省督办等要职。其间，他协助张作霖逐步打开东北的政治、军事局面，个人也随之扬名，成了奉系核心的首脑人物，在东北有“智囊”、“小诸葛”之称。杨宇霆多年在张作霖身边，出谋划策，赞襄政务，参与机要，位同首辅，成为一位炙手可热的显赫人物，并为奉系军事力量的增强起到巨大的作用。

杨宇霆为张作霖“谋定奉局”，进而“笼吉黑于掌握”，打败了各种反抗势力，攫取了东三省霸权。其中汤玉麟反张之被平息、奉军冯德麟势力的瓦解、吉林督军孟恩远之被迫下台和黑龙地方势力之被扫除，这一切都有杨宇霆的参与。杨宇霆自张作霖主持奉天省军民两政以来，多所策划，制定田赋制度，从军阀、地主手中挖出大量未开垦的荒地让农民耕种，发展生产，增强了东北的经济实力。当时黑吉两省大片荒地，多为权势者霸占而不能开垦，张作霖吞并黑吉两省后，杨宇霆力主开发，并指示有关方面，凡持所有权者如三年内不自开垦，准谁垦谁招领。这样一来，虽得罪了军阀和大地主，但从他们手中却挖出大量不能自垦的荒地，这既征得大批收入，也促进了生产发展，同时也解决了部分农民缺地问题，这一措施无疑是正确的。杨宇霆素以纪律严明著称。在他任上将军公署总参议和兵工厂督办时，“兵工厂有一工人犯了错误，这工人的母亲是吴俊升（黑龙江督军）的女佣人。吴帅特为此事来求情”，杨宇霆回答说：“ “你来晚了，这工人已经处理完了。”实际是以后处理的。连吴帅的面子都不给。[②]

张作霖统治时期，有关对外交涉都由杨宇霆承担办理。尤其是怎样办好对日外交，是关系奉系军阀命运的至关重要的问题。杨宇霆在对日外交上不卑不亢，堪称外交能手。他在对日交涉过程中，或运筹帷幄，或折冲樽俎之间。杨宇霆对日谈判的策略软硬兼施，相机利用。杨宇霆能够很好地利用日本在野党和执政党的矛盾，也善于斡旋于日本文臣和武将之间的摩擦。使张作霖在对日的问题上，既能保持独立自主，不让日本人得寸进尺，不做日本的傀儡；又要

① 杨宇霆碑铭。

② 杨茂元：《回忆先父杨宇霆将军》，政协辽宁省文史资料委员会：《辽宁文史资料》第25辑，辽宁人民出版社1988年版，第36页。

与日本保持表面上的和睦，不轻易开罪日本人，并在必要时得到日本的支持和援助。可以说在对日外交问题上，张作霖主要就是依赖杨宇霆这一外交能手。

杨宇霆对张作霖扩张地盘，造成封建军阀混战也起了推波助澜的作用。杨宇霆任参谋长后投张作霖所好，劝其扩军拓地。“欲佐作霖，经营八表”，势达全国，“不以安于辽东一隅为己足”。由于杨宇霆的蛊惑，张作霖进军关内，争夺地盘的野心愈益膨胀。1917年张勋复辟失败后，杨宇霆利用直皖矛盾，同皖系健将徐树铮相配合。1918年2月，奉军于秦皇岛一次就劫夺北洋政府从日本购进的大炮、步枪、机关枪等武器3万余件，当即编成3个混成旅。并于军粮城设立奉军总司令部，张作霖任总司令，徐树铮任副总司令，杨宇霆为参谋长，率五万余奉军南下，支持段祺瑞的“武力统一”政策，显示奉军的声威。此即奉军进入关内之始。这一切皆出自“宇霆之谋”。杨宇霆闻名于国内，就是从这时开始的。军阀混战，穷兵黩武，给东北人民生活和经济发展造成了极其严重恶果。这个问题，张作霖固然是罪魁祸首，但一贯推波助澜，怂恿张作霖穷兵黩武的杨宇霆也难辞其咎。

亲信督军孙烈臣。孙烈臣，原名孙九功，字占鳌，后改赞尧。1872年6月23日，生于辽宁黑山芳山镇老河深屯的一个染匠家，祖籍直隶乐亭县孙家庄。[①]孙家于清初徙居关外义州大榆树堡子村，道光年间到黑山北老河深屯定居。孙烈臣的曾祖孙成，祖父孙起旺，父孙魁，三代以染业为生。孙烈臣五岁丧父，与孀母裴氏及姊弟相依为命。其母为人做针线活糊口，家境贫寒，度日如年。孙烈臣少时好学尚武，但因一贫如洗，无力就读。及长，则佃田力耕，或为人打短工，辛勤劳动，家道日渐小康，遂贩马学枪，能骑善射，时人呼之为孙马贩子。清末社会动乱，盗贼蜂起，民不聊生，孙烈臣为谋生计，乃去黑山县北新立屯王家看宅护院，因与主人龃龉，引起纠纷，孙投县北无梁殿砬子山贾府门第，充当护院炮手。

1900年，内忧外患此伏彼起，八国联军攻占北京，火烧圆明园。沙皇俄国在参加八国联军攻打北京的同时，还出兵东北，强占南满铁路，并乘盛京总督增祺之不备，进攻沈、吉、洮、辽等地。增祺被迫出走，行至黑山老河深屯时，日暮天黑，人饥马渴，狼狈不堪。幸被村中富户赵文清（字尊五）迎至家中，殷勤招待。翌日晨，赵文清邀其表兄孙烈臣，护送增祺到白土厂边门防御衙门避难。庚子事平，孙烈臣、赵文清二人将增祺送回盛京总督府。后因增祺

①《黑山县文史资料》第一辑，第30-35页。

保荐，赵文清被委任为补用都司衔职，为辽西招抚委员会帮办，并赏戴花翎。孙烈臣伸张正义，护送原盛京将军增祺有功，遂留用于军督部堂任戈什，即总督的贴身侍卫，开始行伍生涯。之后，又命孙烈臣招募马、步军旅于田庄台，遂拔擢为中营帮带。复蒙清军统领朱庆澜赏识，晋升孙为绥靖营哨官。1908年，匪患日炽，张作霖受命率部剿匪，在洮南时与孙烈臣正式结交。龙王庙一战，孙烈臣率部强行军800里，深入大漠腹地追剿残匪。孙烈臣身先士卒，克服重重困难，终于将土匪逐出辽北，迫其转向大兴安岭索伦山。1909年春，孙烈臣又率部随张作霖进剿索伦山，与土匪展开最后的决战。由于孙烈臣的勇敢作战，张作霖最终取得剿匪的决定性胜利，受到清政府的嘉奖。战后论功行赏，孙烈臣被张作霖擢升为奉天前路巡防营帮统，成为张作霖的副手。洮南结拜时，孙烈臣与张作霖等又义结金兰，成为奉系早期核心八人之一。剿匪事平后，东三省总督徐世昌筹办讲武堂，培训在职军官，孙烈臣进入了讲武堂骑兵科。①

1911年，清帝退位，军政改组，张作霖所属部改编为陆军第二十七师，孙烈臣时年三十八岁，任张作霖部东北军五十四旅旅长。成为张作霖的直接部下。此后孙烈臣对张作霖的支持不止于军事方面，还帮助张作霖坐上了奉省督军的位置，并攫取了黑龙江省的地盘。1916年4月，在驱逐段芝贵的过程中，孙烈臣担任主要角色，完成了驱段的任务。在张作霖与冯德麟“两虎斗”的过程中，孙烈臣表面上维持着对冯德麟的“尊敬”，实际上完全站在张作霖的一边。1917年3月，汤玉麟与张作霖反目，孙烈臣被任命为讨伐汤玉麟的讨伐军总司令，孙烈臣大力支持张作霖解决与汤玉麟的危机，完善了奉天的地方警政。事后，张作霖向北京政府推荐孙烈臣为陆军第二十八师师长，接替因参与复辟而下狱的冯德麟。然而，二十八师的两个旅长张海鹏、汲金纯却反对孙烈臣到任。迫不得已，张作霖改由他本人亲自兼任第二十八师师长，任命孙烈臣为第二十七师师长。二十七师是张作霖的嫡系部队，是当时东北兵员最多、装备最好的武装。张作霖把自己一手建立起来的二十七师交给孙烈臣，可见两人关系非比寻常，这也是两人共同建立奉系集团的实际步骤。加上后路巡防营改编的第二十九师，奉系军阀的基本武装已经确立。张作霖、吴俊升、孙烈臣成为奉系武装的三巨头。

1917年6月，黑龙江省动荡不安，给张作霖扩张势力提供了良机，孙烈臣

---

①《东三省官绅人名录》，第386页。

打头阵受命急行赶赴黑龙江。对许兰洲和毕桂芳先事拉拢，后一并排斥，再由张作霖派自己人鲍贵卿为都督，使黑龙江省成为张作霖占据奉省后抢占的第一块地盘，也为其统一东三省奠定了基础。1917年，张作霖晋升奉天督军兼行省长事，孙烈臣擢升东北二十七师师长。1918年初，段祺瑞欲联合北方各省军阀进攻孙中山领导的广东政权。在徐树铮的游说下，张作霖决定出兵入湘助阵。入关的奉军成立了"关内奉军司令部"，张作霖兼总司令，徐树铮被任命为副总司令，孙烈臣被任命为湘东司令，张景惠为湘西司令。张作霖没进关，徐树铮也常在天津，所以，真正率部在第一线作战的只有孙烈臣和张景惠。孙烈臣临危受命后，向张作霖表示："临敌非有生杀之权不足以将兵。"[①]因此，张作霖给他新制鬼头刀20把，大令10支，授予他先斩后奏之权，同时电令奉军各部知照。入湘之战，孙烈臣亲率15个营在前线浴血奋战，取得了胜利。因战功卓著，孙烈臣被段祺瑞政府授予中将军衔。同年秋，张作霖任命孙烈臣为奉军副总司令，获得一生中最高的军衔。张作霖也因"援湘"的成功，顺利当上了东三省巡阅使。

理财专家王永江。王永江（1872—1927），字岷源，号铁龛，又名老山铁人，奉天省金州县人。王永江是奉系军阀集团的重要人物，被尊称为"理财专家"。他以警政起家，主掌东三省金融和奉天省行政达10年之久。其间，王永江想方设法，稳定金融秩序；惩贪奖廉，整顿吏治；创办实业，修筑铁路；兴学育才，倡导文化；力主和平，维护利权；发起了一系列改革创建，使民生凋敝、财政困窘的奉天省一时出现了金融稳定、财政丰裕、治安状况良好的局面，遂以干练而闻名。可惜，张作霖、杨宇霆穷兵黩武，屡开战端，终使东三省民穷财尽，省库空空。王永江博学多才，明于治理，志趣广泛，为人正直，从不阿谀奉承，为官清廉，不徇私情，所有这些都为王永江赢得了较高的声誉和威望。

1904年，王永江受袁金铠嘱托，开始研究考察日本的村屯制度和警察制度，深得其旨。1906年，袁金铠邀王永江创办辽阳警务学堂，王永江任教员兼监学。后主管辽阳警政，并升任警务所长。在职期间，以能办警政而闻名。被当时的东三省总督锡良称誉为"奉天省警务之第一人"。[②]从此开始了他的宦途生涯。1913年开始，王永江历任辽阳、康平、牛庄、海城等地税捐局长。1915年，王永江任奉天省城税捐局长，兼任官地清丈局及屯垦局局长等要职。张作

①《盛京时报》，1918年5月22日（二）。
②《辽阳文史研究》第4辑，第47页。

霖初掌奉天时，因为王永江是文人并未受重视。1916年，张作霖有意对省城混乱的警政进行改革，经袁金铠推荐方加以重用，命王永江为奉省警务处长兼警察厅厅长，并委之以改革警察行政重任。王永江在就任之初就提出，由他自由改革警察行政和严禁军官干涉警政，得到张作霖的支持。王永江仿照日本警政办法改革奉天警政，首先对部队纪律最坏的汤玉麟断然执法，严厉查封汤玉麟部下的赌局，并指令把汤部下逮捕入狱，此即军警之争。王永江的行为引起以汤玉麟为首的军官的强烈反对，汤玉麟等人以全体辞职为由要挟张作霖，要求王永江辞职，结果遭到张作霖的反对。因军警之争汤玉麟而反对张作霖，王永江曾因此辞职，又被张作霖请回。1917年6月，军警之争结束。

1917年5月，王永江继王树翰之后，担任奉天省财政厅厅长，开始致力于奉天省的财政改革。王永江就职后，立即着手一系列改革。此外，为了缓和经济上的危机，又于1918年向朝鲜银行借款300万日元。在王永江的努力下，仅仅用了不到4年时间就解决了经济危机，不但还清借款，还有1 000万元的结余，使奉天的财政形势迅速趋于好转。此后，王永江“益得张作霖之倚任”，[①]被誉为奉系军阀中的“理财能手”。

王永江理财，严于稽征，赏罚分明。他规定各税捐局，都有明确的指标、年额，凡是收税超额完成定额指标的，按规定提取若干成作为奖金。从局长到巡员又按职务级别“合理提成”，都能分得奖金。如果发现有舞弊行为，要受严厉处分。王永江上任不久就枪毙了14个税捐局长。[②]此举虽过于严酷，但税收问题终于得以整饬。在税收的稽征方面，王永江取消了原来的稽征员，重新设立稽查员五名。稽查员灵活机动地下派到各县局监察有无违法征税现象，同时监察商人有无偷税漏税状况，一经查实，随时上报。这样下来每年只需经费万元左右，既节省了政府开销，又灵活有效，避免了固定管辖范围后贿赂税收稽查人员的现象发生。实际征税额度较之以前有明显提高。

王永江理财，重视开源与节流并重。王永江认为开源必节流，节流必从“停罢冗费，撙节度支”入手，悉心详核，“凡已设各机关之近于冗杂者一律裁撤，其应存在各机关之经费，稍觉浮滥者，亦令核实削减，以纾财力”。先后裁撤机关八处，共计年减大洋8.3323万元。核减各机关经费十九处，共计年减大洋25.7736万元。两项共实减年额大洋34.1059万元。王永江为减轻政府的财政

① 金毓黻：《王永江别传》，辽沈书社1993年版。

② 李宗颖：《记王永江对东北大学学生的一次讲话》，辽宁省参事编：《文史资料》1985年版，第89—95页。

负担，对当时的经济结构也做了有力调整。如此不数年，岁增巨数，根本扭转了奉天省的财政状况，壮大了奉系军阀的经济力量，为张作霖的势力扩张奠定了经济基础。

心腹谋士袁金铠。袁金铠，字洁珊，一字兆佣，号佣庐。1870年10月14日，生于奉天省辽阳山岳屯。其祖先可追溯者为一世祖秉升，居奉天府辽阳州城西八里庄，隶属盛京礼部正黄旗，以务农为业。“创业勤垂裕运，积累之后，嗣续之繁，实由此祖始”[①]到其祖父时，家道小康，生活更有宽余。袁金铠从小受儒家文化的传统教育，9岁入村塾，16岁时以盖平名士宋子斌为师，该师于诗文具有法度，指示周严，袁金铠受其影响很深。袁金铠自己认为：“生平讲求学问，实由于此”。[②]金榜题名步途仕宦一直是他的理想，但两次赴乡试皆未中。袁金铠19岁中秀才。庚子之役，地方不靖，各地纷纷组织保甲，办理团练。袁金铠借妻兄苏会忱之力得任北路保甲局总办，后任团练团董。1900年底，辽阳设东南西北四路保甲局，袁金铠任北路保甲局局董，后又被升为辽阳总局局董，成为地方名人。1904年出任辽阳警务提调。后结交赵尔巽，受赵尔巽关爱，认为门生。赵尔巽任东三省总督时，袁金铠入督幕，参与政事。在赵尔巽的支持下，袁金铠任谘议局副议长。武昌起义发生时，袁金铠向赵尔巽进策，赵尔巽采纳之。当袁金铠得知张榕等密谋驱逐赵尔巽，宣布独立的消息时，马上建议赵尔巽电召张作霖带队来奉天护驾，并迅速成立东三省保安会。此举促成了赵尔巽继续控制东三省的局面，袁金铠由此受清廷赏四品京堂，襄办关外练兵事宜。

1912年赵尔巽任清史馆馆长时，袁金铠赴京任清史馆编纂。后经赵尔巽特荐，任约法会议议员，旋改为参政院参政。同年9月11日，被袁世凯任命为中将师长，其所部驻扎省城奉天，逐渐成为左右奉天政局的举足轻重的人物。但在一段时间内，袁金铠还尚未看重张作霖，认为张作霖是绿林出身，没有太多的政治谋略，这一时期袁金铠所依附并效命的仍是赵尔巽。1915年袁世凯加快了复辟帝制的步伐，在其授意下，杨度、孙毓筠等六人组织了筹安会，旨在为复辟帝制制造舆论。袁金铠趋炎附势，亦欲跻身洪宪功臣的行列，但巴结筹安会未遂，在京仕途受挫。

袁金铠是一个典型的政客，总要不断地寻找自己的政治靠山。袁金铠在京不得志，遂返奉投靠张作霖，为张作霖出谋划策，设谋逼走段芝贵，深得张作

① 袁金铠：《佣庐经过自述》，辽宁省图书馆藏书。
② 袁金铠：《佣庐经过自述》，辽宁省图书馆藏书。

霖信任。之后，袁金铠又帮助张作霖排除异已，扫清障碍。1917年6月，张勋开始复辟帝制。袁金铠知得此消息后，便进言张作霖：“冯德麟以大帅升任奉天督军，时有不平之色，久恐生变，今可将计就计，令其入京参加复辟。事成，大帅不失推戴之功；否则亦中调虎离山之计，事关两得，何不为之?”[①]张作霖对袁金铠之言深表认同，便按计策行事。结果，复辟帝制失败冯德麟逃出北京，在天津车站被曹锟所部逮捕，而后又以“背叛共和罪”，被罢免了所有官职。袁金铠不仅帮助张作霖解决了冯德麟，还增强了张作霖的兵力，二十八师被张作霖收归麾下。

张作霖当上奉天督军后，对袁金铠更加倚重，特任袁为军政两署秘书长，张“委政袁金铠，事无巨细皆咨而后行”[②]袁金铠当然也不辱使命，更为尽心竭力地效命于张作霖，辅佐张称霸东三省。张作霖调走许兰洲，趁乱兼并黑龙江省；排挤孟恩远，夺取吉林军政大权，袁金铠运筹帷幄多预其谋。袁金铠还建议张作霖举行文官考试，积极为张网罗人才。1916年至1919年三年中，为张作霖推荐了王永江等多名人才。张作霖统治的确立与巩固，同袁金铠为其举荐有力之才有直接关系。但在张作霖与徐树铮合作入关作战的问题上，袁金铠与张作霖产生了意见分歧。尤其是袁金铠任军政两署秘书长后，一时大权在握，“一般趋炎附势之徒，均集于袁门”。张作霖逐渐对袁金铠产生疑戒。在张作霖任东三省巡阅使后，袁金铠就很少向其进言献策了，并打算离张别走。1919年夏，孙烈臣任黑龙江督军，袁金铠认为此乃离开张作霖之机，得张作霖允准后，便随孙烈臣前往，住黑龙江省省署秘书长。后出任哈尔滨东省铁路公司理事会理事，一度任理事长，旋辞职。

军事骨干阚朝玺。阚朝玺，字子珍，又名潮洗，1884年5月，出生于辽宁省盘山县钱沱村。[③]其父阚连成不事生产，专为乡民调解纠纷。其父死后家业萧条，当时阚朝玺16岁，正在表爷卢五先生私塾馆就学，其四嫂张氏见他刻苦学习，愿解囊助其继续求学，阚朝玺遂于1903年考入锦州中学堂，渴望将来登科成名。1905年，清政府下诏废止科举，他感到失去了仕途登科的阶梯，毅然决定弃学从戎。1906年，阚朝玺离开了锦州中学堂，投到与阚家有特殊关系的张作霖门下。张作霖与阚家有特殊关系，是因为张作霖在作胡匪时，经常在阚家

① 衍川：《记袁金铠》，《辽宁文史资料选辑》第1辑，1962年版，第101，102页。
② 全毓黻：《张作霖别传》，《吉林文史资料选辑》第4辑，第78、235页。
③《盘山县志略》，第17页。

插枪隐身。[1]在阚连成的周旋下，张作霖还迎娶了卢五先生的女儿卢寿营，且阚连成对张作霖还有一次救命之恩。如此关系，张作霖对阚家感激不尽，阚朝玺便投到了张作霖的门下，开始当一名缮写文书的字兵，后改任司书。1908至1910年间，阚朝玺随张作霖追剿蒙匪，先后剿灭了白音大赉、陶克陶胡等蒙匪。之后张作霖的军队实行新制，在军队里推行学笔算。张作霖部下军官多为绿林出身，目不识丁者居多，即使是文职人员也没有会笔算的。阚朝玺受过中学教育，学过笔算，加之张阚两家的特殊关系，因此，张作霖很器重他，1907年张作霖晋升为奉天省巡防营前路统领，便提升他为统领府总理，后改称书记长。

1911年冬，阚朝玺回盘山老家省亲期间，发现有老家一带驻有好多股胡匪，百姓被闹得日夜不得安宁。在取得张作霖的准许后，阚朝玺会同盘山厅衙通判马俊显，秘密调集原张作孚（张作孚系张作霖的二哥，曾任黑山县警务长，被这股胡匪打死）部下的骑兵队和盘山的保安队，在哨官陈国保和阚朝玺率领下，与当地联庄会武装里外夹攻，将胡匪200多人几乎杀戮净尽。事后，阚朝玺携带家眷逃往奉天。阚朝玺此次剿匪行动得到张作霖的夸奖，并因此得宠。

1912年春，张作霖送阚朝玺入奉天陆军讲武堂第一期步兵科学习，一年后毕业，在张作霖第二十七师师部任少校参谋。阚朝玺在陆军讲武堂学习之后，军事教育管理意识增强，便向张作霖建议设立军事教育机构，培养军事人才。张作霖采纳其建议并责成阚朝玺承办。阚朝玺首先创办了第二十七师军官团，自兼军官团的教育长，接着又办军士团。1914年秋，阚朝玺晋升为中校参谋，继续办军官团和军士团，为张作霖培养了不少军事人才。1915年11月，阚朝玺被任命为第二十七师炮兵第二十七团第二营营长，仍兼任军官团教育长。

1916年4月，张作霖夺取了奉天军政大权后，出现了张作霖与冯德麟的“两虎斗”和汤玉麟与王永江的军警之争。到1917年春，汤玉麟由军警之争升级为反对张作霖，汤与张的矛盾达到了白热化。在张作霖驱逐汤玉麟的过程中，阚朝玺起了重要作用。阚朝玺积极地在汤部军官中进行分化瓦解工作。经他劝说，汤部13名营长，联名表示对张作霖尽忠报效，并焚香立誓，决不听汤玉麟的指挥。接着阚朝玺又利用曾在军官团学习过的汤玉麟的二儿子汤佐辅，对其软硬兼施，劝说不成便恐吓说张帅这方面的大炮炮口早已对准汤府的方位，建议汤氏父子尽早离开奉天。汤玉麟采纳了阚朝玺的建议，被迫移住新民巨流河一带。针对二十八师师长冯德麟策动第二十七师人反张，并利用汤玉麟反张的

① 熊维成：《阚朝玺的兴衰始末》，《盘山文史资料》第2辑。

形势，二十七师全体团、营长等军官举行会议，研究对策。阚朝玺首先表态说："卫国保民是我们军人的职责，若是因为闹意见彼此对立，打起来不但殃民，并且误国，是我们军人莫大的耻辱。张将军没有做误国殃民的事，我们应该拥护他，况且军人以服从为天职。至于汤旅长辞职与不辞职，是个人的事，没有多大问题。如他有轨外行动，或者有人借此活动牵及大局，就应绳之以法，我就请命讨伐他。"[①]大家听后都赞同阚的意见，并按其提议每人签字盖章作成决议案。经过解决冯德麟和汤玉麟两人事件后，张作霖对阚朝玺倍加器重，阚不断被晋升提拔。

1917年8月，张作相晋升为第五十四旅旅长，阚朝玺继张作相之后晋升为炮兵第二十七团团长。1918年1月，张作霖利用秦皇岛、塘沽截械，先后扩编了7个混成旅。阚朝玺在接任团长7个月之后，晋升为暂编奉天第二混成旅旅长。同年3月，张作霖拥护段祺瑞的武力统一政策，组织南征军，阚朝玺奉命率部入关，进驻株洲、长沙之间。阚在湖南驻防不到一年即撤回东北。1919年9月，阚朝玺驻防吉林、长春、伊通、九台等地，并被授予二等文虎章。同年12月26日，阚朝玺任吉长镇守使，极力配合张作霖在吉林的统治。

绿林老友张景惠。张景惠，字叙五，1871年生于辽宁台安县八角台一个农民家庭。张景惠青年时代，跟随其父卖豆腐为生。他善于结交朋友，经常出入赌博场上。中日甲午战争后，清朝统治在东北陷于瘫痪状态，各地草泽枭雄，一时乘机而起。张景惠也拉起大排，由商务会长出面，在八角台镇成立自卫团，自任团练大头，为本镇的商号富户看家护院。当时张作霖遭到土匪金寿山的袭击，借道八角台投奔冯德麟。张作霖、张景惠二人一见如故。张景惠拥护张作霖做自卫团的首领，自己情愿当副手。1902年，张作霖决定投奔清廷，张景惠等人随之。初任哨官，1903年提升为帮带，成为清朝一名正式军官。

1907年，张作霖利用张景惠与辽西巨匪杜立三曾有结盟兄弟的旧交关系，决定让张景惠去诱擒杜立三。张景惠忠实地执行了张作霖之计骗杀了杜立三，为张作霖赢得荣誉和奖赏，更为二人增加了相当的政治资本。之后，张作霖被任命为巡防营右路统领，张景惠也随之升为管带。1908年，剿灭陶克陶胡、白音大赉等蒙匪过程中，张景惠部被任命为先锋营，亲率骑兵冲击在茫茫草原，或进入深山密林，冒死战斗，数次受伤。条件极其恶劣，部队甚至"连日夜不得食"。[②]张景惠等顽强作战，至1919年春，捕剿蒙匪以胜利告终。这次剿匪的

---

① 周大文：《张作霖统一东北三省之内幕》，《沈阳文史资料》第12辑，1984年版。

② 见张氏帅府藏《张大帅哀挽录》第2页。

成功，又使得张作霖博得清地方政府的赏识。1910年，张作霖指示张景惠、汤玉麟、张作相等人，以现任管带身份进入奉天讲武堂学习，并让张景惠随时将奉天军政动态报告张作霖。1912年，张作霖任二十七师师长时，张景惠任团长。1917年，汤玉麟因张作霖重用王永江而与张作霖交恶时，张景惠最终站在张作霖一边，升任第五十三旅旅长。1918年2月，张景惠率五十三旅劫持了直系从日本购置的一批军火，先后增编7个混成旅，张作霖提升他为暂编奉军第一师师长，随后被任命为奉军前敌湘西司令。同年8月，张景惠侦知杨宇霆与徐树铮相互勾结，用奉军名义，私自招募新兵4个旅，发展个人势力，密报张作霖，遂使徐、杨被逐。张景惠升任奉军副司令，代表张作霖常驻北京。1920年9月，北京政府又发表张景惠为察哈尔都统兼陆军十六师师长。

鲁莽军阀汤玉麟。汤玉麟，阁臣，1871年生于土默特旗四道沟村。其父汤福和以务农为生，家境窘困。1896年，因用镰刀砍伤吃他家庄稼的蒙古族一大户人家马匹，并打伤王府当差，惹下麻烦，遂离家出逃，步入绿林。汤玉麟与同是辽西绿林出身的冯德麟、张景惠、张海鹏、张作霖结拜为把兄弟，冯德麟老大，张作霖最小，汤玉麟排行老三。在1901年张作霖遭受金寿山带领的俄国马队偷袭时，汤玉麟曾背着张作霖的女儿首芳冒死冲出重围。后汤玉麟、张作霖和张作相三股武装合并一起，驻扎八角台，统一受张作霖的领导和指挥。在接受清廷招抚过程中，张、汤共同密谋绑架盛京将军增祺夫人以作进身之“保”。顺利招抚后，其队伍被编为“新民府地方巡警前营马队”，张作霖被委任为该营帮带，汤玉麟被任命为左哨哨官。1907年，在诱杀杜立三时，杜立三被骗到新民后，由汤玉麟当场捕获，就地正法。之后，汤玉麟补充奉天前路巡防营马队第二营管带官。1908年，在追剿蒙匪陶克陶胡过程中，张作霖曾两次被围困在蒙古包内，均被汤玉麟率队冒死救出。1911年，张作霖能抢先赶到奉天，便是派汤玉麟率1 500人，10月14日连夜出发，第二日早便到达奉天。

1912年，张作霖被袁世凯任命为民国陆军第二十七师师长，汤玉麟升任骑兵第十八团团长。1913年初，第五十三旅旅长依钦保病故，汤又被提拔为该旅旅长。并于3月获陆军少将衔。①此次提拔旅长先于张景惠和张作相，是因为张作霖认为汤玉麟在追剿蒙匪是英勇善战，对自己忠心耿耿，是不可多得的忠勇战将。1915年，段芝贵督奉后，曾拉拢汤玉麟，汤不为所动，积极配合张作霖将段芝贵驱逐出奉天。

---

①（台北）《东三省官绅录》，第38页。

1916年冬，因张作霖大力支持王永江改革警政，整顿社会秩序，引起军警之争。汤玉麟部绿林作风不改，极力反对王永江。并以集体辞职相威胁，要求张作霖撤掉王永江，激怒张作霖。此时，冯德麟见张、汤矛盾激化，认为有机可图，便公开支持汤玉麟反张。汤、张差点兵戎相见，后经阚朝玺深入汤部分化瓦解方使得汤败走奉天、移驻新民。从感情上，张作霖并不希望与汤玉麟关系恶化，又唯恐其与北镇冯德麟继续勾结，形成势力于己不利，便派人持长信非常恳切地劝汤玉麟言归于好。但汤未加理睬，决心反张到底。冯德麟后来对汤玉麟的支持开始软化，汤孤立无援，只好“逃往医巫闾山寨做山大王”，纠结土匪千余人进行活动。[①]随后，张作霖派第五十四旅旅长孙烈臣和骑兵团长张作相对其进行讨伐，汤玉麟走投无路，遂逃往徐州投奔正在策划复辟的张勋。1917年6月，汤玉麟随从张勋一起到北京进行复辟活动。张勋复辟仅11天便以失败告终，汤玉麟狼狈逃出北京，回奉天义县老家隐居。之后漂泊失落的汤玉麟方后悔莫及，张作霖留恋旧情，不断打听汤消息。1919年1月，张作霖应张作相、张景惠、汲金纯及汤母的请求，亲笔写信给汤玉麟，请汤念旧情回奉共事。汤玉麟看信后，自责当年行事之鲁莽，感激张作霖的宽宏大量，两人终能和好如初。汤玉麟重回张作霖身边后，被任命为东三省巡阅使署中将顾问。

## 四、张作霖被任命为东三省巡阅使

张勋复辟失败以后，北京政府由冯国璋任总统、段祺瑞任总理，分掌大权，其时，国内政局除南北对峙外，北洋军阀内部，又分裂为直皖两系。1916年段任内阁总理后，对内执行“武力统一”政策，对外投靠日本帝国主义。直皖两派军阀的斗争日趋激烈，彼此暗斗，互争雄长。1917年11月下旬，在对西南护法军的对策上，发生了“主战”和“主和”的分歧和斗争。段祺瑞为反对冯国璋，暗中勾结张作霖，派他的心腹徐树铮以“接洽国防”为名，勾结张作霖出兵入关。

张作霖知道徐树铮深为段祺瑞所信赖，是个举足轻重人物，便有与其合作之意。但张作霖并不急于发兵，也根本不想与西南护法军进行实战，而是想以此为诱饵，索取军械，扩充军备。徐树铮也深知不给张作霖一点好处，他是不会轻易出兵的。1918年2月间，日本的泰平公司根据对华军火购入契约，装运军火的商船“武德号”正在秦皇岛卸货，向中国方面移交。徐树铮将此消息告

---

① 陶菊隐：《督军国传》，上海书店出版社1998年版，第18、121、127页。

知张作霖，张作霖命张景惠率部到秦皇岛以武力将由日本运到移交的大炮、步枪、机关枪以及其他共三万余挺，全部抢走。3月下旬，第三批由日本运来的军火，又在塘沽为奉军所截留。两次截械，足够编成七个混成旅之用，奉军势力因而扩大。徐树铮同时与张作霖订立密约，双方协定：如奉军能入关“南征”，支持段棋瑞“武力统一”政策，则将来总统选举时，保证选张作霖为副总统。张作霖先后扩编了七个混成旅，只有刘香九的暂编第七混成旅留驻奉天东边道，其他六旅都准备开进关内。3月12日，张作霖应约组建南征军入关，设司令部于距天津50华里的军粮城，张自任总司令，徐树铮任副司令，代行总司令职权。[①]杨宇霆任参谋长，丁超任兵站处处长。3月16日，张作霖命令奉军后续部队进关，同时公开提出“组织段祺瑞内阁”，“设立东三省巡阅使”等要求，并声言，如遭拒绝，立即诉诸武力。3月23日，在张作霖的武力威胁下，冯国璋终于屈服，段祺瑞内阁成立。驻扎北京附近的奉军开始南下，以张景惠所部为先遣队，奉军二十七、二十八、二十九三个师以及新编6个混成旅，分别进驻湖南、湖北、福建、河南、陕西、河北等省，总兵力达5万多人，成为北洋军阀中主战派的急先锋。奉军被分成三路：在湘的奉军为第一路，以二十七师师长孙烈臣为司令，以二十七师五十三旅旅长张景惠为湘东司令；第二路正面布置在鄂西，以二十八师师长汲金纯为司令，许兰洲为副司令；第三路以二十九师师长吴俊升为司令，张作相为副司令，正面布置在赣西。三路中只有参加援湘之役的第一路有过实战经验，其他两路根本未到过前线。在北军南下不利的情况下，徐树铮决定在汉口设立一个奉军前敌总指挥部，把奉军的6个混成旅全部调到湖南战场上。并命令奉军的3个师长孙烈臣、汲金纯、吴俊升速到长沙，布置援湘作战计划。4月18日，奉军前敌总指挥部成立。当徐树铮真要把他的部队调到第一线进行决战时，张作霖坚决反对。恰在这时，张作霖发现徐树铮冒领军费，私自招兵买马，扩充实力，便解除徐树铮副司令之职，另派孙烈臣为副司令。张作霖派兵“南征”，本为虚张声势，以期索取饷械，为扩张势力蓄积政治资本，并无意与西南“护法军”实战。当他发现徐树铮的企图假借奉军的力量来扩展自己势力的举动后，迅速调回3个奉军师长，援湘之役宣告结束，奉军陆续北撤。自此，张、徐之间产生了嫌隙。7月28日，奉军首次入关参与“南征”后，为了讨论有关“南征”及总统选举等问题，在天津召开了督军团会议，张作霖首次参加，正式介入北京政治和全国事务。关于总统问题，张作霖

①《徐树铮电稿》，中华书局1963年版，第36页。

赞成徐世昌担任大总统。这是很重要的一票。会后，张作霖有意留在天津，清查徐树铮代行总司令期间的表现。清查后发现自3月23日段内阁复活时起，徐树铮一共代领奉军军费515万元，奉军实收只有180万元。其余绝大部分都用在编练参战军和新国会的选举上了。张作霖当即下令撤掉了徐树铮副总司令的职务，并向段祺瑞告状。段祺瑞除令徐树铮向张作霖道歉外，并答应短期内归还欠款。后来欠款没有还清，只得从徐树铮编练成的5个混成旅中，拨给张作霖3个旅，此事才算罢休。张作霖这一政治军事投机，后来由于各方面的反对，虽然没有取得副总统的宝座，但皖系为酬谢张作霖入关助段压迫直系之功，于1918年9月任命张作霖为东三省巡阅使。

东三省巡阅使一职，是北洋政府对难驾驭的地方军阀所采取的一种临时性措施前后存在12年。此官职，实际上相当于清朝的东三省总督，但比总督有更大的实权，有总揽东北三省军务全权。张作霖身兼东三省巡阅使和奉天督军，成为三省最高军事统帅。他自己直接掌握奉省4师5旅的兵力，超过吉黑两省的总兵力，真正做到了以重驭轻，大权在握。但当时吉林督军孟恩远并不受张作霖节制。孟恩远1916年7月，改任吉林督军。张勋复辟时，于1917年7月又任命其为吉林巡抚。孟恩远在吉林经营有年，根深蒂固。他当然不是张作霖的嫡系，张作霖想把他换掉。早在1917年10月张作霖，就曾想把孟恩远排挤走，但因当时段祺瑞想乘机把自己的亲信派入吉林，暂时采取保存孟恩远吉督职位的策略。到了1919年7月，张作霖认为时机成熟，决定驱逐孟恩远。首先，张作霖向孟恩远发出公函，指责吉林财政混乱，迫孟辞职。他一方面唆使“吉林豪绅何仲仁等，联名控诉孟之罪状，分派代表赴京、奉，恳请罢黜孟恩远”；[①]并以东三省巡阅使的名义转呈百姓的控告到北京政府，恳请北京政府罢免孟恩远。7月6日，北京政府接到张作霖的请求，给了孟恩远一个惠威将军的虚头衔，调他即刻进京述职，调任鲍贵卿任吉督，任命孙烈臣为黑龙江督军。孟恩远拒不服从调动。其部下参谋长兼师长的高士傧和旅长高凤城，极力怂恿孟恩远和张作霖开仗，拒绝调走。高士傧等领衔发表独立宣言，将吉林全部军队，万余人集结在长春、农安、伊通一带，准备一战。张作霖闻讯，立即派孙烈臣为吉林讨伐军总司令，从奉天、黑龙江两个方面组成数路大军，分四路向吉林进发。同时，驻长春的日本军队也出动助张。7月19日，日本驻军故意在吉军驻地宽城子挑起武装冲突，双方互有伤亡。事件发生后，日军即以此为借口，

① 《盛京时报》，1919年6月8日。

要吉军撤离长春三十里以外。吉军被迫撤出长春。接着，日本公使又向北京政府提出抗议。段祺瑞立即下令将孟恩远、高士傧免职。高士傧还想继续抵抗，但吉军中许多官兵已被奉系收买，整个吉军陷于崩溃状态。孟恩远、高士傧不得不先后卸职，离开吉林。宽城子事件是日本帝国主义支持奉系军阀张作霖称霸东北的一个重大事件。在日本帝国主义的帮助下，张作霖不战而胜，赶走了孟恩远。8月5日，鲍贵卿和孟恩远同到吉林市，交接了督军大印。孟恩远携带大批财产回到天津。张作霖下令，将鲍贵卿调到吉林，任吉林督军。同时，孙烈臣调署黑龙江督军。8月，加陆军上将衔，兼署黑龙江省省长。张作霖多年来想统一东三省，建立“东北王国”的宿愿得以完全实现。以此为标志，奉系军阀最后形成。东三省统一后，奉系形成了巩固的军事集团。张作霖在北洋军阀中取得与直皖两系鼎足而立的地位，成为举足轻重的大人物。

## 五、起建“大帅府”

1912年，张作霖被任命为陆军中将和第二十七师师长，在奉天省城的地位逐渐巩固，张作霖便开始考虑在奉天安家置业。他最初并未购置房产，只是在大南门里、通天街左侧租赁了一套清道台荣厚的旧宅——荣厚公馆居住。荣厚公馆是一座有正房5间、厢房5间、门房2间的老式四合院。随着张作霖在奉天势力不断扩张，荣公馆宾客如云，文武聚集，张作霖的府第逐渐成了奉省的军政活动中心。随着政治地位和身份的不断提升，荣厚老宅的规模已很难与当时张作霖的显赫身份相匹配。于是，“大兴土木，兴建府宅”被提上了张作霖的日程。

这时的张作霖已经不能轻率地建府了，经过一番风水测算和慎重选择，张作霖认为大南门这块紧临皇城脚下的风水宝地有利于自己的发展。于是打算不离开现居荣公馆，以此为基础向西扩大规模，兴建新的张氏府邸。荣公馆的西侧是江浙会馆。此会馆原本是江苏、浙江两省旅居奉天商人用来做生意和同乡聚会的场所，共有房舍40余间。1913年底，张作霖买下荣公馆后，江浙会馆慑于张作霖在奉天的权势，也只好将其作价卖掉。1914年夏，张作霖将这两处旧宅一并拆除，并煞费苦心地请来众多省内能工巧匠开始建造新府。张作霖要求府宅按照当时奉天城清朝王府建筑规格，并遵循其家乡辽南的一些民俗建筑特色，开始修建东院三进四合院和西院北部的两组四合院。建造府宅时，张作霖虽仅为中将师长，却要求一切以清王府建筑规格为标准。并且特意在院内的石雕上刻有代表封建皇权的龙纹图案，此外还有雕有很多类似于“太少英狮吃各果（国）”“雄狮举掌握寰球”“花香（销）在中原”“外国进金钱”等彰显其政治抱负的雕刻图案。经过一年多的努力，1915年秋两院的主体建筑宣告完工。

次年春天，张作霖携全体家眷迁居装饰一新的四合院。因这座仿王府式、高规格的四合院是张作霖早期居住及办公的重要场所，又因四合院建成后，张作霖已升迁为奉天督军兼省长，故人们以“帅府”称呼这里，并将其视为奉天省的军政权力中心。

三进四合院坐北朝南，呈“目”字形，占地3 900平方米，建筑面积1 460平方米，房屋共13栋，计57间。放眼望处，青砖珑瓦，飞檐兽吻，挑脊宝顶；雕梁画栋，朱漆廊柱，狮头石鼓柱础，石条台阶，方砖方石铺地，是中国传统的仿王府式建筑。这里在张作霖主政期间，四合院的前两进院为办公官邸，三进院为眷属私宅。带有中国古代前朝后寝的封建帝王宫殿建筑风格，也影射出张作霖的政治抱负最终要想要成为君王级的人物，权倾天下。

自张作霖迁居三进四合院后，政治上是可谓平步青云，扶摇直上。他稳掌奉省大权，继而兼并黑龙江，夺取吉林，在短短5年时间内就“君临东三省”，成为了名副其实的“东北王”。随着政治上的擢升，势力范围的扩张，张作霖不断对府第进行扩建，以匹配其日益显赫的社会地位。

1915年，张作霖开始修建帅府东院花园，并开始为其最宠爱的五夫人张寿懿修建小青楼，1918年小青楼落成。该楼位于东院花园的中心，因其青砖青瓦故俗称“小青楼”。此楼建筑面积450平方米，为两层砖木结构，楼体呈“凹”字形，正面采用传统的两层回廊、前檐出廊的风格；而楼体的建筑形式、门、窗的砌筑风格则体现了西洋的建筑风格，是典型的中西合壁式建筑。

1918年，张作霖被北洋政府授予东三省巡阅使。张作霖遂决定在东院北侧建造一栋大楼。因其用青砖建造，且规模宏大，故称大青楼。此时的张作霖正在军阀混战中逐鹿中原，因此在府第扩建中也要求按其他关内军阀的最新样式建造设计，精美豪华程度有过之而无不及，大青楼前后历时四年才得以完工。

大青楼总建筑面积达2 460平方米，共有地上3层，地下1层，整座楼高37米，是当时奉天城的最高点，登楼眺望奉天城全景尽收眼底。大青楼是一座中西合璧的仿罗马式建筑，外形豪华壮观，整幢大楼雕塑有精美的建筑浮雕，这些浮雕不但造型生动，工艺精湛，而且融合了中西文化。尤为特别的是，大青楼的正面赫然雕塑有张作霖任镇威上将军时佩戴的绶带、文虎章和嘉禾章，鲜明地昭示出主人的身份与地位，因此大青楼也就成为帅府的标志性建筑。自大青楼建成后，张作霖便将其办公及居住的中心从四合院迁移到此，作为自己的官邸和私宅。

# 后　记

本卷写作任务主要由辽宁社会科学院历史所的同志承担。前言、后记及第一章、第二章及第七章的大部分节、目由张志强完成；第三章由李学成完成；第四章由张洁、李学成完成；第五章由王雁完成；第六章由张儒婷、王春林完成；第七章由刘战、王雁、张志强完成；第八章由刘英杰、刘博识完成；第九章由孟月明完成。最后，由张志强统稿。

书稿从开卷到收稿经年累月，其间有些同志或因身体原因，或因生产牵累，或因其他任务繁重，困难重重。有些同志还经历着由在岗到退休的角色变换，但终于最后完成。

对开项以来历史所给予的时间支持和学术指导谨表谢意。

作　者

2014年9月

# 总后记

编著《沈阳通史》是多年的夙愿，既是一种情结，也是一种责任。在中共沈阳市委宣传部的领导下，在沈阳市社会科学规划办的支持下，立为重大专项，予以资助，终于玉成此事。

经过张涛、金吉媛、张志强等热心策划，以张涛、张志强、张龙海为主编，设计了全书五卷本的结构，约定了由远古至现当代“十一五”末的断限篇目布局和总数逾200万字的容量规划。其中：

古代卷由主编张树范组织沈阳市文物考古研究所、辽宁大学、辽宁社会科学院的教授、研究员及部分年轻的同志共同撰稿。

近代卷由主编张志强组织辽宁社会科学院历史所的部分研究人员、沈阳大学的年轻教师共同撰稿。

现代卷由主编郭春修、郭俊胜组织张氏帅府博物馆的部分研究人员共同撰稿。

当代卷（上）由主编丁海斌组织辽宁大学的部分教师和研究生共同撰稿。

当代卷（下）由主编梁启东组织辽宁社会科学院省情所等部门的部分研究人员共同撰稿。

在各卷主编卷统稿的基础上，张涛、张志强又对全书加以统编。在认真吸取审读意见、基本执行“行文规定”的同时，经过市委有关部门、市社科联领导，特别是在市社科联办公室主任刘碧颖的多年坚持、统筹和全体撰稿人的共同努力下，书稿终成。

数年间，领导关注，社会关爱，图书档案等部门多有支持，在此深表谢忱。

限于水平和时间，书稿仓促，舛误之处，恳请方家不吝赐教。

作　者

2014年11月